L'ÉVANGILE

SELON

LE SPIRITISME

CONTENANT

L'EXPLICATION DES MAXIMES MORALES DU CHRIST

LEUR CONCORDANCE AVEC LE SPIRITISME

ET LEUR APPLICATION AUX DIVERSES POSITIONS DE LA VIE

PAR ALLAN KARDEC

Auteur du *Livre des Esprits*.

> Il n'y a de foi inébranlable que celle
> qui peut regarder la raison face a face,
> à tous les âges de l'humanité.

QUATRIÈME ÉDITION

PARIS

LES ÉDITEURS DU *LIVRE DES ESPRITS*

35, QUAI DES AUGUSTINS

DENTU, FRED. HENRI, libraires, au Palais-Royal

Et au Bureau de la REVUE SPIRITE, 59, rue et passage Sainte-Anne

1868

INTRODUCTION

I. But de cet ouvrage.

On peut diviser les matières contenues dans les Évangiles en cinq parties : *Les actes ordinaires de la vie du Christ, les miracles, les prédictions, les paroles qui ont servi à l'établissement des dogmes de l'Église* et *l'enseignement moral.* Si les quatre premières parties ont été l'objet de controverses, la dernière est demeurée inattaquable. Devant ce code divin, l'incrédulité elle-même s'incline ; c'est le terrain où tous les cultes peuvent se rencontrer, le drapeau sous lequel tous peuvent s'abriter, quelles que soient leurs croyances, car elle n'a jamais fait le sujet des disputes religieuses, toujours et partout soulevées par les questions de dogme ; en les discutant, d'ailleurs, les sectes y eussent trouvé leur propre condamnation, car la plupart se sont plus attachées à la partie mystique qu'à la partie morale, qui exige la réforme de soi-même. Pour les hommes en particulier, c'est une règle de conduite embrassant toutes les circonstances de la vie privée ou publique, le principe de tous les rapports sociaux fondés sur la plus rigoureuse justice ; c'est enfin, et par-dessus tout, la route infaillible du bonheur à venir, un coin du voile levé sur la vie future. C'est cette partie qui fait l'objet exclusif de cet ouvrage.

Tout le monde admire la morale évangélique; chacun en proclame la sublimité et la nécessité, mais beaucoup le font de confiance, sur ce qu'ils en ont entendu dire, ou sur la foi de quelques maximes devenues proverbiales; mais peu la connaissent à fond, moins encore la comprennent et savent en déduire les conséquences. La raison en est en grande partie dans la difficulté que présente la lecture de l'Évangile, inintelligible pour le plus grand nombre. La forme allégorique, le mysticisme intentionnel du langage, font que la plupart le lisent par acquit de conscience et par devoir, comme ils lisent les prières sans les comprendre, c'est-à-dire sans fruit. Les préceptes de morale, disséminés çà et là, confondus dans la masse des autres récits, passent inaperçus; il devient alors impossible d'en saisir l'ensemble, et d'en faire l'objet d'une lecture et d'une méditation séparées.

On a fait, il est vrai, des traités de morale évangélique, mais l'arrangement en style littéraire moderne leur ôte la naïveté primitive qui en fait à la fois le charme et l'authenticité. Il en est de même des maximes détachées, réduites à leur plus simple expression proverbiale; ce ne sont plus alors que des aphorismes qui perdent une partie de leur valeur et de leur intérêt, par l'absence des accessoires et des circonstances dans lesquelles ils ont été donnés.

Pour obvier à ces inconvénients, nous avons réuni dans cet ouvrage les articles qui peuvent constituer, à proprement parler, un code de morale universelle, sans distinction de culte; dans les citations, nous avons conservé tout ce qui était utile au développement de la pensée, n'élaguant que les choses étrangères au sujet. Nous avons en outre scrupuleusement respecté la traduction originale de Sacy, ainsi que la division par versets. Mais, au lieu de nous attacher à un ordre chronologique impossible et sans avantage réel dans un pareil sujet, les maximes ont été groupées et classées méthodiquement selon leur nature, de manière à ce qu'elles se déduisent autant que possible les unes des autres. Le rappel des numéros d'ordre des chapitres et des versets permet de recourir à la classification vulgaire, si on le juge à propos.

Ce n'était là qu'un travail matériel qui, seul, n'eût été que d'une utilité secondaire; l'essentiel était de le mettre à la portée de tous, par l'explication des passages obscurs, et le développement de toutes les conséquences en vue de l'application aux différentes positions de la vie. C'est ce que nous avons essayé de faire avec l'aide des bons Esprits qui nous assistent.

Beaucoup de points de l'Évangile, de la Bible et des auteurs sacrés en général, ne sont inintelligibles, beaucoup même ne paraissent irrationnels que faute de la clef pour en comprendre le véritable sens; cette clef est tout entière dans le Spiritisme, ainsi qu'ont déjà pu s'en convaincre ceux qui l'ont étudié sérieusement, et ainsi qu'on le reconnaîtra mieux encore plus tard. Le Spiritisme se retrouve partout dans l'antiquité et à tous les âges de l'humanité; partout on en trouve des traces dans les écrits, dans les croyances et sur les monuments; c'est pour cela que, s'il ouvre des horizons nouveaux pour l'avenir, il jette une lumière non moins vive sur les mystères du passé.

Comme complément de chaque précepte, nous avons ajouté quelques instructions choisies parmi celles qui

,ont été dictées par les Esprits en divers pays, et par l'entremise de différents médiums. Si ces instructions fussent sorties d'une source unique, elles auraient pu subir une influence personnelle ou celle du milieu, tandis que la diversité d'origines prouve que les Esprits donnent leurs enseignements partout, et qu'il n'y a personne de privilégié sous ce rapport [1].

Cet ouvrage est à l'usage de tout le monde; chacun peut y puiser les moyens de conformer sa conduite à la morale du Christ. Les spirites y trouveront en outre les applications qui les concernent plus spécialement. Grâce aux communications établies désormais d'une manière permanente entre les hommes et le monde invisible, la loi évangélique, enseignée à toutes les nations par les Esprits eux-mêmes, ne sera plus une lettre morte, parce que chacun la comprendra, et sera incessamment sollicité de la mettre en pratique par les conseils de ses guides spirituels. Les instructions des Esprits sont véritablement *les voix du ciel* qui viennent

---

1. Nous aurions pu, sans doute, donner sur chaque sujet un plus grand nombre de communications obtenues dans une multitude d'autres villes et centres spirites que ceux que nous citons; mais nous avons dû, avant tout, éviter la monotonie des répétitions inutiles, et limiter notre choix à celles qui, pour le fond et pour la forme, rentraient plus spécialement dans le cadre de cet ouvrage, réservant pour des publications ultérieures celles qui n'ont pu trouver place ici.

Quant aux médiums, nous nous sommes abstenu d'en nommer aucun; pour la plupart, c'est sur leur demande qu'ils n'ont pas été désignés, et dès lors il ne convenait pas de faire des exceptions. Les noms des médiums n'auraient d'ailleurs ajouté aucune valeur à l'œuvre des Esprits; ce n'eût donc été qu'une satisfaction d'amour-propre à laquelle les médiums vraiment sérieux ne tiennent nullement; ils comprennent que, leur rôle étant purement passif, la valeur des communications ne rehausse en rien leur mérite personnel, et qu'il serait puéril de tirer vanité d'un travail d'intelligence auquel on ne prête qu'un concours mécanique.

éclairer les hommes et les convier *à la pratique de l'Evangile.*

II. Autorité de la Doctrine spirite.

Contrôle universel de l'enseignement des Esprits.

Si la doctrine spirite était une conception purement humaine, elle n'aurait pour garant que les lumières de celui qui l'aurait conçue ; or personne ici-bas ne saurait avoir la prétention fondée de posséder à lui seul la vérité absolue. Si les Esprits qui l'ont révélée se fussent manifestés à un seul homme, rien n'en garantirait l'origine, car il faudrait croire sur parole celui qui dirait avoir reçu leur enseignement. En admettant de sa part une parfaite sincérité, tout au plus pourrait-il convaincre les personnes de son entourage ; il pourrait avoir des sectaires, mais il ne parviendrait jamais à rallier tout le monde.

Dieu a voulu que la nouvelle révélation arrivât aux hommes par une voie plus rapide et plus authentique ; c'est pourquoi il a chargé les Esprits d'aller la porter d'un pôle à l'autre, en se manifestant partout, sans donner à personne le privilége exclusif d'entendre leur parole. Un homme peut être abusé, peut s'abuser lui-même ; il n'en saurait être ainsi quand des million; voient et entendent la même chose : c'est une garantie pour chacun et pour tous. D'ailleurs on peut faire disparaître un homme, on ne fait pas disparaître des masses ; on peut brûler les livres, mais on ne peut brûler les Esprits ; or, brûlât-on tous les livres, la source de la doctrine n'en serait pas moins intarissable, par cela même qu'elle n'est pas sur la terre, qu'elle surgit de partout, et que chacun peut y puiser. A défaut des hommes pour la répandre, il y aura toujours les Esprits, qui atteignent tout le monde et que personne ne peut atteindre.

Ce sont donc en réalité les Esprits qui font eux-mêmes la propagande, à l'aide des innombrables médiums qu'ils suscitent de tous les côtés. S'il n'avait eu qu'un interprète unique, quelque favorisé qu'il fût, le Spiritisme serait à peine connu; cet interprète lui-même, à quelque classe qu'il appartînt, eût été l'objet de préventions de la part de beaucoup de gens; toutes les nations ne l'eussent pas accepté, tandis que les Esprits, se communiquant partout, à tous les peuples, à toutes les sectes et à tous les partis, sont acceptés par tous; le Spiritisme n'a pas de nationalité; il est en dehors de tous les cultes particuliers; il n'est imposé par aucune classe de la société, puisque chacun peut recevoir des instructions de ses parents et de ses amis d'outre-tombe. Il fallait qu'il en fût ainsi pour qu'il pût appeler tous les hommes à la fraternité; s'il ne se fût pas placé sur un terrain neutre, il aurait maintenu les dissensions au lieu de les apaiser.

Cette universalité dans l'enseignement des Esprits fait la force du Spiritisme; là aussi est la cause de sa propagation si rapide; tandis que la voix d'un seul homme, même avec le secours de l'imprimerie, eût mis des siècles avant de parvenir à l'oreille de tous, voilà que des milliers de voix se font entendre simultanément sur tous les points de la terre pour proclamer les mêmes principes, et les transmettre aux plus ignorants comme aux plus savants, afin que personne ne soit déshérité. C'est un avantage dont n'a joui aucune des doctrines qui ont paru jusqu'à ce jour. Si donc le Spiritisme est une vérité, il ne craint ni le mauvais vouloir des hommes, ni les révolutions morales, ni les bouleversements physiques du globe, parce qu'aucune de ces choses ne peut atteindre les Esprits.

Mais ce n'est pas le seul avantage qui résulte de cette position exceptionnelle; le Spiritisme y trouve une garantie toute-puissante contre les schismes que pourraient susciter soit l'ambition de quelques-uns, soit les contradictions de certains Esprits. Ces contradictions sont assurément un écueil, mais qui porte en soi le remède à côté du mal.

On sait que les Esprits, par suite de la différence qui existe dans leurs capacités, sont loin d'être individuellement en possession de toute la vérité; qu'il n'est pas donné à tous de pénétrer certains mystères; que leur savoir est proportionné à leur épuration; que les Esprits vulgaires n'en savent pas plus que les hommes, et moins que certains hommes; qu'il y a parmi eux, comme parmi ces derniers, des présomptueux et des faux savants qui croient savoir ce qu'ils ne savent pas; des systématiques qui prennent leurs idées pour la vérité; enfin que les Esprits de l'ordre le plus élevé, ceux qui sont complétement dématérialisés, ont seuls dépouillé les idées et les préjugés terrestres; mais on sait aussi que les Esprits trompeurs ne se font pas scrupule de s'abriter sous des noms d'emprunt, pour faire accepter leurs utopies. Il en résulte que, pour tout ce qui est en dehors de l'enseignement exclusivement moral, les révélations que chacun peut obtenir ont un caractère individuel sans authenticité; qu'elles doivent être considérées comme des opinions personnelles de tel ou tel Esprit, et qu'il y aurait imprudence à les accepter et à les promulguer légèrement comme des vérités absolues.

a.

Le premier contrôle est sans contredit celui de la raison, auquel il faut soumettre, sans exception, tout ce qui vient des Esprits; toute théorie en contradiction manifeste avec le bon sens, avec une logique rigoureuse, et avec les données positives que l'on possède, de quelque nom respectable qu'elle soit signée, doit être rejetée. Mais ce contrôle est incomplet dans beaucoup de cas, par suite de l'insuffisance des lumières de certaines personnes, et de la tendance de beaucoup à prendre leur propre jugement pour unique arbitre de la vérité. En pareil cas, que font les hommes qui n'ont pas en eux-mêmes une confiance absolue? Ils prennent l'avis du plus grand nombre, et l'opinion de la majorité est leur guide. Ainsi doit-il en être à l'égard de l'enseignement des Esprits, qui nous en fournissent eux-mêmes les moyens.

La concordance dans l'enseignement des Esprits est donc le meilleur contrôle; mais il faut encore qu'elle ait lieu dans certaines conditions. La moins sûre de toutes, c'est lorsqu'un médium interroge lui-même plusieurs Esprits sur un point douteux; il est bien évident que, s'il est sous l'empire d'une obsession, ou s'il a affaire à un Esprit trompeur, cet Esprit peut lui dire la même chose sous des noms différents. Il n'y a pas non plus une garantie suffisante dans la conformité qu'on peut obtenir par les médiums d'un seul centre, parce qu'ils peuvent subir la même influence.

La seule garantie sérieuse de l'enseignement des Esprits est dans la concordance qui existe entre les révélations faites spontanément, par l'entremise d'un grand nombre de médiums étrangers les uns aux autres, et dans diverses contrées.

On conçoit qu'il ne s'agit point ici des communications relatives à des intérêts secondaires, mais de ce qui se rattache aux principes mêmes de la doctrine. L'expérience prouve que lorsqu'un principe nouveau doit recevoir sa solution, il est enseigné *spontanément* sur différents points à la fois, et d'une manière identique, sinon pour la forme, du moins pour le fond. Si donc il plaît à un Esprit de formuler un système excentrique, basé sur ses seules idées et en dehors de la vérité, on peut être certain que ce système restera *circonscrit*, et tombera devant l'unanimité des instructions données partout ailleurs, ainsi qu'on en a déjà eu plusieurs exemples. C'est cette unanimité qui a fait tomber tous les systèmes partiels éclos à l'origine du Spiritisme, alors que chacun expliquait les phénomènes à sa manière, et avant qu'on ne connût les lois qui régissent les rapports du monde visible et du monde invisible.

Telle est la base sur laquelle nous nous appuyons quand nous formulons un principe de la doctrine; ce n'est pas parce qu'il est selon nos idées que nous le donnons comme vrai; nous ne nous posons nullement en arbitre suprême de la vérité, et nous ne disons à personne : « Croyez telle chose, parce que nous vous le disons. » Notre opinion n'est à nos propres yeux qu'une opinion personnelle qui peut être juste ou fausse, parce que nous ne sommes pas plus infaillible qu'un autre. Ce n'est pas non plus parce qu'un principe nous est enseigné qu'il est pour nous la vérité, mais parce qu'il a reçu la sanction de la concordance.

Dans notre position, recevant les communications de près de mille centres spirites sérieux, disséminés sur les divers points du globe, nous sommes à même de voir les principes sur lesquels cette concordance s'établit; c'est cette observation qui nous a guidé jusqu'à ce jour,

et c'est également celle qui nous guidera dans les nouveaux champs que le Spiritisme est appelé à explorer.
C'est ainsi qu'en étudiant attentivement les communications venues de divers côtés, tant de la France que de
l'étranger, nous reconnaissons, à la nature toute spéciale
des révélations, qu'il y a tendance à entrer dans une nouvelle voie, et que le moment est venu de faire un pas en
avant. Ces révélations, parfois faites à mots couverts, ont
souvent passé inaperçues pour beaucoup de ceux qui les
ont obtenues; beaucoup d'autres ont cru les avoir seuls.
Prises isolément, elles seraient pour nous sans valeur;
la coïncidence seule leur donne de la gravité; puis,
quand le moment est venu de les livrer au grand jour
de la publicité, chacun alors se rappelle avoir reçu des
instructions dans le même sens. C'est ce mouvement
général que nous observons, que nous étudions, avec
l'assistance de nos guides spirituels, et qui nous aide à
juger de l'opportunité qu'il y a pour nous de faire une
chose ou de nous abstenir.

Ce contrôle universel est une garantie pour l'unité
future du Spiritisme, et annulera toutes les théories contradictoires. C'est là, que, dans l'avenir, on cherchera
le criterium de la vérité. Ce qui a fait le succès de la
doctrine formulée dans le *Livre des Esprits* et dans le
Livre des Médiums, c'est que partout chacun a pu recevoir directement des Esprits la confirmation de ce qu'ils
renferment. Si, de toutes parts, les Esprits fussent venus les contredire, ces livres auraient depuis longtemps
subi le sort de toutes les conceptions fantastiques. L'appui même de la presse ne les eût pas sauvés du naufrage,
tandis que, privés de cet appui, ils n'en ont pas moins
fait un chemin rapide, parce qu'ils ont eu celui des Esprits, dont le bon vouloir a compensé, et au delà, le

mauvais vouloir des hommes. Ainsi en sera-t-il de toutes les idées émanant des Esprits ou des hommes qui ne pourraient supporter l'épreuve de ce contrôle, dont personne ne peut contester la puissance.

Supposons donc qu'il plaise à certains Esprits de dicter, sous un titre quelconque, un livre en sens contraire; supposons même que, dans une intention hostile, et en vue de discréditer la doctrine, la malveillance suscitât des communications apocryphes, quelle influence pourraient avoir ces écrits. s'ils sont démentis de tous côtés par les Esprits? C'est de l'adhésion de ces derniers qu'il faudrait s'assurer avant de lancer un système en leur nom. Du système d'un seul à celui de tous, il y a la distance de l'unité à l'infini. Que peuvent même tous les arguments des détracteurs sur l'opinion des masses, quand des millions de voix amies, parties de l'espace, viennent de tous les coins de l'univers, et dans le sein de chaque famille les battre en brèche? L'expérience, sous ce rapport, n'a-t-elle pas déjà confirmé la théorie? Que sont devenues toutes ces publications qui devaient, soi-disant, anéantir le Spiritisme? Quelle est celle qui en a seulement arrêté la marche? Jusqu'à ce jour on n'avait pas envisagé la question sous ce point de vue, l'un des plus graves, sans contredit; chacun a compté sur soi, mais sans compter avec les Esprits.

Le principe de la concordance est encore une garantie contre les altérations que pourraient faire subir au Spiritisme les sectes qui voudraient s'en emparer à leur profit, et l'accommoder à leur guise. Quiconque tenterait de le faire dévier de son but providentiel échouerait, par la raison bien simple que les Esprits, par l'universalité de leur enseignement, feront tomber toute modification qui s'écarterait de la vérité.

Il ressort de tout ceci une vérité capitale, c'est que quiconque voudrait se mettre à la traverse du courant d'idées établi et sanctionné pourrait bien causer une petite perturbation locale et momentanée, mais jamais dominer l'ensemble, même dans le présent, et encore moins dans l'avenir.

Il en ressort de plus que les instructions données par les Esprits sur les points de la doctrine non encore élucidés ne sauraient faire loi, tant qu'elles resteront isolées; qu'elles ne doivent, par conséquent, être acceptées que sous toutes réserves et à titre de renseignement.

De là la nécessité d'apporter à leur publication la plus grande prudence; et, dans le cas où l'on croirait devoir les publier, il importe de ne les présenter que comme des opinions individuelles, plus ou moins probables, mais ayant, dans tous les cas, besoin de confirmation. C'est cette confirmation qu'il faut attendre avant de présenter un principe comme vérité absolue, si l'on ne veut être accusé de légèreté ou de crédulité irréfléchie.

Les Esprits supérieurs procèdent dans leurs révélations avec une extrême sagesse; ils n'abordent les grandes questions de la doctrine que graduellement, à mesure que l'intelligence est apte à comprendre des vérités d'un ordre plus élevé, et que les circonstances sont propices pour l'émission d'une idée nouvelle. C'est pourquoi, dès le commencement, ils n'ont pas tout dit, et n'ont pas encore tout dit aujourd'hui, ne cédant jamais à l'impatience des gens trop pressés qui veulent cueillir les fruits avant leur maturité. Il serait donc superflu de vouloir devancer le temps assigné à chaque chose par la Providence, car alors les Esprits vraiment sérieux refusent positivement leur concours; mais les Esprits légers, se souciant peu de la vérité, répondent à tout ; c'est pour cette raison que, sur toutes les questions prématurées, il y a toujours des réponses contradictoires.

Les principes ci-dessus ne sont point le fait d'une théorie personnelle, mais la conséquence forcée des conditions dans lesquelles les Esprits se manifestent. Il est bien évident que, si un Esprit dit une chose d'un côté, tandis que des millions d'Esprits disent le contraire ailleurs, la présomption de vérité ne peut être pour celui qui est seul ou à peu près de son avis ; or prétendre avoir seul raison contre tous serait aussi illogique de la part d'un Esprit que de la part des hommes. Les Esprits vraiment sages, s'ils ne se sentent pas suffisamment éclairés sur une question, ne la tranchent *jamais* d'une manière absolue ; ils déclarent ne la traiter qu'à leur point de vue, et conseillent eux-mêmes d'en attendre la confirmation.

Quelque grande, belle et juste que soit une idée, il est impossible qu'elle rallie, dès le début, toutes les opinions. Les conflits qui en résultent sont la conséquence inévitable du mouvement qui s'opère ; ils sont même nécessaires pour mieux faire ressortir la vérité, et il est utile qu'ils aient lieu au commencement pour que les idées fausses soient plus promptement usées. Les spirites qui en concevraient quelques craintes doivent donc être parfaitement rassurés. Toutes les prétentions isolées tomberont, par la force des choses, devant le grand et puissant criterium du contrôle universel.

Ce n'est pas à l'opinion d'un homme qu'on se ralliera, c'est à la voix unanime des Esprits ; ce n'est pas un homme, *pas plus nous qu'un autre,* qui fondera l'orthodoxie spirite ; ce n'est pas non plus un Esprit venant s'imposer à qui que ce soit : c'est l'universalité des Esprits se communiquant sur toute la terre par l'ordre de Dieu; là est le caractère essentiel de la doctrine spirite; là est sa force, là est son autorité. Dieu a voulu que sa loi fût assise sur une base inébranlable, c'est pourquoi il ne l'a pas fait reposer sur la tête fragile d'un seul.

C'est devant ce puissant aréopage, qui ne connaît ni les coteries, ni les rivalités jalouses, ni les sectes, ni les nations, que viendront se briser toutes les oppositions, toutes les ambitions, toutes les prétentions à la suprématie individuelle; *que nous nous briserions nous-même, si nous voulions substituer nos propres idées à ses décrets souverains;* c'est lui seul qui tranchera toutes les questions litigieuses, qui fera taire les dissidences, et donnera tort ou raison à qui de droit. Devant cet imposant accord de toutes *les voix du ciel,* que peut l'opinion d'un homme ou d'un Esprit? Moins que la goutte d'eau qui se perd dans l'Océan, moins que la voix de l'enfant étouffée par la tempête.

L'opinion universelle, voilà donc le juge suprême, celui qui prononce en dernier ressort; elle se forme de toutes les opinions individuelles; si l'une d'elles est vraie, elle n'a que son poids relatif dans la balance; si elle est fausse, elle ne peut l'emporter sur toutes les autres. Dans cet immense concours, les individualités s'effacent, et c'est là un nouvel échec pour l'orgueil humain.

Cet ensemble harmonieux se dessine déjà; or ce siècle ne passera pas qu'il ne resplendisse de tout son éclat, de manière à fixer toutes les incertitudes; car d'ici là des voix puissantes auront reçu mission de se faire entendre pour rallier les hommes sous le même drapeau, dès que le champ sera suffisamment labouré. En attendant, celui qui flotterait entre deux systèmes opposés

peut observer dans quel sens se forme l'opinion générale : c'est l'indice certain du sens dans lequel se prononce la majorité des Esprits sur les divers points où ils
se communiquent; c'est un signe non moins certain de
celui des deux systèmes qui l'emportera.

III. Notices historiques.

Pour bien comprendre certains passages des Évangiles, il est nécessaire de connaître la valeur de plusieurs
mots qui y sont fréquemment employés, et qui caractérisent l'état des mœurs et de la société juive à cette
époque. Ces mots n'ayant plus pour nous le même sens
ont été souvent mal interprétés, et par cela même ont
laissé une sorte d'incertitude. L'intelligence de leur signification explique en outre le sens véritable de certaines
maximes qui semblent étranges au premier abord.

SAMARITAINS. Après le schisme des dix tribus, Samarie
devint la capitale du royaume dissident d'Israël. Détruite
et rebâtie à plusieurs reprises, elle fut, sous les Romains,
le chef-lieu de la Samarie, l'une des quatre divisions de
la Palestine. Hérode, dit le Grand, l'embellit de somp-
tueux monuments, et, pour flatter Auguste, lui donna
le nom d'*Augusta*, en grec *Sébaste*.

Les Samaritains furent presque toujours en guerre
avec les rois de Juda; une aversion profonde, datant de
la séparation, se perpétua constamment entre les deux
peuples, qui fuyaient toutes relations réciproques. Les
Samaritains, pour rendre la scission plus profonde et
n'avoir point à venir à Jérusalem pour la célébration
des fêtes religieuses, se construisirent un temple parti-

culier, et adoptèrent certaines réformes; ils n'admet-
taient que le Pentateuque contenant la loi de Moïse, et
rejetaient tous les livres qui y furent annexés depuis.
Leurs livres sacrés étaient écrits en caractères hébreux
de la plus haute antiquité. Aux yeux des Juifs ortho-
doxes ils étaient hérétiques, et, par cela même, méprisés,
anathématisés et persécutés. L'antagonisme des deux
nations avait donc pour unique principe la divergence
des opinions religieuses, quoique leurs croyances eussent la même origine ; c'était les *Protestants* de ce
temps-là.

On trouve encore aujourd'hui des Samaritains dans
quelques contrées du Levant, particulièrement à Naplouse
et à Jaffa. Ils observent la loi de Moïse avec plus de
rigueur que les autres Juifs, et ne contractent d'alliance
qu'entre eux.

Nazaréens, nom donné, dans l'ancienne loi, aux Juifs
qui faisaient vœu, soit pour la vie, soit pour un temps,
de conserver une pureté parfaite ; ils s'engageaient à la
chasteté, à l'abstinence des liqueurs et à la conservation
de leur chevelure. Samson, Samuel et Jean-Baptiste
étaient Nazaréens.

Plus tard les Juifs donnèrent ce nom aux premiers
chrétiens, par allusion à Jésus de Nazareth.

Ce fut aussi le nom d'une secte hérétique des premiers
siècles de l'ère chrétienne, qui, de même que les Ébio-
nites, dont elle adoptait certains principes, mêlait les
pratiques du Mosaïsme aux dogmes chrétiens. Cette secte
disparut au quatrième siècle.

Publicains. On appelait ainsi, dans l'ancienne Rome,
les chevaliers fermiers des taxes publiques, chargés du

recouvrement des impôts et des revenus de toute nature, soit à Rome même, soit dans les autres parties de
l'empire. Ils étaient l'analogue des fermiers généraux et
traitants de l'ancien régime en France, et tels qu'ils existent encore dans certaines contrées. Les risques qu'ils
couraient faisaient fermer les yeux sur les richesses
qu'ils acquéraient souvent, et qui, chez beaucoup, étaient
le produit d'exactions et de bénéfices scandaleux. Le
nom de publicain s'étendit plus tard à tous ceux qui
avaient le maniement des deniers publics et aux agents
subalternes. Aujourd'hui ce mot se prend en mauvaise
part pour désigner les financiers et agents d'affaires peu
scrupuleux; on dit quelquefois : « Avide comme un publicain; riche comme un publicain, » pour une fortune
de mauvais aloi.

De la domination romaine, l'impôt fut ce que les Juifs
acceptèrent le plus difficilement, et ce qui causa parmi
eux le plus d'irritation; il s'ensuivit plusieurs révoltes,
et l'on en fit une question religieuse, parce qu'on le regardait comme contraire à la loi. Il se forma même un
parti puissant à la tête duquel était un certain Juda, dit
le Gaulonite, qui avait pour principe le refus de l'impôt.
Les Juifs avaient donc en horreur l'impôt, et, par suite,
tous ceux qui étaient chargés de le percevoir; de là leur
aversion pour les publicains de tous rangs, parmi lesquels pouvaient se trouver des gens très estimables,
mais qui, en raison de leurs fonctions, étaient méprisés,
ainsi que ceux qui les fréquentaient, et qui étaient confondus dans la même réprobation. Les Juifs de distinction auraient cru se compromettre en ayant avec eux
des rapports d'intimité.

Les Péagers étaient les percepteurs de bas étage,

chargés principalement du recouvrement des droits à l'entrée des villes. Leurs fonctions correspondaient à peu près à celles des douaniers et des receveurs d'octroi; ils partageaient la réprobation des publicains en général. C'est pour cette raison que, dans l'Évangile, on trouve fréquemment le nom de *publicain* accolé à celui de *gens de mauvaise vie;* cette qualification n'impliquait point celle de débauchés et de gens sans aveu; c'était un terme de mépris synonyme de *gens de mauvaise compagnie,* indignes de fréquenter les *gens comme il faut.*

PHARISIENS (de l'Hébreu *Parasch* division, séparation). La tradition formait une partie importante de la théologie juive; elle consistait dans le recueil des interprétations successives données sur le sens des Écritures, et qui étaient devenues des articles de dogme. C'était, parmi les docteurs, le sujet d'interminables discussions, le plus souvent sur de simples questions de mots ou de formes, dans le genre des disputes théologiques et des subtilités de la scolastique du moyen âge; de là naquirent différentes sectes qui prétendaient avoir chacune le monopole de la vérité, et, comme cela arrive presque toujours, se détestaient cordialement les unes les autres.

Parmi ces sectes la plus influente était celle des *Pharisiens,* qui eut pour chef *Hillel,* docteur juif né à Babylone, fondateur d'une école célèbre où l'on enseignait que la foi n'était due qu'aux Écritures. Son origine remonte à l'an 180 ou 200 avant J.-C. Les Pharisiens furent persécutés à diverses époques, notamment sous Hyrcan, souverain pontife et roi des Juifs, Aristobule et Alexandre, roi de Syrie; cependant, ce dernier leur ayant rendu leurs honneurs et leurs biens, ils ressaisirent leur puis-

sance qu'ils conservèrent jusqu'à la *ruine de Jérusalem*,
l'an 70 de l'ère chrétienne, époque à laquelle leur nom
disparut à la suite de la dispersion des Juifs.

Les Pharisiens prenaient une part active dans les controverses religieuses. Serviles observateurs des pratiques
extérieures du culte et des cérémonies, pleins d'un zèle
ardent de prosélytisme, ennemis des novateurs, ils affec-
taient une grande sévérité de principes; mais, sous les
apparences d'une dévotion méticuleuse, ils cachaient
des mœurs dissolues, beaucoup d'orgueil, et par-dessus
tout un amour excessif de domination. La religion était
pour eux plutôt un moyen d'arriver que l'objet d'une
foi sincère. Ils n'avaient que les dehors et l'ostentation
de la vertu; mais par là ils exerçaient une grande influence sur le peuple, aux yeux duquel ils passaient pour
de saints personnages; c'est pourquoi ils étaient très
puissants à Jérusalem.

Ils croyaient, ou du moins faisaient profession de croire
à la Providence, à l'immortalité de l'âme, à l'éternité
des peines et à la résurrection des morts. (Ch. IV, n° 4.)
Jésus, qui prisait avant tout la simplicité et les qualités
du cœur, qui préférait dans la loi *l'esprit qui vivifie
à la lettre qui tue*, s'attacha, durant toute sa mission, à
démasquer leur hypocrisie, et s'en fit par conséquent des
ennemis acharnés; c'est pourquoi ils se liguèrent avec
les princes des prêtres pour ameuter le peuple contre lui
et le faire périr.

Scribes, nom donné dans le principe aux secrétaires
des rois de Juda, et à certains intendants des armées
juives; plus tard cette désignation fut appliquée spécialement aux docteurs qui enseignaient la loi de Moïse
et l'interprétaient au peuple. Ils faisaient cause com-

mune avec les Pharisiens, dont ils partageaient les principes et l'antipathie contre les novateurs; c'est pourquoi
Jésus les confond dans la même réprobation.

Synagogue (du grec *Sunagogué*, assemblée, congréga-
tion). Il n'y avait en Judée qu'un seul temple, celui de
Salomon, à Jérusalem, où se célébraient les grandes
cérémonies du culte. Les Juifs s'y rendaient tous les ans
en pèlerinage pour les principales fêtes, telles que celles
de la Pâque, de la Dédicace et des Tabernacles. C'est
dans ces occasions que Jésus y fit plusieurs voyages. Les
autres villes n'avaient point de temples, mais des synagogues, édifices où les Juifs se rassemblaient aux jours
de sabbat pour faire des prières publiques, sous la
direction des Anciens, des scribes ou docteurs de la
loi ; on y faisait aussi des lectures tirées des livres sacrés
que l'on expliquait et commentait ; chacun pouvait y
prendre part ; c'est pourquoi Jésus, sans être prêtre,
enseignait dans les synagogues les jours de sabbat.
Depuis la ruine de Jérusalem et la dispersion des
Juifs, les synagogues, dans les villes qu'ils habitent,
leur servent de temples pour la célébration du culte.

Saducéens, secte juive qui se forma vers l'an 248
avant Jésus-Christ ; ainsi nommée de *Sadoc*, son
fondateur. Les Saducéens ne croyaient ni à l'immortalité de l'âme, ni à la résurrection, ni aux bons et
mauvais anges. Cependant ils croyaient à Dieu, mais
n'attendant rien après la mort, ils ne le servaient qu'en
vue de récompenses temporelles, ce à quoi, selon eux,
se bornait sa providence ; aussi la satisfaction des sens
était-elle à leurs yeux le but essentiel de la vie. Quant
aux Écritures, ils s'en tenaient au texte de la loi an-

cienne, n'admettant ni la tradition, ni aucune interprétation ; ils plaçaient les bonnes œuvres et l'exécution
pure et simple de la loi au-dessus des pratiques extérieures du culte. C'étaient, comme on le voit, les matérialistes, les déistes et les sensualistes de l'époque. Cette
secte était peu nombreuse, mais elle comptait des personnages importants, et devint un parti politique constamment opposé aux Pharisiens.

ESSÉNIENS ou ESSÉENS, secte juive fondée vers l'an
150 avant Jésus-Christ, au temps des Machabées, et
dont les membres, qui habitaient des espèces de mo-
nastères, formaient entre eux une sorte d'association
morale et religieuse. Ils se distinguaient par des mœurs
douces et des vertus austères, enseignaient l'amour de
Dieu et du prochain, l'immortalité de l'âme, et croyaient
a la résurrection. Ils vivaient dans le célibat, condam-
naient la servitude et la guerre, mettaient leurs biens
en commun, et se livraient à l'agriculture. Opposés aux
Saducéens sensuels qui niaient l'immortalité, aux Pharisiens rigides pour les pratiques extérieures, et chez
lesquels la vertu n'était qu'apparente, ils ne prirent
aucune part aux querelles qui divisèrent ces deux sectes.
Leur genre de vie se rapprochait de celui des premiers
chrétiens, et les principes de morale qu'ils professaient
ont fait penser à quelques personnes que Jésus fit partie
de cette secte avant le commencement de sa mission
publique. Ce qui est certain, c'est qu'il a dû la connaître, mais rien ne prouve qu'il y fût affilié, et tout ce
qu'on a écrit à ce sujet est hypothétique[1].

---

1. *La Mort de Jésus*, soi-disant écrite par un frère essénien, est
un livre complétement apocryphe, écrit en vue de servir une opi-

THÉRAPEUTES (du grec *thérapeutaï*, fait de *thérapeueïn*, servir, soigner; c'est-à-dire serviteurs de Dieu ou guérisseurs); sectaires juifs contemporains du Christ, établis principalement à Alexandrie en Égypte. Ils avaient un grand rapport avec les Esséniens, dont ils professaient les principes ; comme ces derniers ils s'adonnaient à la pratique de toutes les vertus. Leur nourriture était d'une extrême frugalité ; voués au célibat, à la contemplation et à la vie solitaire, ils formaient un véritable ordre religieux. Philon, philosophe juif platonicien d'Alexandrie, est le premier qui ait parlé des Thérapeutes ; il en fait une secte du judaïsme. Eusèbe, saint Jérôme et d'autres Pères pensent qu'ils étaient chrétiens. Qu'ils fussent juifs ou chrétiens, il est évident que, de même que les Esséniens, ils forment le trait d'union entre le judaïsme et le christianisme.

IV. SOCRATE ET PLATON PRÉCURSEURS DE L'IDÉE CHRÉTIENNE ET DU SPIRITISME.

De ce que Jésus a dû connaître la secte des Esséniens, on aurait tort d'en conclure qu'il y a puisé sa doctrine, et que, s'il eût vécu dans un autre milieu, il eût professé d'autres principes. Les grandes idées n'éclatent jamais subitement ; celles qui ont pour base la vérité ont toujours des précurseurs qui en préparent partiellement les voies ; puis, quand le temps est venu, Dieu envoie un homme avec mission de résumer, coordonner et compléter ces éléments épars, et d'en former un corps; de cette façon l'idée, n'arrivant pas brusquement,

nion, et qui renferme en lui-même la preuve de son origine moderne.

trouve, à son apparition, des esprits tout disposés à l'accepter. Ainsi en a-t-il été de l'idée chrétienne, qui a été pressentie plusieurs siècles avant Jésus et les Esséniens, et dont Socrate et Platon ont été les principaux précurseurs.

Socrate, de même que Christ, n'a rien écrit, ou du moins n'a laissé aucun écrit ; comme lui, il est mort de la mort des criminels, victime du fanatisme, pour avoir attaqué les croyances reçues, et mis la vertu réelle au-dessus de l'hypocrisie et du simulacre des formes, en un mot pour avoir combattu les préjugés religieux. Comme Jésus fut accusé par les Pharisiens de corrompre le peuple par ses enseignements, lui aussi fut accusé par les Pharisiens de son temps, car il y en a eu à toutes les époques, de corrompre la jeunesse, en proclamant le dogme de l'unité de Dieu, de l'immortalité de l'âme et de la vie future. De même encore que nous ne connaissons la doctrine de Jésus que par les écrits de ses disciples, nous ne connaissons celle de Socrate que par les écrits de son disciple Platon. Nous croyons utile d'en résumer ici les points les plus saillants pour en montrer la concordance avec les principes du christianisme.

A ceux qui regarderaient ce parallèle comme une profanation, et prétendraient qu'il ne peut y avoir de parité entre la doctrine d'un païen et celle du Christ, nous répondrons que la doctrine de Socrate n'était pas païenne, puisqu'elle avait pour but de combattre le paganisme ; que la doctrine de Jésus, plus complète et plus épurée que celle de Socrate, n'a rien à perdre à la comparaison ; que la grandeur de la mission divine du Christ n'en saurait être amoindrie ; que d'ailleurs c'est de l'histoire qui ne peut être étouffée. L'homme est arrivé à un point où la lumière sort d'elle-même de

dessous le boisseau ; il est mûr pour la regarder en face ;
tant pis pour ceux qui n'osent ouvrir les yeux. Le temps
est venu d'envisager les choses largement et d'en haut,
et non plus au point de vue mesquin et rétréci des intérêts de sectes et de castes.

Ces citations prouveront en outre que, si Socrate et
Platon ont pressenti l'idée chrétienne, on trouve égale-
ment dans leur doctrine les principes fondamentaux du
Spiritisme.

Résumé de la doctrine de Socrate et de Platon.

I. L'homme est *une âme incarnée*. Avant son incarnation,
elle existait unie aux types primordiaux, aux idées du vrai, du
bien et du beau ; elle s'en sépare en s'incarnant, et, *se rappe-
lant son passé,* elle est plus ou moins tourmentée par le désir
d'y revenir.

On ne peut énoncer plus clairement la distinction et
l'indépendance du principe intelligent et du principe
matériel ; c'est en outre la doctrine de la préexistence de l'âme ; de la vague intuition qu'elle conserve
d'un autre monde auquel elle aspire, de sa survivance
au corps, de sa sortie du monde spirituel pour s'incarner, et de sa rentrée dans ce même monde après
la mort ; c'est enfin le germe de la doctrine des Anges
déchus.

II. L'âme s'égare et se trouble quand elle se sert du corps
pour considérer quelque objet ; elle a des vertiges comme si elle
était ivre, parce qu'elle s'attache à des choses qui sont, de leur
nature, sujettes à des changements ; au lieu que, lorsqu'elle
contemple sa propre essence, elle se porte vers ce qui est pur,
éternel, immortel, et, étant de même nature, elle y demeure
attachée aussi longtemps qu'elle le peut ; alors ses égarements

cessent, car elle est unie à ce qui est immuable, et cet état de l'âme est ce qu'on appelle *sagesse*.

Ainsi l'homme qui considère les choses d'en bas, terre à terre, au point de vue matériel, se fait illusion ; pour les apprécier avec justesse, il faut les voir d'en haut, c'est-à-dire du point de vue spirituel. Le vrai sage doit donc en quelque sorte isoler l'âme du corps, pour voir avec les yeux de l'esprit. C'est ce qu'enseigne le Spiritisme. (Ch. II, n° 5.)

III. Tant que nous aurons notre corps et que l'âme se trouvera plongée dans cette corruption, jamais nous ne posséderons l'objet de nos désirs : la vérité. En effet, le corps nous suscite mille obstacles par la nécessité où nous sommes d'en prendre soin ; de plus, il nous remplit de désirs, d'appétits, de craintes, de mille chimères et de mille sottises, de manière qu'avec lui il est impossible d'être sage un instant. Mais, s'il est possible de rien connaître purement pendant que l'âme est unie au corps, il faut de deux choses l'une, ou que l'on ne connaisse jamais la vérité, ou qu'on la connaisse après la mort. Affranchis de la folie du corps, nous converserons alors, il y a lieu de l'espérer, avec des hommes également libres, et nous connaîtrons par nous-mêmes l'essence des choses. C'est pourquoi les véritables philosophes s'exercent à mourir, et la mort ne leur paraît nullement redoutable. (*Ciel et Enfer*, 1re partie, ch. II ; 2e partie, ch. I.)

C'est là le principe des facultés de l'âme obscurcies par l'intermédiaire des organes corporels, et de l'expansion de ces facultés après la mort. Mais il ne s'agit ici que des âmes d'élite, déjà épurées ; il n'en est pas de même des âmes impures.

IV. L'âme impure, en cet état, est appesantie et entraînée de nouveau vers le monde visible par l'horreur de ce qui est invisible et immatériel ; elle erre alors, dit-on, autour des monu-

ments et des tombeaux, auprès desquels on a vu parfois des
fantômes ténébreux, comme doivent être les images des âmes
qui ont quitté le corps sans être entièrement pures, et qui retiennent quelque chose de la forme matérielle, ce qui fait que
l'œil peut les apercevoir. Ce ne sont pas les âmes des bons, mais
des méchants, qui sont forcées d'errer dans ces lieux, où elles
portent la peine de leur première vie, et où elles continuent
d'errer jusqu'à ce que les appétits inhérents à la forme matérielle qu'elles se sont donnée les ramènent dans un corps ; et
alors elles reprennent sans doute les mêmes mœurs qui, pendant leur première vie, étaient l'objet de leurs prédilections.

Non-seulement le principe de la réincarnation est ici
clairement exprimé, mais l'état des âmes qui sont encore sous l'empire de la matière, est décrit tel que le
Spiritisme le montre dans les évocations. Il y a plus,
c'est qu'il est dit que la réincarnation dans un corps matériel est une conséquence de l'impureté de l'âme, tandis
que les âmes purifiées en sont affranchies. Le Spiritisme
ne dit pas autre chose; seulement il ajoute que l'âme
qui a pris de bonnes résolutions dans l'erraticité, et qui
a des connaissances acquises, apporte en renaissant
moins de défauts, plus de vertus, et plus d'idées intui-
tives qu'elle n'en avait dans sa précédente existence;
et qu'ainsi chaque existence marque pour elle un
progrès intellectuel et moral. (*Ciel et Enfer*, 2ᵉ partie :
Exemples.)

V. Après notre mort, le génie (*daimon*, démon) qui nous avait
été assigné pendant notre vie nous mène dans un lieu où se
réunissent tous ceux qui doivent être conduits dans le *Hadès*
pour y être jugés. Les âmes, après avoir séjourné dans le Hadès
le temps nécessaire, sont ramenées à cette vie *dans de nombreuses
et longues périodes.*

C'est la doctrine des Anges gardiens ou Esprits protecteurs, et des réincarnations successives après des intervalles plus ou moins longs d'erraticité.

VI. Les démons remplissent l'intervalle qui sépare le ciel de la terre ; ils sont le lien qui unit le Grand Tout avec lui-même. La divinité n'entrant jamais en communication directe avec l'homme, c'est par l'intermédiaire des démons que les dieux commercent et s'entretiennent avec lui, soit pendant la veille, soit pendant le sommeil.

Le mot *daïmon*, dont on a fait *démon*, n'était pas pris en mauvaise part dans l'antiquité comme chez les modernes ; il ne se disait point exclusivement des êtres malfaisants, mais de tous les Esprits en général, parmi lesquels on distinguait les Esprits supérieurs appelés *les dieux*, et les Esprits moins élevés, ou démons proprement dits, qui communiquaient directement avec les hommes. Le Spiritisme dit aussi que les Esprits peuplent l'espace ; que Dieu ne se communique aux hommes que par l'intermédiaire des purs Esprits chargés de transmettre ses volontés ; que les Esprits se communiquent à eux pendant la veille et pendant le sommeil. Au mot *démon* substituez le mot *Esprit*, et vous aurez la doctrine spirite ; mettez le mot *ange*, et vous aurez la doctrine chrétienne.

VII. La préoccupation constante du philosophe (tel que le comprenaient Socrate et Platon) est de prendre le plus grand soin de l'âme, moins pour cette vie, qui n'est qu'un instant, qu'en vue de l'éternité. Si l'âme est immortelle, n'est-il pas sage de vivre en vue de l'éternité?

Le christianisme et le Spiritisme enseignent la même chose.

b.

VIII. Si l'âme est immatérielle, elle doit se rendre, après cette vie, dans un monde également invisible et immatériel, de même que le corps, en se décomposant, retourne à la matière. Seulement il importe de bien distinguer l'âme pure, vraiment immatérielle, qui se nourrit, comme Dieu, de science et de pensées, de l'âme *plus ou moins* entachée d'impuretés matérielles qui l'empêchent de s'élever vers le divin, et la retiennent dans les lieux de son séjour terrestre.

Socrate et Platon, comme on le voit, comprenaient parfaitement les différents degrés de dématérialisation de l'âme; ils insistent sur la différence de situation qui résulte pour elles de leur *plus ou moins* de pureté. Ce qu'ils disaient par intuition, le Spiritisme le prouve par les nombreux exemples qu'il met sous nos yeux. (*Ciel et Enfer,* 2ᵉ partie.)

IX. Si la mort était la dissolution de l'homme tout entier, ce serait un grand gain pour les méchants, après leur mort, d'être délivrés en même temps de leur corps, de leur âme et de leurs vices. Celui qui a orné son âme, non d'une parure étrangère, mais de celle qui lui est propre, celui-là seul pourra attendre tranquillement l'heure de son départ pour l'autre monde.

En d'autres termes, c'est dire que le matérialisme, qui proclame le néant après la mort, serait l'annulation de toute responsabilité morale ultérieure, et par conséquent un excitant au mal; que le méchant a tout à gagner au néant; que l'homme qui s'est dépouillé de ses vices et s'est enrichi de vertus peut seul attendre tranquillement le réveil dans l'autre vie. Le spiritisme nous montre, par les exemples qu'il met journellement sous nos yeux, combien est pénible pour le méchant le passage d'une vie à l'autre, et l'entrée dans la vie future. (*Ciel et Enfer,* 2ᵉ partie, ch. I.)

X. Le corps conserve les vestiges bien marqués des soins qu'on a pris de lui ou des accidents qu'il a éprouvés ; il en est de même de l'âme ; quand elle est dépouillée du corps, elle porte les traces évidentes de son caractère, de ses affections et les empreintes que chacun des actes de sa vie y a laissées. Ainsi le plus grand malheur qui puisse arriver à l'homme, c'est d'aller dans l'autre monde avec une âme chargée de crimes. Tu vois, Calliclès, que ni toi, ni Polus, ni Gorgias, vous ne sauriez prouver qu'on doive mener une autre vie qui nous sera utile quand nous serons là-bas. De tant d'opinions diverses, la seule qui demeure inébranlable, c'est qu'*il vaut mieux recevoir que commettre une injustice*, et qu'avant toutes choses on doit s'appliquer, non à paraître homme de bien, mais à l'être. (Entretiens de Socrate avec ses disciples dans sa prison.)

Ici on retrouve cet autre point capital, confirmé aujourd'hui par l'expérience, que l'âme non épurée conserve les idées, les tendances, le caractère et les passions qu'elle avait sur la terre. Cette maxime : *Il vaut mieux recevoir que commettre une injustice,* n'est-elle pas toute chrétienne? C'est la même pensée que Jésus exprime par cette figure : « Si quelqu'un vous frappe sur une joue, tendez-lui encore l'autre. » (Ch. xii, n⁰ˢ 7, 8.)

XI. De deux choses l'une : ou la mort est une destruction absolue, ou elle est le passage d'une âme dans un autre lieu. Si tout doit s'éteindre, la mort sera comme une de ces rares nuits que nous passons sans rêve et sans aucune conscience de nous-mêmes. Mais si la mort n'est qu'un changement de séjour, le passage dans un lieu où les morts doivent se réunir, quel bonheur d'y rencontrer ceux qu'on a connus ! Mon plus grand plaisir serait d'examiner de près les habitants de ce séjour et d'y distinguer, comme ici, ceux qui sont sages de ceux qui croient l'être et ne le sont pas. Mais il est temps de nous quitter, moi pour mourir, vous pour vivre. (Socrate à ses juges.)

Selon Socrate, les hommes qui ont vécu sur la terre se retrouvent après la mort, et se reconnaissent. Le

Spiritisme nous les montre continuant les rapports qu'ils ont eus, de telle sorte que la mort n'est ni une interruption, ni une cessation de la vie, mais une transformation, sans solution de continuité.

Socrate et Platon auraient connu les enseignements que le Christ donna cinq cents ans plus tard, et ceux que donnent maintenant les Esprits, qu'ils n'auraient pas parlé autrement. En cela il n'est rien qui doive surprendre, si l'on considère que les grandes vérités sont éternelles, et que les Esprits avancés ont dû les connaître avant de venir sur la terre, où ils les ont apportées; que Socrate, Platon et les grands philosophes de leur temps ont pu être, plus tard, du nombre de ceux qui ont secondé Christ dans sa divine mission, et qu'ils ont été choisis précisément parce qu'ils étaient plus que d'autres à même de comprendre ses sublimes enseignements; qu'ils peuvent enfin faire aujourd'hui partie de la pléiade des Esprits chargés de venir enseigner aux hommes les mêmes vérités.

XII. *Il ne faut jamais rendre injustice pour injustice, ni faire de mal à personne, quelque tort qu'on nous ait fait.* Peu de personnes, cependant, admettront ce principe, et les gens qui sont divisés là-dessus ne doivent que se mépriser les uns les autres.

N'est-ce pas là le principe de la charité qui nous enseigne de ne point rendre le mal pour le mal, et de pardonner à nos ennemis?

XIII. *C'est aux fruits qu'on reconnaît l'arbre.* Il faut qualifier chaque action selon ce qu'elle produit : l'appeler mauvaise quand il en provient du mal, bonne quand il en naît du bien.

Cette maxime : « C'est aux fruits qu'on reconnaît

l'abre, » se trouve textuellement répétée plusieurs fois
dans l'Évangile.

XIV. La richesse est un grand danger. Tout homme qui aime
la richesse n'aime ni lui ni ce qui est à lui, mais une chose qui
qui lui est encore plus étrangère que ce qui est à lui. (Ch. XVI.)

XV. Les plus belles prières et les plus beaux sacrifices plaisent moins à la Divinité qu'une âme vertueuse qui s'efforce de
lui ressembler. Ce serait une chose grave que les dieux eussent
plus d'égards à nos offrandes qu'à notre âme ; par ce moyen,
les plus coupables pourraient se les rendre propices. Mais non,
il n'y a de vraiment justes et sages que ceux qui, par leurs paroles et par leurs actes, s'acquittent de ce qu'ils doivent aux
dieux et aux hommes. (Ch. X, nos 7, 8.)

XVI. J'appelle homme vicieux cet amant vulgaire qui aime le
corps plutôt que l'âme. L'amour est partout dans la nature qui
nous invite à exercer notre intelligence ; on le retrouve jusque
dans le mouvement des astres. C'est l'amour qui orne la nature
de ses riches tapis ; il se pare et fixe sa demeure là où il trouve
des fleurs et des parfums. C'est encore l'amour qui donne la
paix aux hommes, le calme à la mer, le silence aux vents et le
sommeil à la douleur.

L'amour, qui doit unir les hommes par un lien fraternel, est une conséquence de cette théorie de Platon sur
l'amour universel comme loi de nature. Socrate ayant
dit que « l'amour n'est ni un dieu ni un mortel, mais
un grand démon, » c'est-à-dire un grand Esprit prési-
dant à l'amour universel, cette parole lui fut surtout im-
putée à crime.

XVII. La vertu ne peut pas s'enseigner ; elle vient par un don
de Dieu à ceux qui la possèdent.

C'est à peu près la doctrine chrétienne sur la grâce ;
mais si la vertu est un don de Dieu, c'est une faveur, et

l'on peut demander pourquoi elle n'est pas accordée à tout le monde; d'un autre côté, si c'est un don, elle est sans mérite pour celui qui la possède. Le Spiritisme est plus explicite; il dit que celui qui possède la vertu l'a acquise par ses efforts dans ses existences successives en se dépouillant peu à peu de ses imperfections. La grâce est la force dont Dieu favorise tout homme de bonne volonté pour se dépouiller du mal et pour faire le bien.

XVIII. Il est une disposition naturelle à chacun de nous, c'est de s'apercevoir bien moins de nos défauts que de ceux d'autrui.

L'Évangile dit : « Vous voyez la paille dans l'œil de votre voisin, et vous ne voyez pas la poutre qui est dans le vôtre. » (Ch. x, n°ˢ 9, 10.)

XIX. Si les médecins échouent dans la plupart des maladies, *c'est qu'ils traitent le corps sans l'âme,* et que, le tout n'étant pas en bon état, il est impossible que la partie se porte bien.

Le Spiritisme donne la clef des rapports qui existent entre l'âme et le corps, et prouve qu'il y a réaction incessante de l'un sur l'autre. Il ouvre ainsi une nouvelle voie à la science; en lui montrant la véritable cause de certaines affections, il lui donne les moyens de les combattre. Quand elle tiendra compte de l'action de l'élément spirituel dans l'économie, elle échouera moins souvent.

XX. Tous les hommes, à commencer depuis l'enfance, font beaucoup plus de mal que de bien.

Cette parole de Socrate touche à la grave question de

la prédominance du mal sur la terre, question insoluble sans la connaissance de la pluralité des mondes et de la destination de la terre, où n'habite qu'une très petite fraction de l'humanité. Le Spiritisme seul en donne la solution, qui est développée ci-après dans les chapitres II, III et V.

XXI. Il y a de la sagesse à ne pas croire savoir ce que tu ne sais pas.

Ceci va à l'adresse des gens qui critiquent ce dont souvent ils ne savent pas le premier mot. Platon complète cette pensée de Socrate en disant : « Essayons de les rendre d'abord, si c'est possible, plus honnêtes en paroles ; sinon, *ne nous soucions pas d'eux,* et ne cherchons que la vérité. Tâchons de nous instruire, mais *ne nous injurions pas.* » C'est ainsi que doivent agir les spirites à l'égard de leurs contradicteurs de bonne ou de mauvaise foi. Platon revivrait aujourd'hui, qu'il trouverait les choses à peu près comme de son temps, et pourrait tenir le même langage ; Socrate aussi trouverait des gens pour se moquer de sa croyance aux Esprits, et le traiter de fou, ainsi que son disciple Platon.

C'est pour avoir professé ces principes que Socrate fut d'abord tourné en ridicule, puis accusé d'impiété, et condamné à boire de ciguë ; tant il est vrai que les grandes vérités nouvelles, soulevant contre elles les intérêts et les préjugés qu'elles froissent, ne peuvent s'établir sans lutte et sans faire des martyrs.

L'ÉVANGILE

SELON LE SPIRITISME

CHAPITRE I

JE NE SUIS POINT VENU DÉTRUIRE LA LOI.

Les trois révélations : Moïse ; Christ ; le Spiritisme. — Alliance de la science et de la religion. — *Instructions des Esprits* : L'ère nouvelle.

1. Ne pensez point que je sois venu détruire la loi ou les prophètes ; je ne suis point venu les détruire, mais les accomplir ; — car je vous dis en vérité que le ciel et la terre ne passeront point que tout ce qui est dans la loi ne soit accompli parfaitement, jusqu'à un seul iota et à un seul point. (Saint Matthieu, ch. v, *v.* 17, 18.)

Moïse.

2. Il y a deux parties distinctes dans la loi mosaïque : la loi de Dieu promulguée sur le mont Sinaï, et la loi civile ou disciplinaire établie par Moïse ; l'une est invariable ; l'autre, appropriée aux mœurs et au caractère du peuple, se modifie avec le temps.

La loi de Dieu est formulée dans les dix commandements suivants :

I. Je suis le Seigneur, votre Dieu, qui vous ai tirés

1

de l'Égypte, de la maison de servitude. — Vous n'aurez point d'autres dieux étrangers devant moi. — Vous ne ferez point d'image taillée, ni aucune figure de tout ce qui est en haut dans le ciel et en bas sur la terre, ni de tout ce qui est dans les eaux sous la terre. Vous ne les adorerez point, et vous ne leur rendrez point le souverain culte.

II. Vous ne prendrez point en vain le nom du Seigneur votre Dieu.

III. Souvenez-vous de sanctifier le jour du sabbat.

IV. Honorez votre père et votre mère, afin que vous viviez longtemps sur la terre que le Seigneur votre Dieu vous donnera.

V. Vous ne tuerez point.

VI. Vous ne commettrez point d'adultère.

VII. Vous ne déroberez point.

VIII. Vous ne porterez point de faux témoignage contre votre prochain.

IX. Vous ne désirerez point la femme de votre prochain.

X. Vous ne désirerez point la maison de votre prochain, ni son serviteur, ni sa servante, ni son bœuf, ni son âne, ni aucune de toutes les choses qui lui appartiennent.

Cette loi est de tous les temps et de tous les pays, et a, par cela même, un caractère divin. Tout autres sont les lois établies par Moïse, obligé de maintenir par la crainte un peuple naturellement turbulent et indiscipliné, chez lequel il avait à combattre des abus enracinés et des préjugés puisés dans la servitude d'Égypte. Pour donner de l'autorité à ses lois, il a dû leur attribuer une origine divine, ainsi que l'ont fait tous les législateurs des peuples primitifs; l'autorité de l'homme

devait s'appuyer sur l'autorité de Dieu; mais l'idée d'un
Dieu terrible pouvait seule impressionner des hommes
ignorants, en qui le sens moral et le sentiment d'une
exquise justice étaient encore peu développés. Il est bien
évident que celui qui avait mis dans ses commandements : « Tu ne tueras point; tu ne feras point de tort
à ton prochain, » ne pouvait se contredire en faisant un
devoir de l'extermination. Les lois mosaïques, proprement dites, avaient donc un caractère essentiellement
transitoire.

Christ.

3. Jésus n'est point venu détruire la loi, c'est-à-dire
la loi de Dieu; il est venu l'accomplir, c'est-à-dire la
développer, lui donner son véritable sens, et l'appro-
prier au degré d'avancement des hommes; c'est pourquoi on trouve dans cette loi le principe des devoirs
envers Dieu et envers le prochain, qui fait la base de sa
doctrine. Quant aux lois de Moïse proprement dites, il
les a au contraire profondément modifiées, soit dans le
fond, soit dans la forme; il a constamment combattu
l'abus des pratiques extérieures et les fausses interprétations, et il ne pouvait pas leur faire subir une réforme
plus radicale qu'en les réduisant à ces mots : « Aimer
Dieu par-dessus toutes choses, et son prochain comme
soi-même, » et en disant : *c'est là toute la loi et les prophètes.*

Par ces paroles : « Le ciel et la terre ne passeront
point que tout ne soit accompli jusqu'à un seul iota, »
Jésus a voulu dire qu'il fallait que la loi de Dieu reçût
son accomplissement, c'est-à-dire fût pratiquée sur toute
la terre, dans toute sa pureté, avec tous ses développe-

ments et toutes ses conséquences ; car, que servirait d'a-
voir établi cette loi, si elle devait rester le privilége de
quelques hommes ou même d'un seul peuple? Tous les
hommes étant les enfants de Dieu sont, sans distinction, l'objet d'une même sollicitude.

4. Mais le rôle de Jésus n'a pas été simplement celui
d'un législateur moraliste, sans autre autorité que sa
parole; il est venu accomplir les prophéties qui avaient
annoncé sa venue; il tenait son autorité de la nature
exceptionnelle de son Esprit et de sa mission divine; il
il est venu apprendre aux hommes que la vraie vie
n'est pas sur la terre, mais dans le royaume des cieux;
leur enseigner la voie qui y conduit, les moyens de se
réconcilier avec Dieu, et les pressentir sur la marche
des choses à venir pour l'accomplissement des destinées
humaines. Cependant il n'a pas tout dit, et sur beaucoup de points il s'est borné à déposer le germe de vérités qu'il déclare lui-même ne pouvoir être encore comprises ; il a parlé de tout, mais en termes plus ou moins
explicites; pour saisir le sens caché de certaines paroles,
il fallait que de nouvelles idées et de nouvelles connaissances vinssent en donner la clef, et ces idées ne pouvaient venir avant un certain degré de maturité de l'esprit humain. La science devait puissamment contribuer
à l'éclosion et au développement de ces idées ; il fallait
donc donner à la science le temps de progrèsser.

Le Spiritisme.

5. Le *spiritisme* est la science nouvelle qui vient révéler aux hommes, par des preuves irrécusables, l'existence et la nature du monde spirituel, et ses rapports

avec le monde corporel; il nous le montre, non plus
comme une chose surnaturelle, mais, au contraire,
comme une des forces vives et incessamment agissantes
de la nature, comme la source d'une foule de phénomènes incompris jusqu'alors et rejetés, par cette raison,
dans le domaine du fantastique et du merveilleux. C'est
à ces rapports que le Christ fait allusion en maintes
circonstances, et c'est pourquoi beaucoup de choses
qu'il a dites sont restées inintelligibles ou ont été faussement interprétées. Le spiritisme est la clef à l'aide de
laquelle tout s'explique avec facilité.

6. La Loi de l'Ancien Testament est personnifiée dans
Moïse; celle du Nouveau Testament l'est dans le Christ;
le Spiritisme est la troisième révélation de la loi de Dieu,
mais il n'est personnifié dans aucun individu, parce
qu'il est le produit de l'enseignement donné, non par
un homme, mais par les Esprits, qui sont *les voix du ciel,*
sur tous les points de la terre, et par une multitude in-
nombrable d'intermédiaires; c'est en quelque sorte un
être collectif comprenant l'ensemble des êtres du monde
spirituel, venant chacun apporter aux hommes le tribut
de leurs lumières pour leur faire connaître ce monde et
le sort qui les y attend.

7. De même que Christ a dit : « Je ne viens point détruire la loi, mais l'accomplir, » le spiritisme dit également : « Je ne viens point détruire la loi chrétienne,
mais l'accomplir. » Il n'enseigne rien de contraire à ce
qu'enseigne le Christ, mais il développe, complète et
explique, en termes clairs pour tout le monde, ce qui
n'avait été dit que sous la forme allégorique; il vient
accomplir, aux temps prédits, ce que Christ a annoncé,

et préparer l'accomplissement des choses futures. Il est donc l'œuvre du Christ qui préside lui-même, ainsi qu'il l'a pareillement annoncé, à la régénération qui s'opère, et prépare le règne de Dieu sur la terre.

Alliance de la science et de la religion.

8. La science et la religion sont les deux leviers de l'intelligence humaine ; l'une révèle les lois du monde matériel et l'autre les lois du monde moral ; mais *les unes et les autres, ayant le même principe, qui est Dieu,* ne peuvent se contredire ; si elles sont la négation l'une de l'autre, l'une a nécessairement tort et l'autre raison, car Dieu ne peut vouloir détruire son propre ouvrage. L'incompatibilité qu'on a cru voir entre ces deux ordres d'idées tient à un défaut d'observation et à trop d'exclusivisme de part et d'autre ; de là un conflit d'où sont nées l'incrédulité et l'intolérance.

Les temps sont arrivés où les enseignements du Christ doivent recevoir leur complément ; où le voile jeté à dessein sur quelques parties de cet enseignement doit être levé ; où la science, cessant d'être exclusivement matérialiste, doit tenir compte de l'élément spirituel, et où la religion cessant de méconnaître les lois organiques et immuables de la matière, ces deux forces, s'appuyant l'une sur l'autre, et marchant de concert, se prêteront un mutuel appui. Alors la religion, ne recevant plus de démenti de la science, acquerra une puissance inébranlable, parce qu'elle sera d'accord avec la raison, et qu'on ne pourra lui opposer l'irrésistible logique des faits.

La science et la religion n'ont pu s'entendre jusqu'à ce jour, parce que, chacune envisageant les choses à son

point de vue exclusif, elles se repoussaient mutuellement. Il fallait quelque chose pour combler le vide qui
les séparait, un trait d'union qui les rapprochât; ce
trait d'union est dans la connaissance des lois qui régissent le monde spirituel et ses rapports avec le monde
corporel, lois tout aussi immuables que celles qui règlent
le mouvement des astres et l'existence des êtres. Ces
rapports une fois constatés par l'expérience, une lumière
nouvelle s'est faite : la foi s'est adressée à la raison, la
raison n'a rien trouvé d'illogique dans la foi, et le matérialisme a été vaincu. Mais en cela comme en toutes
choses, il y a des gens qui restent en arrière, jusqu'à ce
qu'ils soient entraînés par le mouvement général qui
les écrase s'ils veulent y résister au lieu de s'y abandonner. C'est toute une révolution morale qui s'opère en
ce moment et travaille les esprits; après s'être élaborée
pendant plus de dix-huit siècles, elle touche à son accomplissement, et va marquer une nouvelle ère dans
l'humanité. Les conséquences de cette révolution sont
faciles à prévoir; elle doit apporter, dans les rapports
sociaux, d'inévitables modifications, auxquelles il n'est
au pouvoir de personne de s'opposer, parce qu'elles
sont dans les desseins de Dieu, et qu'elles ressortent de
la loi du progrès, qui est une loi de Dieu.

INSTRUCTIONS DES ESPRITS.

L'ère nouvelle.

9. Dieu est unique, et Moïse est l'Esprit que Dieu a
envoyé en mission pour le faire connaître, non-seulement aux Hébreux, mais encore aux peuples païens. Le
peuple hébreu a été l'instrument dont Dieu s'est servi

pour faire sa révélation par Moïse et par les prophètes, et les vicissitudes de ce peuple étaient faites pour frapper les yeux et faire tomber le voile qui cachait aux hommes la divinité.

Les commandements de Dieu donnés par Moïse portent le germe de la morale chrétienne la plus étendue; les commentaires de la Bible en rétrécissaient le sens, parce que, mise en œuvre dans toute sa pureté, elle n'aurait pas été comprise alors; mais les dix commandements de Dieu n'en restaient pas moins comme le frontispice brillant, comme le phare qui devait éclairer l'humanité dans la route qu'elle avait à parcourir.

La morale enseignée par Moïse était appropriée à l'état d'avancement dans lequel se trouvaient les peuples qu'elle était appelée à régénérer, et ces peuples, à demi sauvages quant au perfectionnement de leur âme, n'auraient pas compris qu'on pût adorer Dieu autrement que par des holocaustes, ni qu'il fallût faire grâce à un ennemi. Leur intelligence, remarquable au point de vue de la matière, et même sous celui des arts et des sciences, était très arriérée en moralité, et ne se serait pas convertie sous l'empire d'une religion entièrement spirituelle; il leur fallait une représentation semi-matérielle, telle que l'offrait alors la religion hébraïque. C'est ainsi que les holocaustes parlaient à leurs sens, pendant que l'idée de Dieu parlait à leur esprit.

Le Christ a été l'initiateur de la morale la plus pure, la plus sublime; de la morale évangélique chrétienne qui doit rénover le monde, rapprocher les hommes et les rendre frères; qui doit faire jaillir de tous les cœurs humains la charité et l'amour du prochain, et créer entre tous les hommes une solidarité commune; d'une morale enfin qui doit transformer la terre, et en faire un séjour pour des Esprits supérieurs à ceux qui l'habitent aujourd'hui. C'est la loi du progrès, à laquelle la nature est soumise, qui s'accomplit, et le *spiritisme* est le levier dont Dieu se sert pour faire avancer l'humanité.

Les temps sont arrivés où les idées morales doivent se développer pour accomplir les progrès qui sont dans les desseins de Dieu ; elles doivent suivre la même route que les idées de liberté ont parcourue, et qui en étaient l'avant-coureur. Mais il ne faut pas croire que ce développement se fera sans luttes ; non, elles ont besoin, pour arriver à maturité, de secousses et de discussions, afin qu'elles attirent l'attention des masses ; une fois l'attention fixée, la beauté et la sainteté de la morale frapperont les esprits, et ils s'attacheront à une science qui leur donne la clef de la vie future et leur ouvre les portes du bonheur éternel. C'est Moïse qui a ouvert la voie ; Jésus a continué l'œuvre ; le spiritisme l'achèvera. (UN ESPRIT ISRAÉLITE. Mulhouse, 1861.)

10. Un jour, Dieu, dans sa charité inépuisable, permit à l'homme de voir la vérité percer les ténèbres ; ce jour était l'avénement du Christ. Après la lumière vive, les ténèbres sont revenues ; le monde, après des alternatives de vérité et d'obscurité, se perdait de nouveau. Alors, semblables aux prophètes de l'Ancien Testament, les Esprits se mettent à parler et à vous avertir ; le monde est ébranlé dans ses bases ; le tonnerre grondera ; soyez fermes !

Le spiritisme est d'ordre divin, puisqu'il repose sur les lois mêmes de la nature, et croyez bien que tout ce qui est d'ordre divin a un but grand et utile. Votre monde se perdait, la science, développée aux dépens de

ce qui est d'ordre moral, tout en vous menant au bien-
être matériel, tournait au profit de l'esprit des ténèbres.
Vous le savez, chrétiens, le cœur et l'amour doivent
marcher unis à la science. Le règne du Christ, hélas!
après dix-huit siècles, et malgré le sang de tant de martyrs, n'est pas encore venu. Chrétiens, revenez au maître qui veut vous sauver. Tout est facile à celui qui croit
et qui aime; l'amour le remplit d'une joie ineffable. Oui,
mes enfants, le monde est ébranlé; les bons Esprits vous
le disent assez; ployez sous le souffle avant-coureur de
la tempête, afin de n'être point renversés; c'est-à-dire
préparez-vous, et ne ressemblez pas aux vierges folles
qui furent prises au dépourvu à l'arrivée de l'époux.

La révolution qui s'apprête est plutôt morale que
matérielle, les grands Esprits, messagers divins, souf-
flent la foi, pour que vous tous, ouvriers éclairés et ar-
dents, fassiez entendre votre humble voix; car vous
êtes le grain de sable, mais sans grains de sable il n'y
aurait pas de montagnes. Ainsi donc, que cette parole :
« Nous sommes petits, » n'ait plus de sens pour vous.
A chacun sa mission, à chacun son travail. La fourmi
ne construit-elle pas l'édifice de sa république, et des
animalcules imperceptibles n'élèvent-ils pas des conti-
nents? La nouvelle croisade est commencée; apôtres de
la paix universelle et non d'une guerre, saints Bernard
modernes, regardez et marchez en avant : la loi des
mondes est la loi du progrès. (FÉNELON. Poitiers, 1861.)

11. Saint Augustin est l'un des plus grands vulgari-
sateurs du spiritisme; il se manifeste presque partout;
nous en trouvons la raison dans la vie de ce grand philosophe chrétien. Il appartient à cette vigoureuse phalange des Pères de l'Église auxquels la chrétienté doit

ses plus solides assises. Comme beaucoup, il fut arraché au paganisme, disons mieux, à l'impiété la plus profonde, par l'éclat de la vérité. Quand, au milieu de ses débordements, il sentit en son âme cette vibration étrange qui le rappela à lui-même, et lui fit comprendre que le bonheur était ailleurs que dans des plaisirs énervants et fugitifs ; quand enfin, sur son chemin de Damas, il entendit, lui aussi, la voix sainte lui crier : Saul, Saul, pourquoi me persécutes-tu ? il s'écria : Mon Dieu ! mon Dieu ! pardonnez-moi, je crois, je suis chrétien ! et depuis lors il devint un des plus fermes soutiens de l'Évangile. On peut lire, dans les confessions remarquables que nous a laissées cet éminent Esprit, les paroles caractéristiques et prophétiques en même temps, qu'il prononça après avoir perdu sainte Monique : « *Je suis convaincu que ma mère reviendra me visiter et me donner des conseils en me révélant ce qui nous attend dans la vie future.* » Quel enseignement dans ces paroles, et quelle prévision éclatante de la future doctrine ! C'est pour cela qu'aujourd'hui, voyant l'heure arrivée pour la divulgation de la vérité qu'il avait pressentie jadis, il s'en est fait l'ardent propagateur, et se multiplie, pour ainsi dire, pour répondre à tous ceux qui l'appellent. (ÉRASTE, disciple de saint Paul. Paris, 1863.)

Remarque. Saint Augustin vient-il donc renverser ce qu'il a élevé ? non assurément ; mais comme tant d'autres, il voit avec les yeux de l'esprit ce qu'il ne voyait pas comme homme ; son âme dégagée entrevoit de nouvelles clartés ; elle comprend ce qu'elle ne comprenait pas auparavant ; de nouvelles idées lui ont révélé le véritable sens de certaines paroles ; sur la terre il jugeait les choses selon les connaissances qu'il possédait, mais, lorsqu'une nouvelle lumière s'est faite pour lui, il a pu les juger plus sainement; c'est ainsi qu'il a dû revenir sur sa croyance concernant les Esprits incubes et succubes, et sur l'anathème qu'il avait lancé contre la théorie des antipodes. Maintenant que le christianisme lui apparaît dans toute sa pureté, il peut, sur certains points, penser autrement que de son vivant, sans cesser d'être l'apôtre chrétien; il peut, sans renier sa foi, se faire le propagateur du spiritisme, parce qu'il y voit l'accomplissement des choses prédites. En le proclamant aujourd'hui, il ne fait que nous ramener à une interprétation plus saine et plus logique des textes. Ainsi en est-il des autres Esprits qui se trouvent dans une position analogue.

CHAPITRE II

La vie future. — La royauté de Jésus. — Le point de vue. — *Instructions des Esprits :* Une royauté terrestre.

1. Pilate, étant donc rentré dans le palais, et ayant fait venir Jésus, lui dit : Êtes-vous le roi des Juifs? — Jésus lui répondit : *Mon royaume n'est pas de ce monde.* Si mon royaume était de ce monde, mes gens auraient combattu pour m'empêcher de tomber dans les mains des Juifs; mais mon royaume n'est point ici.

Pilate lui dit alors : Vous êtes donc roi? — Jésus lui repartit : Vous le dites; je suis roi; je ne suis né, et ne suis venu dans ce monde que pour rendre témoignage à la vérité; quiconque appartient à la vérité écoute ma voix. (Saint Jean, chap. xviii, *v.* 33, 36, 37.)

La vie future.

2. Par ces paroles, Jésus désigne clairement *la vie future*, qu'il présente en toutes circonstances comme le terme où aboutit l'humanité, et comme devant faire l'objet des principales préoccupations de l'homme sur la terre; toutes ses maximes se rapportent à ce grand principe. Sans la vie future, en effet, la plupart de ses préceptes de morale n'auraient aucune raison d'être; c'est pourquoi ceux qui ne croient pas à la vie future, se figurant qu'il ne parle que de la vie présente, ne les comprennent pas, ou les trouvent puériles.

Ce dogme peut donc être considéré comme le pivot de l'enseignement du Christ ; c'est pourquoi il est placé un des premiers en tête de cet ouvrage, parce qu'il doit être le point de mire de tous les hommes ; seul il peut justifier les anomalies de la vie terrestre et s'accorder avec la justice de Dieu.

3. Les Juifs n'avaient que des idées très incertaines touchant la vie future ; ils croyaient aux anges, qu'ils regardaient comme les êtres privilégiés de la création, mais ils ne savaient pas que les hommes pussent devenir un jour des anges et partager leur félicité. Selon eux, l'observation des lois de Dieu était récompensée par les biens de la terre, la suprématie de leur nation, les victoires sur leurs ennemis ; les calamités publiques et les défaites étaient le châtiment de leur désobéissance. Moïse ne pouvait en dire davantage à un peuple pasteur ignorant, qui devait être touché avant tout par les choses de ce monde. Plus tard Jésus est venu leur révéler qu'il est un autre monde où la justice de Dieu suit son cours ; c'est ce monde qu'il promet à ceux qui observent les commandements de Dieu, et où les bons trouveront leur récompense ; ce monde est son royaume ; c'est là qu'il est dans toute sa gloire, et où il va retourner en quittant la terre.

Cependant Jésus, conformant son enseignement à l'état des hommes de son époque, n'a pas cru devoir leur donner une lumière complète qui les eût éblouis sans les éclairer, parce qu'ils ne l'auraient pas comprise ; il s'est borné à poser en quelque sorte la vie future en principe, comme une loi de nature à laquelle nul ne peut échapper. Tout chrétien croit donc forcément à la vie future ; mais l'idée que beaucoup s'en font est vague, incomplète, et par cela même fausse en plusieurs points ; pour un grand nombre, ce n'est qu'une croyance sans certitude absolue ; de là les doutes et même l'incrédulité.

Le spiritisme est venu compléter en ce point, comme en beaucoup d'autres, l'enseignement du Christ, lorsque les hommes ont été mûrs pour comprendre la vérité. Avec le spiritisme, la vie future n'est plus un simple article de foi, une hypothèse ; c'est une réalité matérielle démontrée par les faits, car ce sont les témoins oculaires qui viennent la décrire dans toutes ses phases et dans toutes ses péripéties ; de telle sorte que non-seulement le doute n'est plus possible, mais l'intelligence la plus vulgaire peut se la représenter sous son véritable aspect, comme on se représente un pays dont on lit une description détaillée ; or, cette description de la vie future est tellement circonstanciée, les conditions d'existence heureuse ou malheureuse de ceux qui s'y trouvent sont si rationnelles, qu'on se dit malgré soi qu'il n'en peut être autrement, et que c'est bien là la vraie justice de Dieu.

La royauté de Jésus.

4. Le royaume de Jésus n'est pas de ce monde, c'est ce que chacun comprend ; mais sur la terre n'a-t-il pas aussi une royauté ? Le titre de roi n'implique pas toujours l'exercice du pouvoir temporel ; il est donné d'un consentement unanime à celui que son génie place au premier rang dans un ordre d'idées quelconques, qui domine son siècle, et influe sur le progrès de l'humanité. C'est dans ce sens qu'on dit : Le roi ou le prince des philosophes, des artistes, des poëtes, des écri-

vains, etc. Cette royauté, née du mérite personnel,
consacrée par la postérité, n'a-t-elle pas souvent une
prépondérance bien autrement grande que celle qui
porte le diadème? Elle est impérissable, tandis que
l'autre est le jouet des vicissitudes ; elle est toujours
bénie des générations futures, tandis que l'autre est
parfois maudite. La royauté terrestre finit avec la vie ;
la royauté morale gouverne encore, et surtout après la
mort. A ce titre Jésus n'est-il pas roi plus puissant que
maints potentats ? C'est donc avec raison qu'il disait à
Pilate : Je suis roi, mais mon royaume n'est pas de ce
monde.

Le point de vue.

5. L'idée nette et précise qu'on se fait de la vie
future donne une foi inébranlable dans l'avenir, et cette
foi a des conséquences immenses sur la moralisation
des hommes, en ce qu'elle change complétement *le
point de vue sous lequel ils envisagent la vie terrestre.*
Pour celui qui se place, par la pensée, dans la vie spirituelle qui est indéfinie, la vie corporelle n'est plus
qu'un passage, une courte station dans un pays ingrat.
Les vicissitudes et les tribulations de la vie ne sont plus
que des incidents qu'il prend avec patience, parce qu'il
sait qu'ils ne sont que de courte durée et doivent être
suivis d'un état plus heureux ; la mort n'a plus rien
d'effrayant ; ce n'est plus la porte du néant, mais celle
de la délivrance qui ouvre à l'exilé l'entrée d'un séjour
de bonheur et de paix. Sachant qu'il est dans une place
temporaire et non définitive, il prend les soucis de la
vie avec plus d'indifférence, et il en résulte pour lui un
calme d'esprit qui en adoucit l'amertume.

Par le simple doute sur la vie future, l'homme reporte toutes ses pensées sur la vie terrestre ; incertain de l'avenir, il donne tout au présent ; n'entrevoyant pas des biens plus précieux que ceux de-la terre, il est comme l'enfant qui ne voit rien au delà de ses jouets ; pour se les procurer, il n'est rien qu'il ne fasse ; la perte du moindre de ses biens est un chagrin cuisant ; un mécompte, un espoir déçu, une ambition non satisfaite, une injustice dont il est victime, l'orgueil ou la vanité blessée sont autant de tourments qui font de sa vie une angoisse perpétuelle, *se donnant ainsi volontairement une véritable torture de tous les instants.* Prenant son point de vue de la vie terrestre au centre de laquelle il est placé, tout prend autour de lui de vastes proportions ; le mal qui l'atteint, comme le bien qui incombe aux autres, tout acquiert à ses yeux une grande importance. De même, à celui qui est dans l'intérieur d'une ville, tout paraît grand : les hommes qui sont en haut de l'échelle, comme les monuments ; mais qu'il se transporte sur une montagne, hommes et choses vont lui paraître bien petits.

Ainsi en est-il de celui qui envisage la vie terrestre du point de vue de la vie future : l'humanité, comme les étoiles du firmament, se perd dans l'immensité ; il s'aperçoit alors que grands et petits sont confondus comme les fourmis sur une motte de terre ; que prolétaires et potentats sont de la même taille, et il plaint ces éphémères qui se donnent tant de soucis pour y conquérir une place qui les élève si peu et qu'ils doivent garder si peu de temps. C'est ainsi que l'importance attachée aux biens terrestres est toujours en raison inverse de la foi en la vie future.

6. Si tout le monde pensait de ɩa sorte, dira-t-on, nul ne s'occupant plus des choses de la terre, tout y péricliterait. Non; l'homme cherche instinctivement son bien-être, et, même avec la certitude de n'être que pour peu de temps à une place, encore veut-il y être le mieux ou le moins mal possible; il n'est personne qui, trouvant une épine sous sa main, ne l'ôte pour ne pas se piquer. Or, la recherche du bien-être force l'homme à améliorer toutes choses, poussé qu'il est par l'instinct du progrès et de la conservation, qui est dans les lois de la nature. Il travaille donc par besoin, par goût et par devoir, et en cela il accomplit les vues de la Providence qui l'a placé sur la terre à cette fin. Seulement celui qui considère l'avenir n'attache au présent qu'une importance relative, et se console aisément de ses échecs en pensant à la destinée qui l'attend.

Dieu ne condamne donc point les jouissances terrestres, mais l'abus de ces jouissances au préjudice des choses de l'âme; c'est contre cet abus que sont prémunis ceux qui s'appliquent cette parole de Jésus : *Mon royaume n'est pas de ce monde.*

Celui qui s'identifie avec la vie future est semblable à un homme riche qui perd une petite somme sans s'en émouvoir; celui qui concentre ses pensées sur la vie terrestre est comme un homme pauvre qui perd tout ce qu'il possède et se désespère.

7. Le spiritisme élargit la pensée et lui ouvre de nouveaux horizons; au lieu de cette vue étroite et mesquine qui la concentre sur la vie présente, qui fait de l'instant qu'on passe sur la terre l'unique et fragile pivot de l'avenir éternel, il montre que cette vie n'est qu'un anneau dans l'ensemble harmonieux et grandiose

de l'œuvre du Créateur; il montre la solidarité qui relie toutes les existences du même être, tous les êtres d'un même monde et les êtres de tous les mondes ; il donne ainsi une base et une raison d'être à la fraternité universelle, tandis que la doctrine de la création de l'âme au moment de la naissance de chaque corps, rend tous les êtres étrangers les uns aux autres. Cette solidarité des parties d'un même tout explique ce qui est inexplicable, si l'on ne considère qu'un seul point. C'est cet ensemble qu'au temps du Christ les hommes n'auraient pu comprendre, c'est pourquoi il en a réservé la connaissance à d'autres temps.

INSTRUCTIONS DES ESPRITS.

Une royauté terrestre.

8. Qui mieux que moi peut comprendre la vérité de cette parole de Notre-Seigneur : Mon royaume n'est pas de ce monde? L'orgueil m'a perdue sur la terre ; qui donc comprendrait le néant des royaumes d'ici-bas, si je ne le comprenais pas? Qu'ai-je emporté avec moi de ma royauté terrestre? Rien, absolument rien ; et comme pour rendre la leçon plus terrible, elle ne m'a pas suivie jusqu'à la tombe ! Reine j'étais parmi les hommes, reine je croyais entrer dans le royaume des cieux. Quelle désillusion ! quelle humiliation quand, au lieu d'y être reçue en souveraine, j'ai vu au-dessus de moi, mais bien au-dessus, des hommes que je croyais bien petits et que je méprisais, parce qu'ils n'étaient pas d'un noble sang ! Oh ! qu'alors j'ai compris la stérilité des honneurs et des grandeurs que l'on recherche avec tant d'avidité sur la terre !

Pour se préparer une place dans ce royaume, il faut l'abnégation, l'humilité, la charité dans toute sa céleste pratique, la bienveillance pour tous; on ne vous demande pas ce que vous avez été, quel rang vous avez occupé, mais le bien que vous avez fait, les larmes que vous avez essuyées.

Oh ! Jésus, tu l'as dit, ton royaume n'est pas ici-bas, car il faut souffrir pour arriver au ciel, et les marches du trône ne vous en rapprochent pas ; ce sont les sentiers les plus pénibles de la vie qui y conduisent; cherchez-en donc la route à travers les ronces et les épines, et non parmi les fleurs.

Les hommes courent après les biens terrestres comme s'ils devaient les garder toujours; mais ici plus d'illusion; ils s'aperçoivent bientôt qu'ils n'ont saisi qu'une ombre, et ont négligé les seuls biens solides et durables, les seuls qui leur profitent au céleste séjour, les seuls qui peuvent leur en ouvrir l'accès.

Ayez pitié de ceux qui n'ont pas gagné le royaume des cieux; aidez-les de vos prières, car la prière rapproche l'homme du Très-Haut ; c'est le trait d'union entre le ciel et la terre: ne l'oubliez pas. (UNE REINE DE FRANCE. Le Havre, 1863.).

CHAPITRE III

IL Y A PLUSIEURS DEMEURES DANS LA MAISON DE
MON PÈRE.

Différents états de l'âme dans l'erraticité. — Différentes catégories de mondes
habités. — Destination de la terre. Cause des misères terrestres. — *Instructions des Esprits* : Mondes supérieurs et mondes inférieurs.— Mondes d'expiations et d'épreuves. — Mondes régénérateurs. — Progression des mondes.

1. Que votre cœur ne se trouble point. — Vous croyez en
Dieu, croyez aussi en moi. — *Il y a plusieurs demeures dans la
maison de mon Père*; si cela n'était, je vous l'aurais déjà dit, car
je m'en vais pour préparer le lieu; — et après que je m'en serai
allé et que je vous aurai préparé le lieu, *je reviendrai*, et vous
retirerai à moi, afin que là où je serai, vous y soyez aussi. (Saint
Jean, ch. xiv, *v*. 1, 2, 3.)

Différents états de l'âme dans l'erraticité.

2. La maison du Père, c'est l'univers ; les différentes
demeures sont les mondes qui circulent dans l'espace
infini, et offrent aux Esprits incarnés des séjours appro-
priés à leur avancement.

Indépendamment de la diversité des mondes, ces
paroles peuvent aussi s'entendre de l'état heureux ou
malheureux de l'Esprit dans l'erraticité. Suivant qu'il
est plus ou moins épuré et dégagé des liens matériels,
le milieu où il se trouve, l'aspect des choses, les sensations qu'il éprouve, les perceptions qu'il possède varient
à l'infini ; tandis que les uns ne peuvent s'éloigner de

l'a sphère où ils ont vécu, d'autres s'élèvent et parcou-
rent l'espace et les mondes ; tandis que certains Esprits
coupables errent dans les ténèbres, les heureux jouissent
d'une clarté resplendissante et du sublime spectacle de
l'infini ; tandis, enfin, que le méchant, bourrelé de
remords et de regrets, souvent seul, sans consolations, séparé des objets de son affection, gémit sous
l'étreinte des souffrances morales, le juste, réuni à eeux
qu'il aime, goûte les douceurs d'une indicible félicité.
Là aussi il y a donc plusieurs demeures, quoiqu'elles
ne soient ni circonscrites, ni localisées.

Différentes catégories de mondes habités.

3. De l'enseignement donné par les Esprits, il résulte que les divers mondes sont dans des conditions
très différentes les unes des autres quant au degré
d'avancement ou d'infériorité de leurs habitants. Dans
le nombre, il en est dont ces derniers sont encore inférieurs à ceux de la terre physiquement et moralement ;
d'autres sont au même degré, et d'autres lui sont plus
ou moins supérieurs à tous égards. Dans les mondes
inférieurs l'existence est toute matérielle, les passions
règnent en souveraines, la vie morale est à peu près
nulle. A mesure que celle-ci se développe, l'influence
de la matière diminue, de telle sorte que dans les mondes les plus avancés la vie est pour ainsi dire toute spirituelle.

4. Dans les mondes intermédiaires il y a mélange de
bien et de mal, prédominance de l'un ou de l'autre
selon le degré d'avancement. Quoiqu'il ne puisse être
fait des divers mondes une classification absolue, on

peut néanmoins, en raison de leur état et de leur destination, et en se basant sur les nuances les plus tran-
chées, les diviser d'une manière générale, ainsi qu'il
suit, savoir : les mondes primitifs, affectés aux premières
incarnations de l'âme humaine ; les mondes d'expiations
et d'épreuves, où le mal domine ; les mondes régénérateurs, où les âmes qui ont encore à expier puisent de
nouvelles forces, tout en se reposant des fatigues de la
lutte ; les mondes heureux, où le bien l'emporte sur le
mal ; les mondes célestes ou divins, séjour des Esprits
épurés, où le bien règne sans partage. La terre appartient à la catégorie des mondes d'expiations et d'épreuves, c'est pourquoi l'homme y est en butte à tant de
misères.

5. Les Esprits incarnés sur un monde n'y sont point
attachés indéfiniment, et n'y accomplissent pas toutes
les phases progressives qu'ils doivent parcourir pour arriver à la perfection. Quand ils ont atteint sur un
monde le degré d'avancement qu'il comporte, ils passent dans un autre plus avancé, et ainsi de suite jusqu'à ce qu'ils soient arrivés à l'état de purs Esprits.
Ce sont autant de stations à chacune desquelles ils
trouvent des éléments de progrès proportionnés à leur
avancement. C'est pour eux une récompense de passer
dans un monde d'un ordre plus élevé, comme c'est un
châtiment de prolonger leur séjour dans un monde
malheureux, ou d'être relégués dans un monde plus
malheureux encore que celui qu'ils sont forcés de quitter, quand ils se sont obstinés dans le mal.

Destination de la terre. Causes des misères humaines.

6. On s'étonne de trouver sur la terre tant de méchanceté et de mauvaises passions, tant de misères et d'infirmités de toutes sortes, et l'on en conclut que l'espèce humaine est une triste chose. Ce jugement provient du point de vue borné où l'on se place, et qui donne une fausse idée de l'ensemble. Il faut considérer que sur la terre on ne voit pas toute l'humanité, mais une très petite fraction de l'humanité. En effet, l'espèce humaine comprend tous les êtres doués de raison qui peuplent les innombrables mondes de l'univers ; or, qu'est-ce que la population de la terre auprès de la population totale de ces mondes ? Bien moins que celle d'un hameau par rapport à celle d'un grand empire. La situation matérielle et morale de l'humanité terrestre n'a plus rien qui étonne, si l'on se rend compte de la destination de la terre et de la nature de ceux qui l'habitent.

7. On se ferait des habitants d'une grande cité une idée très fausse si on les jugeait par la population des quartiers infimes et sordides. Dans un hospice, on ne voit que des malades ou des estropiés; dans un bagne, on voit toutes les turpitudes, tous les vices réunis ; dans les contrées insalubres, la plupart des habitants sont pâles, malingres et souffreteux. Eh bien, qu'on se figure la terre comme étant un faubourg, un hospice, un pénitencier, un pays malsain, car elle est à la fois tout cela, et l'on comprendra pourquoi les afflictions l'emportent sur les jouissances, car on n'envoie pas à l'hospice les gens qui se portent bien, ni dans les mai-

sons de correction ceux qui n'ont point fait de mal ; et
ni les hospices, ni les maisons de correction ne sont des
lieux de délices.

Or, de même que dans une ville toute la population
n'est pas dans les hospices ou dans les prisons, toute
l'humanité n'est pas sur la terre ; comme on sort de
l'hospice quand on est guéri, et de la prison quand on
a fait son temps, l'homme quitte la terre pour des mondes
plus heureux quand il est guéri de ses infirmités
morales.

INSTRUCTIONS DES ESPRITS.

Mondes inférieurs et mondes supérieurs.

8. La qualification de mondes inférieurs et de
mondes supérieurs est plutôt relative qu'absolue ; tel
monde est inférieur ou supérieur par rapport à ceux qui
sont au-dessus ou au-dessous de lui dans l'échelle progressive.

La terre étant prise pour point de comparaison, on
peut se faire une idée de l'état d'un monde inférieur
en y supposant l'homme au degré des races sauvages
ou des nations barbares que l'on trouve encore à sa
surface, et qui sont les restes de son état primitif.
Dans les plus arriérés, les êtres qui les habitent sont
en quelque sorte rudimentaires ; ils ont la forme humaine, mais sans aucune beauté ; les instincts n'y sont
tempérés par aucun sentiment de délicatesse ou de
bienveillance, ni par les notions du juste et de l'injuste ; la force brutale y fait seule la loi. Sans industrie,
sans inventions, les habitants dépensent leur vie à la
conquête de leur nourriture. Cependant Dieu n'abandonne aucune de ses créatures ; au fond des ténèbres

de l'intelligence gît, latente, la vague intuition d'un
Être suprême, développée plus ou moins. Cet instinct
suffit pour les rendre supérieurs les uns aux autres et
préparer leur éclosion à une vie plus complète; car ce
ne sont point des êtres dégradés, mais des enfants qui
grandissent.

Entre ces degrés inférieurs et les plus élevés, il y a
d'innombrables échelons, et dans les Esprits purs, dématérialisés et resplendissants de gloire, on a peine à
reconnaître ceux qui ont animé ces êtres primitifs, de
même que dans l'homme adulte on a peine à reconnaître
l'embryon.

9. Dans les mondes arrivés à un degré supérieur,
les conditions de la vie morale et matérielle sont tout
autres, même que sur la terre. La forme du corps est
toujours, comme partout, la forme humaine, mais em-
bellie, perfectionnée, et surtout purifiée. Le corps n'a
rien de la matérialité terrestre, et n'est, par conséquent,
sujet ni aux besoins, ni aux maladies, ni aux détério-
rations qu'engendre la prédominance de la matière;
les sens, plus exquis, ont des perceptions qu'étouffe
ici-bas la grossièreté des organes; la légèreté spécifique
des corps rend la locomotion rapide et facile; au lieu
de se traîner péniblement sur le sol, il glisse, pour ainsi
dire, à la surface, ou plane dans l'atmosphère sans
autre effort que celui de la volonté, à la manière dont
on représente les anges, ou dont les Anciens se figu-
raient les mânes dans les Champs Élysées. Les hommes
conservent à leur gré les traits de leurs migrations
passées et paraissent à leurs amis tels qu'ils les ont
connus, mais illuminés par une lumière divine, trans-
figurés par les impressions intérieures, qui sont tou-

jours élevées. Au lieu de visages ternes, ravagés par les
souffrances et les passions, l'intelligence et la vie rayon-
nent de cet éclat que les peintres ont traduit par le
nimbe ou l'auréole des saints.

Le peu de résistance qu'offre la matière à des Esprits
déjà très avancés, rend le développement des corps
rapide et l'enfance courte ou presque nulle; la vie,
exempte de soucis et d'angoisses, est proportionnelle-
ment beaucoup plus longue que sur la terre. En principe, la longévité est proportionnée au degré d'avancement des mondes. La mort n'y a rien des horreurs de
la décomposition; loin d'être un sujet d'effroi, elle est
considérée comme une transformation heureuse, parce
que là le doute sur l'avenir n'existe pas. Pendant la vie,
l'âme, n'étant point enserrée dans une matière compacte, rayonne et jouit d'une lucidité qui la met dans
un état presque permanent d'émancipation, et permet
la libre transmission de la pensée.

10. Dans ces mondes heureux, les relations de peuple
à peuple, toujours amicales, ne sont jamais troublées
par l'ambition d'asservir son voisin, ni par la guerre
qui en est la suite. Il n'y a ni maîtres, ni esclaves, ni
privilégiés de naissance; la supériorité morale et intelligente établit seule la différence des conditions et donne
la suprématie. L'autorité est toujours respectée, parce
qu'elle n'est donnée qu'au mérite, et qu'elle s'exerce
toujours avec justice. *L'homme ne cherche point à s'élever*
au-dessus de l'homme, mais au-dessus de lui-même en se
perfectionnant. Son but est de parvenir au rang des purs
Esprits, et ce désir incessant n'est point un tourment,
mais une noble ambition qui le fait étudier avec ardeur
pour arriver à les égaler. Tous les sentiments tendres et

élevés de la nature humaine s'y trouvent agrandis et purifiés ; les haines, les mesquines jalousies, les basses convoitises de l'envie y sont inconnues ; un lien d'amour et de fraternité unit tous les hommes ; les plus forts aident les plus faibles. Ils possèdent plus ou moins, selon qu'ils ont plus ou moins acquis par leur intelligence, mais nul ne souffre par le manque du nécessaire, parce que nul n'y est en expiation ; en un mot, le mal n'y existe pas.

11. Dans votre monde, vous avez besoin du mal pour sentir le bien, de la nuit pour admirer la lumière, de la maladie pour apprécier la santé ; là, ces contrastes ne sont point nécessaires ; l'éternelle lumière, l'éternelle beauté, l'éternel calme de l'âme, procurent une éternelle joie que ne troublent ni les angoisses de la vie matérielle, ni le contact des méchants, qui n'y ont point accès. Voilà ce que l'esprit humain a le plus de peine à comprendre ; il a été ingénieux pour peindre les tourments de l'enfer, il n'a jamais pu se représenter les joies du ciel ; et pourquoi cela ? Parce que, étant inférieur, il n'a enduré que peines et misères, et n'a point entrevu les célestes clartés ; il ne peut parler que de ce qu'il connaît ; mais, à mesure qu'il s'élève et s'épure, l'horizon s'éclaircit, et il comprend le bien qui est devant lui, comme il a compris le mal qui est resté derrière lui.

12. Cependant ces mondes fortunés ne sont point des mondes privilégiés, car Dieu n'est partial pour aucun de ses enfants ; il donne à tous les mêmes droits et les mêmes facilités pour y arriver ; il les fait tous partir du même point, et n'en dote aucun plus que les autres ; les premiers rangs sont accessibles à tous : à eux de les

conquérir par leur travail ; à eux de les atteindre le plus tôt possible, ou de languir pendant des siècles de siècles dans les bas-fonds de l'humanité. (*Résumé de l'enseignement de tous les Esprits supérieurs.*)

Mondes d'expiations et d'épreuves.

13. Que vous dirai-je des mondes d'expiations que vous ne sachiez déjà, puisqu'il vous suffit de considérer la terre que vous habitez ? La supériorité de l'intelligence chez un grand nombre de ses habitants indique qu'elle n'est pas un monde primitif destiné à l'incarnation d'Esprits à peine sortis des mains du Créateur. Les qualités innées qu'ils apportent avec eux sont la preuve qu'ils ont déjà vécu, et qu'ils ont accompli un certain progrès ; mais aussi les vices nombreux auxquels ils sont enclins sont l'indice d'une grande imperfection morale ; c'est pourquoi Dieu les a placés sur une terre ingrate pour y expier leurs fautes par un travail pénible et par les misères de la vie, jusqu'à ce qu'ils aient mérité d'aller dans un monde plus heureux.

14. Cependant tous les Esprits incarnés sur la terre n'y sont pas envoyés en expiation. Les races que vous appelez sauvages sont des Esprits à peine sortis de l'enfance, et qui y sont, pour ainsi dire, en éducation, et se développent au contact d'Esprits plus avancés. Viennent ensuite les races à demi civilisées formées de ces mêmes Esprits en progrès. Ce sont là, en quelque sorte, les races indigènes de la terre, qui ont grandi peu à peu à la suite de longues périodes séculaires, et dont quelques-unes ont pu atteindre le perfectionnement intellectuel des peuples les plus éclairés.

2.

Les Esprits en expiation y sont, si l'on peut s'exprimer ainsi, exotiques; ils ont déjà vécu sur d'autres mondes d'où ils ont été exclus par suite de leur obstination dans le mal, et parce qu'ils y étaient une cause de trouble pour les bons; ils ont été relégués, pour un temps, parmi des Esprits plus arriérés, et qu'ils ont pour mission de faire avancer, car ils ont apporté avec eux leur intelligence développée et le germe des connaissances acquises; c'est pourquoi les Esprits punis se trouvent parmi les races les plus intelligentes; ce sont celles aussi pour lesquelles les misères de la vie ont le plus d'amertume, parce qu'il y a en elles plus de sensibilité, et qu'elles sont plus éprouvées par le froissement que les races primitives dont le sens moral est plus obtus.

15. La terre fournit donc un des types des mondes expiatoires, dont les variétés sont infinies, mais qui ont pour caractère commun de servir de lieu d'exil aux Esprits rebelles à la loi de Dieu. Là ces Esprits ont à lutter à la fois contre la perversité des hommes et contre l'inclémence de la nature, double travail pénible qui développe en même temps les qualités du cœur et celles de l'intelligence. C'est ainsi que Dieu, dans sa bonté, fait tourner le châtiment même au profit du progrès de l'Esprit. (SAINT AUGUSTIN. Paris, 1862.)

Mondes régénérateurs.

16. Parmi ces étoiles qui scintillent dans la voûte azurée, combien est-il de mondes, comme le vôtre, désignés par le Seigneur pour l'expiation et l'épreuve! Mais il en est aussi de plus misérables et de meilleurs,

comme il en est de transitoires que l'on peut appeler régénérateurs. Chaque tourbillon planétaire, courant dans l'espace autour d'un foyer commun, entraîne avec lui ses mondes primitifs, d'exil, d'épreuve, de régénération et de félicité. Il vous a été parlé de ces mondes où l'âme naissante est placée, alors qu'ignorante encore du bien et du mal, elle peut marcher à Dieu, maîtresse d'elle-même, en possession de son libre arbitre; il vous a été dit de quelles larges facultés l'âme a été douée pour faire le bien; mais, hélas ! il en est qui succombent, et Dieu, ne voulant pas les anéantir, leur permet d'aller dans ces mondes où, d'incarnations en incarnations, elles s'épurent, se régénèrent, et reviendront dignes de la gloire qui leur était destinée.

17. Les mondes régénérateurs servent de transition entre les mondes d'expiation et les mondes heureux; l'âme qui se repent y trouve le calme et le repos en achevant de s'épurer. Sans doute, dans ces mondes, l'homme est encore sujet des lois qui régissent la matière; l'humanité éprouve vos sensations et vos désirs, mais elle est affranchie des passions désordonnées dont vous êtes esclaves; là plus d'orgueil qui fait taire le cœur, plus d'envie qui le torture, plus de haine qui l'étouffe; le mot amour est écrit sur tous les fronts; une parfaite équité règle les rapports sociaux; tous se montrent Dieu, et tentent d'aller à lui en suivant ses lois.

Là, pourtant, n'est point encore le parfait bonheur, mais c'est l'aurore du bonheur. L'homme y est encore chair, et par cela même sujet à des vicissitudes dont ne sont exempts que les êtres complétement dématérialisés; il a encore des épreuves à subir, mais elles n'ont point les poignantes angoisses de l'expiation. Comparés à la terre, ces mondes sont très heureux, et beaucoup d'entre vous seraient satisfaits de s'y arrêter, car c'est le calme après la tempête, la convalescence après une cruelle maladie; mais l'homme, moins absorbé par les choses matérielles, entrevoit mieux l'avenir que vous ne le faites; il comprend qu'il est d'autres joies que le Seigneur promet à ceux qui s'en rendent dignes, quand la mort aura de nouveau moissonné leurs corps pour leur donner la vraie vie. C'est alors que l'âme affranchie planera sur tous les horizons; plus de sens matériels et grossiers, mais les sens d'un périsprit pur et céleste, aspirant les émanations de Dieu même sous les parfums d'amour et de charité qui s'épandent de son sein.

18. Mais, hélas! dans ces mondes, l'homme est encore faillible, et l'Esprit du mal n'y a pas complétement perdu son empire. Ne pas avancer c'est reculer, et s'il n'est pas ferme dans la voie du bien, il peut retomber dans les mondes d'expiation, où l'attendent de nouvelles et plus terribles épreuves.

Contemplez donc cette voûte azurée, le soir, à l'heure du repos et de la prière, et dans ces sphères innombrables qui brillent sur vos têtes, demandez-vous ceux qui mènent à Dieu, et priez-le qu'un monde régénérateur vous ouvre son sein après l'expiation de la terre. (SAINT AUGUSTIN. Paris, 1862.)

Progression des mondes.

19. Le progrès est une des lois de la nature; tous les êtres de la création, animés et inanimés, y sont soumis par la bonté de Dieu, qui veut que tout grandisse et prospère. La destruction même, qui semble aux hommes

le terme des choses, n'est qu'un moyen d'arriver par la transformation à un état plus parfait, car tout meurt pour renaître, et rien ne rentre dans le néant.

En même temps que les êtres vivants progressent moralement, les mondes qu'ils habitent progressent matériellement. Qui pourrait suivre un monde dans ses diverses phases depuis l'instant où se sont agglomérés les premiers atomes qui ont servi à le constituer, le verrait parcourir une échelle incessamment progressive, mais par des degrés insensibles pour chaque génération, et offrir à ses habitants un séjour plus agréable à mesure que ceux-ci avancent eux-mêmes dans la voie du progrès. Ainsi marchent parallèlement le progrès de l'homme, celui des animaux ses auxiliaires, des végétaux et de l'habitation, car rien n'est stationnaire dans la nature. Combien cette idée est grande et digne de la majesté du Créateur ! et qu'au contraire elle est petite et indigne de sa puissance celle qui concentre sa sollicitude et sa providence sur l'imperceptible grain de sable de la terre, et restreint l'humanité aux quelques hommes qui l'habitent !

La terre, suivant cette loi, a été matériellement et moralement dans un état inférieur à ce qu'elle est aujourd'hui, et atteindra sous ce double rapport un degré plus avancé. Elle est arrivée à une de ses périodes de transformation, où de monde expiatoire elle va devenir monde régénérateur ; alors les hommes y seront heureux, parce que la loi de Dieu y régnera. (SAINT AUGUSTIN. Paris, 1862.)

CHAPITRE IV

Résurrection et réincarnation. — Liens de famille fortifiés par la réincarnation et brisés par l'unité d'existence. — *Instructions des Esprits* : Limites de l'incarnation. — L'incarnation est-elle un châtiment ?

1. Jésus étant venu aux environs de Césarée-de-Philippe, interrogea ses disciples et leur dit : Que disent les hommes touchant le Fils de l'Homme ? Qui disent-ils que je suis ? — Ils lui répondirent : Les uns disent que vous êtes Jean-Baptiste ; les autres Élie, les autres Jérémie ou quelqu'un des prophètes. — Jésus leur dit : Et vous autres, qui dites-vous que je suis ? — Simon-Pierre, prenant la parole, lui dit : Vous êtes le Christ, le Fils de Dieu vivant. — Jésus lui répondit : Vous êtes bienheureux, Simon, fils de Jean, parce que ce n'est point la chair ni le sang qui vous ont révélé ceci, mais mon Père qui est dans les cieux. (Saint Matthieu, ch. xvi, v. de 13 à 17 ; saint Marc, ch. viii, v. de 27 à 30.)

2. Cependant Hérode le Tétrarque entendit parler de tout ce que faisait Jésus, et son esprit était en suspens, — parce que les uns disaient que Jean était ressuscité d'entre les morts ; les autres qu'Élie était apparu, et d'autres qu'un des anciens prophètes était ressuscité. — Alors Hérode dit : J'ai fait couper la tête à Jean ; mais qui est celui de qui j'entends dire de si grandes choses ? Et il avait envie de le voir. (Saint Marc, ch. vi, v. 14, 15 ; saint Luc, ch. ix, v. 7, 8, 9.)

3. (Après la transfiguration.) Ses disciples l'interrogèrent alors et lui dirent : Pourquoi donc les scribes disent-ils qu'il

faut qu'Élie revienne auparavant? — Mais Jésus leur répondit :
Il est vrai qu'Élie doit revenir et rétablir toutes choses ; — mais
je vous déclare qu'Élie est déjà venu, et ils ne l'ont point connu,
mais ils l'ont traité comme il leur a plu. C'est ainsi qu'ils feront
souffrir le Fils de l'Homme. — Alors ses disciples comprirent
que c'était de Jean-Baptiste qu'il leur avait parlé. (Saint Matthieu, ch. XVII, v, de 10 à 13 ; saint Marc, ch. IX, v. 10, 11, 12.)

Résurrection et réincarnation.

4. La réincarnation faisait partie des dogmes juifs
sous le nom de *résurrection ;* seuls les Sadducéens, qui
pensaient que tout finit à la mort, n'y croyaient pas. Les
idées des Juifs sur ce point, comme sur beaucoup d'autres, n'étaient pas clairement définies, parce qu'ils n'a-
vaient que des notions vagues et incomplètes sur l'âme
et sa liaison avec le corps. Ils croyaient qu'un homme
qui a vécu pouvait revivre, sans se rendre un. compte
précis de la manière dont la chose pouvait avoir lieu ;
ils désignaient par le mot *résurrection* ce que le spiritisme
appelle plus judicieusement *réincarnation.* En effet, la
résurrection suppose le retour à la vie du corps qui est
mort, ce que la science démontre être matériellement
impossible, surtout quand les éléments de ce corps sont
depuis longtemps dispersés et absorbés. La *réincarnation* est le retour de l'âme ou Esprit à la vie corporelle,
mais dans un autre corps nouvellement formé pour lui,
et qui n'a rien de commun avec l'ancien. Le mot *résurrection* pouvait ainsi s'appliquer à Lazare, mais non à
Élie, ni aux autres prophètes. Si donc, selon leur
croyance, Jean-Baptiste était Élie, le corps de Jean ne
pouvait être celui d'Élie, puisqu'on avait vu Jean enfant,
et que l'on connaissait son père et sa mère. Jean pouvait
donc être Élie *réincarné,* mais non *ressuscité.*

5. Or, il y avait un homme d'entre les Pharisiens, nommé Nicodème, sénateur des Juifs, — qui vint la nuit trouver Jésus, et lui dit : Maître, nous savons que vous êtes venu de la part de Dieu pour nous instruire comme un docteur ; car personne ne saurait faire les miracles que vous faites, si Dieu n'est avec lui.

Jésus, lui répondit : En vérité, en vérité, je vous le dis : *Personne ne peut voir le royaume de Dieu s'il ne naît de nouveau.*

Nicodème lui dit : Comment peut naître un homme qui est déjà vieux ? Peut-il rentrer dans le sein de sa mère, pour naître une seconde fois ?

Jésus lui répondit : En vérité, en vérité, je vous le dis : Si un homme ne renaît de l'eau et de l'Esprit, il ne peut entrer dans le royaume de Dieu. — Ce qui est né de la chair est chair, et ce qui est né de l'Esprit est Esprit. — Ne vous étonnez pas de ce que je vous ai dit, qu'il faut que vous naissiez de nouveau. — L'Esprit souffle où il veut, et vous entendez sa voix, mais vous ne savez d'où il vient, ni où il va ; il en est de même de tout homme qui est né de l'Esprit.

Nicodème lui répondit : Comment cela peut-il se faire ? — Jésus lui dit : Quoi ! vous êtes maître en Israël, et vous ignorez ces choses ! — En vérité, en vérité, je vous dis que nous ne disons que ce que nous savons, et que nous ne rendons témoignage que de ce que nous avons vu ; et cependant vous ne recevrez point notre témoignage. — Mais si vous ne me croyez pas lorsque je vous parle des choses de la terre, comment me croirez-vous lorsque je vous parlerai des choses du ciel ? (Saint Jean, ch. III, v. de 1 à 12.)

6. La pensée que Jean-Baptiste était Élie, et que les prophètes pouvaient revivre sur la terre, se retrouve en maints passages des Évangiles, notamment dans ceux relatés ci-dessus (nos 1, 2, 3). Si cette croyance avait été une erreur, Jésus n'eût pas manqué de la combattre, comme il en a combattu tant d'autres ; loin de là, il la sanctionne de toute son autorité, et la pose en principe et comme une condition nécessaire quand il dit : *Per-*

sonne ne peut voir le royaume des cieux s'il ne naît de nouveau ; et il insiste en ajoutant : *Ne vous étonnez pas de ce
que je vous dis qu'il* FAUT *que vous naissiez de nouveau.*

7. Ces mots : « *Si un homme ne renaît de l'eau et de
l'Esprit*, ont été interprétés dans le sens de la régénération par l'eau du baptême ; mais le texte primitif portait
simplement : *Ne renaît de l'eau et de l'Esprit,* tandis que,
dans certaines traductions, à *de l'Esprit* on a substitué :
du Saint-Esprit, ce qui ne répond plus à la même pensée. Ce point capital ressort des premiers commentaires
faits sur l'Évangile, ainsi que cela sera un jour constaté
sans équivoque possible [1].

8. Pour comprendre le sens véritable de ces paroles, il
faut également se reporter à la signification du mot *eau*
qui n'était point employé dans son acception propre.
   Les connaissances des Anciens sur les sciences physiques étaient très imparfaites ; ils croyaient que la terre
était sortie des eaux, c'est pourquoi ils regardaient
l'eau comme l'élément générateur absolu ; c'est ainsi que
dans la Genèse il est dit : « L'Esprit de Dieu était porté
sur les eaux ; flottait à la surface des eaux ; — Que le
firmament soit fait au milieu des eaux ; — Que les eaux
qui sont sous le ciel se rassemblent en un seul lieu, et
que l'élément aride paraisse ; — Que les eaux *produisent*
des animaux vivants qui nagent dans l'eau, et des oiseaux
qui volent sur la terre et sous le firmament. »
   D'après cette croyance, l'eau était devenue le sym-

La traduction d'Osterwald est conforme au texte primitif ; elle
porte : ne renaît de l'eau et de l'Esprit ; celle de Sacy dit : *du
Saint-Esprit* ; celle de Lamennais : *de l'Esprit-Saint.*

3

bole de la nature matérielle, comme l'Esprit était celui
de la nature intelligente. Ces mots : « Si l'homme ne renaît de l'eau et de l'Esprit, ou en eau et en Esprit, »
signifient donc : « Si l'homme ne renaît avec son corps
et son âme. » C'est dans ce sens qu'ils ont été compris
dans le principe.

Cette interprétation est d'ailleurs justifiée par ces autres paroles : *Ce qui est né de la chair est chair, et ce qui
est né de l'Esprit est l'Esprit.* Jésus fait ici une distinction positive entre l'Esprit et le corps. *Ce qui est né de
la chair est chair,* indique clairement que le corps *seul*
procède du corps, et que l'Esprit est indépendant du
corps.

9. *L'Esprit souffle où il veut ; vous entendez sa voix, mais
vous ne savez ni d'où il vient ni où il va,* peut s'entendre de
l'Esprit de Dieu qui donne la vie à qui il veut, ou de
l'âme de l'homme; dans cette dernière acception, « Vous
ne savez d'où il vient ni où il va » signifie que l'on ne
connaît ni ce qu'a été, ni ce que sera l'Esprit. Si l'Esprit,
ou âme, était créé en même temps que le corps, on
saurait d'où il vient, puisqu'on connaîtrait son commencement. En tout état de cause, ce passage est la consécration du principe de la préexistence de l'âme, et par
conséquent de la pluralité des existences.

10. Or, depuis le temps de Jean-Baptiste jusqu'à présent, le
royaume des Cieux se prend par violence, et ce sont les violents qui l'emportent ; — car, jusqu'à Jean, tous les prophètes,
aussi bien que la loi, ont prophétisé ; — et si vous voulez comprendre ce que je vous dis, *c'est lui-même qui est Élie qui doit
venir.* — Que celui-là entende qui a des oreilles pour entendre.
(Saint Matthieu, ch. **xi,** *v.* de 12 à 15.)

11. Si le principe de la réincarnation exprimé dans saint Jean pouvait, à la rigueur, être interprété dans un sens purement mystique, il ne saurait en être de même dans ce passage de saint Matthieu, qui est sans équivoque possible : *c'est* LUI-MÊME *qui est Élie qui doit venir;* il n'y a là ni figure, ni allégorie : c'est une affirmation positive. — « Depuis le temps de Jean-Baptiste jusqu'à présent le royaume des cieux se prend par violence. » Que signifient ces paroles, puisque Jean-Baptiste vivait encore à ce moment-là? Jésus les explique en disant : « Si vous voulez comprendre ce que je dis, c'est lui-même qui est Élie qui doit venir. » Or, Jean n'étant autre qu'Élie, Jésus fait allusion au temps où Jean vivait sous le nom d'Élie. « Jusqu'à présent le royaume des cieux se prend par violence, » est une autre allusion à la violence de la loi mosaïque qui commandait l'extermination des infidèles pour gagner la Terre Promise, Paradis des Hébreux, tandis que, selon la nouvelle loi, le ciel se gagne par la charité et la douceur.

Puis il ajoute : *Que celui-là entende qui a des oreilles pour entendre.* Ces paroles, si souvent répétées par Jésus, disent clairement que tout le monde n'était pas en état de comprendre certaines vérités.

12. Ceux de votre peuple qu'on avait fait mourir *vivront de nouveau;* ceux qui étaient tués au milieu de moi ressusciteront. Réveillez-vous de votre sommeil, et chantez les louanges de Dieu, vous qui habitez dans la poussière; parce que la rosée qui tombe sur vous est une rosée de lumière, et que vous ruinerez la terre et le règne des géants. (Isaïe, ch. **xxvi,** *v.* **19.**)

13. Ce passage d'Isaïe est tout aussi explicite : « Ceux de votre peuple qu'on avait fait mourir *vivront de nouveau.* » Si le prophète avait entendu parler de la vie

spirituelle, s'il avait voulu dire que ceux que l'on a fait
mourir n'étaient pas morts en Esprit, il aurait dit:
vivent encore, et non *vivront de nouveau*. Dans le sens
spirituel, ces mots seraient un non-sens, puisqu'ils
impliqueraient une interruption dans la vie de l'âme.
Dans le sens de *régénération morale*, ils seraient la négation des peines éternelles, puisqu'ils établissent en
principe que *tous ceux qui sont morts revivront*.

14. Mais quand l'homme est mort *une fois*, que son corps,
séparé de son esprit, est consumé, que devient-il ? — L'homme
étant mort *une fois*, pourrait-il bien *revivre de nouveau ?* Dans
cette guerre où je me trouve tous les jours de ma vie, j'attends
que mon changement arrive. (JOB, ch. XIV, v. 10, 14. Traduction
de Le Maistre de Sacy.)

Quand l'homme meurt, il perd toute sa force, il expire;
puis où est-il? — Si l'homme meurt, *revivra-t-il ?* Atten-
drai-je tous les jours de mon combat, jusqu'à ce qu'il m'arrive quelque changement ? (*Id.* Traduction protestante d'Osterwald.)

Quand l'homme est mort, il vit toujours; en finissant les
jours de *mon existence terrestre,* j'attendrai, car *j'y reviendrai
de nouveau. (Id.* Version de l'Église grecque.)

15. Le principe de la pluralité des existences est clairement exprimé dans ces trois versions. On ne peut supposer que Job ait voulu parler de la régénération par
l'eau du baptême qu'il ne connaissait certainement
pas. « L'homme étant mort *une fois*, pourrait-il bien
revivre de nouveau ? » L'idée de mourir une fois et de revivre, implique celle de mourir et de revivre plusieurs
fois. La version de l'Église grecque est encore plus explicite, si c'est possible. « En finissant les jours de mon
existence terrestre, j'attendrai, car *j'y reviendrai ;* » c'est-
à-dire, je reviendrai à l'existence terrestre. Ceci est

aussi clair que si quelqu'un disait : « Je sors de ma maison, mais j'y reviendrai. »

« Dans cette guerre où je me trouve tous les jours de ma vie, *j'attends* que mon changement arrive. » Job veut évidemment parler de la lutte qu'il soutient contre les misères de la vie; il attend son changement, c'est-à-dire il se résigne. Dans la version grecque, *j'attendrai* semble plutôt s'appliquer à la nouvelle existence : « Lorsque mon existence terrestre sera finie, *j'attendrai*, car j'y reviendrai; » Job semble se placer, après sa mort, dans l'intervalle qui sépare une existence de l'autre, et dire que là il attendra son retour.

16. Il n'est donc pas douteux que, sous le nom de *résurrection*, le principe de la réincarnation était une des croyances fondamentales des Juifs; qu'il est confirmé par Jésus et les prophètes d'une manière formelle; d'où il suit que nier la réincarnation, c'est renier les paroles du Christ. Ses paroles feront un jour autorité sur ce point, comme sur beaucoup d'autres, quand on les méditera sans parti pris.

17. Mais à cette autorité, au point de vue religieux, vient s'ajouter, au point de vue philosophique, celle des preuves qui résultent de l'observation des faits; quand des effets on veut remonter aux causes, la réincarnation apparaît comme une nécessité absolue, comme une condition inhérente à l'humanité, en un mot, comme une loi de nature; elle se révèle par ses résultats d'une manière pour ainsi dire matérielle, comme le moteur caché se révèle par le mouvement; elle seule peut dire à l'homme *d'où il vient, où il va, pourquoi il est sur la terre,*

et justifier toutes les anomalies et toutes les injustices
apparentes que présente la vie [1].

Sans le principe de la préexistence de l'âme et de la
pluralité des existences, la plupart des maximes de
l'Évangile sont inintelligibles; c'est pourquoi elles ont
donné lieu à des interprétations si contradictoires; ce
principe est la clef qui doit leur restituer leur véritable
sens.

Les liens de famille fortifiés par la réincarnation et brisés par l'unité d'existence.

18. Les liens de famille ne sont point détruits par la
réincarnation, ainsi que le pensent certaines personnes;
ils sont au contraire fortifiés et resserrés: c'est le principe opposé qui les détruit.

Les Esprits forment dans l'espace des groupes ou
familles unis par l'affection, la sympathie et la similitude des inclinations; ces Esprits, heureux d'être ensemble, se recherchent; l'incarnation ne les sépare que
momentanément, car, après leur rentrée dans l'erraticité, ils se retrouvent comme des amis au retour d'un
voyage. Souvent même ils se suivent dans l'incarnation,
où ils sont réunis dans une même famille, ou dans un
même cercle, travaillant ensemble à leur mutuel avancement. Si les uns sont incarnés et que les autres ne le
soient pas, ils n'en sont pas moins unis par la pensée;
ceux qui sont libres veillent sur ceux qui sont en captivité; les plus avancés cherchent à faire progresser les

---

1. Voir, pour les développements du dogme de la réincarnation,
le Livre des Esprits, ch. IV et V; *Qu'est-ce que le Spiritisme?* chap. II,
par Allan Kardec; *la Pluralité des existences*, par Pezzani.

retardataires. Après chaque existence ils ont fait un pas dans la voie de la perfection ; de moins en moins attachés à la matière, leur affection est plus vive par cela même qu'elle est plus épurée, qu'elle n'est plus troublée par l'égoïsme ni par les nuages des passions. Ils peuvent donc ainsi parcourir un nombre illimité d'existences corporelles sans qu'aucune atteinte soit portée à leur mutuelle affection.

Il est bien entendu qu'il s'agit ici de l'affection réelle d'âme à âme, la seule qui survive à la destruction du corps, car les êtres qui ne s'unissent ici-bas que par les sens n'ont aucun motif de se rechercher dans le monde des Esprits. Il n'y a de durables que les affections spirituelles ; les affections charnelles s'éteignent avec la cause qui les a fait naître ; or cette cause n'existe plus dans le monde des Esprits, tandis que l'âme existe toujours. Quant aux personnes unies par le seul mobile de l'intérêt, elles ne sont réellement rien l'une à l'autre : la mort les sépare sur la terre et dans le ciel.

19. L'union et l'affection qui existent entre parents sont l'indice de la sympathie antérieure qui les a rapprochés ; aussi dit-on en parlant d'une personne dont le caractère, les goûts et les inclinations n'ont aucune similitude avec ceux de ses proches, qu'elle n'est pas de la famille. En disant cela, on énonce une plus grande vérité qu'on ne le croit. Dieu permet, dans les familles, ces incarnations d'Esprits antipathiques ou étrangers, dans le double but de servir d'épreuve pour les uns, et de moyen d'avancement pour les autres. Puis les mauvais s'améliorent peu à peu au contact des bons et par les soins qu'ils en reçoivent ; leur caractère s'adoucit, leurs mœurs s'épurent, les antipathies s'effacent ; c'est ainsi

que s'établit la fusion entre les différentes catégories
d'Esprits, comme elle s'établit sur la terre entre les
races et les peuples.

20. La crainte de l'augmentation indéfinie de la parenté, par suite de la réincarnation, est une crainte
égoïste, qui prouve que l'on ne se sent pas un amour
assez large pour le reporter sur un grand nombre de
personnes. Un père qui a plusieurs enfants les aime-t-il
donc moins que s'il n'en avait qu'un seul? Mais, que les
égoïstes se rassurent, cette crainte n'est pas fondée. De
ce qu'un homme aura eu dix incarnations, il ne s'ensuit
pas qu'il retrouvera dans le monde des Esprits dix
pères, dix mères, dix femmes et un nombre proportionné
d'enfants et de nouveaux parents; il n'y retrouvera toujours que les mêmes objets de son affection qui lui
auront été attachés sur la terre, à des titres différents,
et peut-être au même titre.

21. Voyons maintenant les conséquences de la doctrine de la non-réincarnation. Cette doctrine annule nécessairement la préexistence de l'âme ; les âmes étant
créées en même temps que le corps, il n'existe entre
elles aucun lien antérieur; elles sont complétement
étrangères les unes aux autres; le père est étranger à
son fils; la filiation des familles se trouve ainsi réduite
à la seule filiation corporelle, sans aucun lien spirituel.
Il n'y a donc aucun motif de se glorifier d'avoir eu pour
ancêtres tels ou tels personnages illustres. Avec la
réincarnation, ancêtres et descendants peuvent s'être
connus, avoir vécu ensemble, s'être aimés, et se trouver réunis plus tard pour resserrer leurs liens sympathiques.

22. Voilà pour le passé. Quant à l'avenir, selon un des dogmes fondamentaux qui découlent de la non-réincarnation, le sort des âmes est irrévocablement fixé après une seule existence; la fixation définitive du sort implique la cessation de tout progrès, car s'il y a progrès quelconque, il n'y a plus de sort définitif; selon qu'elles ont bien ou mal vécu, elles vont immédiatement dans le séjour des bienheureux ou dans l'enfer éternel; *elles sont ainsi immédiatement séparées pour toujours, et sans espoir de se rapprocher jamais*, de telle sorte que pères, mères et enfants, maris et femmes, frères, sœurs, amis, ne sont jamais certains de se revoir : c'est la rupture la plus absolue des liens de famille.

Avec la réincarnation, et le progrès qui en est la conséquence, tous ceux qui se sont aimés se retrouvent sur la terre et dans l'espace, et gravitent ensemble pour arriver à Dieu. S'il en est qui faillissent en route, ils retardent leur avancement et leur bonheur, mais tout espoir n'est pas perdu; aidés, encouragés et soutenus par ceux qui les aiment, ils sortiront un jour du bourbier où ils sont engagés. Avec la réincarnation enfin, il y a solidarité perpétuelle entre les incarnés et les désincarnés, de là le resserrement des liens d'affection.

23. En résumé, quatre alternatives se présentent à l'homme pour son avenir d'outre-tombe : 1° le néant, selon la doctrine matérialiste; 2° l'absorption dans le tout universel, selon la doctrine panthéiste; 3° l'individualité avec fixation définitive du sort, selon la doctrine de l'Église; 4° l'individualité avec progression indéfinie, selon la doctrine spirite. Selon les deux pre-

mières les liens de famille sont rompus après la mort,
et il n'y a nul espoir de se retrouver ; avec la troisième,
il y a chance de se revoir, pourvu que l'on soit dans
le même milieu, et ce milieu peut être l'enfer comme le
paradis; avec la pluralité des existences, qui est inséparable de la progression graduelle, il y a certitude
dans la continuité des rapports entre ceux qui se sont
aimés, et c'est là ce qui constitue la véritable famille.

LINSTRUCTIONS DES ESPRITS.

Limite de l'incarnation.

24. *Quelles sont les limites de l'incarnation ?*

L'incarnation n'a point, à proprement parler, de
limites nettement tracées, si l'on entend par là l'enveloppe qui constitue le corps de l'Esprit, attendu que la
matérialité de cette enveloppe diminue à mesure que
l'Esprit se purifie. Dans certains mondes plus avancés
que la terre, elle est déjà moins compacte, moins lourde
et moins grossière, et par conséquent sujette à moins
de vicissitudes ; à un degré plus élevé, elle est diaphane
et presque fluidique; de degré en degré, elle se déma-
térialise et finit par se confondre avec le périsprit.
Selon le monde sur lequel l'Esprit est appelé à vivre,
celui-ci prend l'enveloppe appropriée à la nature de ce
monde.

Le périsprit lui-même subit des transformations
successives; il s'éthérise de plus en plus jusqu'à l'épuration complète qui constitue les purs Esprits. Si des
mondes spéciaux sont affectés, comme stations, aux
Esprits très avancés, ces derniers n'y sont point atta-

chés comme dans les mondes inférieurs ; l'état de dégagement où ils se trouvent leur permet de se transporter partout où les appellent les missions qui leur sont
confiées.

Si l'on considère l'incarnation au point de vue matériel, telle qu'elle a lieu sur la terre, on peut dire qu'elle
est limitée aux mondes inférieurs ; il dépend de l'Esprit,
par conséquent, de s'en affranchir plus ou moins promptement en travaillant à son épuration.

Il est à considérer aussi que dans l'état errant,
c'est-à-dire dans l'intervalle des existences corporelles,
la situation de l'Esprit est en rapport avec la nature du
monde auquel le lie son degré d'avancement ; qu'ainsi,
dans l'erraticité, il est plus ou moins heureux, libre et
éclairé, selon qu'il est plus ou moins dématérialisé.
(Saint Louis, Paris, 1859.)

Nécessité de l'incarnation.

25. *L'incarnation est-elle une punition, et n'y a-t-il que
les Esprits coupables qui y soient assujettis ?*

Le passage des Esprits par la vie corporelle est nécessaire pour que ceux-ci puissent accomplir, à l'aide
d'une action matérielle, les desseins dont Dieu leur
confie l'exécution ; elle est nécessaire pour eux-mêmes,
parce que l'activité qu'ils sont obligés de déployer aide
au développement de l'intelligence. Dieu étant souverainement juste doit faire une part égale à tous ses
enfants ; c'est pour cela qu'il donne à tous un même
point de départ, la même aptitude, *les mêmes obligations à remplir et la même liberté d'agir ;* tout privilége serait une préférence, et toute préférence une in-

justice. Mais l'incarnation n'est pour tous les Esprits qu'un état transitoire; c'est une tâche que Dieu leur impose à leur début dans la vie, comme première épreuve de l'usage qu'ils feront de leur libre arbitre. Ceux qui remplissent cette tâche avec zèle franchissent rapidement et moins péniblement ces premiers degrés de l'initiation, et jouissent plus tôt du fruit de leurs travaux. Ceux, au contraire, qui font un mauvais usage de la liberté que Dieu leur accorde retardent leur avancement; c'est ainsi que, par leur obstination, ils peuvent prolonger indéfiniment la nécessité de se réincarner, et c'est alors que l'incarnation devient un châtiment. (SAINT LOUIS, Paris, 1859.)

26. *Remarque*. Une comparaison vulgaire fera mieux comprendre cette différence. L'écolier n'arrive aux grades de la science qu'après avoir parcouru la série des classes qui y conduisent. Ces classes, quel que soit le travail qu'elles exigent, sont un moyen d'arriver au but, et non une punition. L'écolier laborieux abrége la route, et y trouve moins d'épines; il en est autrement pour celui que sa négligence et sa paresse obligent à redoubler certaines classes. Ce n'est pas le travail de la classe qui est une punition, mais l'obligation de recommencer le même travail.

Ainsi en est-il de l'homme sur la terre. Pour l'Esprit du sauvage qui est presque au début de la vie spirituelle, l'incarnation est un moyen de développer son intelligence; mais pour l'homme éclairé en qui le sens moral est largement développé, et qui est obligé de redoubler les étapes d'une vie corporelle pleine d'angoisses, tandis qu'il pourrait déjà être arrivé au but, c'est un châtiment par la nécessité où il est de prolonger son séjour dans les mondes inférieurs et malheureux. Celui, au contraire, qui travaille activement à son progrès moral peut, non-seulement abréger la durée de l'incarnation matérielle, mais franchir en une seule fois les degrés intermédiaires qui le séparent des mondes supérieurs.

Les Esprits ne pourraient-ils s'incarner qu'une seule fois sur le même globe, et accomplir leurs différentes existences dans des sphères différentes? Cette opinion ne serait admissible que si tous les hommes étaient, sur la terre, exactement au même niveau intellectuel et moral. Les différences qui existent entre eux, depuis le sauvage jusqu'à l'homme civilisé, montrent les degrés qu'ils sont appelés à franchir. L'incarnation, d'ailleurs, doit avoir un but utile; or, quel serait celui des incarnations éphémères des enfants qui meurent en bas âge? Ils auraient souffert sans profit pour eux ni pour autrui : Dieu, dont toutes les lois sont souverainement sages, ne fait rien d'inutile. Par la réincarnation sur le même globe, il a voulu que les mêmes Esprits se trouvant de nouveau en contact, eussent occasion de réparer leurs torts réciproques; par le fait de leurs relations antérieures, il a voulu, en outre, fonder les liens de famille sur une base spirituelle, et appuyer sur une loi de nature les principes de solidarité, de fraternité et d'égalité

CHAPITRE V

BIENHEUREUX LES AFFLIGÉS.

Justice des afflictions. — Causes actuelles des afflictions. — Causes antérieures des afflictions. — Oubli du passé.— Motifs de résignation.— Le suicide et la folie.—*Instructions des Esprits* : Bien et mal souffrir.—Le mal et le remède. — Le bonheur n'est pas de ce monde. — Perte des personnes aimées. Morts prématurées. — Si c'était un homme de bien, il se serait tué. — Les tourments volontaires.— Le malheur réel. — La mélancolie. — Épreuves volontaires. — Le vrai cilice. — Doit-on mettre un terme aux épreuves de son prochain? — Est-il permis d'abréger la vie d'un malade qui souffre sans espoir de guérison? — Sacrifice de sa propre vie. — Profit des souffrances pour autrui.

1. Bienheureux ceux qui pleurent, parce qu'ils seront consolés. — Bienheureux ceux qui sont affamés et altérés de justice, parce qu'ils seront rassasiés. — Bienheureux ceux qu souffrent persécution pour la justice, parce que le royaume des cieux est à eux. (Saint Matthieu, ch. v, *v.* 5, 6, 10.)

2. Vous êtes bienheureux, vous qui êtes pauvres, parce que le royaume des cieux est à vous. — Vous êtes bienheureux, vous qui avez faim maintenant, parce que vous serez rassasiés. — Vous êtes heureux, vous qui pleurez maintenant, parce que vous rirez. (Saint Luc, ch. vi, *v.* 20, 21.)

Mais malheur à vous, riches! parce que vous avez votre consolation dans le monde.—Malheur à vous qui êtes rassasiés, parce que vous aurez faim. — Malheur à vous qui riez maintenant, parce que vous serez réduits aux pleurs et aux larmes. (Saint Luc, ch. vi, *v.* 24, 25.)

Justice des afflictions.

3. Les compensations que Jésus promet aux affligés de la terre ne peuvent avoir lieu que dans la vie future;

sans la certitude de l'avenir, ces maximes seraient un non-sens, bien plus, ce serait un leurre. Avec cette certitude même on comprend difficilement l'utilité de souffrir pour être heureux. C'est, dit-on, pour avoir plus de mérite ; mais alors on se demande pourquoi les uns souffrent plus que les autres ; pourquoi les uns naissent dans la misère et les autres dans l'opulence, sans avoir rien fait pour justifier cette position ; pourquoi aux uns rien ne réussit, tandis qu'à d'autres tout semble sourire? Mais ce que l'on comprend encore moins, c'est de voir les biens et les maux si inégalement partagés entre le vice et la vertu ; de voir les hommes vertueux souffrir à côté des méchants qui prospèrent. La foi en l'avenir peut consoler et faire prendre patience, mais elle n'explique pas ces anomalies qui semblent démentir la justice de Dieu.

Cependant, dès lors qu'on admet Dieu, on ne peut le concevoir sans l'infini des perfections ; il doit être toute puissance, toute justice, toute bonté, sans cela il ne serait pas Dieu. Si Dieu est souverainement bon et juste, il ne peut agir par caprice ni avec partialité. *Les vicissitudes de la vie ont donc une cause, et puisque Dieu est juste, cette cause doit être juste.* Voilà ce dont chacun doit se bien pénétrer. Dieu a mis les hommes sur la voie de cette cause par les enseignements de Jésus, et aujourd'hui, les jugeant assez mûrs pour la comprendre, il la leur révèle tout entière par le *spiritisme*, c'est-à-dire par la *voix des Esprits*.

Causes actuelles des afflictions.

4. Les vicissitudes de la vie sont de deux sortes, ou, si l'on veut, ont deux sources bien différentes qu'il im-

porte de distinguer ; les unes ont leur cause dans la vie
présente, les autres en dehors de cette vie.

En remontant à la source des maux terrestres, on reconnaîtra que beaucoup sont la conséquence naturelle
du caractère et de la conduite de ceux qui les endurent.

Que d'hommes tombent par leur propre faute ! Combien sont victimes de leur imprévoyance, de leur orgueil
et de leur ambition !

Que de gens ruinés par défaut d'ordre, de persévérance, par inconduite ou pour n'avoir pas su borner
leurs désirs !

Que d'unions malheureuses parce qu'elles sont un
calcul d'intérêt ou de vanité, et que le cœur n'y est pour
rien !

Que de dissensions, de querelles funestes on aurait pu
éviter avec plus de modération et moins de susceptibilité.

Que de maladies et d'infirmités sont la suite de l'in-
tempérance et des excès de tous genres.

Que de parents sont malheureux dans leurs enfants,
parce qu'ils n'ont pas combattu les mauvaises tendances
de ceux-ci dans leur principe ! Par faiblesse ou indifférence, ils ont laissé se développer en eux les germes de
l'orgueil, de l'égoïsme et de la sotte vanité qui dessèchent
le cœur, puis, plus tard, récoltant ce qu'ils ont semé,
ils s'étonnent et s'affligent de leur manque de déférence
et de leur ingratitude.

Que tous ceux qui sont frappés au cœur par les vicissitudes et les déceptions de la vie interrogent froidement
leur conscience ; qu'ils remontent de proche en proche
à la source des maux qui les affligent, et ils verront si,
le plus souvent, ils ne peuvent pas dire : *Si j'avais fait,*

ou n'avais pas fait telle chose, je ne serais pas dans telle position.

A qui donc s'en prendre de toutes ces afflictions, si ce n'est à soi-même? L'homme est ainsi, dans un grand nombre de cas, l'artisan de ses propres infortunes ; mais, au lieu de le reconnaître, il trouve plus simple, moins humiliant pour sa vanité d'en accuser le sort, la Providence, la chance défavorable, sa mauvaise étoile, tandis que sa mauvaise étoile est dans son incurie.

Les maux de cette nature forment assurément un très notable contingent dans les vicissitudes de la vie; l'homme les évitera quand il travaillera à son amélioration morale autant qu'à son amélioration intellectuelle.

5. La loi humaine atteint certaines fautes et les punit ; le condamné peut donc se dire qu'il subit la conséquence de ce qu'il a fait; mais la loi n'atteint pas et ne peut atteindre toutes les fautes ; elle frappe plus spécialement celles qui portent préjudice à la société, et non celles qui ne nuisent qu'à ceux qui les commettent. Mais Dieu veut le progrès de toutes ses créatures; c'est pourquoi il ne laisse impunie aucune déviation du droit chemin ; il n'est pas une seule faute, quelque légère qu'elle soit, pas une seule infraction à sa loi, qui n'ait des conséquences forcées et inévitables plus ou moins fâcheuses ; d'où il suit que, dans les petites choses comme dans les grandes, l'homme est toujours puni par où il a péché. Les souffrances qui en sont la suite sont pour lui un avertissement qu'il a mal fait; elles lui donnent l'expérience, lui font sentir la différence du bien et du mal, et la nécessité de s'améliorer pour éviter à l'avenir ce qui a été pour lui une source de chagrins, sans cela il n'aurait aucun motif de s'amender; confiant dans

l'impunité, il retarderait son avancement, et par conséquent son bonheur futur.

Mais l'expérience vient quelquefois un peu tard ; quand
la vie a été gaspillée et troublée, que les forces sont
usées et que le mal est sans remède, alors l'homme se
prend à dire : Si au début de la vie j'avais su ce que je
sais maintenant, que de faux pas j'aurais évités ! *Si c'é-
tait à recommencer*, je m'y prendrais tout autrement ;
mais il n'est plus temps ! Comme l'ouvrier paresseux
dit : J'ai perdu ma journée, lui aussi se dit : J'ai perdu
ma vie ; mais de même que pour l'ouvrier le soleil se
lève le lendemain, et une nouvelle journée commence
qui lui permet de réparer le temps perdu, pour lui
aussi, après la nuit de la tombe, luira le soleil d'une
nouvelle vie dans laquelle il pourra mettre à profit
l'expérience du passé et ses bonnes résolutions pour
l'avenir.

Causes antérieures des afflictions.

6. Mais s'il est des maux dont l'homme est la première cause dans cette vie, il en est d'autres auxquels
il est, en apparence du moins, complétement étranger,
et qui semblent le frapper comme par fatalité. Telle est,
par exemple, la perte d'êtres chéris, et celle des soutiens
de famille ; tels sont encore les accidents que nulle prévoyance ne pouvait empêcher ; les revers de fortune qui
déjouent toutes les mesures de prudence ; les fléaux
naturels ; puis les infirmités de naissance, celles surtout
qui ôtent à des malheureux les moyens de gagner leur
vie par le travail : les difformités, l'idiotie, le créti-
nisme, etc.

Ceux qui naissent dans de pareilles conditions n'ont

assurément rien fait dans cette vie pour mériter un sort
si triste, sans compensation, qu'ils ne pouvaient éviter,
qu'ils sont dans l'impuissance de changer par eux-
mêmes, et qui les met à la merci de la commisération publique. Pourquoi donc des êtres si disgraciés,
tandis qu'à côté, sous le même toit, dans la même
famille, d'autres sont favorisés sous tous les rapports?

Que dire enfin de ces enfants qui meurent en bas âge
et n'ont connu de la vie que les souffrances? Problèmes
qu'aucune philosophie n'a encore pu résoudre, anomalies qu'aucune religion n'a pu justifier, et qui seraient
la négation de la bonté, de la justice et de la providence
de Dieu, dans l'hypothèse que l'âme est créée en même
temps que le corps, et que son sort est irrévocablement
fixé après un séjour de quelques instants sur la terre.
Qu'ont-elles fait, ces âmes qui viennent de sortir des
mains du Créateur, pour endurer tant de misères ici-bas,
et mériter dans l'avenir une récompense ou une punition quelconque, alors qu'elles n'ont pu faire ni bien ni
mal?

Cependant, en vertu de l'axiome que *tout effet a une
cause*, ces misères sont des effets qui doivent avoir une
cause; et dès lors qu'on admet un Dieu juste, cette
cause doit être juste. Or, la cause précédant toujours
l'effet, puisqu'elle n'est pas dans la vie actuelle, elle
doit être antérieure à cette vie, c'est-à-dire appartenir
à une existence précédente. D'un autre côté, Dieu ne
pouvant punir pour le bien qu'on a fait, ni pour le mal
qu'on n'a pas fait, si nous sommes punis, c'est que nous
avons fait le mal; si nous n'avons pas fait le mal dans
cette vie, nous l'avons fait dans une autre. C'est une alternative à laquelle il est impossible d'échapper, et

dans laquelle la logique dit de quel côté est la justice
de Dieu.

L'homme n'est donc pas toujours puni, ou complète-
ment puni dans son existence présente, mais il n'é-
chappe jamais aux conséquences de ses fautes. La prospérité du méchant n'est que momentanée, et s'il
n'expie aujourd'hui, il expiera demain, tandis que celui qui souffre en est à l'expiation de son passé. Le
malheur qui, au premier abord, semble immérité, a
donc sa raison d'être, et celui qui souffre peut toujours dire : « Pardonnez-moi, Seigneur, parce que j'ai
péché. »

7. Les souffrances pour causes antérieures sont souvent, comme celles des fautes actuelles, la conséquence
naturelle de la faute commise; c'est-à-dire que, par
une justice distributive rigoureuse, l'homme endure ce
qu'il a fait endurer aux autres; s'il a été dur et inhu-
main, il pourra être à son tour traité durement et avec
inhumanité; s'il a été orgueilleux, il pourra naître dans
une condition humiliante; s'il a été avare, égoïste, ou
s'il a fait un mauvais usage de sa fortune, il pourra être
privé du nécessaire; s'il a été mauvais fils, il pourra
souffrir dans ses enfants, etc.

Ainsi s'expliquent, par la pluralité des existences, et
par la destination de la terre, comme monde expiatoire,
les anomalies que présente la répartition du bonheur et
du malheur entre les bons et les méchants ici-bas. Cette
anomalie n'existe en apparence que parce qu'on ne prend
son point de vue que de la vie présente; mais si l'on
s'élève, par la pensée, de manière à embrasser une série d'existences, on verra qu'il est fait à chacun la part
qu'il mérite, sans préjudice de celle qui lui est faite dans

le monde des Esprits, et que la justice de Dieu n'est jamais interrompue.

L'homme ne doit jamais perdre de vue qu'il est sur un monde inférieur où il n'est maintenu que par ses imperfections. A chaque vicissitude, il doit se dire que s'il appartenait à un monde plus avancé cela n'arriverait pas, et qu'il dépend de lui de ne plus revenir ici-bas, en travaillant à son amélioration.

8. Les tribulations de la vie peuvent être imposées à des Esprits endurcis, ou trop ignorants pour faire un choix en connaissance de cause, mais elles sont librement choisies et acceptées par des Esprits *repentants* qui veulent réparer le mal qu'ils ont fait et s'essayer à mieux faire. Tel est celui qui, ayant mal fait sa tâche, demande à la recommencer pour ne pas perdre le bénéfice de son travail. Ces tribulations sont donc à la fois des expiations pour le passé qu'elles châtient, et des épreuves pour l'avenir qu'elles préparent. Rendons grâces à Dieu qui, dans sa bonté, accorde à l'homme la faculté de la réparation, et ne le condamne pas irrévocablement sur une première faute.

9. Il ne faudrait pas croire cependant que toute souffrance endurée ici-bas soit nécessairement l'indice d'une faute déterminée; ce sont souvent de simples épreuves choisies par l'Esprit pour achever son épuration et hâter son avancement. Ainsi l'expiation sert toujours d'épreuve, mais l'épreuve n'est pas toujours une expiation; mais, épreuves ou expiations, ce sont toujours les signes d'une infériorité relative, car ce qui est parfait n'a plus besoin d'être éprouvé. Un Esprit peut donc avoir acquis un certain degré d'élévation, mais, voulant avancer en-

core, il sollicite une mission, une tâche à remplir, dont
il sera d'autant plus récompensé, s'il en sort victorieux,
que la lutte aura été plus pénible. Telles sont plus spécialement ces personnes aux instincts naturellement
bons, à l'âme élevée, aux nobles sentiments innés qui
semblent n'avoir apporté rien de mauvais de leur précédente existence, et qui endurent avec une résignation
toute chrétienne les plus grandes douleurs, demandant
à Dieu de les supporter sans murmure. On peut, au contraire, considérer comme expiations les afflictions qui
excitent les murmures et poussent l'homme à la révolte
contre Dieu.

La souffrance qui n'excite pas de murmures peut sans
doute être une expiation, mais c'est l'indice qu'elle a
été plutôt choisie volontairement qu'imposée, et la
preuve d'une forte résolution, ce qui est un signe de
progrès.

10. Les Esprits ne peuvent aspirer au parfait bonheur
que lorsqu'ils sont purs : toute souillure leur interdit
l'entrée des mondes heureux. Tels sont les passagers
d'un navire atteint de la peste, auxquels l'entrée d'une
ville est interdite jusqu'à ce qu'ils se soient purifiés.
C'est dans leurs diverses existences corporelles que
les Esprits se dépouillent peu à peu de leurs imperfections. Les épreuves de la vie avancent quand on les supporte bien ; comme expiations, elles effacent les fautes
et purifient ; c'est le remède qui nettoie la plaie et guérit le malade ; plus le mal est grave, plus le remède doit
être énergique. Celui donc qui souffre beaucoup doit se
dire qu'il avait beaucoup à expier, et se réjouir d'être
bientôt guéri ; il dépend de lui, par sa résignation, de
rendre cette souffrance profitable, et de n'en pas perdre

le fruit par ses murmures, sans quoi ce serait à recommencer pour lui.

Oubli du passé.

11. C'est en vain qu'on objecte l'oubli comme ùn obstacle à ce que l'on puisse profiter de l'expérience des existences antérieures. Si Dieu a jugé à propos de jeter un voile sur le passé, c'est que cela devait être utile. En effet, ce souvenir aurait des inconvénients très graves; il pourrait, dans certains cas, nous humilier étrangement, ou bien aussi exalter notre orgueil, et par cela même entraver notre libre arbitre ; dans tous les cas, il eût apporté un trouble inévitable dans les relations sociales.

L'Esprit renaît souvent dans le même milieu où il a déjà vécu, et se trouve en relation avec les mêmes personnes, afin de réparer le mal qu'il leur a fait. S'il reconnaissait en elles celles qu'il a haïes, sa haine se réveillerait peut-être ; et dans tous les cas il serait humilié devant celles qu'il aurait offensées.

Dieu nous a donné, pour nous améliorer, juste ce qui nous est nécessaire et peut nous suffire : la voix de la conscience et nos tendances instinctives; il nous ôte ce qui pourrait nous nuire.

L'homme apporte en naissant ce qu'il a acquis; il naît ce qu'il s'est fait; chaque existence est pour lui un nouveau point de départ; peu lui importe de savoir ce qu'il a été : il est puni, c'est qu'il a fait le mal ; ses tendances mauvaises actuelles sont l'indice de ce qui reste à corriger en lui, et c'est là sur quoi il doit concentrer toute son attention, car de ce dont il s'est complétement corrigé, il ne reste plus de trace. Les bonnes résolutions qu'il a prises sont la voix de la conscience qui l'avertit de ce qui est bien ou mal, et lui donne la force de résister aux mauvaises tentations.

Du reste, cet oubli n'a lieu que pendant la vie corporelle. Rentré dans la vie spirituelle, l'Esprit retrouve le souvenir du passé : ce n'est donc qu'une interruption momentanée, comme celle qui a lieu dans la vie terrestre pendant le sommeil, et qui n'empêche pas de se souvenir le lendemain de ce qu'on a fait la veille et les jours précédents.

Ce n'est même pas seulement après la mort que l'Esprit recouvre le souvenir de son passé; on peut dire qu'il ne le perd jamais, car l'expérience prouve que dans l'incarnation, pendant le sommeil du corps, alors qu'il jouit d'une certaine liberté, l'Esprit a la conscience de ses actes antérieurs; il sait pourquoi il souffre, et qu'il souffre justement; le souvenir ne s'efface que pendant la vie extérieure de relations. Mais à défaut d'un souvenir précis qui pourrait lui être pénible et nuire à ses rapports sociaux, il puise de nouvelles forces dans ces instants d'émancipation de l'âme, s'il a su les mettre à profit.

Motifs de résignation.

12. Par ces mots : *Bienheureux les affligés, car ils seront consolés*, Jésus indique à la fois la compensation qui attend ceux qui souffrent, et la résignation qui fait bénir la souffrance comme le prélude de la guérison.

Ces mots peuvent encore être traduits ainsi : Vous devez vous estimer heureux de souffrir, parce que vos douleurs d'ici-bas sont la dette de vos fautes passées, et ces douleurs, endurées patiemment sur la terre, vous

épargnent des siècles de souffrance dans la vie future. Vous devez donc être heureux que Dieu réduise
votre dette en vous permettant de vous acquitter
présentement, ce qui vous assure la tranquillité pour
l'avenir.

L'homme qui souffre est semblable à un débiteur qui
doit une grosse somme, et à qui son créancier dit : « Si
vous m'en payez aujourd'hui même la centième partie,
je vous tiens quitte de tout le reste, et vous serez libre ;
si vous ne le faites pas, je vous poursuivrai jusqu'à ce
que vous ayez payé la dernière obole. » Le débiteur ne
serait-il pas heureux d'endurer toutes sortes de privations pour se libérer en payant seulement le centième
de ce qu'il doit? Au lieu de se plaindre de son créancier, ne lui dira-t-il pas merci?

Tel est le sens de ces paroles : « Bienheureux les affligés, car ils seront consolés ; » ils sont heureux, parce
qu'ils s'acquittent, et qu'après l'acquittement ils seront
libres. Mais si, tout en s'acquittant d'un côté, on s'en-
dette de l'autre, on n'arrivera jamais à la libération.
Or, chaque faute nouvelle augmente la dette, parce
qu'il n'en est pas une seule, quelle qu'elle soit, qui
n'entraîne avec elle sa punition forcée, inévitable ; si
ce n'est aujourd'hui, ce sera demain ; si ce n'est dans
cette vie, ce sera dans l'autre. Parmi ces fautes, il faut
placer au premier rang le défaut de soumission à la
volonté de Dieu ; donc, si dans les afflictions on murmure, si on ne les accepte pas avec résignation et comme
une chose que l'on a dû mériter, si l'on accuse Dieu
d'injustice, on contracte une nouvelle dette qui fait
perdre le bénéfice que l'on pouvait retirer de la souffrance ; c'est pourquoi il faudra recommencer, absolument comme si, à un créancier qui vous tourmente,

4

vous payez des à-compte, tandis qu'à chaque fois vous lui empruntez de nouveau.

A son entrée dans le monde des Esprits, l'homme est encore comme l'ouvrier qui se présente au jour de la paye. Aux uns le maître dira : « Voici le prix de vos journées de travail »; à d'autres, aux heureux de la terre, à ceux qui auront vécu dans l'oisiveté, qui auront mis leur félicité dans les satisfactions de l'amour-propre et les joies mondaines, il dira : « A vous il ne revient rien, car vous avez reçu votre salaire sur la terre. Allez et recommencez votre tâche. »

13. L'homme peut adoucir ou accroître l'amertume de ses épreuves par la manière dont il envisage la vie terrestre. Il souffre d'autant plus qu'il voit la durée de la souffrance plus longue; or, celui qui se place au point de vue de la vie spirituelle embrasse d'un coup d'œil la vie corporelle; il la voit comme un point dans l'infini, en comprend la brièveté, et se dit que ce moment pénible est bien vite passé; la certitude d'un avenir prochain plus heureux le soutient et l'encourage, et, au lieu de se plaindre, il remercie le ciel des douleurs qui le font avancer. Pour celui, au contraire, qui ne voit que la vie corporelle, celle-ci lui paraît interminable, et la douleur pèse sur lui de tout son poids. Le résultat de cette manière d'envisager la vie est de diminuer l'importance des choses de ce monde, de porter l'homme à modérer ses désirs, et à se contenter de sa position sans envier celle des autres, d'atténuer l'impression morale des revers et des mécomptes qu'il éprouve; il y puise un calme et une résignation aussi utiles à la santé du corps qu'à celle de l'âme, tandis que par l'envie, la jalousie et l'ambition, il se met volontairement à la torture, et

ajoute ainsi aux misères et aux angoisses de sa courte existence.

Le suicide et la folie.

14. Le calme et la résignation puisés dans la manière d'envisager la vie terrestre, et dans la foi en l'avenir, donnent à l'esprit une sérénité qui est le meilleur préservatif contre *la folie et le suicide*. En effet, il est certain que la plupart des cas de folie sont dus à la commotion produite par les vicissitudes que l'homme n'a pas la force de supporter; si donc, par la manière dont le spiritisme lui fait envisager les choses de ce monde, il prend avec indifférence, avec joie même, les revers et les déceptions qui l'eussent désespéré en d'autres circonstances, il est évident que cette force, qui le place au dessus des événements, préserve sa raison des secousses qui, sans cela, l'eussent ébranlée.

15. Il en est de même du suicide; si l'on en excepte ceux qui s'accomplissent dans l'ivresse et la folie et qu'on peut appeler inconscients, il est certain que, quels qu'en soient les motifs particuliers, il a toujours pour cause un mécontentement; or, celui qui est certain de n'être malheureux qu'un jour et d'être mieux les jours suivants, prend aisément patience; il ne se désespère que s'il ne voit pas de terme à ses souffrances. Qu'est-ce donc que la vie humaine par rapport à l'éternité, sinon bien moins qu'un jour? Mais pour celui qui ne croit pas à l'éternité, qui croit que tout finit en lui avec la vie, s'il est accablé par le chagrin et l'infortune, il n'y voit de terme que dans la mort; n'espérant rien, il trouve tout naturel, très logique même, d'abréger ses misères par le suicide.

16. L'incrédulité, le simple doute sur l'avenir, les idées matérialistes en un mot, sont les plus grands excitants au suicide : elles donnent la *lâcheté morale*. Et quand on voit des hommes de science s'appuyer sur l'autorité de leur savoir pour s'efforcer de prouver à leurs auditeurs ou à leurs lecteurs qu'ils n'ont rien à attendre après la mort, n'est-ce pas les amener à cette conséquence que, s'ils sont malheureux, ils n'ont rien de mieux à faire que de se tuer? Que pourraient-ils leur dire pour les en détourner? Quelle compensation peuvent-ils leur offrir? Quelle espérance peuvent-ils leur donner? Rien autre chose que le néant. D'où il faut conclure que si le néant est le seul remède héroïque, la seule perspective, mieux vaut y tomber tout de suite que plus tard, et souffrir ainsi moins longtemps.

La propagation des idées matérialistes est donc le poison qui inocule chez un grand nombre la pensée du suicide, et ceux qui s'en font les apôtres assument sur eux une terrible responsabilité. Avec le spiritisme le doute n'étant plus permis, l'aspect de la vie change; le croyant sait que la vie se prolonge indéfiniment au delà de la tombe, mais dans de tout autres conditions; de là la patience et la résignation qui détournent tout naturellement de la pensée du suicide; de là, en un mot, le *courage moral*.

17. Le spiritisme a encore, sous ce rapport, un autre résultat tout aussi positif, et peut-être plus déterminant. Il nous montre les suicidés eux-mêmes venant rendre compte de leur position malheureuse, et prouver que nul ne viole impunément la loi de Dieu, qui défend à l'homme d'abréger sa vie. Parmi les suicidés, il en est dont la souffrance, pour n'être que temporaire au lieu

d'être éternelle, n'en est pas moins terrible, et de nature à donner à réfléchir à quiconque serait tenté de partir d'ici avant l'ordre de Dieu. Le spirite a donc pour contre-poids à la pensée du suicide plusieurs motifs : la *certitude* d'une vie future dans laquelle il *sait* qu'il sera d'autant plus heureux qu'il aura été plus malheureux et plus résigné sur la terre; la *certitude* qu'en abrégeant sa vie il arrive juste à un résultat tout autre que celui qu'il espérait; qu'il s'affranchit d'un mal pour en avoir un pire, plus long et plus terrible; qu'il se trompe s'il croit, en se tuant, aller plus vite au ciel; que le suicide est un obstacle à ce qu'il rejoigne dans l'autre monde les objets de ses affections qu'il espérait y retrouver; d'où la conséquence que le suicide, ne lui donnant que des déceptions, est contre ses propres intérêts. Aussi le nombre des suicides empêchés par le spiritisme est-il considérable, et l'on peut en conclure que lorsque tout le monde sera spirite, il n'y aura plus de suicides conscients. En comparant donc les résultats des doctrines matérialistes et spirites au seul point de vue du suicide, on trouve que la logique de l'une y conduit, tandis que la logique de l'autre en détourne, ce qui est confirmé par l'expérience.

INSTRUCTIONS DES ESPRITS.

Bien et mal souffrir.

18. Quand Christ a dit : « Bienheureux les affligés, le royaume des cieux est à eux, » il n'entendait pas ceux qui souffrent en général, car tous ceux qui sont ici-bas souffrent, qu'ils soient sur le trône ou sur la paille; mais, hélas ! peu souffrent bien; peu comprennent que ce

4.

sont les épreuves bien endurées qui seules peuvent les conduire au royaume de Dieu. Le découragement est une faute ; Dieu vous refuse des consolations, parce que vous manquez de courage. La prière est un soutien pour l'âme, mais elle ne suffit pas : il faut qu'elle soit appuyée sur une foi vive en la bonté de Dieu. Il vous a souvent été dit qu'il n'envoyait pas un lourd fardeau sur des épaules faibles ; mais le fardeau est proportionné aux forces, comme la récompense sera proportionnée à la résignation et au courage ; la récompense sera plus magnifique que l'affliction n'est pénible ; mais cette récompense il faut la mériter, et c'est pour cela que la vie est pleine de tribulations.

Le militaire que l'on n'envoie pas au feu n'est pas content, parce que le repos du camp ne lui procure pas d'avancement ; soyez donc comme le militaire, et ne souhaitez pas un repos dans lequel s'énerverait votre corps et s'engourdirait votre âme. Soyez satisfaits quand Dieu vous envoie la lutte. Cette lutte, ce n'est pas le feu de la bataille, mais les amertumes de la vie, où il faut quelquefois plus de courage que dans un combat sanglant, car tel qui restera ferme devant l'ennemi, fléchira sous l'étreinte d'une peine morale. L'homme n'a point de récompense pour cette sorte de courage, mais Dieu lui réserve des couronnes et une place glorieuse. Quand il vous arrive un sujet de peine ou de contrariété, tâchez de prendre le dessus, et quand vous serez parvenus à maîtriser les élans de l'impatience, de la colère ou du désespoir, dites-vous avec une juste satisfaction : « J'ai été le plus fort. »

Bienheureux les affligés, peut donc se traduire ainsi : Bienheureux ceux qui ont l'occasion de prouver leur foi, leur fermeté, leur persévérance et leur soumission à la volonté de Dieu, car ils auront au centuple la joie qui leur manque sur la terre, et après le labeur viendra le repos. (LACORDAIRE, le Havre, 1863.)

Le mal et le remède.

19. Votre terre est-elle donc un lieu de joie, un paradis de délices? La voix du prophète ne retentit-elle donc plus à vos oreilles? n'a-t-elle point crié qu'il y aurait des pleurs et des grincements de dents pour ceux qui naîtraient dans cette vallée de douleurs? Vous qui venez y vivre, attendez-vous donc aux larmes cuisantes et aux peines amères, et plus vos douleurs seront aiguës et profondes, regardez le ciel et bénissez le Seigneur d'avoir voulu vous éprouver!... O hommes! vous ne reconnaîtrez donc la puissance de votre maître que quand il aura guéri les plaies de votre corps et couronné vos jours de béatitude et de joie! Vous ne reconnaîtrez donc son amour que quand il aura paré votre corps de toutes les gloires, et lui aura rendu son éclat et sa blancheur! Imitez celui qui vous fut donné pour exemple; arrivé au dernier degré de l'abjection et de la misère, il est étendu sur un fumier, et dit à Dieu : « Seigneur ! j'ai connu toutes les joies de l'opulence, et vous m'avez réduit à la misère la plus profonde; merci, merci, mon Dieu, de vouloir bien éprouver votre serviteur ! » Jusques à quand vos regards s'arrêteront-ils aux horizons marqués par la mort? Quand votre âme voudra-t-elle enfin s'élancer au delà des limites d'un tombeau? Mais dussiez-vous pleurer et souffrir toute une vie, qu'est-ce à côté de l'éternité de gloire réservée à celui qui aura subi l'épreuve avec foi, amour et résignation? Cherchez donc des consolations à vos maux dans l'ave-

nir que Dieu vous prépare, et la cause de vos maux dans votre passé; et vous qui souffrez le plus, considérez-vous comme les bienheureux de la terre.

A l'état de désincarnés, quand vous planiez dans l'espace, vous avez choisi votre épreuve, parce que vous vous êtes crus assez forts pour la supporter; pourquoi murmurer à cette heure? Vous qui avez demandé la fortune et la gloire, c'était pour soutenir la lutte de la tentation et la vaincre. Vous qui avez demandé à lutter d'esprit et de corps contre le mal moral et physique, c'est que vous saviez que plus l'épreuve serait forte, plus la victoire serait glorieuse, et que si vous en sortiez triomphants, dût votre chair être jetée sur un fumier, à sa mort elle laisserait échapper une âme éclatante de blancheur et redevenue pure par le baptême de l'expiation et de la souffrance.

Quel remède donc ordonner à ceux qui sont atteints d'obsessions cruelles et de maux cuisants? Un seul est infaillible, c'est la foi, c'est le regard au ciel. Si, dans l'accès de vos plus cruelles souffrances, votre voix chante le Seigneur, l'ange, à votre chevet, de sa main vous montrera le signe du salut et la place que vous devez occuper un jour... La foi, c'est le remède certain de la souffrance; elle montre toujours les horizons de l'infini devant lesquels s'effacent les quelques jours sombres du présent. Ne nous demandez donc plus quel remède il faut employer pour guérir tel ulcère ou telle plaie, telle tentation ou telle épreuve; souvenez-vous que celui qui croit est fort du remède de la foi, et que celui qui doute une seconde de son efficacité est puni sur l'heure, parce qu'il ressent à l'instant même les poignantes angoisses de l'affliction.

Le Seigneur a marqué de son sceau tous ceux qui

croient en lui. Christ vous a dit qu'avec la foi on transporte les montagnes, et moi je vous dis que celui qui
souffre et qui aura la foi pour soutien, sera placé sous
son égide et ne souffrira plus; les moments des plus
fortes douleurs seront pour lui les premières notes de
joie de l'éternité. Son âme se détachera tellement de
son corps, que, tandis que celui-ci se tordra sous les
convulsions, elle planera dans les célestes régions en
chantant avec les anges les hymnes de reconnaissance
et de gloire au Seigneur.

Heureux ceux qui souffrent et qui pleurent ! que leurs
âmes soient dans la joie, car elles seront comblées par
Dieu. (S. Augustin, Paris, 1863.)

Le bonheur n'est pas de ce monde.

20. Je ne suis pas heureux ! Le bonheur n'est pas fait
pour moi ! s'écrie généralement l'homme dans toutes
les positions sociales. Ceci, mes chers enfants, prouve
mieux que tous les raisonnements possibles la vérité de
cette maxime de l'Ecclésiaste : « Le bonheur n'est pas
de ce monde. » En effet, ni la fortune, ni le pouvoir,
ni même la jeunesse florissante, ne sont les conditions
essentielles du bonheur; je dis plus : ni même la réunion de ces trois conditions si enviées, puisqu'on entend sans cesse, au milieu des classes les plus privilé-
giées, des personnes de tout âge se plaindre amèrement
de leur condition d'être.

Devant un tel résultat, il est inconcevable que les
classes laborieuses et militantes envient avec tant de
convoitise la position de ceux que la fortune semble
avoir favorisés. Ici-bas, quoi qu'on fasse, chacun a sa
part de labeur et de misère, son lot de souffrances et de

déceptions. D'où il est facile d'arriver à cette conclusion que la terre est un lieu d'épreuves et d'expiations.

Ainsi donc, ceux qui prêchent que la terre est l'unique séjour de l'homme, et que c'est là seulement, et dans une seule existence, qu'il lui est permis d'atteindre le plus haut degré des félicités que sa nature comporte, ceux-là s'abusent et trompent ceux qui les écoutent, attendu qu'il est démontré, par une expérience archiséculaire, que ce globe ne renferme qu'exceptionnellement les conditions nécessaires au bonheur complet de l'individu.

En thèse générale, on peut affirmer que le bonheur est une utopie à la poursuite de laquelle les générations s'élancent successivement sans pouvoir jamais y atteindre ; car si l'homme sage est une rareté ici-bas, l'homme absolument heureux ne s'y rencontre pas davantage.

Ce en quoi consiste le bonheur sur la terre est une chose tellement éphémère pour celui que la sagesse ne guide pas, que pour une année, un mois, une semaine de complète satisfaction, tout le reste s'écoule dans une suite d'amertumes et de déceptions ; et notez, mes chers enfants, que je parle ici des heureux de la terre, de ceux qui sont enviés par les foules.

Conséquemment, si le séjour terrestre est affecté aux épreuves et à l'expiation, il faut bien admettre qu'il existe ailleurs des séjours plus favorisés où l'Esprit de l'homme, encore emprisonné dans une chair matérielle, possède dans leur plénitude les jouissances attachées à la vie humaine. C'est pourquoi Dieu a semé dans votre tourbillon ces belles planètes supérieures vers lesquelles vos efforts et vos tendances vous feront graviter un jour, quand vous serez suffisamment purifiés et perfectionnés.

Néanmoins, ne déduisez pas de mes paroles que la
terre soit à jamais vouée à une destination pénitentiaire ;
non, certes ! car, des progrès accomplis vous pouvez facilement déduire les progrès futurs, et des améliorations sociales conquises, de nouvelles et plus fécondes
améliorations. Telle est la tâche immense que doit accomplir la nouvelle doctrine que les Esprits vous ont
révélée.

Ainsi donc, mes chers enfants, qu'une sainte émulation vous anime, et que chacun d'entre vous dépouille
énergiquement le vieil homme. Vous vous devez tous à
la vulgarisation de ce spiritisme qui a déjà commencé
votre propre régénération. C'est un devoir de faire participer vos frères aux rayons de la lumière sacrée. A
l'œuvre donc, mes bien chers enfants ! Que dans cette
réunion solennelle tous vos cœurs aspirent à ce but
grandiose de préparer aux futures générations un monde
où le bonheur ne sera plus un vain mot. (FRANÇOIS-NI-
COLAS-MADELEINE, cardinal MORLOT. Paris, 1863.)

Pertes de personnes aimées. Morts prématurées.

21. Quand la mort vient faucher dans vos familles,
emportant sans mesure les jeunes gens avant les vieillards, vous dites souvent : Dieu n'est pas juste, puisqu'il sacrifie ce qui est fort et plein d'avenir, pour conserver ceux qui ont vécu de longues années pleines
de déceptions ; puisqu'il enlève ceux qui sont utiles, et
laisse ceux qui ne servent plus à rien ; puisqu'il brise le
cœur d'une mère en la privant de l'innocente créature
qui faisait toute sa joie.

Humains, c'est là que vous avez besoin de vous élever au-dessus du terre à terre de la vie pour compren-

dre que le bien est souvent là où vous croyez voir le
mal, la sage prévoyance là où vous croyez voir l'aveugle
fatalité du destin. Pourquoi mesurer la justice divine à
la valeur de la vôtre? Pouvez-vous penser que le maître
des mondes veuille, par un simple caprice, vous infliger
des peines cruelles? Rien ne se fait sans un but intelligent, et, quoi que ce soit qui arrive, chaque chose a sa
raison d'être. Si vous scrutiez mieux toutes les douleurs
qui vous atteignent, vous y trouveriez toujours la raison
divine, raison régénératrice, et vos misérables intérêts
seraient une considération secondaire que vous rejette-
riez au dernier plan.

Croyez-moi, la mort est préférable, pour l'incarnation
de vingt ans, à ces déréglements honteux qui désolent
les familles honorables, brisent le cœur d'une mère, et
font, avant le temps, blanchir les cheveux des parents.
La mort prématurée est souvent un grand bienfait que
Dieu accorde à celui qui s'en va, et qui se trouve ainsi
préservé des misères de la vie, ou des séductions qui
auraient pu l'entraîner à sa perte. Celui qui meurt à la
fleur de l'âge n'est point victime de la fatalité, mais
Dieu juge qu'il lui est utile de ne pas rester plus longtemps sur la terre.

C'est un affreux malheur, dites-vous, qu'une vie si
pleine d'espérances soit sitôt brisée! De quelles espérances voulez-vous parler? de celles de la terre où celui
qui s'en va aurait pu briller, faire son chemin et sa fortune? Toujours cette vue étroite qui ne peut s'élever
au-dessus de la matière. Savez-vous quel aurait été le
sort de cette vie si pleine d'espérances selon vous? Qui
vous dit qu'elle n'eût pas été abreuvée d'amertumes?
Vous comptez donc pour rien les espérances de la vie
future, que vous leur préférez celles de la vie éphémère

que vous traînez sur la terre? Vous pensez donc qu'il
vaut mieux avoir un rang parmi les hommes que parmi
les Esprits bienheureux?

Réjouissez-vous au lieu de vous plaindre quand il
plaît à Dieu de retirer un de ses enfants de cette vallée
de misères. N'y a-t-il pas de l'égoïsme à souhaiter qu'il
y restât pour souffrir avec vous? Ah! cette douleur se
conçoit chez celui qui n'a pas la foi, et qui voit dans la
mort une séparation éternelle; mais vous, spirites, vous
savez que l'âme vit mieux débarrassée de son enveloppe
corporelle; mères, vous savez que vos enfants bien-aimés
sont près de vous; oui, ils sont tout près; leurs corps
fluidiques vous entourent, leurs pensées vous protégent,
votre souvenir les enivre de joie; mais aussi vos douleurs déraisonnables les affligent, parce qu'elles dénotent
un manque de foi, et qu'elles sont une révolte contre la
volonté de Dieu.

Vous qui comprenez la vie spirituelle, écoutez les pul
sations de votre cœur en appelant ces chers bien-aimés,
et si vous priez Dieu pour le bénir, vous sentirez en
vous de ces consolations puissantes qui sèchent les larmes, de ces aspirations prestigieuses qui vous montre-
ront l'avenir promis par le souverain Maître. (SAMSON,
anc. membre de la Société spirite de Paris, 1863.)

Si c'était un homme de bien, il se serait tué.

22. — Vous dites souvent en parlant d'un mauvais
homme qui échappe à un danger : *Si c'était un homme
de bien, il se serait tué.* Eh bien, en disant cela vous êtes
dans le vrai, car effectivement il arrive bien souvent que
Dieu donne à un Esprit, jeune encore dans les voies du
progrès, une plus longue épreuve qu'à un bon, qui re-

cevra, en récompense de son mérite, la faveur que son
épreuve soit aussi courte que possible. Ainsi donc,
quand vous vous servez de cet axiome, vous ne vous
doutez pas que vous commettez un blasphème.

S'il meurt un homme de bien, et qu'à côté de sa maison soit celle d'un méchant, vous vous hâtez de dire :
Il vaudrait bien mieux que ce fût celui-ci. Vous êtes grandement dans l'erreur, car celui qui part a fini sa tâche, et
celui qui reste ne l'a peut-être pas commencée. Pourquoi
voudriez-vous donc que le méchant n'eût pas le temps
de l'achever, et que l'autre restât attaché à la glèbe terrestre? Que diriez-vous d'un prisonnier qui aurait fini
son temps, et qu'on retiendrait en prison tandis qu'on
donnerait la liberté à celui qui n'y a pas droit? Sachez
donc que la vraie liberté est dans l'affranchissement des
liens du corps, et que tant que vous êtes sur la terre,
vous êtes en captivité.

Habituez-vous à ne pas blâmer ce que vous ne pouvez
pas comprendre, et croyez que Dieu est juste en toutes
choses ; souvent ce qui vous paraît un mal est un bien ;
mais vos facultés sont si bornées, que l'ensemble du
grand tout échappe à vos sens obtus. Efforcez-vous de
sortir, par la pensée, de votre étroite sphère, et à mesure
que vous vous élèverez, l'importance de la vie matérielle diminuera à vos yeux, car elle ne vous apparaîtra
que comme un incident dans la durée infinie de votre
existence spirituelle, la seule véritable existence. (Fénelon, Sens, 1861.)

Les tourments volontaires.

23. L'homme est incessamment à la poursuite du
bonheur qui lui échappe sans cesse, parce que le bon-

heur sans mélange n'existe pas sur la terre. Cependant, malgré les vicissitudes qui forment le cortége inévitable de cette vie, il pourrait tout au moins jouir d'un bonheur relatif, mais il le cherche dans les choses périssables et sujettes aux mêmes vicissitudes, c'est-à-dire dans les jouissances matérielles, au lieu de le chercher dans les jouissances de l'âme qui sont un avant-goût des jouissances célestes impérissables ; au lieu de chercher la *paix du cœur*, seul bonheur réel ici-bas, il est avide de tout ce qui peut l'agiter et le troubler ; et, chose singulière, il semble se créer à dessein des tourments qu'il ne tiendrait qu'à lui d'éviter.

En est-il de plus grands que ceux que causent l'envie et la jalousie ? Pour l'envieux et le jaloux il n'est point de repos : ils ont perpétuellement la fièvre ; ce qu'ils n'ont pas et ce que d'autres possèdent leur cause des insomnies ; les succès de leurs rivaux leur donnent le vertige ; leur émulation ne s'exerce qu'à éclipser leurs voisins, toute leur joie est d'exciter dans les insensés comme eux la rage de jalousie dont ils sont possédés. Pauvres insensés, en effet, qui ne songent pas que demain peut-être il leur faudra quitter tous ces hochets dont la convoitise empoisonne leur vie ! Ce n'est pas à eux que s'applique cette parole : « Bienheureux les affligés, parce qu'ils seront consolés, » car leurs soucis ne sont pas de ceux qui ont leur compensation dans le ciel.

Que de tourments, au contraire, s'épargne celui qui sait se contenter de ce qu'il a, qui voit sans envie ce qu'il n'a pas, qui ne cherche pas à paraître plus qu'il n'est. Il est toujours riche, car s'il regarde au-dessous de lui, au lieu de regarder au-dessus, il verra toujours des gens qui ont encore moins ; il est calme, parce qu'il ne se crée pas des besoins chimériques, et le calme au

milieu des orages de la vie n'est-il pas du bonheur?
(FÉNELON, Lyon, 1860.)

Le malheur réel.

24. Tout le monde parle du malheur, tout le monde
l'a ressenti et croit connaître son caractère multiple.
Moi, je viens vous dire que presque tout le monde se
trompe, et que le malheur réel n'est point du tout ce
que les hommes, c'est-à-dire les malheureux, le suppo-
sent. Ils le voient dans la misère, dans la cheminée
sans feu, dans le créancier menaçant, dans le berceau
vide de l'ange qui souriait, dans les larmes, dans le
cercueil qu'on suit le front découvert et le cœur brisé,
dans l'angoisse de la trahison, dans le dénûment de
l'orgueil qui voudrait se draper dans la pourpre, et qui
cache à peine sa nudité sous les haillons de la vanité;
tout cela, et bien d'autres choses encore, s'appelle le
malheur dans le langage humain. Oui, c'est le malheur
pour ceux qui ne voient que le présent; mais le vrai
malheur est dans les conséquences d'une chose plus
que dans la chose elle-même. Dites-moi si l'événement
le plus heureux pour le moment, mais qui a des suites
funestes, n'est pas en réalité plus malheureux que celui
qui cause d'abord une vive contrariété, et finit par produire du bien. Dites-moi si l'orage qui brise vos arbres,
mais assainit l'air en dissipant les miasmes insalubres
qui eussent causé la mort, n'est pas plutôt un bonheur
qu'un malheur.

Pour juger une chose, il faut donc en voir la suite;
c'est ainsi que pour apprécier ce qui est réellement
heureux ou malheureux pour l'homme, il faut se transporter au delà de cette vie, parce que c'est là que les

conséquences s'en font sentir ; or, tout ce qu'il appelle malheur selon sa courte vue, cesse avec la vie, et trouve sa compensation dans la vie future.

Je vais vous révéler le malheur sous une nouvelle forme, sous la forme belle et fleurie que vous accueillez et désirez par toutes les forces de vos âmes trompées. Le malheur, c'est la joie, c'est le plaisir, c'est le bruit, c'est la vaine agitation, c'est la folle satisfaction de la vanité qui font taire la conscience, qui compriment l'action de la pensée, qui étourdissent l'homme sur son avenir ; le malheur, c'est l'opium de l'oubli que vous appelez de tous vos vœux.

Espérez, vous qui pleurez ! tremblez, vous qui riez, parce que votre corps est satisfait ! On ne trompe pas Dieu ; on n'esquive pas la destinée ; et les épreuves, créancières plus impitoyables que la meute déchaînée par la misère, guettent votre repos trompeur pour vous plonger tout à coup dans l'agonie du vrai malheur, de celui qui surprend l'âme amollie par l'indifférence et l'égoïsme.

Que le spiritisme vous éclaire donc et replace dans leur vrai jour la vérité et l'erreur, si étrangement défigurées par votre aveuglement ! Alors vous agirez comme de braves soldats qui, loin de fuir le danger, préfèrent les luttes des combats hasardeux, à la paix qui ne peut leur donner ni gloire ni avancement. Qu'importe au soldat de perdre dans la bagarre ses armes, ses bagages et ses vêtements, pourvu qu'il en sorte vainqueur et avec gloire ! Qu'importe à celui qui a foi en l'avenir de laisser sur le champ de bataille de la vie sa fortune et son manteau de chair, pourvu que son âme entre radieuse dans le céleste royaume? (DELPHINE DE GIRARDIN, Paris, 1861.)

La mélancolie.

25. Savez-vous pourquoi une vague tristesse s'empare parfois de vos cœurs et vous fait trouver la vie si amère ? C'est votre Esprit qui aspire au bonheur et à la liberté, et qui, rivé au corps qui lui sert de prison, s'épuise en vains efforts pour en sortir. Mais, en voyant qu'ils sont inutiles, il tombe dans le découragement, et le corps subissant son influence, la langueur, l'abattement et une sorte d'apathie s'emparent de vous, et vous vous trouvez malheureux.

Croyez-moi, résistez avec énergie à ces impressions qui affaiblissent en vous la volonté. Ces aspirations vers une vie meilleure sont innées dans l'esprit de tous les hommes, mais ne les cherchez pas ici-bas ; et à présent que Dieu vous envoie ses Esprits pour vous instruire du bonheur qu'il vous réserve, attendez patiemment l'ange de la délivrance qui doit vous aider à rompre les liens qui tiennent votre Esprit captif. Songez que vous avez à remplir pendant votre épreuve sur la terre une mission dont vous ne vous doutez pas, soit en vous dévouant à votre famille, soit en remplissant les divers devoirs que Dieu vous a confiés. Et si, dans le cours de cette épreuve, et en vous acquittant de votre tâche, vous voyez les soucis, les inquiétudes, les chagrins fondre sur vous, soyez forts et courageux pour les supporter. Bravez-les franchement ; ils sont de courte durée et doivent vous conduire près des amis que vous pleurez, qui se réjouissent de votre arrivée parmi eux, et vous tendront les bras pour vous conduire dans un lieu où n'ont point accès les chagrins de la terre. (FRANÇOIS DE GENÈVE. Bordeaux.)

Épreuves volontaires. Le vrai cilice.

26. Vous demandez s'il est permis d'adoucir ses propres épreuves ; cette question revient à celle-ci : Est-il permis à celui qui se noie de chercher à se sauver ? à celui qui s'est enfoncé une épine de la retirer ? à celui qui est malade d'appeler le médecin ? Les épreuves ont pour but d'exercer l'intelligence aussi bien que la patience et la résignation ; un homme peut naître dans une position pénible et embarrassée, précisément pour l'obliger à chercher les moyens de vaincre les difficultés. Le mérite consiste à supporter sans murmure les conséquences des maux qu'on ne peut éviter, à persévérer dans la lutte, à ne se point désespérer si l'on ne réussit pas, mais non dans un laisser-aller qui serait de la paresse plus que de la vertu.

Cette question en amène naturellement une autre Puisque Jésus a dit : « Bienheureux les affligés, » y a-t-il du mérite à chercher les afflictions en aggravant ses épreuves par des souffrances volontaires ? A cela je répondrai très nettement : Oui, il y a un grand mérite quand les souffrances et les privations ont pour but le bien du prochain, car c'est de la charité par le sacrifice ; non, quand elles n'ont pour but que soi-même, car c'est de l'égoïsme par fanatisme.

Il y a ici une grande distinction à faire ; pour vous, personnellement, contentez-vous des épreuves que Dieu vous envoie, et n'en augmentez pas la charge déjà si lourde parfois ; acceptez-les sans murmure et avec foi, c'est tout ce qu'il vous demande. N'affaiblissez point votre corps par des privations inutiles et des macérations sans but, car vous avez besoin de toutes vos forces pour

accomplir votre mission de travail sur la terre. Torturer
volontairement et martyriser votre corps, c'est contre-
venir à la loi de Dieu, qui vous donne le moyen de le
soutenir et de le fortifier; l'affaiblir sans nécessité, est
un véritable suicide. Usez, mais n'abusez pas : telle est
la loi; l'abus des meilleures choses porte sa punition
par ses conséquences inévitables.

Il en est autrement des souffrances que l'on s'impose
pour le soulagement de son prochain. Si vous endurez
le froid et la faim pour réchauffer et nourrir celui qui
en a besoin, et si votre corps en pâtit, voilà le sacrifice
qui est béni de Dieu. Vous qui quittez vos boudoirs
parfumés pour aller dans la mansarde infecte porter la
consolation; vous qui salissez vos mains délicates en
soignant les plaies; vous qui vous privez de sommeil
pour veiller au chevet d'un malade qui n'est que votre
frère en Dieu; vous enfin qui usez votre santé dans la
pratique des bonnes œuvres, voilà votre cilice, vrai cilice de bénédiction, car les joies du monde n'ont point
desséché votre cœur; vous ne vous êtes point endormis
au sein des voluptés énervantes de la fortune, mais vous
vous êtes faits les anges consolateurs des pauvres déshérités.

Mais vous qui vous retirez du monde pour éviter ses
séductions et vivre dans l'isolement, de quelle utilité
êtes-vous sur la terre? où est votre courage dans les
épreuves, puisque vous fuyez la lutte et désertez le
combat? Si vous voulez un cilice, appliquez-le sur votre
âme et non sur votre corps; mortifiez votre Esprit et
non votre chair; fustigez votre orgueil; recevez les humiliations sans vous plaindre; meurtrissez votre amour-
propre; roidissez-vous contre la douleur de l'injure et
de la calomnie plus poignante que la douleur corpo-

relle. Voilà le vrai cilice dont les blessures vous seront
comptées, parce qu'elles attesteront votre courage et
votre soumission à la volonté de Dieu. (UN ANGE GARDIEN,
Paris, 1863.)

27. *Doit-on mettre un terme aux épreuves de son prochain quand on le peut, ou faut-il, par respect pour les
desseins de Dieu, les laisser suivre leur cours?*

Nous vous avons dit et répété bien souvent que vous
êtes sur cette terre d'expiation pour achever vos épreuves, et que tout ce qui vous arrive est une conséquence
de vos existences antérieures, l'intérêt de la dette que
vous avez à payer. Mais cette pensée provoque chez certaines personnes des réflexions qu'il est nécessaire
d'arrêter, car elles pourraient avoir de funestes conséquences.

Quelques-uns pensent que du moment qu'on est sur
la terre pour expier, il faut que les épreuves aient leur
cours. Il en est même qui vont jusqu'à croire, que non-
seulement il ne faut rien faire pour les atténuer, mais
qu'il faut, au contraire, contribuer à les rendre plus
profitables en les rendant plus vives. C'est une grande
erreur. Oui, vos épreuves doivent suivre le cours que
Dieu leur a tracé, mais connaissez-vous ce cours? Savez-
vous jusqu'à quel point elles doivent aller, et si votre
Père miséricordieux n'a pas dit à la souffrance de tel ou
tel de vos frères : « Tu n'iras pas plus loin? » Savez-
vous si sa providence ne vous a pas choisi, non comme
un instrument de supplice pour aggraver les souffrances
du coupable, mais comme le baume de consolation qui
doit cicatriser les plaies que sa justice avait ouvertes?
Ne dites donc pas, quand vous voyez un de vos frères
frappé : C'est la justice de Dieu, il faut qu'elle ait son

cours; mais dites-vous, au contraire : Voyons quels moyens notre Père miséricordieux a mis en mon pouvoir pour adoucir la souffrance de mon frère. Voyons si mes consolations morales, mon appui matériel, mes conseils, ne pourront pas l'aider à franchir cette épreuve avec plus de force, de patience et de résignation. Voyons même si Dieu n'a pas mis en mes mains le moyen de faire cesser cette souffrance; s'il ne m'a pas été donné, à moi comme épreuve aussi, comme expiation peut-être, d'arrêter le mal et de le remplacer par la paix.

Aidez-vous donc toujours dans vos épreuves respectives, et ne vous regardez jamais comme des instruments de torture; cette pensée doit révolter tout homme de cœur, tout spirite surtout; car le spirite, mieux que tout autre, doit comprendre l'étendue infinie de la bonté de Dieu. Le spirite doit penser que sa vie entière doit être un acte d'amour et de dévoûment; que quoi qu'il fasse pour contrecarrer les décisions du Seigneur, sa justice aura son cours. Il peut donc, sans crainte, faire tous ses efforts pour adoucir l'amertume de l'expiation, mais c'est Dieu seul qui peut l'arrêter ou la prolonger selon qu'il le juge à propos.

N'y aurait-il pas un bien grand orgueil de la part de l'homme, de se croire le droit de retourner, pour ainsi dire, l'arme dans la plaie? d'augmenter la dose de poison dans la poitrine de celui qui souffre, sous prétexte que telle est son expiation? Oh ! regardez-vous toujours comme un instrument choisi pour la faire cesser. Résumons-nous ici : vous êtes tous sur la terre pour expier; mais tous, sans exception, devez faire tous vos efforts pour adoucir l'expiation de vos frères, selon la loi d'amour et de charité. (BERNARDIN, Esprit protecteur. Bordeaux, 1863.)

28. *Un homme est à l'agonie, en proie à de cruelles souffrances ; on sait que son état est sans espoir ; est-il permis de lui épargner quelques instants d'angoisse en hâtant sa fin ?*

Qui donc vous donnerait le droit de préjuger les desseins de Dieu ? Ne peut-il conduire un homme au bord de la fosse pour l'en retirer, afin de lui faire faire un retour sur lui-même et de l'amener à d'autres pensées ? A quelque extrémité que soit un moribond, nul ne peut dire avec certitude que sa dernière heure est venue. La science ne s'est-elle jamais trompée dans ses prévisions ?

Je sais bien qu'il est des cas que l'on peut regarder avec raison comme désespérés ; mais s'il n'y a aucun espoir fondé d'un retour définitif à la vie et à la santé, n'a-t-on pas d'innombrables exemples qu'au moment de rendre le dernier soupir, le malade se ranime, et recouvre ses facultés pour quelques instants ! Eh bien ! cette heure de grâce qui lui est accordée peut être pour lui de la plus grande importance ; car vous ignorez les réflexions qu'a pu faire son Esprit dans les convulsions de l'agonie, et quels tourments peut lui épargner un éclair de repentir.

Le matérialiste qui ne voit que le corps, et ne tient nul compte de l'âme, ne peut comprendre ces choses-là ; mais le spirite, qui sait ce qui se passe au delà de la tombe, connaît le prix de la dernière pensée. Adoucissez les dernières souffrances autant qu'il est en vous ; mais gardez-vous d'abréger la vie, ne fût-ce que d'une minute, car cette minute peut épargner bien des larmes dans l'avenir. (Saint Louis. Paris, 1860.)

29. *Celui qui est dégoûté de la vie, mais ne veut pas se* *l'ôter, est-il coupable de chercher la mort sur un champ de bataille, avec la pensée de rendre sa mort utile ?*

Que l'homme se donne la mort ou qu'il se la fasse donner, le but est toujours d'abréger sa vie, et par conséquent il y a suicide d'intention sinon de fait. La pensée que sa mort servira à quelque chose est illusoire ; ce n'est qu'un prétexte pour colorer son action et l'excuser à ses propres yeux ; s'il avait sérieusement le désir de servir son pays, il chercherait à vivre, tout en le défendant, et non à mourir, car une fois mort il ne lui sert plus à rien. Le vrai dévoûment consiste à ne pas craindre la mort quand il s'agit d'être utile, à braver le péril, à faire d'avance et sans regret le sacrifice de sa vie si celá est nécessaire ; mais *l'intention préméditée* de chercher la mort en s'exposant à un danger, même pour rendre service, annule le mérite de l'action. (SAINT LOUIS. Paris, 1860.)

30. *Un homme s'expose à un danger imminent pour sauver la vie à un de ses semblables, sachant d'avance que lui-même succombera ; cela peut-il être regardé comme un suicide ?*

Du moment que l'intention de chercher la mort n'y est pas, il n'y a pas suicide, mais dévoûment et abnégation, eût-on la certitude de périr. Mais qui peut avoir cette certitude ? Qui dit que la Providence ne réserve pas un moyen inespéré de salut dans le moment le plus critique ? Ne peut-elle sauver celui même qui serait à la bouche d'un canon ? Souvent elle peut vouloir pousser l'épreuve de la résignation jusqu'à sa dernière limite, alors une circonstance inattendue détourne le coup fatal. (ID.)

31. *Ceux qui acceptent leurs souffrances avec résignation par soumission à la volonté de Dieu et en vue de leur bonheur futur, ne travaillent-ils que pour eux-mêmes, et peuvent-ils rendre leurs souffrances profitables à d'autres ?*

Ces souffrances peuvent être profitables à autrui matériellement et moralement. Matériellement, si, par le travail, les privations et les sacrifices qu'ils s'imposent, ils contribuent au bien-être matériel de leurs proches ; moralement, par l'exemple qu'ils donnent de leur soumission à la volonté de Dieu. Cet exemple de la puissance de la foi spirite peut exciter des malheureux à la résignation, les sauver du désespoir et de ses funestes conséquences pour l'avenir. (Saint Louis. Paris, 1860.)

CHAPITRE VI

Le joug léger. — Consolateur promis. — *Instructions des Esprits* : Avénement de l'Esprit de Vérité.

Le joug léger.

1. Venez à moi, vous tous qui êtes affligés et qui êtes chargés, et je vous soulagerai. — Prenez mon joug sur vous, et apprenez de moi que je suis doux et humble de cœur, et vous trouverez le repos de vos âmes; car mon joug est doux et mon fardeau est léger. (Saint Matthieu, ch. xi, v. 28, 29, 30.)

2. Toutes les souffrances : misères, déceptions, douleurs physiques, pertes d'êtres chéris, trouvent leur consolation dans la foi en l'avenir, dans la confiance en la justice de Dieu, que le Christ est venu enseigner aux hommes. Sur celui, au contraire, qui n'attend rien après cette vie, ou qui doute simplement, les afflictions pèsent de tout leur poids, et nulle espérance ne vient en adoucir l'amertume. Voilà ce qui fait dire à Jésus : Venez à moi, vous tous qui êtes fatigués, et je vous soulagerai.

Cependant Jésus met une condition à son assistance, et à la félicité qu'il promet aux affligés ; cette condition est dans la loi qu'il enseigne; son joug est l'observation de cette loi; mais ce joug est léger et cette loi est douce, puisqu'ils imposent pour devoir l'amour et la charité.

Consolateur promis.

3. Si vous m'aimez, gardez mes commandements ; — et je prierai mon Père, et il vous enverra un autre consolateur, afin qu'il demeure éternellement avec vous : — L'*Esprit de Vérité* que le monde ne peut recevoir, parce qu'il ne le voit point, et qu'il ne le connaît point. Mais pour vous, vous le connaîtrez, parce qu'il demeurera avec vous et qu'il sera en vous. — Mais le consolateur, qui est le Saint-Esprit, que mon Père enverra en mon nom, vous enseignera toutes choses, et vous fera ressouvenir de tout ce que je vous ai dit. (Saint Jean, ch. XIV, v. 15, 16, 17, 26.)

4. Jésus promet un autre consolateur : c'est l'*Esprit de Vérité*, que le monde ne connaît point encore, parce qu'il n'est pas mûr pour le comprendre, que le Père enverra pour enseigner toutes choses, et pour faire souvenir de ce que Christ a dit. Si donc l'Esprit de Vérité doit venir plus tard enseigner toutes choses, c'est que Christ n'a pas tout dit ; s'il vient faire souvenir de ce que Christ a dit, c'est qu'on l'aura oublié où mal compris.

Le spiritisme vient au temps marqué accomplir la promesse du Christ : l'Esprit de Vérité préside à son établissement ; il rappelle les hommes à l'observance de la loi ; il enseigne toutes choses en faisant comprendre ce que le Christ n'a dit qu'en paraboles. Le Christ a dit : « Que ceux-là entendent qui ont des oreilles pour entendre ; » le spiritisme vient ouvrir les yeux et les oreilles, car il parle sans figures et sans allégories ; il lève le voile laissé à dessein sur certains mystères ; il vient enfin apporter une suprême consolation aux déshérités de la terre et à tous ceux qui souffrent, en donnant une cause juste et un but utile à toutes les douleurs.

Le Christ a dit : « Bienheureux les affligés, parce qu'ils seront consolés ; » mais comment se trouver heureux de souffrir, si l'on ne sait pourquoi on souffre ? Le spiritisme en montre la cause dans les existences antérieures et dans la destination de la terre où l'homme expie son passé ; il en montre le but en ce que les souffrances sont comme les crises salutaires qui amènent la guérison, et qu'elles sont l'épuration qui assure le bonheur dans les existences futures. L'homme comprend qu'il a mérité de souffrir, et il trouve la souffrance juste ; il sait que cette souffrance aide à son avancement, et il l'accepte sans murmure, comme l'ouvrier accepte le travail qui doit lui valoir son salaire. Le spiritisme lui donne une foi inébranlable dans l'avenir, et le doute poignant n'a plus de prise sur son âme ; en lui faisant voir les choses d'en haut, l'importance des vicissitudes terrestres se perd dans le vaste et splendide horizon qu'il embrasse, et la perspective du bonheur qui l'attend lui donne la patience, la résignation et le courage d'aller jusqu'au bout du chemin.

Ainsi le spiritisme réalise ce que Jésus a dit du consolateur promis : connaissance des choses qui fait que l'homme sait d'où il vient, où il va, et pourquoi il est sur la terre ; rappel aux vrais principes de la loi de Dieu, et consolation par la foi et l'espérance.

INSTRUCTIONS DES ESPRITS.

Avénement de l'Esprit de Vérité.

5. Je viens, comme autrefois, parmi les fils égarés d'Israël, apporter la vérité et dissiper les ténèbres. Écoutez-moi. Le spiritisme, comme autrefois ma parole,

doit rappeler aux incrédules qu'au-dessus d'eux règne l'immuable vérité : le Dieu bon, le Dieu grand qui fait germer la plante et soulève les flots. J'ai révélé la doctrine divine ; j'ai, comme un moissonneur, lié en gerbes le bien épars dans l'humanité, et j'ai dit : Venez à moi, vous tous qui souffrez !

Mais les hommes ingrats se sont détournés de la voie droite et large qui conduit au royaume de mon Père, et ils se sont égarés dans les âpres sentiers de l'impiété. Mon Père ne veut pas anéantir la race humaine ; il veut que, vous aidant les uns les autres, morts et vivants, c'est-à-dire morts selon la chair, car la mort n'existe pas, vous vous secouriez, et que, non plus la voix des prophètes et des apôtres, mais la voix de ceux qui ne sont plus se fasse entendre pour vous crier : Priez et croyez ! car la mort, c'est la résurrection, et la vie, c'est l'épreuve choisie pendant laquelle vos vertus cultivées doivent grandir et se développer comme le cèdre.

Hommes faibles, qui comprenez les ténèbres de vos intelligences, n'éloignez pas le flambeau que la clémence divine place entre vos mains pour éclairer votre route et vous ramener, enfants perdus, dans le giron de votre Père.

Je suis trop touché de compassion pour vos misères, pour votre immense faiblesse, pour ne pas tendre une main secourable aux malheureux égarés qui, voyant le ciel, tombent dans l'abîme de l'erreur. Croyez, aimez, méditez les choses qui vous sont révélées ; ne mêlez pas l'ivraie au bon grain, les utopies aux vérités.

Spirites ! aimez-vous, voilà le premier enseignement ; instruisez-vous, voilà le second. Toutes vérités se trouvent dans le Christianisme ; les erreurs qui y ont pris

racine sont d'origine humaine; et voilà qu'au delà du
tombeau que vous croyiez le néant, des voix vous
crient : Frères ! rien ne périt; Jésus-Christ est le vainqueur du mal, soyez les vainqueurs de l'impiété. (L'Es-
PRIT DE VÉRITÉ. Paris, 1860.)

6. Je viens enseigner et consoler les pauvres déshérités; je viens leur dire qu'ils élèvent leur résignation
au niveau de leurs épreuves ; qu'ils pleurent, car la
douleur a été sacrée au jardin des Oliviers; mais qu'ils
espèrent, car les anges consolateurs viendront aussi
essuyer leurs larmes.

Ouvriers, tracez votre sillon ; recommencez le lendemain la rude journée de la veille; le labeur de vos
mains fournit le pain terrestre à vos corps, mais vos
âmes ne sont pas oubliées; et moi, le divin jardinier,
je les cultive dans le silence de vos pensées; lorsque
l'heure du repos aura sonné, lorsque la trame s'échap-
pera de vos mains, et que vos yeux se fermeront à la
lumière, vous sentirez sourdre et germer en vous ma
précieuse semence. Rien n'est perdu dans le royaume
de notre Père, et vos sueurs, vos misères forment le
trésor qui doit vous rendre riches dans les sphères supérieures, où la lumière remplace les ténèbres, et où le
plus dénué de vous tous sera peut-être le plus resplen-
dissant.

Je vous le dis en vérité, ceux qui portent leurs fardeaux et qui assistent leurs frères sont mes bien-
aimés; instruisez-vous dans la précieuse doctrine qui
dissipe l'erreur des révoltes, et qui vous enseigne le
but sublime de l'épreuve humaine. Comme le vent
balaye la poussière, que le souffle des Esprits dissipe

vos jalousies contre les riches du monde qui sont souvent très misérables, car leurs épreuves sont plus périlleuses que les vôtres. Je suis avec vous, et mon apôtre vous enseigne. Buvez à la source vive de l'amour, et préparez-vous, captifs de la vie, à vous élancer un jour libres et joyeux dans le sein de Celui qui vous a créés faibles pour vous rendre perfectibles, et qui veut que vous façonniez vous-mêmes votre molle argile, afin d'être les artisans de votre immortalité. (L'Esprit de Vérité, Paris, 1861.)

7. Je suis le grand médecin des âmes, et je viens vous apporter le remède qui doit les guérir; les faibles, les souffrants et les infirmes sont mes enfants de prédilection, et je viens les sauver. Venez donc à moi, vous tous qui souffrez et qui êtes chargés, et vous serez soulagés et consolés; ne cherchez pas ailleurs la force et la consolation, car le monde est impuissant à les donner. Dieu fait à vos cœurs un appel suprême par le spiritisme; écoutez-le. Que l'impiété, le mensonge, l'erreur, l'incrédulité soient extirpés de vos âmes endolories; ce sont des monstres qui s'abreuvent de votre sang le plus pur, et qui vous font des plaies presque toujours mortelles. Qu'à l'avenir, humbles et soumis au Créateur, vous pratiquiez sa loi divine. Aimez et priez; soyez dociles aux Esprits du Seigneur; invoquez-le du fond du cœur; alors il vous enverra son Fils bien-aimé pour vous instruire et vous dire ces bonnes paroles : Me voilà; je viens à vous, parce que vous m'avez appelé. (L'Esprit de Vérité. Bordeaux, 1861.)

8. Dieu console les humbles et donne la force aux affligés qui la lui demandent. Sa puissance couvre la

terre, et partout à côté d'une larme il a placé un baume
qui console. Le dévoûment et l'abnégation sont une
prière continuelle, et renferment un enseignement profond ; la sagesse humaine réside en ces deux mots.
Puissent tous les Esprits souffrants comprendre cette
vérité, au lieu de se récrier contre les douleurs, les
souffrances morales qui sont ici-bas votre lot. Prenez
donc pour devise ces deux mots : *dévoûment* et *abné-*
gation, et vous serez forts, parce qu'ils résument tous
les devoirs que vous imposent la charité et l'humilité.
Le sentiment du devoir accompli vous donnera le repos
de l'esprit et la résignation. Le cœur bat mieux, l'âme
se calme et le corps n'a plus de défaillance, car le corps
souffre d'autant plus que l'esprit est plus profondément
atteint. (L Esprit de Vérité. Le Havre, 1863.)

CHAPITRE VII

Ce qu'il faut entendre par les pauvres d'esprit. — Quiconque s'élève sera abaissé — Mystères cachés aux sages et aux prudents. — *Instructions des Esprits* : Orgueil et humilité. — Mission de l'homme intelligent sur la terre.

Ce qu'il faut entendre par les pauvres d'esprit.

1. Bienheureux les pauvres d'esprit, parce que le royaume des cieux est à eux. (Saint Matthieu, ch. v, *v.* 3.)

2. L'incrédulité s'est égayée sur cette maxime : *Bienheureux les pauvres d'esprit,* comme sur beaucoup d'autres choses, sans la comprendre. Par les pauvres d'esprit, Jésus n'entend pas les hommes dépourvus d'intelligence, mais les humbles : il dit que le royaume des cieux est pour eux, et non pour les orgueilleux.

Les hommes de science et d'esprit, selon le monde, ont généralement une si haute opinion d'eux-mêmes et de leur supériorité, qu'ils regardent les choses divines comme indignes de leur attention ; leurs regards concentrés sur leur personne ne peuvent s'élever jusqu'à Dieu. Cette tendance à se croire au-dessus de tout ne les porte que trop souvent à nier ce qui étant au-dessus d'eux pourrait les rabaisser, à nier même la Divinité ; ou, s'ils consentent à l'admettre, ils lui contestent un de ses plus beaux attributs : son action providentielle

sur les choses de ce monde, persuadés qu'eux seuls suf-
fisent pour le bien gouverner. Prenant leur intelligence
pour la mesure de l'intelligence universelle, et se jugeant aptes à tout comprendre, ils ne peuvent croire à
la possibilité de ce qu'ils ne comprennent pas; quand
ils ont prononcé, leur jugement est pour eux sans
appel.

S'ils refusent d'admettre le monde invisible et une
puissance extra-humaine, ce n'est pas cependant que
cela soit au-dessus de leur portée, mais c'est que leur
orgueil se révolte à l'idée d'une chose au-dessus de
laquelle ils ne peuvent se placer, et les ferait descendre
de leur piédestal. C'est pourquoi ils n'ont que des sou-
rires de dédain pour tout ce qui n'est pas du monde
visible et tangible; ils s'attribuent trop d'esprit et de
science pour croire à des choses bonnes, selon eux,
pour les gens *simples,* tenant ceux qui les prennent au
sérieux pour des *pauvres d'esprit.*

Cependant, quoi qu'ils en disent, il leur faudra entrer, comme les autres, dans ce monde invisible qu'ils
tournent en dérision; c'est là que leurs yeux seront ou-
verts et qu'ils reconnaîtront leur erreur. Mais Dieu, qui
est juste, ne peut recevoir au même titre celui qui a méconnu sa puissance et celui qui s'est humblement soumis à ses lois, ni leur faire une part égale.

En disant que le royaume des cieux est aux simples,
Jésus entend que nul n'y est admis sans *la simplicité du
cœur et l'humilité de l'esprit;* que l'ignorant qui possède
ces qualités sera préféré au savant qui croit plus en lui
qu'en Dieu. En toutes circonstances il place l'humilité
au rang des vertus qui rapprochent de Dieu, et l'orgueil
parmi les vices qui en éloignent; et cela par une raison
très naturelle, c'est que l'humilité est un acte de soumis

sion à Dieu, tandis que l'orgueil est une révolte contre
lui. Mieux vaut donc, pour le bonheur futur de l'homme,
être *pauvre en esprit,* dans le sens du monde, et riche en
qualités morales.

Quiconque s'élève sera abaissé.

3. En ce même temps les disciples s'approchèrent de Jésus,
et lui dirent : Qui est le plus grand dans le royaume des cieux?
— Jésus ayant appelé un petit enfant, le mit au milieu d'eux,
et leur dit : Je vous dis en vérité que si vous ne vous con-
vertissez, et si vous ne devenez comme de petits enfants, vous
n'entrerez point dans le royaume des cieux. — *Quiconque donc*
s'humiliera et se rendra petit comme cet enfant, celui-là sera le
plus grand dans le royaume des cieux, — et quiconque reçoit en
mon nom un enfant tel que je viens de dire, c'est moi-même
qu'il reçoit. (Saint Matthieu, ch. xviii, *v.* 1 à 5.)

4. Alors la mère des enfants de Zébédée s'approcha de lui
avec ses deux fils, et l'adora en lui témoignant qu'elle voulait
lui demander quelque chose. — Il lui dit : Que voulez-vous?
Ordonnez, lui dit-elle, que mes deux fils que voici soient assis
dans votre royaume, l'un à votre droite et l'autre à votre gauche. — Mais Jésus leur répondit : Vous ne savez pas ce que
vous demandez; pouvez-vous boire le calice que je vais boire?
Ils lui dirent : Nous le pouvons. — Il leur répondit : Il est vrai
que vous boirez le calice que je boirai; mais pour ce qui est
d'être assis à ma droite ou à ma gauche, ce n'est pas à moi à
vous le donner, mais ce sera pour ceux à qui mon Père l'a
préparé. — Les dix autres apôtres ayant entendu ceci, en conçurent de l'indignation contre les deux frères. — Et Jésus les
ayant appelés à lui, leur dit : Vous savez que les princes des
nations les dominent, et que les grands les traitent avec empire.
— Il n'en doit pas être de même parmi vous; mais *que celui qui*
voudra devenir le plus grand, soit votre serviteur; — *et que celui*
qui voudra être le premier d'entre vous soit votre esclave; —
comme le Fils de l'homme n'est pas venu pour être servi, mais

pour servir et donner sa vie pour la rédemption de plusieurs. (Saint Matthieu, ch. xx, *v.* de 20 à 28.)

5. Jésus entra un jour de sabbat dans la maison d'un des principaux Pharisiens pour y prendre son repas, et ceux qui étaient là l'observaient. — Alors, considérant comme les conviés choisissaient les premières places, il leur proposa cette parabole, et leur dit : — Quand vous serez conviés à des noces, n'y prenez point la première place, de peur qu'il ne se trouve parmi les conviés une personne plus considérable que vous, et que celui qui vous aura invité ne vienne vous dire : Donnez votre place à celui-ci, et qu'alors vous ne soyez réduit à vous tenir avec honte au dernier lieu. — Mais quand vous aurez été conviés, allez vous mettre à la dernière place, afin que, lorsque celui qui vous a conviés sera venu, il vous dise : Mon ami, montez plus haut. Et alors ce sera un sujet de gloire devant ceux qui seront à table avec vous; — car *quiconque s'élève sera abaissé, et quiconque s'abaisse sera élevé.* (Saint Luc, ch. xiv, *v.* 1 et de 7 à 11.)

6. Ces maximes sont les conséquences du principe d'humilité que Jésus ne cesse de poser comme condition essentielle de la félicité promise aux élus du Seigneur, et qu'il a formulé par ces paroles : « Bienheureux les pauvres d'esprit, parce que le royaume des cieux est à eux. » Il prend un enfant comme type de la simplicité du cœur et il dit : Celui-là sera le plus grand dans le royaume des cieux qui s'humiliera et *se fera petit comme un enfant;* c'est-à-dire qui n'aura aucune prétention à la supériorité ou à l'infaillibilité.

La même pensée fondamentale se retrouve dans cette autre maxime : « *Que celui qui voudra devenir le plus grand soit votre serviteur,* » et dans celle-ci : « *Quiconque s'abaisse sera élevé, et quiconque s'élève sera abaissé.* »

Le spiritisme vient sanctionner la théorie par l'exemple, en nous montrant grands dans le monde des Esprits

ceux qui étaient petits sur la terre, et souvent bien petits ceux qui y étaient les plus grands et les plus puissants. C'est que les premiers ont emporté en mourant
ce qui seul fait la véritable grandeur dans le ciel et ne
se perd pas : les vertus; tandis que les autres ont dû
laisser ce qui faisait leur grandeur sur la terre, et ne
s'emporte pas : la fortune, les titres, la gloire, la naissance; n'ayant rien autre chose, ils arrivent dans l'autre
monde dépourvus de tout, comme des naufragés qui
ont tout perdu, jusqu'à leurs vêtements ; ils n'ont conservé que l'orgueil qui rend leur nouvelle position plus
humiliante, car ils voient au-dessus d'eux, et resplendissants de gloire, ceux qu'ils ont foulés aux pieds sur la
terre.

Le spiritisme nous montre une autre application de
ce principe dans les incarnations successives où ceux
qui ont été les plus élevés dans une existence sont
abaissés au dernier rang dans une existence suivante,
s'ils ont été dominés par l'orgueil et l'ambition. Ne
cherchez donc point la première place sur la terre, ni
à vous mettre au-dessus des autres, si vous ne voulez
être obligés de descendre; cherchez, au contraire, la
plus humble et la plus modeste, car Dieu saura bien
vous en donner une plus élevée dans le ciel si vous la
méritez.

Mystères cachés aux sages et aux prudents.

7. Alors Jésus dit ces paroles : Je vous rends gloire, mon
Père, Seigneur du ciel et de la terre, de ce que vous avez
caché ces choses aux sages et aux prudents, et que vous les
avez révélées aux simples et aux petits. (Saint Matthieu, ch. XI,
v. 25.)

8. Il peut paraître singulier que Jésus rende grâce à Dieu d'avoir révélé ces choses *aux simples et aux petits*, qui sont les pauvres d'esprit, et de les avoir cachées *aux sages et aux prudents*, plus aptes, en apparence, à les comprendre. C'est qu'il faut entendre par les premiers, *les humbles* qui s'humilient devant Dieu, et ne se croient pas supérieurs à tout le monde; et par les seconds, *les orgueilleux*, vains de leur science mondaine, qui se croient prudents, parce qu'ils nient, traitant Dieu d'égal à égal quand ils ne le désavouent pas; car, dans l'antiquité, *sage* était synonyme de *savant;* c'est pourquoi Dieu leur laisse la recherche des secrets de la terre, et révèle ceux du ciel aux simples et aux humbles qui s'inclinent devant lui.

9. Ainsi en est-il aujourd'hui des grandes vérités révélées par le spiritisme. Certains incrédules s'étonnent que les Esprits fassent si peu de frais pour les convaincre; c'est que ces derniers s'occupent de ceux qui cherchent la lumière de bonne foi et avec humilité, de préférence à ceux qui croient posséder toute la lumière, et semblent penser que Dieu devrait être trop heureux de les ramener à lui, en leur prouvant qu'il existe.

La puissance de Dieu éclate dans les plus petites choses comme dans les plus grandes; il ne met pas la lumière sous le boisseau, puisqu'il la répand à flots de toutes parts; aveugles donc ceux qui ne la voient pas. *Dieu ne veut pas leur ouvrir les yeux de force, puisqu'il leur plaît de les tenir fermés.* Leur tour viendra, mais il faut auparavant qu'ils sentent les angoisses des ténèbres et *reconnaissent Dieu, et non le hasard, dans la main qui frappe leur orgueil.* Il emploie pour vaincre l'incrédulité les moyens qui lui conviennent selon les individus ; ce n'est pas à l'incrédule de lui prescrire ce qu'il doit faire, et de lui dire : Si vous voulez me convaincre, il faut vous y prendre de telle ou telle façon, à tel moment plutôt qu'à tel autre, parce que ce moment est à ma convenance.

Que les incrédules ne s'étonnent donc pas si Dieu, et les Esprits qui sont les agents de ses volontés, ne se soumettent pas à leurs exigences. Qu'ils se demandent ce qu'ils diraient si le dernier de leurs serviteurs voulait s'imposer à eux. Dieu impose ses conditions et n'en subit pas ; il écoute avec bonté ceux qui s'adressent à lui avec humilité, et non ceux qui se croient plus que lui.

10. Dieu, dira-t-on, ne pourrait-il les frapper personnellement par des signes éclatants en présence desquels l'incrédule le plus endurci devrait s'incliner ? Sans doute il le pourrait, mais alors où serait leur mérite, et d'ailleurs à quoi cela servirait-il ? N'en voit-on pas tous les jours se refuser à l'évidence et même dire : Si je voyais, je ne croirais pas, parce que je *sais* que c'est impossible ? S'ils refusent de reconnaître la vérité, c'est que leur esprit n'est pas encore mûr pour la comprendre, ni leur cœur pour la sentir. *L'orgueil est la taie qui obscurcit leur vue* ; à quoi sert de présenter la lumière à un aveugle ? Il faut donc d'abord guérir la cause du mal ; c'est pourquoi, en médecin habile, il châtie premièrement l'orgueil. Il n'abandonne donc pas ses enfants perdus ; il sait que tôt ou tard leurs yeux s'ouvriront, mais il veut que ce soit de leur propre volonté, et alors que, vaincus par les tourments de l'incrédulité, ils se jetteront d'eux-mêmes dans ses bras, et, comme l'enfant prodigue, lui demanderont grâce !

L'orgueil et l'humilité.

11. Que la paix du Seigneur soit avec vous, mes chers amis! Je viens vers vous pour vous encourager à suivre la bonne voie.

Aux pauvres Esprits qui, autrefois, habitaient la terre, Dieu donne mission de venir vous éclairer. Béni soit-il de la grâce qu'il nous accorde de pouvoir aider à votre amélioration. Que l'Esprit-Saint m'éclaire et m'aide à rendre ma parole compréhensible et qu'il me fasse la grâce de la mettre à la portée de tous! Vous tous incarnés, qui êtes dans la peine et cherchez la lumière, que la volonté de Dieu me soit en aide pour la faire luire à vos yeux!

L'humilité est une vertu bien oubliée parmi vous; les grands exemples qui vous en ont été donnés sont bien peu suivis, et pourtant, sans l'humilité, pouvez-vous être charitables envers votre prochain? Oh! non, car ce sentiment nivelle les hommes; il leur dit qu'ils sont frères, qu'ils doivent s'entr'aider, et les amène au bien. Sans l'humilité, vous vous parez des vertus que vous n'avez pas, comme si vous portiez un habit pour cacher les difformités de votre corps. Rappelez-vous Celui qui nous sauva; rappelez-vous son humilité qui l'a fait si grand, et l'a mis au-dessus de tous les prophètes.

L'orgueil est le terrible adversaire de l'humilité. Si le Christ promettait le royaume des cieux aux plus pauvres, c'est que les grands de la terre se figurent que les titres et les richesses sont des récompenses données à leur mérite, et que leur essence est plus pure que celle

du pauvre; ils croient que cela leur est dû, c'est pourquoi, lorsque Dieu le leur retire, ils l'accusent d'injustice. Oh! dérision et aveuglement! Dieu fait-il une distinction entre vous par le corps? L'enveloppe du pauvre
n'est-elle pas la même que celle du riche? Le Créateur
a-t-il fait deux espèces d'hommes? Tout ce que Dieu
fait est grand et sage; ne lui attribuez jamais les idées
qu'enfantent vos cerveaux orgueilleux.

O riche, tandis que tu dors sous tes lambris dorés à
l'abri du froid, ne sais-tu pas que des milliers de tes
frères qui te valent sont gisants sur la paille? Le malheureux qui souffre de la faim n'est-il pas ton égal? A
ce mot, ton orgueil se révolte, je le sais bien; tu con-
sentiras à lui donner l'aumône, mais à lui serrer frater-
nellement la main, jamais! « Quoi! dis-tu; moi, issu d'un
noble sang, grand de la terre, je serais l'égal de ce misérable qui porte des haillons! Vaine utopie des soi-disant philosophes! Si nous étions égaux, pourquoi Dieu
l'aurait-il placé si bas et moi si haut? » Il est vrai que vos
habits ne se ressemblent guère; mais que vous en soyez
dépouillés tous deux, quelle différence y aura-t-il entre
vous? La noblesse du sang, diras-tu; mais la chimie
n'a point trouvé de différence entre le sang du grand
seigneur et celui du plébéien; entre celui du maître et
celui de l'esclave. Qui te dit que, toi aussi, tu n'as pas
été misérable et malheureux comme lui? Que tu n'as
pas demandé l'aumône? Que tu ne la demanderas pas
un jour à celui même que tu méprises aujourd'hui? Les
richesses sont-elles éternelles? ne finissent-elles pas avec
ce corps, enveloppe périssable de ton Esprit? Oh! un
retour d'humilité sur toi-même! Jette enfin les yeux sur
la réalité des choses de ce monde, sur ce qui fait la
grandeur et l'abaissement dans l'autre; songe que la

6.

mort ne t'épargnera pas plus qu'un autre ; que tes titres
ne t'en préserveront pas ; qu'elle peut te frapper demain, aujourd'hui, dans une heure ; et si tu t'ensevelis
dans ton orgueil, oh ! alors je te plains, car tu seras
digne de pitié !

Orgueilleux ! qu'étiez-vous avant d'être nobles et puissants ? Peut-être étiez-vous plus bas que le dernier de
vos valets. Courbez donc vos fronts altiers que Dieu
peut rabaisser au moment où vous les élevez le plus
haut. Tous les hommes sont égaux dans la balance divine ; les vertus seules les distinguent aux yeux de Dieu.
Tous les Esprits sont d'une même essence, et tous les
corps sont pétris de la même pâte ; vos titres et vos
noms n'y changent rien ; ils restent dans la tombe, et
ce ne sont pas eux qui donnent le bonheur promis aux
élus ; la charité et l'humilité sont leurs titres de noblesse.

Pauvre créature ! tu es mère, tes enfants souffrent ;
ils ont froid ; ils ont faim ; tu vas, courbée sous le poids
de ta croix, t'humilier pour leur avoir un morceau de
pain. Oh ! je m'incline devant toi ; combien tu es no-
blement sainte et grande à mes yeux ! Espère et prie :
le bonheur n'est pas encore de ce monde. Aux pauvres
opprimés et confiants en lui, Dieu donne le royaume
des cieux.

Et toi, jeune fille, pauvre enfant vouée au travail, aux
privations, pourquoi ces tristes pensées ? pourquoi
pleurer ? Que ton regard s'élève pieux et serein vers
Dieu : aux petits oiseaux il donne la pâture ; aie confiance en lui, et il ne t'abandonnera pas. Le bruit des
fêtes, des plaisirs du monde fait battre ton cœur ; tu
voudrais aussi orner ta tête de fleurs et te mêler aux
heureux de la terre ; tu te dis que tu pourrais, comme

ces femmes que tu regardes passer, folles et rieuses,
être riche aussi. Oh ! tais-toi, enfant ! Si tu savais combien de larmes et de douleurs sans nom sont cachées
sous ces habits brodés, combien de sanglots sont étouf-
fés sous le bruit de cet orchestre joyeux, tu préférerais
ton humble retraite et ta pauvreté. Reste pure aux yeux
de Dieu, si tu ne veux que ton ange gardien remonte
vers lui, le visage caché sous ses ailes blanches, et te
laisse avec tes remords, sans guide, sans soutien dans
ce monde où tu serais perdue en attendant que tu sois
punie dans l'autre.

Et vous tous qui souffrez des injustices des hommes,
soyez indulgents pour les fautes de vos frères, en vous
disant que vous-mêmes n'êtes pas sans reproches : c'est
de la charité, mais c'est aussi de l'humilité. Si vous
souffrez par les calomnies, courbez le front sous cette
épreuve. Que vous importent les calomnies du monde ?
Si votre conduite est pure, Dieu ne peut-il vous en dédommager ? Supporter avec courage les humiliations
des hommes, c'est être humble et reconnaître que Dieu
seul est grand et puissant.

Oh ! mon Dieu, faudra-t-il que le Christ revienne une
seconde fois sur cette terre pour apprendre aux hommes tes lois qu'ils oublient ? Devra-t-il encore chasser
les vendeurs du temple qui salissent ta maison qui n'est
qu'un lieu de prière ? Et qui sait ? ô hommes ! si Dieu
vous accordait cette grâce, peut-être le renieriez-vous
comme autrefois ; vous l'appelleriez blasphémateur,
parce qu'il abaisserait l'orgueil des Pharisiens modernes ;
peut-être lui feriez-vous recommencer le chemin du
Golgotha.

Lorsque Moïse fut sur le mont Sinaï recevoir les commandements de Dieu, le peuple d'Israël, livré à lui-

même, délaissa le vrai Dieu ; hommes et femmes donnèrent leur or et leurs bijoux, pour se faire une idole
qu'ils adorèrent. Hommes civilisés, vous faites comme
eux ; le Christ vous a laissé sa doctrine ; il vous a donné
l'exemple de toutes les vertus, et vous avez délaissé
exemple et préceptes ; chacun de vous apportant ses
passions, vous vous êtes fait un Dieu à votre gré : selon
les uns, terrible et sanguinaire ; selon les autres, insouciant des intérêts du monde ; le Dieu que vous vous
êtes fait est encore le veau d'or que chacun approprie
à ses goûts et à ses idées.

Revenez à vous, mes frères, mes amis ; que la voix
des Esprits touche vos cœurs ; soyez généreux et charitables sans ostentation ; c'est-à-dire faites le bien avec
humilité ; que chacun démolisse peu à peu les autels
que vous avez élevés à l'orgueil, en un mot, soyez de
véritables chrétiens, et vous aurez le règne de la vérité.
Ne doutez plus de la bonté de Dieu, alors qu'il vous en
donne tant de preuves. Nous venons préparer les voies
pour l'accomplissement des prophéties. Lorsque le Seigneur vous donnera une manifestation plus éclatante
de sa clémence, que l'envoyé céleste ne trouve plus en
vous qu'une grande famille ; que vos cœurs doux et
humbles soient dignes d'entendre la parole divine qu'il
viendra vous apporter ; que l'élu ne trouve sur sa route
que les palmes déposées pour votre retour au bien, à la
charité, à la fraternité, et alors votre monde deviendra
le paradis terrestre. Mais si vous restez insensibles à la
voix des Esprits envoyés pour épurer, renouveler votre
société civilisée, riche en sciences, et pourtant si pauvre
en bons sentiments, hélas ! il ne nous resterait plus qu'à
pleurer et à gémir sur votre sort. Mais non, il n'en sera
pas ainsi ; revenez à Dieu votre père, et alors nous tous,

qui aurons servi à l'accomplissement de sa volonté,
nous entonnerons le cantique d'actions de grâces, pour
remercier le Seigneur de son inépuisable bonté, et pour
le glorifier dans tous les siècles des siècles. Ainsi soit-il.
(LACORDAIRE. Constantine, 1863.)

12. Hommes, pourquoi vous plaignez-vous des calamités que vous avez vous-mêmes amoncelées sur vos
têtes ? Vous avez méconnu la sainte et divine morale
du Christ, ne soyez donc pas étonnés que la coupe de
l'iniquité ait débordé de toutes parts.

Le malaise devient général ; à qui s'en prendre, si ce
n'est à vous qui cherchez sans cesse à vous écraser les
uns les autres ? Vous ne pouvez être heureux sans bienveillance mutuelle, et comment la bienveillance peut-
elle exister avec l'orgueil ? L'orgueil, voilà la source de
tous vos maux ; attachez-vous donc à le détruire, si
vous n'en voulez voir perpétuer les funestes conséquences. Un seul moyen s'offre à vous pour cela, mais
ce moyen est infaillible, c'est de prendre pour règle
invariable de votre conduite la loi du Christ, loi que
vous avez ou repoussée, ou faussée dans son interprétation.

Pourquoi avez-vous en si grande estime ce qui brille
et charme les yeux, plutôt que ce qui touche le cœur ?
Pourquoi le vice dans l'opulence est-il l'objet de vos
adulations, alors que vous n'avez qu'un regard de dédain pour le vrai mérite dans l'obscurité ? Qu'un riche
débauché, perdu de corps et d'âme, se présente quelque
part, toutes les portes lui sont ouvertes, tous les égards
sont pour lui, tandis qu'on daigne à peine accorder un
salut de protection à l'homme de bien qui vit de son
travail. Quand la considération que l'on accorde aux

gens est mesurée au poids de l'or qu'ils possèdent ou au nom qu'ils portent, quel intérêt peuvent-ils avoir à se corriger de leurs défauts ?

Il en serait tout autrement si le vice doré était fustigé par l'opinion comme le vice en haillons ; mais l'orgueil est indulgent pour tout ce qui le flatte. Siècle de cupidité et d'argent, dites-vous. Sans doute, mais pourquoi avez-vous laissé les besoins matériels empiéter sur le bon sens et la raison? Pourquoi chacun veut-il s'élever au-dessus de son frère ? Aujourd'hui la société en subit les conséquences.

Ne l'oubliez pas, un tel état de choses est toujours un signe de décadence morale. Lorsque l'orgueil atteint les dernières limites, c'est l'indice d'une chute prochaine, car Dieu frappe toujours les superbes. S'il les laisse parfois monter, c'est pour leur donner le temps de réfléchir et de s'amender sous les coups que, de temps à autre, il porte à leur orgueil pour les avertir; mais, au lieu de s'abaisser, ils se révoltent; alors quand la mesure est comble, il les renverse tout à fait, et leur chute est d'autant plus terrible, qu'ils étaient montés plus haut.

Pauvre race humaine, dont l'égoïsme a corrompu toutes les voies, reprends courage cependant; dans sa miséricorde infinie, Dieu t'envoie un puissant remède à tes maux, un secours inespéré dans ta détresse. Ouvre les yeux à la lumière : voici les âmes de ceux qui ne sont plus qui viennent te rappeler à tes véritables devoirs; ils te diront, avec l'autorité de l'expérience, combien les vanités et les grandeurs de votre passagère existence sont peu de chose auprès de l'éternité; ils te diront que celui-là est le plus grand qui a été le plus humble parmi les petits d'ici-bas; que celui qui a le

plus aimé ses frères est aussi celui qui sera le plus
aimé dans le ciel ; que les puissants de la terre, s'ils ont
abusé de leur autorité, seront réduits à obéir leurs serviteurs ; que la charité et l'humilité enfin, ces deux sœurs
qui se donnent la main, sont les titres les plus efficaces
pour obtenir grâce devant l'Éternel. (ADOLPHE, évêque
d'Alger. Marmande, 1862.)

Mission de l'homme intelligent sur la terre.

13. Ne soyez pas fiers de ce que vous savez, car ce
savoir a des bornes bien limitées dans le monde que
vous habitez. Mais je suppose que vous soyez une des
sommités intelligentes de ce globe, vous n'avez aucun
droit d'en tirer vanité. Si Dieu, dans ses desseins, vous
a fait naître dans un milieu où vous avez pu développer
votre intelligence, c'est qu'il veut que vous en fassiez
usage pour le bien de tous ; car c'est une mission qu'il
vous donne, en mettant dans vos mains l'instrument à
l'aide duquel vous pouvez développer à votre tour les
intelligences retardataires et les amener à Dieu. La nature de l'instrument n'indique-t-elle pas l'usage qu'on
en doit faire ? La bêche que le jardinier met entre les
mains de son ouvrier ne lui montre-t-elle pas qu'il doit
bêcher ? Et que diriez-vous si cet ouvrier, au lieu de
travailler, levait sa bêche pour en frapper son maître ?
Vous diriez que c'est affreux, et qu'il mérite d'être
chassé. Eh bien, n'en est-il pas de même de celui qui
se sert de son intelligence pour détruire l'idée de Dieu
et de la Providence parmi ses frères ? Ne lève-t-il pas
contre son maître la bêche qui lui a été donnée pour
défricher le terrain ? A-t-il droit au salaire promis, et
ne mérite-t-il pas, au contraire, d'être chassé du jardin ?

Il le sera, n'en doutez pas, et traînera des existences misérables et remplies d'humiliations jusqu'à ce qu'il se soit courbé devant Celui à qui il doit tout.

L'intelligence est riche de mérites pour l'avenir, mais à la condition d'en faire un bon emploi; si tous les hommes qui en sont doués s'en servaient selon les vues de Dieu, la tâche des Esprits serait facile pour faire avancer l'humanité; malheureusement beaucoup en font un instrument d'orgueil et de perdition pour eux-mêmes. L'homme abuse de son intelligence comme de toutes ses autres facultés, et cependant les leçons ne lui manquent pas pour l'avertir qu'une main puissante peut lui retirer ce qu'elle lui a donné. (FERDINAND, Esprit protecteur. Bordeaux, 1862.)

CHAPITRE VIII

BIENHEUREUX CEUX QUI ONT LE CŒUR PUR.

Laissez venir à moi les petits enfants. — Péché en pensée. Adultère. — Vraie pureté. Mains non lavées. — Scandales. Si votre main est un sujet de scandale, coupez-la. — *Instructions des Esprits :* Laissez venir à moi les petits enfants. — Bienheureux ceux qui ont les yeux fermés.

Laissez venir à moi les petits enfants.

1. Bienheureux ceux qui ont le cœur pur, parce qu'ils verront Dieu. (Saint Matthieu, ch. v, v. 8.)

2. Alors on lui présenta de petits enfants, afin qu'il les touchât ; et comme ses disciples repoussaient avec des paroles rudes ceux qui les lui présentaient, — Jésus le voyant s'en fâcha et leur dit : *Laissez venir à moi les petits enfants,* et ne les empêchez point ; car le royaume des cieux est pour ceux qui leur ressemblent. — Je vous le dis en vérité, quiconque ne recevra point le royaume de Dieu comme un enfant, n'y entrera point. — Et les ayant embrassés, il les bénit en leur imposant les mains. (Saint Marc, ch. x, v. de 13 à 16.)

3. La pureté du cœur est inséparable de la simplicité et de l'humilité ; elle exclut toute pensée d'égoïsme et d'orgueil ; c'est pourquoi Jésus prend l'enfance pour l'emblème de cette pureté, comme il l'a prise pour celui de l'humilité.

Cette comparaison pourrait ne pas sembler juste, si l'on considère que l'Esprit de l'enfant peut être très-ancien, et qu'il apporte en renaissant à la vie corporelle

7

les imperfections dont il ne s'est pas dépouillé dans ses existences précédentes ; un Esprit arrivé à la perfection pourrait seul nous donner le type de la vraie pureté. Mais elle est exacte au point de vue de la vie présente ; car le petit enfant, n'ayant encore pu manifester aucune tendance perverse, nous offre l'image de l'innocence et de la candeur ; aussi Jésus ne dit-il point d'une manière absolue que le royaume de Dieu est *pour eux*, mais *pour ceux qui leur ressemblent.*

4. Puisque l'Esprit de l'enfant a déjà vécu, pourquoi ne se montre-t-il pas, dès la naissance, ce qu'il est ? Tout est sage dans les œuvres de Dieu. L'enfant a besoin de soins délicats que la tendresse maternelle peut seule lui rendre, et cette tendresse s'accroît de la faiblesse et de l'ingénuité de l'enfant. Pour une mère, son enfant est toujours un ange, et il fallait qu'il en · fût ainsi pour captiver sa sollicitude ; elle n'aurait pu avoir avec lui le même abandon, si, au lieu de la grâce naïve, elle eût trouvé en lui, sous des traits enfantins, un caractère viril et les idées d'un adulte, et encore moins si elle eût connu son passé.

Il fallait, d'ailleurs, que l'activité du principe intelligent fût proportionnée à la faiblesse du corps qui n'aurait pu résister à une activité trop grande de l'Esprit, ainsi qu'on le voit chez les sujets trop précoces. C'est pour cela que, dès les approches de l'incarnation, l'Esprit, entrant dans le trouble, perd peu à peu la conscience de lui-même ; il est, durant une certaine période, dans une sorte de sommeil pendant lequel toutes ses acultés demeurent à l'état latent. Cet état transitoire est nécessaire pour donner à l'Esprit un nouveau point de départ, et lui faire oublier, dans sa nouvelle existence terrestre, les choses qui eussent pu l'entraver. Son passé, cependant, réagit sur lui ; il renaît à la vie plus grand, plus fort moralement et intellectuellement, soutenu et secondé par l'intuition qu'il conserve de l'expérience acquise.

A partir de la naissance, ses idées reprennent graduellement leur essor au fur et à mesure du développement des organes ; d'où l'on peut dire que, pendant les premières années, l'Esprit est véritablement enfant, parce que les idées qui forment le fond de son caractère sont encore assoupies. Pendant le temps où ses instincts sommeillent, il est plus souple, et, par cela même, plus accessible aux impressions qui peuvent modifier sa nature et le faire progresser, ce qui rend plus facile la tâche imposée aux parents.

L'Esprit revêt donc pour un temps la robe d'innocence, et Jésus est dans le vrai quand, malgré l'antériorité de l'âme, il prend l'enfant pour emblème de la pureté et de la simplicité.

Péché en pensées. Adultère.

5. Vous avez appris qu'il a été dit aux Anciens : Vous ne commettrez point d'adultère. — Mais moi je vous dis que quiconque aura regardé une femme avec un mauvais désir pour elle a déjà commis l'adultère avec elle dans son cœur. (Saint Matthieu, ch. v, v. 27 et 28.)

6. Le mot *adultère* ne doit point être entendu ici dans le sens exclusif de son acception propre, mais dans un sens plus général ; Jésus l'a souvent employé par extension pour désigner le mal, le péché, et toute mauvaise pensée quelconque, comme, par exemple, dans ce pas-

sage : « Car si quelqu'un rougit de moi et de mes paroles parmi cette race *adultère et pécheresse*, le Fils de l'homme rougira aussi de lui, lorsqu'il viendra accompagné des saints anges dans la gloire de son Père. » (Saint Marc, ch. VIII, *v*. 38.)

La vraie pureté n'est pas seulement dans les actes; elle est aussi dans la pensée, car celui qui a le cœur pur ne pense même pas au mal; c'est ce qu'a voulu dire Jésus : il condamne le péché, même en pensée, parce que c'est un signe d'impureté.

7. Ce principe amène naturellement cette question : *Subit-on les conséquences d'une mauvaise pensée non suivie d'effet?*

Il y a ici une importante distinction à faire. A mesure que l'âme engagée dans la mauvaise voie, avance dans la vie spirituelle, elle s'éclaire et se dépouille peu à peu de ses imperfections, selon le plus ou moins de bonne volonté qu'elle y apporte en vertu de son libre arbitre. Toute mauvaise pensée est donc le résultat de l'imperfection de l'âme; mais selon le désir qu'elle a conçu de s'épurer, cette mauvaise pensée même devient pour elle une occasion d'avancement, parce qu'elle la repousse avec énergie; c'est l'indice d'une tache qu'elle s'efforce d'effacer; elle ne cédera pas si l'occasion se présente de satisfaire un mauvais désir; et après qu'elle aura résisté, elle se sentira plus forte et joyeuse de sa victoire.

Celle, au contraire, qui n'a pas pris de bonnes résolutions cherche l'occasion, et si elle n'accomplit pas l'acte mauvais, ce n'est pas l'effet de sa volonté, mais c'est l'occasion qui lui manque; elle est donc aussi coupable que si elle le commettait.

En résumé, chez la personne qui ne conçoit même

pas la pensée du mal, le progrès est accompli; chez
celle à qui vient cette pensée, mais qui la repousse, le
progrès est en train de s'accomplir; chez celle, enfin,
qui a cette pensée et s'y complaît, le mal est encore
dans toute sa force; chez l'une le travail est fait, chez
l'autre il est à faire. Dieu, qui est juste, tient compte
de toutes ces nuances dans la responsabilité des actes
et des pensées de l'homme.

Vraie pureté. Mains non lavées.

8. Alors des scribes et des pharisiens qui étaient venus de Jérusalem s'approchèrent de Jésus et lui dirent : — Pourquoi vos
disciples violent-ils la tradition des Anciens? car ils ne lavent
point leurs mains lorsqu'ils prennent leurs repas.

Mais Jésus leur répondit : Pourquoi vous-mêmes violez-vous
le commandement de Dieu pour suivre votre tradition? car Dieu
a fait ce commandement : — Honorez votre père et votre mère ;
et cet autre : Que celui qui dira des paroles outrageuses à son
père ou à sa mère soit puni de mort. — Mais vous autres vous
dites : Quiconque aura dit à son père ou à sa mère : Tout don
que je fais à Dieu vous est utile, satisfait à la loi, — encore
qu'après cela il n'honore et n'assiste point son père ou sa mère ;
et ainsi vous avez rendu inutile le commandement de Dieu par
votre tradition.

Hypocrites, Isaïe a bien prophétisé de vous quand il a dit : —
Ce peuple m'honore des lèvres, mais son cœur est loin de moi ;
— et c'est en vain qu'ils m'honorent en enseignant des maximes
et des ordonnances humaines.

Puis ayant appelé le peuple, il leur dit : Écoutez et comprenez bien ceci : — Ce n'est pas ce qui entre dans la bouche qui
souille l'homme; mais c'est ce qui sort de la bouche de l'homme
qui le souille. — Ce qui sort de la bouche part du cœur, et
c'est ce qui rend l'homme impur ; — car c'est du cœur que
partent les mauvaises pensées, les meurtres, les adultères, les
fornications, les larcins, les faux témoignages, les blasphèmes
et les médisances; — ce sont là les choses qui rendent l'homme

impur ; mais de manger sans avoir lavé ses mains, ce n'est point ce qui rend un homme impur.

Alors ses disciples s'approchant de lui, lui dirent : Savez-vous bien que les Pharisiens ayant entendu ce que vous venez de dire en sont scandalisés ? — Mais il répondit : Toute plante que mon Père céleste n'a point plantée sera arrachée. — Laissez-les ; ce sont des aveugles qui conduisent des aveugles ; si un aveugle en conduit un autre, ils tombent tous les deux dans la fosse. (Saint Matthieu, ch. xv, v. de 1 à 20.)

9. Pendant qu'il parlait, un Pharisien le pria de dîner chez lui ; et Jésus y étant allé se mit à table. — Le Pharisien commença alors à dire en lui-même : Pourquoi ne s'est-il pas lavé les mains avant de dîner ? — Mais le Seigneur lui dit : Vous autres Pharisiens, vous avez grand soin de nettoyer le dehors de la coupe et du plat ; mais le dedans de vos cœurs est plein de rapines et d'iniquités. Insensés que vous êtes ! celui qui a fait le dehors n'a-t-il pas fait aussi le dedans ? (Saint Luc, ch. xi, v. de 37 à 40.)

10. Les Juifs avaient négligé les véritables commandements de Dieu, pour s'attacher à la pratique des règlements établis par les hommes et dont les rigides observateurs se faisaient des cas de conscience ; le fond, très simple, avait fini par disparaître sous la complication de la forme. Comme il était plus aisé d'observer des actes extérieurs que de se réformer moralement, *de se laver les mains que de nettoyer son cœur*, les hommes se firent illusion à eux-mêmes, et se croyaient quittes envers Dieu, parce qu'ils se conformaient à ces pratiques, tout en restant ce qu'ils étaient ; car on leur enseignait que Dieu n'en demandait pas davantage. C'est pourquoi le prophète dit : *C'est en vain que ce peuple m'honore des lèvres, en enseignant des maximes et des ordonnances humaines.*

Ainsi en a-t-il été de la doctrine morale du Christ,

qui a fini par être mise au second rang, ce qui fait que
beaucoup de chrétiens, à l'exemple des anciens Juifs,
croient leur salut plus assuré par les pratiques extérieures que par celles de la morale. C'est à ces additions
faites par les hommes à la loi de Dieu que Jésus fait
allusion quand il dit : *Toute plante que mon Père céleste
n'a point plantée sera arrachée.*

Le but de la religion est de conduire l'homme à Dieu ;
or, l'homme n'arrive à Dieu que lorsqu'il est parfait ;
donc toute religion qui ne rend pas l'homme meilleur
n'atteint pas le but ; celle sur laquelle on croit pouvoir
s'appuyer pour faire le mal est, ou fausse, ou faussée
dans son principe. Tel est le résultat de toutes celles
où la forme l'emporte sur le fond. La croyance à l'efficacité des signes extérieurs est nulle, si elle n'empêche
pas de commettre des meurtres, des adultères, des spo-
liations, de dire des calomnies, et de faire tort à son
prochain en quoi que ce soit. Elle fait des superstitieux,
des hypocrites ou des fanatiques, mais ne fait pas des
hommes de bien.

Il ne suffit donc pas d'avoir les apparences de la pureté, il faut avant tout avoir celle du cœur.

**Scandales. Si votre main est un sujet de scandale,
coupez-la.**

11. Malheur au monde à cause des scandales ; car il est nécessaire qu'il arrive des scandales ; mais malheur à l'homme
par qui le scandale arrive.

Si quelqu'un scandalise un de ces petits qui croient en moi,
il vaudrait mieux pour lui qu'on lui pendît au cou une de ces
meules qu'un âne tourne, et qu'on le jetât au fond de la mer.

Prenez bien garde de mépriser aucun de ces petits ; je vous
déclare que dans le ciel leurs anges voient sans cesse la face de

mon Père qui est dans les cieux ; car le Fils de l'homme est venu
sauver ce qui était perdu.

Si votre main ou votre pied vous est un sujet de scandale,
coupez-les et les jetez loin de vous; il vaut bien mieux pour
vous que vous entriez dans la vie n'ayant qu'un pied ou qu'une
main, que d'en avoir deux et d'être jeté dans le feu éternel. —
Et si votre œil vous est un sujet de scandale, arrachez-le, et
jetez-le loin de vous; il vaut mieux pour vous que vous entriez
dans la vie n'ayant qu'un œil que d'en avoir deux et d'être pré-
cipité dans le feu de l'enfer. (Saint Matthieu, ch. xviii, *v.* de 6
à 10. — Ch. v, *v.* de 27 à 30.)

12. Dans le sens vulgaire, *scandale* se dit de toute action qui choque la morale ou les bienséances d'une
manière ostensible. Le scandale n'est pas dans l'action
en elle-même, mais dans le retentissement qu'elle peut
avoir. Le mot scandale implique toujours l'idée d'un
certain éclat. Beaucoup de personnes se contentent
d'éviter le *scandale,* parce que leur orgueil en souffrirait,
leur considération en serait amoindrie parmi les hommes; pourvu que leurs turpitudes soient ignorées, cela
leur suffit, et leur conscience est en repos. Ce sont, selon les paroles de Jésus : « des sépulcres blanchis à
l'extérieur, mais pleins de pourriture à l'intérieur; des
vases nettoyés en dehors, malpropres en dedans. »

Dans le sens évangélique, l'acception du mot scandale, si fréquemment employé, est beaucoup plus générale, c'est pourquoi on n'en comprend pas l'acception
dans certains cas. Ce n'est plus seulement ce qui froisse
la conscience d'autrui, c'est tout ce qui est le résultat
des vices et des imperfections des hommes, toute réaction mauvaise d'individu à individu avec ou sans retentissement. Le scandale, dans ce cas, *est le résultat
effectif du mal moral.*

13. *Il faut qu'il y ait du scandale dans le monde*, a dit Jésus, parce que les hommes étant imparfaits sur la terre sont enclins à faire le mal, et que de mauvais arbres donnent de mauvais fruits. Il faut donc entendre par ces paroles que le mal est une conséquence de l'imperfection des hommes, et non qu'il y a pour eux obligation de le faire.

14. *Il est nécessaire que le scandale arrive*, parce que les hommes étant en expiation sur la terre se punissent eux-mêmes par le contact de leurs vices dont ils sont les premières victimes, et dont ils finissent par comprendre les inconvénients. Lorsqu'ils seront las de souffrir du mal, ils chercheront le remède dans le bien. La réaction de ces vices sert donc à la fois de châtiment pour les uns et d'épreuve pour les autres; c'est ainsi que Dieu fait sortir le bien du mal, que les hommes eux-mêmes utilisent les choses mauvaises ou de rebut.

15. S'il en est ainsi, dira-t-on, le mal est nécessaire et durera toujours; car s'il venait à disparaître, Dieu serait privé d'un puissant moyen de châtier les coupables; donc il est inutile de chercher à améliorer les hommes. Mais s'il n'y avait plus de coupables, il n'y aurait plus besoin de châtiments. Supposons l'humanité transformée en hommes de bien, aucun ne cherchera à faire du mal à son prochain, et tous seront heureux, parce qu'ils seront bons. Tel est l'état des mondes avancés d'où le mal est exclu; tel sera celui de la terre quand elle aura suffisamment progressé. Mais tandis que certains mondes avancent, d'autres se forment, peuplés d'Esprits primitifs, et qui servent en outre d'habitation, d'exil et de lieu expiatoire pour les Esprits imparfaits,

7.

rebelles, obstinés dans le mal, et qui sont rejetés des
mondes devenus heureux.

16. *Mais malheur à celui par qui le scandale arrive;*
c'est-à-dire que le mal étant toujours le mal, celui qui
a servi à son insu d'instrument pour la justice divine,
dont les mauvais instincts ont été utilisés, n'en a pas
moins fait le mal et doit être puni. C'est ainsi, par
exemple, qu'un enfant ingrat est une punition ou une
épreuve pour le père qui en souffre, parce que ce père
a peut-être été lui-même un mauvais fils qui a fait souffrir son père, et qu'il subit la peine du talion; mais
le fils n'en est pas plus excusable, et devra être châtié
à son tour dans ses propres enfants ou d'une autre manière.

17. *Si votre main vous est une cause de scandale, coupez-la;* figure énergique qu'il serait absurde de prendre
à la lettre, et qui signifie simplement qu'il faut détruire
en soi toute cause de scandale, c'est-à-dire de mal ;
arracher de son cœur tout sentiment impur et tout
principe vicieux; c'est-à-dire encore qu'il vaudrait
mieux pour un homme avoir eu la main coupée, que
si cette main eût été pour lui l'instrument d'une mauvaise action; être privé de la vue, que si ses yeux lui
eussent donné de mauvaises pensées. Jésus n'a rien dit
d'absurde pour quiconque saisit le sens allégorique et
profond de ses paroles; mais beaucoup de choses ne
peuvent être comprises sans la clef qu'en donne le
spiritisme.

INSTRUCTIONS DES ESPRITS.

Laissez venir à moi les petits enfants.

18. Le Christ a dit : « Laissez venir à moi les petits enfants. » Ces paroles, profondes dans leur simplicité, n'emportaient pas avec elles le simple appel des enfants, mais celui des âmes qui gravitent dans les cercles inférieurs où le malheur ignore l'espérance. Jésus appelait à lui l'enfance intellectuelle de la créature formée : les faibles, les esclaves, les vicieux ; il ne pouvait rien enseigner à l'enfance physique, engagée dans la matière, soumise au joug de l'instinct, et n'appartenant pas encore à l'ordre supérieur de la raison et de la volonté qui s'exercent autour d'elle et pour elle.

Jésus voulait que les hommes vinssent à lui avec la confiance de ces petits êtres aux pas chancelants, dont l'appel lui conquérait le cœur des femmes qui sont toutes mères ; il soumettait ainsi les âmes à sa tendre et mystérieuse autorité. Il fut le flambeau qui éclaire les ténèbres, le clairon matinal qui sonne le réveil ; il fut l'initiateur du spiritisme qui doit à son tour appeler à lui, non les petits enfants, mais les hommes de bonne volonté. L'action virile est engagée ; il ne s'agit plus de croire instinctivement et d'obéir machinalement, il faut que l'homme suive la loi intelligente qui lui révèle son universalité.

Mes bien-aimés, voici le temps où les erreurs expliquées seront des vérités ; nous vous enseignerons le sens exact des paraboles, et nous vous montrerons la corrélation puissante qui relie ce qui a été et ce qui est. Je vous dis en vérité : la manifestation spirite grandit

à l'horizon ; et voici son envoyé qui va resplendir comme
le soleil sur la cime des monts. (JEAN l'Évangéliste.
Paris, 1863.)

19. Laissez venir à moi les petits enfants, car je possède le lait qui fortifie les faibles. Laissez venir à moi
ceux qui, craintifs et débiles, ont besoin d'appui et de
consolation. Laissez venir à moi les ignorants pour que
je les éclaire; laissez venir à moi tous ceux qui souffrent, la multitude des affligés et des malheureux ; je
leur enseignerai le grand remède pour adoucir les maux
de la vie, je leur donnerai le secret de guérir leurs
blessures ! Quel est-il, mes amis, ce baume souverain,
possédant la vertu par excellence, ce baume qui s'applique sur toutes les plaies du cœur et les ferme ? C'est
l'amour, c'est la charité ! Si vous avez ce feu divin, que
craindrez-vous? Vous direz à tous les instants de votre
vie : Mon père, que votre volonté soit faite et non la
mienne; s'il vous plaît de m'éprouver par la douleur et
les tribulations, soyez béni, car c'est pour mon bien,
je le sais, que votre main s'appesantit sur moi. S'il vous
convient, Seigneur, d'avoir pitié de votre faible créature, si vous donnez à son cœur les joies permises, soyez
encore béni; mais faites que l'amour divin ne s'endorme
pas dans son âme, et que sans cesse elle fasse monter
à vos pieds la voix de sa reconnaissance !...
Si vous avez l'amour, vous aurez tout ce qui est à
désirer sur votre terre, vous posséderez la perle par
excellence que ni les événements, ni les méchancetés
de ceux qui vous haïssent et vous persécutent ne pourront vous ravir. Si vous avez l'amour, vous aurez placé
vos trésors là où les vers et la rouille ne peuvent les
atteindre, et vous verrez s'effacer insensiblement de

votre âme tout ce qui peut en souiller la pureté; vous
sentirez le poids de la matière s'alléger de jour en jour,
et, pareil à l'oiseau qui plane dans les airs et ne se
souvient plus de la terre, vous monterez sans cesse, vous
monterez toujours, jusqu'à ce que votre âme enivrée
puisse s'abreuver à son élément de vie dans le sein
du Seigneur. (UN ESPRIT PROTECTEUR. Bordeaux, 1861.)

Bienheureux ceux qui ont les yeux fermés [1].

20. Mes bons amis, vous m'avez appelé, pourquoi?
Est-ce pour me faire imposer les mains sur la pauvre
souffrante qui est ici, et la guérir? Eh! quelle souffrance, bon Dieu! Elle a perdu la vue, et les ténèbres
se font pour elle. Pauvre enfant! qu'elle prie et qu'elle
espère; je ne sais point faire de miracles, moi, sans la
volonté du bon Dieu. Toutes les guérisons que j'ai pu
obtenir, et qui vous ont été signalées, ne les attribuez
qu'à celui qui est notre Père à tous. Dans vos afflictions,
regardez donc toujours le ciel, et dites du fond de votre
cœur : « Mon Père, guérissez-moi, mais faites que mon
âme malade soit guérie avant les infirmités de mon
corps; que ma chair soit châtiée, s'il le faut, pour que
mon âme s'élève vers vous avec la blancheur qu'elle
avait quand vous l'avez créée. » Après cette prière, mes
bons amis, que le bon Dieu entendra toujours, la force
et le courage vous seront donnés, et peut-être aussi
cette guérison que vous n'aurez demandée que crainti-
vement, en récompense de votre abnégation.

Mais puisque je suis ici, dans une assemblée où il

---

1. Cette communication a été donnée à propos d'une personne
aveugle, pour laquelle on avait évoqué l'Esprit de J.-B. VIANNEY, curé
d'Ars.

s'agit avant tout d'études, je vous dirai que ceux qui sont
privés de la vue devraient se considérer comme les bienheureux de l'expiation. Rappelez-vous que Christ a dit
qu'il fallait arracher votre œil s'il était mauvais, et qu'il
valait mieux qu'il fût jeté au feu que d'être la cause de
votre damnation. Hélas! combien en est-il sur votre
terre qui maudiront un jour dans les ténèbres d'avoir
vu la lumière! Oh! oui, qu'ils sont heureux ceux-là
qui, dans l'expiation, sont frappés par la vue! leur œil
ne sera point un sujet de scandale et de chute; ils peuvent vivre tout entiers de la vie des âmes; ils peuvent
voir plus que vous qui voyez clair... Quand Dieu me
permet d'aller ouvrir la paupière à quelqu'un de ces
pauvres souffrants et de lui rendre la lumière, je me
dis : Chère âme, pourquoi ne connais-tu point toutes les
délices de l'Esprit qui vit de contemplation et d'amour?
tu ne demanderais pas à voir des images moins pures et
moins suaves que celles qu'il t'est donné d'entrevoir dans
ta cécité.

Oh! oui, bienheureux l'aveugle qui veut vivre avec
Dieu; plus heureux que vous qui êtes ici, il sent le
bonheur, il le touche, il voit les âmes et peut s'élancer
avec elles dans les sphères spirites que les prédestinés
de votre terre même ne voient point. L'œil ouvert est
toujours prêt à faire faillir l'âme; l'œil fermé, au contraire, est toujours prêt à la faire monter à Dieu. Croyez-
moi bien, mes bons et chers amis, l'aveuglement des
yeux est souvent la véritable lumière du cœur, tandis
que la vue, c'est souvent l'ange ténébreux qui conduit
à la mort.

Et maintenant quelques mots pour toi, ma pauvre
souffrante : espère et prends courage! si je te disais :
Mon enfant, tes yeux vont s'ouvrir, comme tu serais

joyeuse! et qui sait si cette joie ne te perdrait pas? Aie confiance dans le bon Dieu qui a fait le bonheur et permis la tristesse! Je ferai tout ce qu'il me sera permis pour toi; mais, à ton tour, prie, et surtout songe à tout ce que je viens de te dire.

Avant que je m'éloigne, vous tous qui êtes ici, recevez ma bénédiction. (VIANNEY, *curé d'Ars*. Paris, 1863.)

21. *Remarque.* Lorsqu'une affliction n'est pas une suite des actes de la vie présente, il faut en chercher la cause dans une vie antérieure. Ce que l'on appelle les caprices du sort, ne sont autre chose que les effets de la justice de Dieu. Dieu n'inflige point de punitions arbitraires; il veut qu'entre la faute et la peine, il y ait toujours corrélation. Si, dans sa bonté, il a jeté un voile sur nos actes passés, il nous met cependant sur la voie, en disant : « Qui a tué par l'épée, périra par l'épée; » paroles qui peuvent se traduire ainsi : « On est toujours puni par où l'on a péché. » Si donc quelqu'un est affligé par la perte de la vue, c'est que la vue a été pour lui une cause de chute. Peut-être aussi a-t-il été cause de la perte de la vue chez un autre; peut-être quelqu'un est-il devenu aveugle par l'excès de travail qu'il lui a imposé, ou par suite de mauvais traitements, de manque de soins, etc., et alors il subit la peine du talion. Lui-même, dans son repentir, a pu choisir cette expiation, s'appliquant cette parole de Jésus : « Si votre œil vous est un sujet de scandale, arrachez-le. »

CHAPITRE IX

Injures et violences. — *Instructions des Esprits* : L'affabilité et la douceur. — La patience. — Obéissance et résignation. — La colère.

Injures et violences.

1. Bienheureux ceux qui sont doux, parce qu'ils posséderont la terre. (Saint Matthieu, ch. v, *v.* 4.)

2. Bienheureux les pacifiques, parce qu'ils seront appelés enfants de Dieu. (Id., *v.* 9.)

3. Vous avez appris qu'il a été dit aux Anciens : Vous ne tuerez point, et quiconque tuera méritera d'être condamné par le jugement. — Mais moi je vous dis que quiconque se mettra en colère contre son frère méritera d'être condamné par le jugement ; que celui qui dira à son frère : *Racca,* méritera d'être condamné par le conseil ; et que celui qui lui dira : *Vous êtes fou,* méritera d'être condamné au feu de l'enfer. (Id., *v.* 21, 22.)

4. Par ces maximes, Jésus fait une loi de la douceur, de la modération, de la mansuétude, de l'affabilité et de la patience ; il condamne par conséquent la violence, la colère et même toute expression désobligeante à l'égard de ses semblables. *Racca* était chez les Hébreux un terme de mépris qui signifiait *homme de rien,* et se prononçait en crachant et en détournant la tête. Il va même

plus loin, puisqu'il menace du feu de l'enfer celui qui dira à son frère : *Vous êtes fou.*

Il est évident qu'ici, comme en toute circonstance, l'intention aggrave ou atténue la faute; mais en quoi une simple parole peut-elle avoir assez de gravité pour mériter une réprobation si sévère? C'est que toute parole offensante est l'expression d'un sentiment contraire à la loi d'amour et de charité qui doit régler les rapports des hommes et maintenir entre eux la concorde et l'union; que c'est une atteinte portée à la bienveillance réciproque et à la fraternité; qu'elle entretient la haine et l'animosité; enfin qu'après l'humilité envers Dieu, la charité envers le prochain est la première loi de tout chrétien.

5. Mais qu'entend Jésus par ces paroles : «Bienheureux ceux qui sont doux, parce qu'ils posséderont la terre, » lui qui dit de renoncer aux biens de ce monde et promet ceux du ciel?

En attendant les biens du ciel, l'homme a besoin de ceux de la terre pour vivre; seulement il lui recommande de ne point attacher à ces derniers plus d'importance qu'aux premiers.

Par ces paroles, il veut dire que, jusqu'à ce jour, les biens de la terre sont accaparés par les violents au préjudice de ceux qui sont doux et pacifiques; que ceux-ci manquent souvent du nécessaire, tandis que d'autres ont le superflu; il promet que justice leur sera rendue *sur la terre comme dans le ciel,* parce qu'ils sont appelés les enfants de Dieu. Lorsque la loi d'amour et de charité sera la loi de l'humanité, il n'y aura plus d'égoïsme; le faible et le pacifique ne seront plus exploités ni écrasés par le fort et le violent. Tel sera l'état de la terre lorsque, selon la loi du progrès et la promesse de Jésus, elle sera devenue un monde heureux par l'expulsion des méchants.

L'affabilité et la douceur.

6. La bienveillance pour ses semblables, fruit de l'amour du prochain, produit l'affabilité et la douceur qui en sont la manifestation. Cependant il ne faut pas toujours se fier aux apparences; l'éducation et l'usage du monde peuvent donner le vernis de ces qualités. Combien en est-il dont la feinte bonhomie n'est qu'un masque pour l'extérieur, un habit dont la coupe calculée dissimule les difformités cachées! Le monde est plein de ces gens qui ont le sourire sur les lèvres et le venin dans le cœur; *qui sont doux pourvu que rien ne les froisse mais qui mordent à la moindre contrariété;* dont la langue dorée, quand ils parlent en face, se change en dard empoisonné quand ils sont par derrière.

À cette classe appartiennent encore ces hommes, aux dehors benins, qui, chez eux, tyrans domestiques, font souffrir à leur famille et à leurs subordonnés le poids de leur orgueil et de leur despotisme; ils semblent vouloir se dédommager de la contrainte qu'ils se sont imposée ailleurs; n'osant faire acte d'autorité sur des étrangers qui les remettraient à leur place, ils veulent moins se faire craindre de ceux qui ne peuvent leur résister; leur vanité jouit de pouvoir dire : « Ici je commande et je suis obéi; » sans songer qu'ils pourraient ajouter avec plus de raison : « Et je suis détesté. »

Il ne suffit pas que des lèvres découlent le lait et le

miel; si le cœur n'y est pour rien, c'est de l'hypocrisie. Celui dont l'affabilité et la douceur ne sont pas feintes, ne se dément jamais; il est le même devant le monde et dans l'intimité; il sait d'ailleurs que si l'on trompe les hommes par des apparences, on ne trompe pas Dieu. (LAZARE. Paris, 1861.)

La patience.

7. La douleur est une bénédiction que Dieu envoie à ses élus; ne vous affligez donc pas quand vous souffrez, mais bénissez au contraire le Dieu tout-puissant qui vous a marqués par la douleur ici-bas pour la gloire dans le ciel.

Soyez patients; c'est une charité aussi que la patience, et vous devez pratiquer la loi de charité enseignée par le Christ, envoyé de Dieu. La charité qui consiste dans l'aumône donnée aux pauvres est la plus facile des charités; mais il en est une bien plus pénible et conséquemment bien plus méritoire, c'est *de pardonner à ceux que Dieu a placés sur notre route pour être les instruments de nos souffrances et mettre notre patience à l'épreuve.*

La vie est difficile, je le sais; elle se compose de mille riens qui sont des coups d'épingle et finissent par blesser; mais il faut regarder aux devoirs qui nous sont imposés, aux consolations et aux compensations que nous avons d'un autre côté, et alors nous verrons que les bénédictions sont plus nombreuses que les douleurs. Le fardeau semble moins lourd quand on regarde en haut que lorsqu'on courbe son front vers la terre.

Courage, amis, le Christ est votre modèle; il a plus souffert qu'aucun de vous, et il n'avait rien à se reprocher, tandis que vous, vous avez à expier votre passé

et à vous fortifier pour l'avenir. Soyez donc patients;
soyez chrétiens, ce mot renferme tout. (Un Esprit ami.
Le Havre, 1862.)

Obéissance et résignation.

8. La doctrine de Jésus enseigne partout l'obéissance
et la résignation, deux vertus compagnes de la douceur,
très militantes quoique les hommes les confondent à
tort avec la négation du sentiment et de la volonté.
*L'obéissance est le consentement de la raison; la résignation
est le consentement du cœur;* toutes deux sont des forces
actives, car elles portent le fardeau des épreuves que la
révolte insensée laisse retomber. Le lâche ne peut être
résigné, pas plus que l'orgueilleux et l'égoïste ne peuvent être obéissants. Jésus a été l'incarnation de ces
vertus méprisées par la matérielle antiquité. Il vint au
moment où la société romaine périssait dans les défail-
lances de la corruption; il vint faire luire, au sein de
l'humanité affaissée, les triomphes du sacrifice et du
renoncement charnel.

Chaque époque est ainsi marquée au coin de la vertu
ou du vice qui doit la sauver ou la perdre. La vertu de
votre génération est l'activité intellectuelle; son vice est
l'indifférence morale. Je dis seulement activité, car le
génie s'élève tout à coup et découvre à un seul les horizons que la multitude ne verra qu'après lui, tandis
que l'activité est la réunion des efforts de tous pour
atteindre un but moins éclatant, mais qui prouve l'élévation intellectuelle d'une époque. Soumettez-vous à
l'impulsion que nous venons donner à vos esprits;
obéissez à la grande loi du progrès qui est le mot de
votre génération. Malheur à l'esprit paresseux, à celui

qui bouche son entendement! Malheur! car nous qui sommes les guides de l'humanité en marche, nous le frapperons du fouet, et forcerons sa volonté rebelle dans le double effort du frein et de l'éperon; toute résistance orgueilleuse devra céder tôt ou tard; mais bienheureux ceux qui sont doux, car ils prêteront une oreille docile aux enseignements. (LAZARE. Paris, 1863.)

La colère.

9. L'orgueil vous porte à vous croire plus que vous n'êtes; à ne pouvoir souffrir une comparaison qui puisse vous rabaisser; à vous voir, au contraire, tellement au-dessus de vos frères, soit comme esprit, soit comme position sociale, soit même comme avantages personnels, que le moindre parallèle vous irrite et vous froisse; et qu'advient-il alors? c'est que vous vous livrez à la colère.

Cherchez l'origine de ces accès de démence passagère qui vous assimilent à la brute en vous faisant perdre le sang-froid et la raison; cherchez, et vous trouverez presque toujours pour base l'orgueil froissé. N'est-ce pas l'orgueil froissé par une contradiction qui vous fait rejeter les observations justes, qui vous fait repousser avec colère les plus sages conseils? Les impatiences même que causent des contrariétés souvent puériles, tiennent à l'importance que l'on attache à sa personnalité devant laquelle on croit que tout doit plier.

Dans sa frénésie, l'homme colère s'en prend à tout, à la nature brute, aux objets inanimés qu'il brise, parce qu'ils ne lui obéissent pas. Ah! si dans ces moments-là il pouvait se voir de sang-froid, il aurait peur de lui, ou se trouverait bien ridicule! Qu'il juge par là de l'im-

pression qu'il doit produire sur les autres. Quand ce ne
serait que par respect pour lui-même, il devrait s'efforcer de vaincre un penchant qui fait de lui un objet
de pitié.

S'il songeait que la colère ne remédie à rien ; qu'elle
altère sa santé, compromet même sa vie, il verrait qu'il
en est la première victime ; mais une autre considération
devrait surtout l'arrêter, c'est la pensée qu'il rend malheureux tous ceux qui l'entourent ; s'il a du cœur, n'est-
ce pas un remords pour lui de faire souffrir les êtres
qu'il aime le plus ? Et quel regret mortel si, dans un
accès d'emportement, il commettait un acte qu'il eût à
se reprocher toute sa vie !

En somme, la colère n'exclut pas certaines qualités
du cœur ; mais elle empêche de faire beaucoup de bien,
et peut faire faire beaucoup de mal ; cela doit suffire
pour exciter à faire des efforts pour la dominer. Le
spirite est en outre sollicité par un autre motif, c'est
qu'elle est contraire à la charité et à l'humilité chrétiennes. (Un Esprit protecteur. Bordeaux, 1863.)

10. D'après l'idée très fausse qu'on ne peut pas réformer sa propre nature, l'homme se croit dispensé de
faire des efforts pour se corriger des défauts dans lesquels il se complaît volontiers, ou qui exigeraient trop
de persévérance ; c'est ainsi, par exemple, que l'homme
enclin à la colère s'excuse presque toujours sur son
tempérament ; plutôt que de s'avouer coupable, il rejette
la faute sur son organisation, accusant ainsi Dieu de ses
propres méfaits. C'est encore une suite de l'orgueil que
l'on trouve mêlé à toutes ses imperfections.

Sans contredit, il est des tempéraments qui se prêtent
plus que d'autres aux actes violents, comme il est des

muscles plus souples qui se prêtent mieux aux tours de
force ; mais ne croyez pas que là soit la cause première
de la colère, et soyez persuadés qu'un Esprit pacifique,
fût-il dans un corps bilieux, sera toujours pacifique ; et
qu'un Esprit violent, dans un corps lymphatique, n'en
sera pas plus doux ; seulement, la violence prendra un
autre caractère ; n'ayant pas un organisme propre à
seconder sa violence, la colère sera concentrée, et dans
l'autre cas elle sera expansive.

Le corps ne donne pas plus la colère à celui qui ne
l'a pas, qu'il ne donne les autres vices ; toutes les vertus
et tous les vices sont inhérents à l'Esprit ; sans cela où
serait le mérite et la responsabilité ? L'homme qui est
contrefait ne peut se rendre droit parce que l'Esprit n'y
est pour rien, mais il peut modifier ce qui est de l'Esprit
quand il en a la ferme volonté. L'expérience ne vous
prouve-t-elle pas, spirites, jusqu'où peut aller la puissance de la volonté, par les transformations vraiment
miraculeuses que vous voyez s'opérer ? Dites-vous donc
que *l'homme ne reste vicieux que parce qu'il veut rester
vicieux ;* mais que celui qui veut se corriger le peut toujours, autrement la loi du progrès n'existerait pas pour
l'homme. (HAHNEMANN. Paris, 1863.)

CHAPITRE X

Pardonnez pour que Dieu vous pardonne. — S'accorder avec ses adversaires.— Le sacrifice le plus agréable à Dieu. — La paille et la poutre dans l'œil. — Ne jugez pas afin que vous ne soyez pas jugés. Que celui qui est sans péché lui jette la première pierre.—*Instructions des Esprits*: Pardon des offenses.— L'indulgence. — Est-il permis de reprendre les autres ; d'observer les imperfections d'autrui ; de divulguer le mal d'autrui ?

Pardonnez pour que Dieu vous pardonne.

1. Bienheureux ceux qui sont miséricordieux, parce qu'ils obtiendront eux-mêmes miséricorde. (Saint Matthieu, ch. v, v. 7.)

2. Si vous pardonnez aux hommes les fautes qu'ils font contre vous, votre Père céleste vous pardonnera aussi vos péchés ; — mais si vous ne pardonnez point aux hommes lorsqu'ils vous ont offensés, votre Père ne vous pardonnera point non plus vos péchés. (Id., ch. vi, v. 14, 15.)

3. Si votre frère a péché contre vous, allez lui représenter sa faute en particulier, entre vous et lui ; s'il vous écoute, vous aurez gagné votre frère. — Alors Pierre s'approchant lui dit : Seigneur, combien de fois pardonnerai-je à mon frère lorsqu'il aura péché contre moi ? Sera-ce jusqu'à sept fois ? — Jésus lui répondit : Je ne vous dis pas jusqu'à sept fois, mais jusqu'à septante fois sept fois. (Id., ch. xviii, v. 15, 21, 22.)

4. La miséricorde est le complément de la douceur ; car celui qui n'est pas miséricordieux ne saurait être

doux et pacifique; elle consiste dans l'oubli et le pardon des offenses. La haine et la rancune dénotent une âme sans élévation ni grandeur; l'oubli des offenses est le propre de l'âme élevée qui est au-dessus des atteintes qu'on peut lui porter; l'une est toujours anxieuse, d'une susceptibilité ombrageuse et pleine de fiel; l'autre est calme, pleine de mansuétude et de charité.

Malheur à celui qui dit : Je ne pardonnerai jamais, car s'il n'est pas condamné par les hommes, il le sera certainement par Dieu; de quel droit réclamerait-il le pardon de ses propres fautes si lui-même ne pardonne pas celles des autres ? Jésus nous enseigne que la miséricorde ne doit pas avoir de limites, quand il dit de pardonner à son frère, non pas sept fois, mais septante fois sept fois.

Mais il y a deux manières bien différentes de pardonner : l'une grande, noble, vraiment généreuse, sans arrière-pensée, qui ménage avec délicatesse l'amour-propre et la susceptibilité de l'adversaire, ce dernier eût-il même tous les torts; la seconde par laquelle l'offensé, ou celui qui croit l'être, impose à l'autre des conditions humiliantes, et fait sentir le poids d'un pardon qui irrite au lieu de calmer; s'il tend la main, ce n'est pas avec bienveillance, mais avec ostentation afin de pouvoir dire à tout le monde : Voyez combien je suis généreux ! Dans de telles circonstances, il est impossible que la réconciliation soit sincère de part et d'autre. Non, ce n'est pas là de la générosité, c'est une manière de satisfaire l'orgueil. Dans toute contestation, celui qui se montre le plus conciliant, qui prouve le plus de désintéressement, de charité et de véritable grandeur d'âme se conciliera toujours la sympathie des gens impartiaux.

8

S'accorder avec ses adversaires.

5. Accordez-vous au plus tôt avec votre adversaire pendant que vous êtes en chemin avec lui, de peur que votre adversaire ne vous livre au juge, et que le juge ne vous livre au ministre de la justice, et que vous ne soyez mis en prison. — Je vous dis, en vérité, que vous ne sortirez point de là que vous n'ayez payé jusqu'à la dernière obole. (Saint Matthieu, ch. v, v. 25, 26.)

6. Il y a dans la pratique du pardon, et dans celle du bien en général, plus qu'un effet moral, il y a aussi un effet matériel. La mort, on le sait, ne nous délivre pas de nos ennemis; les Esprits vindicatifs poursuivent souvent de leur haine, au delà de la tombe, ceux contre lesquels ils ont conservé de la rancune ; c'est pourquoi le proverbe qui dit : « Morte la bête, mort le venin, » est faux quand on l'applique à l'homme. L'Esprit mauvais attend que celui à qui il veut du mal soit enchaîné à son corps et moins libre, pour le tourmenter plus facilement, l'atteindre dans ses intérêts ou dans ses affections les plus chères. Il faut voir dans ce fait la cause de la plupart des cas d'obsession, de ceux surtout qui présentent une certaine gravité, comme la subjugation et la possession. L'obsédé et le possédé sont donc presque toujours victimes d'une vengeance antérieure, à laquelle ils ont probablement donné lieu par leur conduite. Dieu le permet pour les punir du mal qu'ils ont fait eux-mêmes, ou, s'ils n'en ont pas fait, pour avoir manqué d'indulgence et de charité en ne pardonnant pas. Il importe donc, au point de vue de sa tranquillité future, de réparer au plus tôt les torts que l'on a eus envers son prochain, de pardonner à ses

ennemis, afin d'éteindre, avant de mourir, tout sujet de
dissensions, toute cause fondée d'animosité ultérieure ;
par ce moyen, d'un ennemi acharné en ce monde, on
peut se faire un ami dans l'autre ; tout au moins on
met le bon droit de son côté, et Dieu ne laisse pas celui
qui a pardonné en butte à la vengeance. Quand Jésus
recommande de s'arranger au plus tôt avec son adversaire, ce n'est pas seulement en vue d'apaiser les discordes pendant l'existence actuelle, mais d'éviter qu'elles
ne se perpétuent dans les existences futures. Vous ne
sortirez point de là, dit-il, que vous n'ayez payé jusqu'à
la dernière obole, c'est-à-dire, satisfait complétement à
la justice de Dieu.'

Le sacrifice le plus agréable à Dieu.

7. Si donc, lorsque vous présentez votre offrande à l'autel,
vous vous souvenez que votre frère a quelque chose contre
vous, — laissez là votre don au pied de l'autel, et allez vous réconcilier auparavant avec votre frère, et puis vous reviendrez
offrir votre don. (Saint Matthieu, ch. v, v. 23, 24.)

8. Lorsque Jésus dit : « Allez vous réconcilier avec
votre frère avant de présenter votre offrande à l'autel, »
il enseigne que le sacrifice le plus agréable au Seigneur
est celui de son propre ressentiment ; qu'avant de se
présenter à lui pour être pardonné, il faut avoir soi-
même pardonné, et que si l'on a un tort envers un de
ses frères, il faut l'avoir réparé ; alors seulement l'offrande sera agréée, parce qu'elle viendra d'un cœur pur
de toute mauvaise pensée. Il matérialise ce précepte,
parce que les Juifs offraient des sacrifices matériels ; il
devait conformer ses paroles à leurs usages. Le chrétien
n'offre pas de dons matériels ; il a spiritualisé le sacri-

fice, mais le précepte n'en a que plus de force; il offre
son âme à Dieu, et cette âme doit être purifiée; *en en-*
trant dans le temple du Seigneur, il doit laisser en dehors
tout sentiment de haine et d'animosité, toute mauvaise pen-
sée contre son frère; alors seulement sa prière sera portée par les anges aux pieds de l'Éternel. Voilà ce qu'enseigne Jésus par ces paroles : Laissez votre offrande au
pied de l'autel, et allez d'abord vous réconcilier avec
votre frère, si vous voulez être agréable au Seigneur.

La paille et la poutre dans l'œil.

9. *Pourquoi voyez-vous une paille dans l'œil de votre frère,*
vous qui ne voyez pas une poutre dans votre œil? — Ou comment
dites-vous à votre frère : Laissez-moi tirer une paille de votre
œil, vous qui avez une poutre dans le vôtre? — Hypocrites,
ôtez premièrement la poutre de votre œil, et alors vous verrez
comment vous pourrez tirer la paille de l'œil de votre frère.
(Saint Matthieu, ch. VII, *v.* 3, 4, 5.)

10. Un des travers de l'humanité, c'est de voir le
mal d'autrui avant de voir celui qui est en nous. Pour
se juger soi-même, il faudrait pouvoir se regarder dans
un miroir, se transporter en quelque sorte en dehors
de soi, et se considérer comme une autre personne, en
se demandant : Que penserais-je si je voyais quelqu'un
faire ce que je fais? C'est incontestablement l'orgueil
qui porte l'homme à se dissimuler ses propres défauts,
au moral comme au physique. Ce travers est essentiellement contraire à la charité, car la vraie charité est
modeste, simple et indulgente; la charité orgueilleuse
est un non-sens, puisque ces deux sentiments se neu-
tralisent l'un l'autre. Comment, en effet, un homme
assez vain pour croire à l'importance de sa personnalité

et à la suprématie de ses qualités, peut-il avoir en
même temps assez d'abnégation pour faire ressortir,
dans autrui, le bien qui pourrait l'éclipser, au lieu du
mal qui pourrait le rehausser ? Si l'orgueil est le père
de beaucoup de vices, il est aussi la négation de beaucoup de vertus ; on le retrouve au fond et comme mobile de presque toutes les actions. C'est pourquoi Jésus
s'est attaché à le combattre comme le principal obstacle
au progrès.

**Ne jugez pas afin que vous ne soyez pas jugés. Que celui
qui est sans péché lui jette la première pierre.**

11. Ne jugez point, afin que vous ne soyez point jugés ; —
car vous serez jugés selon que vous aurez jugé les autres ; et on
se servira envers vous de la même mesure dont vous vous serez
servis envers eux. (Saint Matthieu, ch. VII, v. 1, 2.)

12. Alors les Scribes et les Pharisiens lui amenèrent une
femme qui avait été surprise en adultère, et la faisant tenir debout au milieu du peuple, — ils dirent à Jésus : Maître, cette
femme vient d'être surprise en adultère ; or, Moïse nous ordonne
dans la loi de lapider les adultères. Quel est donc sur cela votre
sentiment ? — Ils disaient ceci en le tentant, afin d'avoir de quoi
l'accuser. Mais Jésus, se baissant, écrivit avec son doigt sur la
terre. — Comme ils continuaient à l'interroger, il se leva, et
leur dit : *Que celui d'entre vous qui est sans péché lui jette la pre-*
mière pierre. — Puis se baissant de nouveau, il continua à écrire
sur la terre. — Mais pour eux, l'ayant entendu parler de la
sorte, ils se retirèrent l'un après l'autre, les vieillards sortant
les premiers ; et ainsi Jésus demeura seul avec la femme, qui
était au milieu de la place.

Alors Jésus, se relevant, lui dit : Femme, où sont vos accu-
sateurs ? Personne ne vous a-t-il condamnée ? — Elle lui dit :
Non, Seigneur. Jésus lui répondit : Je ne vous condamnerai pas

8.

non plus. Allez-vous-en, et à l'avenir ne péchez plus. (Saint Jean, ch. VIII, *v.* de 3 à 11.)

13. « Que celui qui est sans péché lui jette la première pierre, » a dit Jésus. Cette maxime nous fait un devoir de l'indulgence, parce qu'il n'est personne qui n'en ait besoin pour son propre compte. Elle nous apprend que nous ne devons pas juger les autres plus sévèrement que nous ne nous jugeons nous-mêmes, ni condamner en autrui ce que nous excusons en nous. Avant de reprocher une faute à quelqu'un, voyons si le même blâme ne peut retomber sur nous.

Le blâme jeté sur la conduite d'autrui peut avoir deux mobiles : réprimer le mal, ou discréditer la personne dont on critique les actes ; ce dernier motif n'a jamais d'excuse, car c'est de la médisance et de la méchanceté. Le premier peut être louable, et devient même un devoir dans certains cas, puisqu'il en doit résulter un bien, et que sans cela le mal ne serait jamais réprimé dans la société ; l'homme, d'ailleurs, ne doit-il pas aider au progrès de son semblable ? Il ne faudrait donc pas prendre dans le sens absolu ce principe : « Ne jugez pas, si vous ne voulez pas être jugé », car la lettre tue, et l'esprit vivifie.

Jésus ne pouvait défendre de blâmer ce qui est mal, puisque lui-même nous en a donné l'exemple, et l'a fait en termes énergiques ; mais il a voulu dire que l'autorité du blâme est en raison de l'autorité morale de celui qui le prononce ; se rendre coupable de ce que l'on condamne en autrui, c'est abdiquer cette autorité ; c'est de plus s'enlever le droit de répression. La conscience intime, du reste, refuse tout respect et toute soumission volontaire à celui qui, étant investi d'un pouvoir quelconque, viole les lois et les principes qu'il est chargé d'appliquer. *Il n'y a d'autorité légitime aux yeux de Dieu, que celle qui s'appuie sur l'exemple qu'elle donne du bien*; c'est ce qui ressort également des paroles de Jésus.

INSTRUCTIONS DES ESPRITS.

Pardon des offenses.

14. Combien de fois pardonnerai-je à mon frère? Vous lui pardonnerez non pas sept fois, mais septante fois sept fois. Voilà une de ces paroles de Jésus qui doivent frapper le plus votre intelligence et parler le plus haut à votre cœur. Rapprochez ces paroles de miséricorde de l'oraison si simple, si résumée et si grande dans ses aspirations que Jésus donne à ses disciples, et vous trouverez toujours la même pensée. Jésus, le juste par excellence, répond à Pierre : Tu pardonneras, mais sans limites; tu pardonneras chaque offense aussi souvent que l'offense te sera faite; tu enseigneras à tes frères cet oubli de soi-même qui rend invulnérable contre l'attaque, les mauvais procédés et les injures; tu seras doux et humble de cœur, ne mesurant jamais ta mansuétude; tu feras enfin ce que tu désires que le Père céleste fasse pour toi; n'a-t-il pas à te pardonner souvent, et compte-t-il le nombre de fois que son pardon descend effacer tes fautes?

Écoutez donc cette réponse de Jésus, et, comme Pierre, appliquez-la à vous-mêmes; pardonnez, usez d'indulgence, soyez charitables, généreux, prodigues même de votre amour. Donnez, car le Seigneur vous rendra; pardonnez, car le Seigneur vous pardon-

nera; abaissez-vous, car le Seigneur vous relèvera; hu-
miliez-vous, car le Seigneur vous fera asseoir à sa
droite.

Allez, mes bien-aimés, étudiez et commentez ces paroles que je vous adresse de la part de Celui qui, du
haut des splendeurs célestes, regarde toujours vers
vous, et continue avec amour la tâche ingrate qu'il a
commencée il y a dix-huit siècles. Pardonnez donc à
vos frères comme vous avez besoin qu'on vous pardonne
à vous-mêmes. Si leurs actes vous ont été personnellement préjudiciables, c'est un motif de plus pour être
indulgents, car le mérite du pardon est proportionné
à la gravité du mal; il n'y en aurait aucun à passer sur
les torts de vos frères, s'ils ne vous avaient fait que des
blessures légères.

Spirites, n'oubliez jamais qu'en paroles, comme en
actions, le pardon des injures ne doit pas être un vain
mot. Si vous vous dites spirites, soyez-le donc; oubliez
le mal qu'on a pu vous faire, et ne pensez qu'à une
chose : le bien que vous pouvez rendre. Celui qui est
entré dans cette voie ne s'en doit point écarter même
par la pensée, car vous êtes responsables de vos pensées que Dieu connaît. Faites donc qu'elles soient dé-
pouillées de tout sentiment de rancune; Dieu sait ce
qui demeure au fond du cœur de chacun. *Heureux donc
celui qui peut chaque soir s'endormir en disant : Je n'ai rien
contre mon prochain.* (Siméon. Bordeaux, 1862.)

15. Pardonner à ses ennemis, c'est demander pardon
pour soi-même; pardonner à ses amis, c'est leur donner
une preuve d'amitié; pardonner les offenses, c'est montrer qu'on devient meilleur. Pardonnez donc, mes amis,
afin que Dieu vous pardonne, car si vous êtes durs,

exigeants, inflexibles, si vous tenez rigueur même pour
une légère offense, comment voulez-vous que Dieu oublie que chaque jour vous avez le plus grand besoin
d'indulgence? Oh! malheur à celui qui dit: « Je ne
pardonnerai jamais, » car il prononce sa propre condamnation. Qui sait, d'ailleurs, si, en descendant en
vous-même, vous n'avez pas été l'agresseur? Qui sait
si, dans cette lutte qui commence par un coup d'épingle
et finit par une rupture, vous n'avez pas commencé à
porter le premier coup? si une parole blessante ne
vous est pas échappée? si vous avez usé de toute la
modération nécessaire? Sans doute votre adversaire a
tort de se montrer trop susceptible, mais c'est une raison pour vous d'être indulgent et de ne pas mériter le
reproche que vous lui adressez. Admettons que vous
ayez été réellement l'offensé dans une circonstance, qui
dit que vous n'avez pas envenimé la chose par des représailles, et que vous n'avez pas fait dégénérer en
querelle sérieuse ce qui aurait pu facilement tomber
dans l'oubli? S'il dépendait de vous d'en empêcher les
suites, et si vous ne l'avez pas fait, vous êtes coupable.
Admettons enfin que vous n'ayez absolument aucun
reproche à vous faire, vous n'en aurez que plus de mérite à vous montrer clément.

Mais il y a deux manières bien différentes de pardonner : il y a le pardon des lèvres et le pardon du
cœur. Bien des gens disent de leur adversaire : « Je lui
pardonne, » tandis qu'intérieurement ils éprouvent un
secret plaisir du mal qui lui arrive, disant en eux-
mêmes qu'il n'a que ce qu'il mérite. Combien disent :
« Je pardonne » et qui ajoutent : « mais je ne me ré-
concilierai jamais; je ne le reverrai de ma vie. » Est-ce
là le pardon selon l'Évangile? Non; le véritable par-

don, le pardon chrétien, est celui qui jette un voile sur le passé; c'est le seul dont il vous sera tenu compte, car Dieu ne se contente pas de l'apparence : il sonde le fond des cœurs et les plus secrètes pensées; on ne lui en impose pas par des paroles et de vains simulacres. L'oubli complet et absolu des offenses est le propre des grandes âmes; la rancune est toujours un signe d'abaissement et d'infériorité. N'oubliez pas que le vrai pardon se reconnaît aux actes bien plus qu'aux paroles. (PAUL apôtre. Lyon, 1861.)

L'indulgence.

16. Spirites, nous voulons vous parler aujourd'hui de l'indulgence, ce sentiment si doux, si fraternel que tout homme doit avoir pour ses frères, mais dont bien peu font usage.

L'indulgence ne voit point les défauts d'autrui, ou si elle les voit, elle se garde d'en parler, de les colporter; elle les cache au contraire, afin qu'ils ne soient connus que d'elle seule, et si la malveillance les découvre, elle a toujours une excuse prête pour les pallier, c'est-à-dire une excuse plausible, sérieuse, et rien de celles qui ayant l'air d'atténuer la faute la font ressortir avec une perfide adresse.

L'indulgence ne s'occupe jamais des actes mauvais d'autrui, à moins que ce ne soit pour rendre un service, encore a-t-elle soin de les atténuer autant que possible. Elle ne fait point d'observation choquante, n'a point de reproches aux lèvres, mais seulement des conseils, le plus souvent voilés. Quand vous jetez la critique, quelle conséquence doit-on tirer de vos paroles? c'est que vous, qui blâmez, n'auriez pas fait ce que vous reprochez, c'est que vous valez mieux que le coupable. O hommes! quand donc jugerez-vous vos propres cœurs, vos propres pensées, vos propres actes, sans vous occuper de ce que font vos frères? Quand n'ouvrirez-vous vos yeux sévères que sur vous-mêmes?

Soyez donc sévères envers vous, indulgents envers les autres. Songez à celui qui juge en dernier ressort, qui voit les secrètes pensées de chaque cœur, et qui, par conséquent, excuse souvent les fautes que vous blâmez, ou condamne ce que vous excusez, parce qu'il connaît le mobile de tous les actes, et que vous, qui criez si haut : anathème! auriez peut-être commis des fautes plus graves.

Soyez indulgents, mes amis, car l'indulgence attire, calme, redresse, tandis que la rigueur décourage, éloigne et irrite. (JOSEPH, Esp. protect. Bordeaux, 1863.)

17. Soyez indulgents pour les fautes d'autrui, quelles qu'elles soient; ne jugez avec sévérité que vos propres actions, et le Seigneur usera d'indulgence envers vous, comme vous en aurez usé envers les autres.

Soutenez les forts : encouragez-les à la persévérance; fortifiez les faibles en leur montrant la bonté de Dieu qui compte le moindre repentir; montrez à tous l'ange de la repentance étendant son aile blanche sur les fautes des humains, et les voilant ainsi aux yeux de celui qui ne peut voir ce qui est impur. Comprenez tous la miséricorde infinie de votre Père, et n'oubliez jamais de lui dire par votre pensée et surtout par vos actes : « Pardonnez-nous nos offenses, comme nous pardonnons à ceux qui nous ont offensés. » Comprenez bien la valeur de ces sublimes paroles; la lettre n'en est pas seule admirable, mais aussi l'enseignement qu'elle renferme.

Que demandez-vous au Seigneur en lui demandant
votre pardon? Est-ce seulement l'oubli de vos offenses?
oubli qui vous laisse dans le néant, car si Dieu se contente d'oublier vos fautes, il ne punit pas, *mais non plus
il ne récompense pas.* La récompense ne peut être le prix
du bien que l'on n'a pas fait, et encore moins du mal
que l'on a fait, ce mal fût-il oublié? En lui demandant
pardon de vos transgressions, vous lui demandez la faveur de ses grâces pour n'y plus retomber; la force
nécessaire pour entrer dans une voie nouvelle, voie de
soumission et d'amour dans laquelle vous pourrez ajouter la réparation au repentir.

Quand vous pardonnez à vos frères, ne vous conten-
tez pas d'étendre le voile de l'oubli sur leurs fautes; ce
voile est souvent bien transparent à vos yeux; appor-
tez-leur l'amour en même temps que le pardon; faites
pour eux ce que vous demanderez à votre Père céleste
de faire pour vous. Remplacez la colère qui souille par
l'amour qui purifie. Prêchez d'exemple cette charité
active, infatigable, que Jésus vous a enseignée; prêchez-
la comme il le fit lui-même tout le temps qu'il vécut
sur la terre visible aux yeux du corps, et comme il la
prêche encore sans cesse depuis qu'il n'est plus visible
qu'aux yeux de l'esprit. Suivez ce divin modèle; marchez sur ses traces : elles vous conduiront au lieu de
refuge où vous trouverez le repos après la lutte. Comme
lui, chargez-vous tous de votre croix, et gravissez péniblement, mais courageusement votre calvaire : au sommet est la glorification. (JEAN, év. de Bordeaux, 1862.)

18. Chers amis, soyez sévères pour vous-mêmes, indulgents pour les faiblesses des autres; c'est encore une
pratique de la sainte charité que bien peu de personnes

observent. Tous vous avez de mauvais penchants à vaincre, des défauts à corriger, des habitudes à modifier; tous vous avez un fardeau plus ou moins lourd à déposer pour gravir le sommet de la montagne du progrès. Pourquoi donc être si clairvoyants pour le prochain et si aveugles pour vous-mêmes? Quand donc cesserez-vous d'apercevoir dans l'œil de votre frère le fétu de paille qui le blesse, sans regarder dans le vôtre la poutre qui vous aveugle et vous fait marcher de chute en chute? Croyez-en vos frères les Esprits: Tout homme assez orgueilleux pour se croire supérieur en vertu et en mérite à ses frères incarnés est insensé et coupable, et Dieu le châtiera au jour de sa justice. Le véritable caractère de la charité est la modestie et l'humilité qui consistent à ne voir que superficiellement les défauts d'autrui pour s'attacher à faire valoir ce qu'il y en a lui de bon et de vertueux; car si le cœur humain est un abîme de corruption, il existe toujours dans quelques-uns de ses replis les plus cachés le germe de quelques bons sentiments, étincelle vivace de l'essence spirituelle.

Spiritisme, doctrine consolante et bénie, heureux ceux qui te connaissent et qui mettent à profit les salutaires enseignements des Esprits du Seigneur! Pour eux, la voie est éclairée, et tout le long de la route ils peuvent lire ces mots qui leur indiquent le moyen d'arriver au but: charité pratique, charité de cœur, charité pour le prochain comme pour soi-même; en un mot, charité pour tous et amour de Dieu par-dessus toute chose, parce que l'amour de Dieu résume tous les devoirs, et qu'il est impossible d'aimer réellement Dieu sans pratiquer la charité dont il fait une loi à toutes ses créatures (DUFÊTRE, évêque de Nevers. Bordeaux.)

9

19. *Personne .n'étant parfait, s'ensuit-il que personne n'a le droit de reprendre son voisin?*

Assurément non, puisque chacun de vous doit travailler au progrès de tous, et surtout de ceux dont la tutelle vous est confiée; mais c'est une raison de le faire avec modération, dans un but utile, et, non, comme on le fait la plupart du temps, pour le plaisir de dénigrer. Dans ce dernier cas, le blâme est une méchanceté; dans le premier, c'est un devoir que la charité commande d'accomplir avec tous les ménagements possibles; et encore le blâme qu'on jette sur autrui, doit-on en même temps se l'adresser à soi-même et se demander si on ne le mérite pas. (Saint Louis. Paris, 1860.)

20. *Est-on répréhensible d'observer les imperfections des autres, lorsqu'il n'en peut résulter aucun profit pour eux, et alors qu'on ne les divulgue pas?*

Tout dépend de l'intention; certainement il n'est pas défendu de voir le mal, quand le mal existe; il y aurait même de l'inconvénient à ne voir partout que le bien : cette illusion nuirait au progrès. Le tort est de faire tourner cette observation au détriment du prochain, en le décriant sans nécessité dans l'opinion. On serait encore répréhensible de ne le faire que pour s'y complaire soi-même avec un sentiment de malveillance et de joie de trouver les autres en défaut. Il en est tout autrement lorsque, jetant un voile sur le mal pour le public, on se borne à l'observer pour en faire son profit personnel, c'est-à-dire pour s'étudier à éviter ce qu'on blâme dans les autres. Cette observation, d'ailleurs, n'est-elle pas utile au moraliste? Comment peindrait-il les travers de l'humanité s'il n'étudiait pas les modèles? (Saint Louis. Paris, 1860.)

21. *Est-il des cas où il soit utile de dévoiler le mal en autrui?*

Cette question est très délicate, et c'est ici qu'il faut faire appel à la charité bien comprise. Si les imperfections d'une personne ne nuisent qu'à elle-même, il n'y a jamais utilité à les faire connaître ; mais si elles peuvent porter préjudice à d'autres, il faut préférer l'intérêt du plus grand nombre à l'intérêt d'un seul. Suivant les circonstances, démasquer l'hypocrisie et le mensonge peut être un devoir ; car il faut mieux qu'un homme tombe que si plusieurs deviennent ses dupes ou ses victimes. En pareil cas, il faut peser la somme des avantages et des inconvénients. (SAINT LOUIS. Paris, 1860.)

CHAPITRE XI

Le plus grand commandement. Faire pour les autres ce que nous voudrions que les autres fissent pour nous. Parabole des créanciers et des débiteurs. — Rendez à César ce qui est à César. — *Instructions des Esprits* : La loi d'amour. — L'égoïsme. — La foi et la charité. — Charité envers les criminels. — Doit-on exposer sa vie pour un malfaiteur ?

Le plus grand commandement.

1. Les Pharisiens ayant appris qu'il avait fermé la bouche aux Sadducéens, s'assemblèrent ; — et l'un d'eux, qui était docteur de la loi, vint lui faire cette question pour le tenter : — Maître, quel est le plus grand commandement de la loi ? — Jésus leur répondit : Vous aimerez le Seigneur votre Dieu de tout votre cœur, de toute votre âme et de tout votre esprit ; c'est le plus grand et le premier commandement. Et voici le second qui est semblable à celui-là : *Vous aimerez votre prochain comme vous-mêmes.* — Toute la loi et les prophètes sont renfermés dans ces deux commandements. (Saint Matthieu, ch. XXII, v. 34 à 40.)

2. *Faites aux hommes tout ce que vous voulez qu'ils vous fassent ;* car c'est la loi et les prophètes. (Id., ch. VII, v. 12.)

Traitez tous les hommes de la même manière que vous voudriez qu'ils vous traitassent. (Saint Luc, ch. VI, v. 31.)

3. Le royaume des cieux est comparé à un roi qui voulut faire rendre compte à ses serviteurs ; — et ayant commencé à le faire, on lui en présenta un qui lui devait dix mille talents. — Mais comme il n'avait pas les moyens de les lui rendre, son

maître commanda qu'on le vendît, lui, sa femme et ses enfants, et tout ce qu'il avait, pour satisfaire à cette dette. — Le serviteur, se jetant à ses pieds, le conjurait, en lui disant : Seigneur, ayez un peu de patience, et je vous rendrai le tout. — Alors le maître de ce serviteur, étant touché de compassion, le laissa aller et lui remit sa dette. — Mais ce serviteur ne fut pas plutôt sorti, que trouvant un de ses compagnons qui lui devait cent deniers, il le prit à la gorge et l'étouffait presque en lui disant : Rends-moi ce que tu me dois. — Et son compagnon, se jetant à ses pieds, le conjurait en lui disant : Ayez un peu de patience et je vous rendrai le tout. — Mais il ne voulut pas l'écouter; et il s'en alla, et le fit mettre en prison, pour l'y tenir jusqu'à ce qu'il lui rendît ce qu'il lui devait.

Les autres serviteurs, ses compagnons, voyant ce qui se passait, en furent extrêmement affligés, et avertirent leur maître de tout ce qui était arrivé. — Alors le maître l'ayant fait venir lui dit : Méchant serviteur, je vous avais remis tout ce que vous me deviez, parce que vous m'en aviez prié; — ne fallait-il donc pas que vous eussiez aussi pitié de votre compagnon, comme j'avais eu pitié de vous. Et son maître, étant ému de colère, le livra entre les mains des bourreaux jusqu'à ce qu'il payât tout ce qu'il devait.

C'est ainsi que mon Père qui est dans le ciel vous traitera, si chacun de vous ne pardonne du fond de son cœur à son frère les fautes qu'il aura commises contre lui. (Saint Matthieu, ch. XVIII, v. de 23 à 35.)

4. « Aimer son prochain comme soi-même; faire pour les autres ce que nous voudrions que les autres fissent pour nous, » est l'expression la plus complète de la charité, car elle résume tous les devoirs envers le prochain. On ne peut avoir de guide plus sûr à cet égard qu'en prenant pour mesure de ce que l'on doit faire aux autres ce que l'on désire pour soi. De quel droit exigerait-on de ses semblables plus de bons procédés, d'indulgence, de bienveillance et de dévoûment que l'on n'en a soi-même pour eux ? La pratique de ces

maximes tend à la destruction de l'égoïsme ; quand les hommes les prendront pour règle de leur conduite et pour base de leurs institutions, ils comprendront la véritable fraternité, et feront régner entre eux la paix et la justice ; il n'y aura plus ni haines ni dissensions, mais union, concorde et bienveillance mutuelle.

Rendez à César ce qui est à César.

5. Alors les Pharisiens s'étant retirés firent dessein entre eux de le surprendre dans ses paroles. — Ils lui envoyèrent donc leurs disciples avec les Hérodiens, lui dire : Maître, nous savons que vous êtes véritable, et que vous enseignez la voie de Dieu dans la vérité, sans avoir égard à qui que ce soit, parce que vous ne considérez point la personne dans les hommes ; — dites-nous donc votre avis sur ceci : Nous est-il libre de payer le tribut à César, ou de ne pas le payer ?
Mais Jésus, connaissant leur malice, leur dit : Hypocrites, pourquoi me tentez-vous ? Montrez-moi la pièce d'argent qu'on donne pour le tribut. Et eux lui ayant présenté un denier, Jésus leur dit : De qui est cette image et cette inscription ? — De César, lui dirent-ils. Alors Jésus leur répondit : *Rendez donc à César ce qui est à César, et à Dieu ce qui est à Dieu.*
L'ayant entendu parler de la sorte, ils admirèrent sa réponse, et le laissant, ils se retirèrent. (Saint Matth., ch. XXII, v. de 15 à 22 ; saint Marc, ch. XII, v. de 13 à 17.)

6. La question posée à Jésus était motivée par cette circonstance que les Juifs ayant en horreur le tribut qui leur était imposé par les Romains, en avaient fait une question religieuse ; un parti nombreux s'était formé pour refuser l'impôt ; le payement du tribut était donc pour eux une question irritante d'actualité, sans cela la demande faite à Jésus : « Nous est-il libre de payer ou

de ne pas payer le tribut à César ? » n'aurait eu aucun
sens. Cette question était un piége; car, suivant sa réponse, ils espéraient exciter contre lui soit l'autorité
romaine, soit les Juifs dissidents. Mais « Jésus, connaissant leur malice, » élude la difficulté en leur donnant
une leçon de justice, et en disant de rendre à chacun
ce qui lui est dû. (Voir l'introduction, article : *Publicains.*)

7. Cette maxime : « Rendez à César ce qui est à César, » ne doit point s'entendre d'une manière restrictive
et absolue. Comme tous les enseignements de Jésus,
c'est un principe général résumé sous une forme pratique et usuelle, et déduit d'une circonstance particulière. Ce principe est une conséquence de celui qui dit
d'agir envers les autres comme nous voudrions que les
autres agissent envers nous; il condamne tout préjudice matériel et moral porté à autrui, toute violation
de ses intérêts; il prescrit le respect des droits de chacun, comme chacun désire qu'on respecte les siens; il
s'étend à l'accomplissement des devoirs contractés envers la famille, la société, l'autorité, aussi bien qu'envers les individus.

INSTRUCTIONS DES ESPRITS.

La loi d'amour.

8. L'amour résume la doctrine de Jésus tout entière,
car c'est le sentiment par excellence, et les sentiments
sont les instincts élevés à la hauteur du progrès accompli. A son point de départ, l'homme n'a que des ins-

tincts; plus avancé et corrompu, il n'a que des sensations; mais instruit et purifié, il a des sentiments; et le
point exquis du sentiment, c'est l'amour, non l'amour
dans le sens vulgaire du mot, mais ce soleil intérieur
qui condense et réunit dans son ardent foyer toutes les
aspirations et toutes les révélations surhumaines. La
loi d'amour remplace la personnalité par la fusion des
êtres; elle anéantit les misères sociales. Heureux celui
qui, dépassant son humanité, aime d'un large amour
ses frères en douleurs ! heureux celui qui aime, car il ne
connaît ni la détresse de l'âme, ni celle du corps; ses
pieds sont légers, et il vit comme transporté hors de
lui-même. Lorsque Jésus eut prononcé ce mot divin
d'amour, ce mot fit tressaillir les peuples, et les martyrs, ivres d'espérance, descendirent dans le cirque.

Le spiritisme, à son tour, vient prononcer un second
mot de l'alphabet divin; soyez attentifs, car ce mot
soulève la pierre des tombeaux vides, et la *réincarna-*
tion, triomphant de la mort, révèle à l'homme ébloui
son patrimoine intellectuel ; ce n'est plus aux supplices
qu'elle le conduit, mais à la conquête de son être,
élevé et transfiguré. Le sang a racheté l'Esprit, et
l'Esprit doit aujourd'hui racheter l'homme de la matière.

J'ai dit qu'à son début l'homme n'a que des instincts;
celui donc en qui les instincts dominent est plus près
du point de départ que du but. Pour avancer vers le
but, il faut vaincre les instincts au profit des sentiments,
c'est-à-dire perfectionner ceux-ci en étouffant les germes latents de la matière. Les instincts sont la germi-
nation et les embryons du sentiment; ils portent avec
eux le progrès, comme le gland recèle le chêne, et les
êtres les moins avancés sont ceux qui, ne dépouillant

que peu à peu leur chrysalide, demeurent asservis à
leurs instincts. L'Esprit doit être cultivé comme un
champ; toute la richesse future dépend du labour présent, et plus que des biens terrestres, il vous apportera
la glorieuse élévation ; c'est alors que, comprenant la
loi d'amour qui unit tous les êtres, vous y chercherez
les suaves jouissances de l'âme qui sont le prélude des
joies célestes. (LAZARE, Paris, 1862)

9. L'amour est d'essence divine, et depuis le premier
jusqu'au dernier, vous possédez au fond du cœur l'étincelle de ce feu sacré. C'est un fait que vous avez pu
constater bien des fois : l'homme le plus abject, le plus
vil, le plus criminel, a pour un être ou pour un objet
quelconque une affection vive et ardente, à l'épreuve
de tout ce qui tendrait à la diminuer, et atteignant souvent des proportions sublimes.

J'ai dit pour un être ou un objet quelconque, parce
qu'il existe parmi vous des individus qui dépensent des
trésors d'amour dont leur cœur surabonde, sur des
animaux, sur des plantes, et même sur des objets matériels : espèces de misanthropes se plaignant de l'humanité en général, se roidissant contre la pente naturelle
de leur âme qui cherche autour d'elle l'affection et la
sympathie; ils rabaissent la loi d'amour à l'état d'instinct.
Mais, quoi qu'ils fassent, ils ne sauraient étouffer le
germe vivace que Dieu a déposé dans leur cœur à leur
création; ce germe se développe et grandit avec la moralité et l'intelligence, et, quoique souvent comprimé
par l'égoïsme, il est la source des saintes et douces vertus qui font les affections sincères et durables, et vous
aident à franchir la route escarpée et aride de l'existence
humaine.

9.

Il est quelques personnes à qui l'épreuve de la réincarnation répugne, en ce sens que d'autres participent
aux sympathies affectueuses dont ils sont jaloux. Pauvres frères ! c'est votre affection qui vous rend égoïstes ;
votre amour est restreint à un cercle intime de parents
ou d'amis, et tous les autres vous sont indifférents. Eh
bien ! pour pratiquer la loi d'amour telle que Dieu l'entend, il faut que vous arriviez par degrés à aimer tous
vos frères indistinctement. La tâche sera longue et difficile, mais elle s'accomplira : Dieu le veut, et la loi
d'amour est le premier et le plus important précepte de
votre nouvelle doctrine, parce que c'est celle-là qui doit
un jour tuer l'égoïsme sous quelque forme qu'il se présente ; car, outre l'égoïsme personnel, il y a encore
l'égoïsme de famille, de caste, de nationalité. Jésus a
dit : « Aimez votre prochain comme vous-mêmes ; » or,
quelle est la limite du prochain ? est-ce la famille, la
secte, la nation ? Non, c'est l'humanité tout entière.
Dans les mondes supérieurs, c'est l'amour mutuel qui
harmonise et dirige les Esprits avancés qui les habitent, et votre planète destinée à un progrès prochain,
par sa transformation sociale, verra pratiquer par ses
habitants cette sublime loi, reflet de la Divinité.

, Les effets de la loi d'amour sont l'amélioration morale de la race humaine et le bonheur pendant la vie
terrestre. Les plus rebelles et les plus vicieux devront
se réformer quand ils verront les bienfaits produits par
cette pratique : Ne faites pas aux autres ce que vous ne
voudriez pas qui vous fût fait, mais faites-leur au contraire tout le bien qu'il est en votre pouvoir de leur faire.

Ne croyez pas à la stérilité et à l'endurcissement du
cœur humain ; il cède malgré lui à l'amour vrai ; c'est
un aimant auquel il ne peut résister, et le contact de

cet amour vivifie et féconde les germes de cette vertu
qui est dans vos cœurs à l'état latent. La terre, séjour
d'épreuve et d'exil, sera alors purifiée par ce feu sacré,
et verra pratiquer la charité, l'humilité, la patience, le
dévoûment, l'abnégation, la résignation, le sacrifice,
toutes vertus filles de l'amour. Ne vous lassez donc pas
d'entendre les paroles de Jean l'Évangéliste; vous le
savez, quand l'infirmité et la vieillesse suspendirent le
cours de ses prédications, il ne répétait que ces douces
paroles : « Mes petits enfants, aimez-vous les uns les
autres. »

Chers frères aimés, mettez à profit ces leçons; la
pratique en est difficile, mais l'âme en retire un bien
immense. Croyez-moi, faites le sublime effort que je
vous demande : « Aimez-vous, » vous verrez bientôt
la terre transformée et devenir l'Élysée où les âmes
des justes viendront goûter le repos. (FÉNELON. Bordeaux, 1861.)

10. Mes chers condisciples, les Esprits ici présents
vous disent par ma voix : Aimez bien, afin d'être aimés.
Cette pensée est si juste, que vous trouverez en elle
tout ce qui console et calme les peines de chaque jour;
ou plutôt, en pratiquant cette sage maxime, vous vous
élèverez tellement au-dessus de la matière, que vous
vous spiritualiserez avant votre dépouillement terrestre.
Les études spirites ayant développé chez vous la compréhension de l'avenir, vous avez une certitude : l'avancement vers Dieu, avec toutes les promesses qui répondent aux aspirations de votre âme; aussi devez-vous
vous élever assez haut pour juger sans les étreintes de
la matière, et ne pas condamner votre prochain avant
d'avoir reporté votre pensée vers Dieu.

Aimer, dans le sens profond du mot, c'est être loyal,
probe, consciencieux, pour faire aux autres ce que l'on
voudrait pour soi-même ; c'est chercher autour de soi
le sens intime de toutes les douleurs qui accablent vos
frères pour y apporter un adoucissement; c'est regarder
la grande famille humaine comme la sienne, car cette
famille, vous la retrouverez dans une certaine période,
en des mondes plus avancés, et les Esprits qui la com-
posent sont, comme vous, enfants de Dieu, marqués au
front pour s'élever vers l'infini. C'est pour cela que vous
ne pouvez refuser à vos frères ce que Dieu vous a libé-
ralement donné, parce que, de votre côté, vous seriez bien aises que vos frères vous donnassent ce dont
vous auriez besoin. A toutes les souffrances donnez donc
une parole d'espérance et d'appui, afin que vous soyez
tout amour, toute justice.

Croyez que cette sage parole : « Aimez bien pour être
aimés, » fera son chemin; elle est révolutionnaire, et
suit la route qui est fixe, invariable. Mais vous avez déjà
gagné, vous qui m'écoutez; vous êtes infiniment meilleurs qu'il y a cent ans; vous avez tellement changé à
votre avantage que vous acceptez sans conteste une foule
d'idées nouvelles sur la liberté et la fraternité que vous
eussiez rejetées jadis; or, dans cent ans d'ici, vous ac-
cepterez avec la même facilité celles qui n'ont pu encore
entrer dans votre cerveau.

Aujourd'hui que le mouvement spirite a fait un grand
pas, voyez avec quelle rapidité les idées de justice et de
rénovation renfermées dans les dictées des Esprits sont
acceptées par la moyenne partie du monde intelligent;
c'est que ces idées répondent à tout ce qu'il y a de divin
en vous ; c'est que vous êtes préparés par une semence
féconde : celle du siècle dernier, qui a implanté dans

la société les grandes idées de progrès ; et comme tout
s'enchaîne sous le doigt du Très-Haut, toutes les leçons
reçues et acceptées seront renfermées dans cet échange
universel de l'amour du prochain ; par lui, les Esprits
incarnés jugeant mieux, sentant mieux, se tendront
la main des confins de votre planète ; on se réunira
pour s'entendre et s'aimer, pour détruire toutes les
injustices, toutes les causes de mésintelligence entre les
peuples.

Grande pensée de rénovation par le spiritisme, si bien
décrite dans le *Livre des Esprits*, tu produiras le grand
miracle du siècle à venir, celui de la réunion de tous les
intérêts matériels et spirituels des hommes, par l'application de cette maxime bien comprise : Aimez bien,
afin d'être aimé. (SANSON, ancien membre de la Société
spirite de Paris, 1863.)

L'égoïsme.

11. L'égoïsme, cette plaie de l'humanité, doit disparaître de la terre, dont il arrête le progrès moral ; c'est
au spiritisme qu'est réservée la tâche de la faire monter
dans la hiérarchie des mondes. L'égoïsme est donc le
but vers lequel tous les vrais croyants doivent diriger
leurs armes, leurs forces, leur courage ; je dis leur cou -
rage, car il en faut plus pour se vaincre soi-même que
pour vaincre les autres. Que chacun mette donc tous ses
soins à le combattre en soi, car ce monstre dévorant de
toutes les intelligences, cet enfant de l'orgueil est la
source de toutes les misères d'ici-bas. Il est la négation
de la charité, et par conséquent le plus grand obstacle
au bonheur des hommes.

Jésus vous a donné l'exemple de la charité, et Ponce-

Pilate de l'égoïsme; car lorsque le Juste va parcourir les
saintes stations de son martyre, Pilate se lave les mains
en disant : Que m'importe ! Il dit aux Juifs : Cet homme
est juste, pourquoi voulez-vous le crucifier? et cependant il le laisse conduire au supplice.

C'est à cet antagonisme de la charité et de l'égoïsme,
c'est à l'envahissement de cette lèpre du cœur humain
que le christianisme doit de n'avoir pas encore accompli
toute sa mission. C'est à vous, apôtres nouveaux de la
foi et que les Esprits supérieurs éclairent, qu'incombent
la tâche et le devoir d'extirper ce mal pour donner au
christianisme toute sa force et déblayer la route des
ronces qui entravent sa marche. Chassez l'égoïsme de la
terre pour qu'elle puisse graviter dans l'échelle des
mondes, car il est temps que l'humanité revête sa robe
virile, et pour cela il faut d'abord le chasser de votre
cœur. (Emmanuel. Paris, 1861.)

12. Si les hommes s'aimaient d'un commun amour,
la charité serait mieux pratiquée ; mais il faudrait pour
cela que vous vous efforçassiez de vous débarrasser de
cette cuirasse qui couvre vos cœurs, afin d'être plus
sensibles envers ceux qui souffrent. La rigidité tue les
bons sentiments ; le Christ ne se rebutait pas ; celui qui
s'adressait à lui, quel qu'il fût, n'était pas repoussé : la
femme adultère, le criminel étaient secourus par lui ; il
ne craignait jamais que sa propre considération eût à
en souffrir. Quand donc le prendrez-vous pour modèle
de toutes vos actions? *Si la charité régnait sur la terre,
le méchant n'aurait plus d'empire; il fuirait honteux; il se
cacherait, car il se trouverait déplacé partout.* C'est alors
que le mal disparaîtrait ; soyez bien pénétrés de ceci.

Commencez par donner l'exemple vous-mêmes ; soyez

charitables envers tous indistinctement ; efforcez-vous
de ne plus remarquer ceux qui vous regardent avec
dédain, et laissez à Dieu le soin de toute justice, car
chaque jour, dans son royaume, il sépare le bon grain
de l'ivraie.

L'égoïsme est la négation de la charité ; or, sans la
charité point de repos dans la société ; je dis plus,
point de sécurité ; avec l'égoïsme et l'orgueil, qui se
donnent la main, ce sera toujours une course au plus
adroit, une lutte d'intérêts où sont foulées aux pieds les
plus saintes affections, où les liens sacrés de la famille
ne sont pas même respectés. (PASCAL. Sens, 1862.)

La foi et la charité.

13. Je vous ai dit dernièrement, mes chers enfants,
que la charité sans la foi ne suffisait point pour maintenir parmi les hommes un ordre social capable de les
rendre heureux. J'aurais dû dire que la charité est
impossible sans la foi. Vous pourrez bien trouver, à
la vérité, des élans généreux même chez la personne
privée de religion, mais cette charité austère qui ne
s'exerce que par l'abnégation, par le sacrifice constant
de tout intérêt égoïste, il n'y a que la foi qui puisse
l'inspirer, car il n'y a qu'elle qui nous fasse porter avec
courage et persévérance la croix de cette vie.

Oui, mes enfants, c'est en vain que l'homme avide de
jouissances voudrait se faire illusion sur sa destinée ici-
bas, en soutenant qu'il lui est permis de ne s'occuper
que de son bonheur. Certes, Dieu nous créa pour être
heureux dans l'éternité ; cependant la vie terrestre doit
uniquement servir à notre perfectionnement moral, lequel s'acquiert plus facilement avec l'aide des organes

et du monde matériel. Sans compter les vicissitudes ordinaires de la vie, la diversité de vos goûts, de vos penchants, de vos besoins, est aussi un moyen de vous perfectionner en vous exerçant dans la charité. Car, ce n'est qu'à force de concessions et de sacrifices mutuels que vous pouvez maintenir l'harmonie entre des éléments aussi divers.

Vous aurez cependant raison en affirmant que le bonheur est destiné à l'homme ici-bas, si vous le cherchez, non dans les jouissances matérielles, mais dans le bien. L'histoire de la chrétienté parle de martyrs qui allaient au supplice avec joie; aujourd'hui, et dans votre société, il ne faut pour être chrétien, ni l'holocauste du martyre, ni le sacrifice de la vie, mais uniquement et simplement le sacrifice de votre égoïsme, de votre orgueil et de votre vanité. Vous triompherez, si la charité vous inspire et si la foi vous soutient. (ESPRIT PROTECTEUR. Cracovie, 1861.)

Charité envers les criminels.

11. La vraie charité est un des plus sublimes enseignements que Dieu ait donnés au monde. Il doit exister entre les véritables disciples de sa doctrine une fraternité complète. Vous devez aimer les malheureux, les criminels, comme des créatures de Dieu, auxquelles le pardon et la miséricorde seront accordés s'ils se repentent, comme à vous-mêmes, pour les fautes que vous commettez contre sa loi. Songez que vous êtes plus répréhensibles, plus coupables que ceux auxquels vous refusez le pardon et la commisération, car souvent ils ne connaissent pas Dieu comme vous le connaissez, et il leur sera moins demandé qu'à vous.

Ne jugez point, oh! ne jugez point, mes chers amis, car le jugement que vous portez vous sera appliqué plus sévèrement encore, et vous avez besoin d'indulgence pour les péchés que vous commettez sans cesse. Ne savez-vous pas qu'il y a bien des actions qui sont des crimes aux yeux du Dieu de pureté, et que le monde ne considère pas même comme des fautes légères?

La vraie charité ne consiste pas seulement dans l'aumône que vous donnez, ni même dans les paroles de consolation dont vous pouvez l'accompagner ; non, ce n'est pas seulement ce que Dieu exige de vous. La charité sublime enseignée par Jésus consiste aussi dans la bienveillance accordée toujours et en toutes choses à votre prochain. Vous pouvez encore exercer cette sublime vertu sur bien des êtres qui n'ont que faire d'aumônes, et que des paroles d'amour, de consolation, d'encouragement amèneront au Seigneur.

Les temps sont proches, je le dis encore, où la grande fraternité régnera sur ce globe; la loi du Christ est celle qui régira les hommes : celle-là seule sera le frein et l'espérance, et conduira les âmes aux séjours bienheureux. Aimez-vous donc comme les enfants d'un même père ; ne faites point de différence entre les autres malheureux, car c'est Dieu qui veut que tous soient égaux; ne méprisez donc personne ; Dieu permet que de grands criminels soient parmi vous, afin qu'ils vous servent d'enseignement. Bientôt, quand les hommes seront amenés aux vraies lois de Dieu, il n'y aura plus besoin de ces enseignements-là, et *tous les Esprits impurs et révoltés seront dispersés dans des mondes inférieurs en harmonie avec leurs penchants.*

Vous devez à ceux dont je parle le secours de vos prières : c'est la vraie charité. Il ne faut point dire d'un

criminel : « C'est un misérable; il faut en purger la
terre; la mort qu'on lui inflige est trop douce pour un
être de cette espèce. » Non, ce n'est point ainsi que vous
devez parler. Regardez votre modèle, Jésus; que dirait-
il, s'il voyait ce malheureux près de lui? Il le plaindrait;
il le considérerait comme un malade bien misérable;
il lui tendrait la main. Vous ne pouvez le faire en réalité, mais au moins vous pouvez prier pour lui, assister
son Esprit pendant les quelques instants qu'il doit encore passer sur votre terre. Le repentir peut toucher son
cœur, si vous priez avec la foi. Il est votre prochain
comme le meilleur d'entre les hommes; son âme égarée
et révoltée est créée, comme la vôtre, pour se perfectionner; aidez-le donc à sortir du bourbier et priez pour
lui. (ÉLISABETH DE FRANCE. Le Havre, 1862.)

15. *Un homme est en danger de mort; pour le sauver, il
faut exposer sa vie; mais on sait que cet homme est un malfaiteur, et que, s'il en réchappe, il pourra commettre de
nouveaux crimes. Doit-on, malgré cela, s'exposer pour le
sauver?*

Ceci est une question fort grave et qui peut se présenter naturellement à l'esprit. Je répondrai selon mon
avancement moral, puisque nous en sommes sur ce
point de savoir si l'on doit exposer sa vie même pour un
malfaiteur. Le dévoûment est aveugle : on secourt un
ennemi, on doit donc secourir l'ennemi de la société,
un malfaiteur en un mot. Croyez-vous que ce soit seulement à la mort que l'on court arracher ce malheureux? c'est peut-être à sa vie passée tout entière. Car,
songez-y, dans ces rapides instants qui lui ravissent les
dernières minutes de la vie, l'homme perdu revient sur
sa vie passée, ou plutôt elle se dresse devant lui. La

mort, peut-être, arrive trop tôt pour lui ; la réincarnation pourra être terrible ; élancez-vous donc, hommes !
vous que la science spirite a éclairés ; élancez-vous, arrachez-le à sa damnation, et alors, peut-être, cet homme
qui serait mort en vous blasphémant se jettera dans
vos bras. Toutefois, il ne faut pas vous demander s'il
le fera ou s'il ne le fera point, mais aller à son secours,
car, en le sauvant, vous obéissez à cette voix du cœur
qui vous dit : « Tu peux le sauver, sauve-le ! » (LAMEN-
NAIS. Paris, 1862.)

CHAPITRE XII

AIMEZ VOS ENNEMIS.

Rendre le bien pour le mal. — Les ennemis désincarnés. — Si quelqu'un vous a frappé sur la joue droite, présentez lui encoré l'autre. — *Instructions des Esprits :* La vengeance. — La haine. — Le duel.

Rendre le bien pour le mal.

1. Vous avez appris qu'il a été dit : Vous aimerez votre prochain et vous haïrez vos ennemis. Et moi je vous dis : *Aimez vos ennemis; faites du bien à ceux qui vous haïssent, et priez pour ceux qui vous persécutent et vous calomnient;* afin que vous soyez les enfants de votre Père qui est dans les cieux, qui fait lever son soleil sur les bons et sur les méchants, et fait pleuvoir sur les justes et les injustes; — car si vous n'aimez que ceux qui vous aiment, quelle récompense en aurez-vous? Les publicains ne le font-ils pas aussi? — Et si vous ne saluez que vos frères, que faites-vous en cela de plus que les autres ? Les païens ne le font-ils pas aussi? — Je vous dis que si votre justice n'est pas plus abondante que celle des Scribes et des Pharisiens, vous n'entrerez point dans le royaume des cieux. (Saint Matthieu, ch. v, v. 20 et de 43 à 47.)

2. Si vous n'aimez que ceux qui vous aiment, quel gré vous en saura-t-on, puisque les gens de mauvaise vie aiment aussi ceux qui les aiment? — Et si vous ne faites du bien qu'à ceux qui vous en font, quel gré vous en saura-t-on, puisque les gens de mauvaise vie font la même chose? — Et si vous ne prêtez qu'à ceux de qui vous espérez recevoir la même grâce, quel gré vous en saura-t-on, puisque les gens de mauvaise vie s'entre-prêtent de la sorte, pour recevoir le même avantage? —

Mais pour vous, *aimez vos ennemis, faites du bien à tous, et prêtez sans en rien espérer*, et alors votre récompense sera très grande, et vous serez les enfants du Très-Haut, parce qu'il est bon aux ingrats, et même aux méchants. — Soyez donc pleins de miséricorde, comme votre Dieu est plein de miséricorde. (Saint Luc, ch. vi, v. de 32 à 36.)

3. Si l'amour du prochain est le principe de la charité, aimer ses ennemis en est l'application sublime, car cette vertu est une des plus grandes victoires remportées sur l'égoïsme et l'orgueil.

Cependant on se méprend généralement sur le sens du mot *aimer* en cette circonstance; Jésus n'a point entendu, par ces paroles, que l'on doit avoir pour son ennemi la tendresse qu'on a pour un frère ou un ami; la tendresse suppose la confiance; or, on ne peut avoir confiance en celui qu'on sait nous vouloir du mal; on ne peut avoir avec lui les épanchements de l'amitié, parce qu'on le sait capable d'en abuser; entre gens qui se méfient les uns des autres, il ne saurait y avoir les élans de sympathie qui existent entre ceux qui sont en communion de pensées; on ne peut enfin avoir le même plaisir à se trouver avec un ennemi qu'avec un ami.

Ce sentiment même résulte d'une loi physique : celle de l'assimilation et de la répulsion des fluides; la pensée malveillante dirige un courant fluidique dont l'impression est pénible; la pensée bienveillante vous enveloppe d'une effluve agréable; de là la différence des sensations que l'on éprouve à l'approche d'un ami ou d'un ennemi. Aimer ses ennemis ne peut donc signifier qu'on ne doit faire aucune différence entre eux et les amis; ce précepte ne semble difficile, impossible même à pratiquer, que parce qu'on croit faussement qu'il prescrit de leur donner la même place dans le cœur. Si la pauvreté des langues humaines oblige à se servir du même mot pour exprimer diverses nuances de sentiments, la raison doit en faire la différence selon les cas.

Aimer ses ennemis, ce n'est donc point avoir pour eux une affection qui n'est pas dans la nature, car le contact d'un ennemi fait battre le cœur d'une tout autre manière que celui d'un ami; c'est n'avoir contre eux ni haine, ni rancune, ni désir de vengeance; c'est leur pardonner *sans arrière-pensée et sans condition* le mal qu'ils nous font; c'est n'apporter aucun obstacle à la réconciliation; c'est leur souhaiter du bien au lieu de leur souhaiter du mal; c'est se réjouir au lieu de s'affliger du bien qui leur arrive; c'est leur tendre une main secourable en cas de besoin; c'est s'abstenir *en paroles et en actions* de tout ce qui peut leur nuire; c'est enfin leur rendre en tout le bien pour le mal, *sans intention de les humilier*. Quiconque fait cela remplit les conditions du commandement : Aimez vos ennemis.

4. Aimer ses ennemis, est un non-sens pour l'incrédule; celui pour qui la vie présente est tout ne voit dans son ennemi qu'un être nuisible troublant son repos, et dont il croit que la mort seule peut le débarrasser; de là le désir de la vengeance; il n'a aucun intérêt à pardonner, si ce n'est pour satisfaire son orgueil aux yeux du monde; pardonner même, dans certains cas, lui semble une faiblesse indigne de lui; s'il ne se venge pas, il n'en conserve pas moins de la rancune et un secret désir du mal.

Pour le croyant, mais pour le spirite surtout, la manière de voir est tout autre, parce qu'il porte ses regards sur le passé et sur l'avenir, entre lesquels la vie

présente n'est qu'un point; il sait que, par la destination même de la terre, il doit s'attendre à y trouver des
hommes méchants et pervers; que les méchancetés
auxquelles il est en butte font partie des épreuves qu'il
doit subir, et le point de vue élevé où il se place lui
rend les vicissitudes moins amères, qu'elles viennent
des hommes ou des choses; *s'il ne murmure pas contre
les épreuves, il ne doit pas murmurer contre ceux qui en
sont les instruments;* si, au lieu de se plaindre, il remercie Dieu de l'éprouver, *il doit remercier la main qui lui
fournit l'occasion de montrer sa patience et sa résignation.*
Cette pensée le dispose naturellement au pardon; il
sent en outre que plus il est généreux, plus il grandit
à ses propres yeux et se trouve hors de l'atteinte des
traits malveillants de son ennemi.

L'homme qui occupe un rang élevé dans le monde
ne se croit pas offensé par les insultes de celui qu'il
regarde comme son inférieur; ainsi en est-il de celui
qui s'élève dans le monde moral au-dessus de l'humanité matérielle; il comprend que la haine et la rancune
l'aviliraient et l'abaisseraient; or, pour être supérieur
à son adversaire, il faut qu'il ait l'âme plus grande,
plus noble, plus généreuse.

Les ennemis désincarnés.

5. Le spirite a encore d'autres motifs d'indulgence
envers ses ennemis. Il sait d'abord que la méchanceté
n'est point l'état permanent des hommes; qu'elle tient
à une imperfection momentanée, et que, de même que
l'enfant se corrige de ses défauts, l'homme méchant
reconnaîtra un jour ses torts, et deviendra bon.

Il sait encore que la mort ne le délivre que de la pré-

sence matérielle de son ennemi, mais que celui-ci peut
le poursuivre de sa haine, même après avoir quitté la
terre; qu'ainsi la vengeance manque son but; qu'elle
a au contraire pour effet de produire une irritation
plus· grande qui peut se continuer d'une existence à
l'autre. Il appartenait au spiritisme de prouver, par
l'expérience et la loi qui régit les rapports du monde
visible et du monde invisible, que l'expression : *Éteindre la haine dans le sang*, est radicalement fausse, et que
ce qui est vrai, c'est que le sang entretient la haine
même au delà de la tombe; de donner, par conséquent,
une raison d'être effective et une utilité pratique au
pardon, et à la sublime maxime du Christ : *Aimez vos
ennemis*. Il n'est pas de cœur si pervers qui ne soit touché des bons procédés, même à son insu; par les bons
procédés, on ôte du moins tout prétexte de représailles;
d'un ennemi, on peut se faire un ami avant et après sa
mort. Par les mauvais procédés on l'irrite, *et c'est alors
qu'il sert lui-même d'instrument à la justice de Dieu pour
punir celui qui n'a pas pardonné.*

6. On peut donc avoir des ennemis parmi les incarnés
et parmi les désincarnés; les ennemis du monde invisible manifestent leur malveillance par les obsessions
et les subjugations auxquelles tant de gens sont en
butte, et qui sont une variété dans les épreuves de la
vie; ces épreuves, comme les autres, aident à l'avancement et doivent être acceptées avec résignation, et
comme conséquence de la nature inférieure du globe
terrestre; s'il n'y avait pas des hommes mauvais sur
la terre, il n'y aurait pas d'Esprits mauvais autour
de la terre. Si donc on doit avoir de l'indulgence
et de la bienveillance pour des ennemis incarnés,

on doit en avoir également pour ceux qui sont désincarnés.

Jadis on sacrifiait des victimes sanglantes pour apaiser les dieux infernaux, qui n'étaient autres que les Esprits méchants. Aux dieux infernaux ont succédé les démons, qui sont la même chose. Le spiritisme vient prouver que ces démons ne sont autres que les âmes des hommes pervers qui n'ont point encore dépouillé les instincts matériels; *qu'on ne les apaise que par le sacrifice de sa haine, c'est-à-dire par la charité;* que la charité n'a pas seulement pour effet de les empêcher de faire le mal, mais de les ramener dans la voie du bien, et de contribuer à leur salut. C'est ainsi que la maxime : *Aimez vos ennemis*, n'est point circonscrite au cercle étroit de la terre et de la vie présente, mais qu'elle rentre dans la grande loi de la solidarité et de la fraternité universelles.

Si quelqu'un vous frappe sur la joue droite, présentez-lui encore l'autre.

7. Vous avez appris qu'il a été dit : œil pour œil, et dent pour dent. — Et moi je vous dis de ne point résister au mal que l'on veut vous faire; mais *si quelqu'un vous a frappé sur la joue droite, présentez-lui encore l'autre;* — et si quelqu'un veut plaider contre vous pour prendre votre robe, abandonnez-lui encore votre manteau ; — et si quelqu'un veut vous contraindre de faire mille pas avec lui, faites-en encore deux mille. — Donnez à celui qui vous demande, et ne rejetez point celui qui veut emprunter de vous. (Saint Matthieu, ch. v, v. de 38 à 42.)

8. Les préjugés du monde, sur ce que l'on est convenu d'appeler le point d'honneur, donnent cette susceptibilité ombrageuse, née de l'orgueil et de l'exaltation

10

de la personnalité, qui porte l'homme à rendre injure
pour injure, blessure pour blessure, ce qui semble la
justice pour celui dont le sens moral ne s'élève pas au-
dessus des passions terrestres; c'est pourquoi la loi
mosaïque disait : œil pour œil, dent pour dent, loi en
harmonie avec le temps où vivait Moïse. Christ est venu
qui a dit : Rendez le bien pour le mal. Il dit de plus :
« Ne résistez point au mal qu'on veut vous faire; *si
l'on vous frappe sur une joue, tendez l'autre.* » A l'orgueilleux, cette maxime semble une lâcheté, car il ne
comprend pas qu'il y ait plus de courage à supporter
une insulte qu'à se venger, et cela toujours par cette
cause qui fait que sa vue ne se porte pas au delà du
présent. Faut-il, cependant, prendre cette maxime à la
lettre? Non, pas plus que celle qui dit d'arracher son
œil, s'il est une occasion de scandale; poussée dans
toutes ses conséquences, ce serait condamner toute répression, même légale, et laisser le champ libre aux
méchants en leur ôtant toute crainte; si l'on n'opposait
un frein à leurs agressions, bientôt tous les bons seraient leurs victimes. L'instinct même de conservation,
qui est une loi de nature, dit qu'il ne faut pas tendre
bénévolement le cou à l'assassin. Par ces paroles Jésus
n'a donc point interdit la défense, mais *condamné la
vengeance.* En disant de tendre une joue quand l'autre
est frappée, c'est dire, sous une autre forme, qu'il ne
faut pas rendre le mal pour le mal; que l'homme doit
accepter avec humilité tout ce qui tend à rabaisser son
orgueil; qu'il est plus glorieux pour lui d'être frappé
que de frapper, de supporter patiemment une injustice
que d'en commettre une lui-même; qu'il vaut mieux
être trompé que trompeur, être ruiné que de ruiner
les autres. C'est en même temps la condamnation du

duel, qui n'est autre qu'une manifestation de l'orgueil.
La foi en la vie future et en la justice de Dieu, qui ne
laisse jamais le mal impuni, peut seule donner la force
de supporter patiemment les atteintes portées à nos
intérêts et à notre amour-propre; c'est pourquoi nous
disons sans cesse: Portez vos regards en avant; plus
vous vous élèverez par la pensée au-dessus de la vie
matérielle, moins vous serez froissés par les choses de
la terre.

INSTRUCTIONS DES ESPRITS.

La vengeance.

9. La vengeance est une dernière épave abandonnée
par les mœurs barbares qui tendent à s'effacer du milieu des hommes. Elle est, avec le duel, un des derniers
vestiges de ces mœurs sauvages sous lesquelles se débattait l'humanité dans le commencement de l'ère
chrétienne. C'est pourquoi la vengeance est un indice
certain de l'état arriéré des hommes qui s'y livrent et
des Esprits qui peuvent encore l'inspirer. Donc, mes
amis, ce sentiment ne doit jamais faire vibrer le cœur
de quiconque se dit et s'affirme spirite. Se venger, est,
vous le savez, tellement contraire à cette prescription
du Christ : «Pardonnez à vos ennemis!» que celui qui
se refuse à pardonner, non-seulement n'est pas spirite,
mais il n'est pas même chrétien. La vengeance est une
inspiration d'autant plus funeste que la fausseté et la
bassesse sont ses compagnes assidues; en effet, celui
qui s'abandonne à cette fatale et aveugle passion ne se
venge presque jamais à ciel ouvert. Quand il est le plus
fort, il fond comme une bête fauve sur celui qu'il ap-

pelle son ennemi, lorsque la vue de celui-ci vient en-
flammer sa passion, sa colère et sa haine. Mais le plus
souvent il revêt une apparence hypocrite, en dissimu-
lant au plus profond de son cœur les mauvais sentiments qui l'animent; il prend des chemins détournés,
il suit dans l'ombre son ennemi sans défiance et attend
le moment propice pour le frapper sans danger ; il se
cache de lui tout en l'épiant sans cesse ; il lui tend des
piéges odieux et sème à l'occasion le poison dans sa
coupe. Quand sa haine ne va pas jusqu'à ces extrémités,
il l'attaque alors dans son honneur et dans ses affections ; il ne recule pas devant la calomnie, et ses insi-
nuations perfides, habilement semées à tous les vents,
vont grossissant en chemin. Aussi, lorsque celui qu'il
poursuit se présente dans les milieux où son souffle
empoisonné a passé, il est étonné de trouver des visages froids où il rencontrait autrefois des visages amis
et bienveillants; il est stupéfait quand des mains qui
recherchaient la sienne se refusent à la serrer maintenant; enfin il est anéanti quand ses amis les plus chers
et ses proches se détournent et s'enfuient de lui. Ah !
le lâche qui se venge ainsi est cent fois plus coupable
que celui qui va droit à son ennemi et l'insulte à visage
découvert.

Arrière donc ces coutumes sauvages! Arrière ces
mœurs d'un autre temps! Tout spirite qui prétendrait
aujourd'hui avoir encore le droit de se venger serait
indigne de figurer plus longtemps dans la phalange qui
a pris pour devise : *Hors la charité, pas de salut !* Mais
non, je ne saurais m'arrêter à une telle idée qu'un
membre de la grande famille spirite puisse jamais à
l'avenir céder à l'impulsion de la vengeance autrement
que pour pardonner. (JULES OLIVIER. Paris, 1862.).

La haine.

10. Aimez-vous les uns les autres, et vous serez heureux. Prenez surtout à tâche d'aimer ceux qui vous inspirent de l'indifférence, de la haine et du mépris. Le Christ, dont vous devez faire votre modèle, vous a donné l'exemple de ce dévoûment; missionnaire d'amour, il a aimé jusqu'à donner son sang et sa vie. Le sacrifice qui vous oblige à aimer ceux qui vous outragent et vous persécutent est pénible; mais c'est précisément ce qui vous rend supérieurs à eux; si vous les haïssez comme ils vous haïssent, vous ne valez pas mieux qu'eux; c'est l'hostie sans tache offerte à Dieu sur l'autel de vos cœurs, hostie d'agréable odeur, dont les parfums montent jusqu'à lui. Quoique la loi d'amour veuille que l'on aime indistinctement tous ses frères, elle ne cuirasse pas le cœur contre les mauvais procédés; c'est au contraire l'épreuve la plus pénible, je le sais, puisque pendant ma dernière existence terrestre j'ai éprouvé cette torture; mais Dieu est là, et il punit dans cette vie et dans l'autre ceux qui faillissent à la loi d'amour. N'oubliez pas, mes chers enfants, que l'amour rapproche de Dieu, et que la haine en éloigne. (FÉNELON. Bordeaux, 1861.)

Le duel

11. Celui-là seul est véritablement grand qui, considérant la vie comme un voyage qui doit le conduire à un but, fait peu de cas des aspérités du chemin; il ne se laisse jamais un instant détourner de la voie droite; l'œil sans cesse dirigé vers le terme, il lui importe peu

10.

que les ronces et les épines du sentier menacent de lui
faire des égratignures; elles l'effleurent sans l'atteindre,
et il n'en poursuit pas moins sa course. Exposer ses
jours pour se venger d'une injure, c'est reculer devant
les épreuves de la vie; c'est toujours un crime aux yeux
de Dieu, et si vous n'étiez pas abusés comme vous l'êtes
par vos préjugés, ce serait une ridicule et suprême folie
aux yeux des hommes.

Il y a crime dans l'homicide par le duel; votre législa-
tion même le reconnaît; nul n'a le droit, dans aucun
cas, d'attenter à la vie de son semblable; crime aux
yeux de Dieu qui vous a tracé votre ligne de conduite;
ici, plus que partout ailleurs, vous êtes juges dans votre
propre cause. Souvenez-vous qu'il vous sera pardonné
selon que vous aurez pardonné vous-mêmes; par le pardon vous vous rapprochez de la Divinité, car la clémence est sœur de la puissance. Tant qu'une goutte de
sang humain coulera sur la terre par la main des hommes, le vrai règne de Dieu ne sera pas encore arrivé, ce
règne de pacification et d'amour qui doit à tout jamais
bannir de votre globe l'animosité, la discorde, la guerre.
Alors le mot duel n'existera plus dans votre langue que
comme un lointain et vague souvenir d'un passé qui
n'est plus; les hommes ne connaîtront entre eux d'autre
antagonisme que la noble rivalité du bien. (ADOLPHE,
évêque d'Alger. Marmande, 1861.)

12. Le duel peut, sans doute, dans certains cas, être
une preuve de courage physique, du mépris de la vie,
mais c'est incontestablement la preuve d'une lâcheté
morale, comme dans le suicide. Le suicidé n'a pas le
courage d'affronter les vicissitudes de la vie: le duelliste n'a pas celui d'affronter les offenses. Christ ne vous

a-t-il point dit qu'il y a plus d'honneur et de courage à tendre la joue gauche à celui qui a frappé la joue droite, qu'à se venger d'une injure? Christ n'a-t-il point dit à Pierre au jardin des Oliviers : « Remettez votre épée dans son fourreau, car celui qui tuera par l'épée périra par l'épée? » Par ces paroles, Jésus ne condamne-t-il point à jamais le duel? En effet, mes enfants, qu'est-ce donc que ce courage né d'un tempérament violent, sanguin et colère, rugissant à la première offense? Où donc est la grandeur d'âme de celui qui, à la moindre injure, veut la laver dans le sang? Mais qu'il tremble! car toujours, au fond de sa conscience, une voix lui criera : Caïn! Caïn! qu'as-tu fait de ton frère? Il m'a fallu du sang pour sauver mon honneur, dira-t-il à cette voix; mais elle lui répondra : Tu as voulu le sauver devant les hommes pour quelques instants qui te restaient à vivre sur la terre, et tu n'as pas songé à le sauver devant Dieu! Pauvre fou! que de sang vous demanderait donc Christ pour tous les outrages qu'il a reçus! Non-seulement vous l'avez blessé avec l'épine et la lance, non-seulement vous l'avez attaché à un gibet infamant, mais encore au milieu de son agonie, il a pu entendre les railleries qui lui étaient prodiguées. Quelle réparation, après tant d'outrages, vous a-t-il demandée? Le dernier cri de l'agneau fut une prière pour ses bourreaux. Oh! comme lui, pardonnez et priez pour ceux qui vous offensent.

Amis, rappelez-vous ce précepte : « Aimez-vous les uns les autres, » et alors au coup donné par la haine vous répondrez par un sourire, et à l'outrage par le pardon. Le monde sans doute se dressera furieux, et vous traitera de lâche; levez la tête haute, et montrez alors que votre front ne craindrait pas, lui aussi, de se char-

ger d'épines à l'exemple du Christ, mais que votre main
ne veut point être complice d'un meurtre qu'autorise,
soi-disant, un faux semblant d'honneur qui n'est que de
l'orgueil et de l'amour-propre. En vous créant, Dieu
vous a-t-il donné le droit de vie et de mort les uns sur
les autres? Non, il n'a donné ce droit qu'à la nature
seule, pour se réformer et se reconstruire; mais à vous,
il n'a pas même permis de disposer de vous-mêmes.
Comme le suicidé, le duelliste sera marqué de sang
quand il arrivera à Dieu, et à l'un et à l'autre le Souverain Juge prépare de rudes et longs châtiments. S'il a
menacé de sa justice celui qui dit à son frère *Racca*,
combien la peine ne sera-t-elle pas plus sévère pour celui qui paraîtra devant lui les mains rougies du sang de
son frère! (SAINT AUGUSTIN. Paris, 1862.)

13. Le duel est, comme autrefois ce qu'on appelait
le jugement de Dieu, une de ces institutions barbares
qui régissent encore la société. Que diriez-vous cependant si vous voyiez plonger les deux antagonistes dans
l'eau bouillante ou soumis au contact d'un fer brûlant
pour vider leur querelle, et donner raison à celui qui
subirait le mieux l'épreuve? vous traiteriez ces coutumes d'insensées. Le duel est encore pis que tout cela.
Pour le duelliste émérite, c'est un assassinat commis de
sang-froid avec toute la préméditation voulue; car il
est sûr du coup qu'il portera; pour l'adversaire presque
certain de succomber en raison de sa faiblesse et de son
inhabileté, c'est un suicide commis avec la plus froide
réflexion. Je sais que souvent on cherche à éviter cette
alternative également criminelle en s'en remettant au
hasard; mais alors n'est-ce pas, sous une autre forme,
en revenir au jugement de Dieu du moyen âge? Et en-

core à cette époque était-on infiniment moins coupable;
le nom même de *jugement de Dieu* indique une foi, naïve
il est vrai, mais enfin une foi en la justice de Dieu qui
ne pouvait laisser succomber un innocent, tandis que
dans le duel on s'en remet à la force brutale, de telle
sorte que c'est souvent l'offensé qui succombe.

O amour-propre stupide, sotte vanité et fol orgueil,
quand donc serez-vous remplacés par la charité chrétienne, l'amour du prochain et l'humilité dont Christ a
donné l'exemple et le précepte? Alors seulement disparaîtront ces préjugés monstrueux qui gouvernent encore
les hommes, et que les lois sont impuissantes à réprimer, parce qu'il ne suffit pas d'interdire le mal et de
prescrire le bien, il faut que le principe du bien et
l'horreur du mal soient dans le cœur de l'homme. (UN
ESPRIT PROTECTEUR. Bordeaux, 1861.)

14. Quelle opinion aura-t-on de moi, dites-vous souvent, si je refuse la réparation qui m'est demandée, ou
si je n'en demande pas une à celui qui m'a offensé? Les
fous, comme vous, les hommes arriérés vous blâme-
ront; mais ceux qui sont éclairés par le flambeau du
progrès intellectuel et moral diront que vous agissez selon la véritable sagesse. Réfléchissez un peu; pour une
parole souvent dite en l'air ou très inoffensive de la part
d'un de vos frères, votre orgueil se trouve froissé, vous
lui répondez d'une manière piquante, et de là une pro-
vocation. Avant d'arriver au moment décisif, vous demandez-vous si vous agissez en chrétien? quel compte
vous devrez à la société si vous la privez d'un de ses
membres? Pensez-vous au remords d'avoir enlevé à une
femme son mari, à une mère son enfant, à des enfants
leur père et leur soutien? Certainement celui qui a fait

l'offense doit une réparation; mais n'est-il pas plus honorable pour lui de la donner spontanément en reconnaissant ses torts, que d'exposer la vie de celui qui
a droit de se plaindre? Quant à l'offensé, je conviens
que quelquefois on peut se trouver gravement atteint,
soit dans sa personne, soit par rapport à ceux qui nous
tiennent de près; l'amour-propre n'est plus seulement
en jeu, le cœur est blessé, il souffre; mais outre qu'il
est stupide de jouer sa vie contre un misérable capable
d'une infamie, est-ce que, celui-ci étant mort, l'affront,
quel qu'il soit, n'existe plus? Le sang répandu ne
donne-t-il pas plus de renommée à un fait qui, s'il est
faux, doit tomber de lui-même, et qui, s'il est vrai, doit
se cacher sous le silence? Il ne reste donc que la satisfaction de la vengeance assouvie; hélas! triste satisfaction qui souvent laisse dès cette vie de cuisants regrets.
Et si c'est l'offensé qui succombe, où est la réparation?

Quand la charité sera la règle de conduite des hommes, ils conformeront leurs actes et leurs paroles à cette
maxime : « Ne faites point aux autres ce que vous ne
voudriez pas qu'on vous fît; » alors disparaîtront toutes
les causes de dissensions, et avec elles celles des duels,
et des guerres, qui sont les duels de peuple à peuple.
(FRANÇOIS-XAVIER. Bordeaux, 1861.)

15. L'homme du monde, l'homme heureux, qui,
pour un mot blessant, une cause légère, joue sa vie
qu'il tient de Dieu, joue la vie de son semblable qui
n'appartient qu'à Dieu, celui-là est plus coupable cent
fois que le misérable qui, poussé par la cupidité, par
le besoin quelquefois, s'introduit dans une demeure
pour y dérober ce qu'il convoite, et tue ceux qui s'op-

posent à son dessein. Ce dernier est presque toujours
un homme sans éducation, n'ayant que des notions imparfaites du bien et du mal, tandis que le duelliste appartient presque toujours à la classe la plus éclairée ;
l'un tue brutalement, l'autre avec méthode et politesse,
ce qui fait que la société l'excuse. J'ajoûte même que le
duelliste est infiniment plus coupable que le malheureux qui, cédant à un sentiment de vengeance, tue dans
un moment d'exaspération. Le duelliste n'a point pour
excuse l'entraînement de la passion, car entre l'insulte
et la réparation il a toujours le temps de réfléchir ; il
agit donc froidement et de dessein prémédité ; tout est
calculé et étudié pour tuer plus sûrement son adversaire. Il est vrai qu'il expose aussi sa vie, et c'est là ce
qui réhabilite le duel aux yeux du monde, parce qu'on
y voit un acte de courage et un mépris de sa propre vie ;
mais y a-t-il du vrai courage quand on est sûr de soi ?
Le duel, reste des temps de barbarie où le droit du plus
fort faisait la loi, disparaîtra avec une plus saine appré-
ciation du véritable point d'honneur, et à mesure que
l'homme aura une foi plus vive en la vie future. (Au-
GUSTIN. Bordeaux, 1861.)

16. *Remarque*. — Les duels deviennent de plus en
plus rares, et si l'on en voit encore de temps en temps
de douloureux exemples, le nombre n'en est pas com-
parable à ce qu'il était autrefois. Jadis un homme ne
sortait pas de chez lui sans prévoir une rencontre,
aussi prenait-il toujours ses précautions en conséquence.
Un signe caractéristique des mœurs du temps et des
peuples est dans l'usage du port habituel, ostensible ou
caché, des armes offensives et défensives ; l'abolition de
cet usage témoigne de l'adoucissement des mœurs, et

il est curieux d'en suivre la gradation depuis l'époque
où les chevaliers ne chevauchaient jamais que bardés de
fer et armés de la lance, jusqu'au port d'une simple
épée, devenue plutôt une parure et un accessoire du
blason qu'une arme agressive. Un autre trait de mœurs,
c'est que jadis les combats singuliers avaient lieu en
pleine rue, devant la foule qui s'écartait pour laisser le
champ libre, et qu'aujourd'hui on se cache; aujour-
d'hui la mort d'un homme est un événement, on s'en
émeut; jadis on n'y faisait pas attention. Le Spiritisme
emportera ces derniers vestiges de la barbarie, en in-
culquant aux hommes l'esprit de charité et de fraternité.

CHAPITRE XIII

QUE VOTRE MAIN GAUCHE NE SACHE PAS CE QUE DONNE VOTRE MAIN DROITE.

Faire le bien sans ostentation. — Les infortunes cachées. — Denier de la veuve. — Convier les pauvres et les estropiés. Obliger sans espoir de retour. — *Instructions des Esprits* : La charité matérielle et la charité morale. — La bienfaisance. — La pitié. — Les orphelins. — Bienfaits payés par l'ingratitude. — Bienfaisance exclusive.

Faire le bien sans ostentation.

1. Prenez garde de ne pas faire vos bonnes œuvres devant les hommes pour en être regardés, autrement vous n'en recevrez point la récompense de votre Père qui est dans les cieux. — Lors donc que vous donnerez l'aumône, ne faites point sonner la trompette devant vous, comme font les hypocrites dans les synagogues et dans les rues pour être honorés des hommes. Je vous dis, en vérité, ils ont reçu leur récompense. — Mais *lorsque vous faites l'aumône, que votre main gauche ne sache pas ce que fait votre main droite;* — afin que l'aumône soit dans le secret; et votre Père, qui voit ce qui se passe dans le secret, vous en rendra la récompense. (Saint Matthieu, ch. vi, v. de 1 à 4.)

2. Jésus étant descendu de la montagne, une grande foule de peuple le suivit; — et en même temps un lépreux vint à lui et l'adora en lui disant : Seigneur, si vous voulez, vous pouvez me guérir. — Jésus étendant la main, le toucha et lui dit : Je le veux, soyez guéri; et à l'instant la lèpre fut guérie. — Alors Jésus lui dit : *Gardez-vous bien de parler de ceci à personne;* mais allez vous montrer aux prêtres, et offrez le don prescrit par Moïse, afin que cela leur serve de témoignage. (Saint Matthieu, ch. viii, v. de 1 à 4.)

3. Faire le bien sans ostentation est un grand mérite; cacher la main qui donne est encore plus méritoire; c'est le signe incontestable d'une grande supériorité morale : car pour voir les choses de plus haut que le vulgaire, il faut faire abstraction de la vie présente et s'identifier avec la vie future; il faut, en un mot, se placer au-dessus de l'humanité pour renoncer à la satisfaction que procure le témoignage des hommes et attendre l'approbation de Dieu. Celui qui prise le suffrage des hommes plus que celui de Dieu, prouve qu'il a plus de foi dans les hommes qu'en Dieu, et que la vie présente est plus pour lui que la vie future, ou même qu'il ne croit pas à la vie future; s'il dit le contraire, il agit comme s'il ne croyait pas à ce qu'il dit.

Combien y en a-t-il qui n'obligent qu'avec l'espoir que l'obligé ira crier le bienfait sur les toits; qui, au grand jour, donneront une grosse somme, et dans l'ombre ne donneraient pas une pièce de monnaie! C'est pourquoi Jésus a dit : « Ceux qui font le bien avec ostentation ont déjà reçu leur récompense; » en effet, celui qui cherche sa glorification sur la terre par le bien qu'il fait, s'est déjà payé lui-même; Dieu ne lui doit plus rien; il ne lui reste à recevoir que la punition de son orgueil.

Que la main gauche ne sache pas ce que donne la main droite, est une figure qui caractérise admirablement la bienfaisance modeste; mais s'il y a la modestie réelle, il y a aussi la modestie jouée, le simulacre de la modestie; il y a des gens qui cachent la main qui donne, en ayant soin d'en laisser passer un bout, regardant si quelqu'un ne la leur voit pas cacher. Indigne parodie des maximes du Christ! Si les bienfaiteurs orgueilleux sont dépréciés parmi les hommes, que sera-ce donc au-

près de Dieu! Ceux-là aussi ont reçu leur récompense
sur la terre. On les a vus; ils sont satisfaits d'avoir été
vus : c'est tout ce qu'ils auront.

Quelle sera donc la récompense de celui qui fait peser ses bienfaits sur l'obligé, qui lui impose en quelque
sorte des témoignages de reconnaissance, lui fait sentir
sa position en exaltant le prix des sacrifices qu'il s'impose pour lui? Oh! pour celui-là, il n'a pas même la
récompense terrestre, car il est privé de la douce satisfaction d'entendre bénir son nom, et c'est là un premier châtiment de son orgueil; les larmes qu'il tarit au
profit de sa vanité, au lieu de monter au ciel, sont re-
tombées sur le cœur de l'affligé et l'ont ulcéré. Le bien
qu'il fait est sans profit pour lui, puisqu'il le reproche,
car tout bienfait reproché est une monnaie altérée et
sans valeur.

L'obligeance sans ostentation a un double mérite;
outre la charité matérielle, c'est la charité morale; elle
ménage la susceptibilité de l'obligé; elle lui fait accepter le bienfait sans que son amour-propre en souffre,
et en sauvegardant sa dignité d'homme, car tel acceptera
un service qui ne recevrait pas l'aumône; or, convertir
le service en aumône par la manière dont on le rend,
c'est humilier celui qui le reçoit, et il y a toujours orgueil et méchanceté à humilier quelqu'un. La vraie
charité, au contraire, est délicate et ingénieuse à dissimuler le bienfait, à éviter jusqu'aux moindres apparences blessantes, car tout froissement moral ajoute
à la souffrance qui naît du besoin; elle sait trouver des
paroles douces et affables qui mettent l'obligé à son
aise en face du bienfaiteur, tandis que la charité orgueilleuse l'écrase. Le sublime de la vraie générosité,
c'est lorsque le bienfaiteur, changeant de rôle, trouve

le moyen de paraître lui-même l'obligé vis-à-vis de celui
à qui il rend service. Voilà ce que veulent dire ces paroles : Que la main gauche ne sache pas ce que donne
la main droite.

Les infortunes cachées.

4. Dans les grandes calamités, la charité s'émeut, et
l'on voit de généreux élans pour réparer les désastres ;
mais, à côté de ces désastres généraux, il y a des milliers
de désastres particuliers qui passent inaperçus, des gens
qui gisent sur un grabat sans se plaindre. Ce sont ces
infortunes discrètes et cachées que la vraie générosité
sait aller découvrir sans attendre qu'elles viennent demander assistance.

Quelle est cette femme à l'air distingué, à la mise
simple quoique soignée, suivie d'une jeune fille vêtue
aussi modestement? Elle entre dans une maison de sordide apparence où elle est connue sans doute, car à la
porte on la salue avec respect. Où va-t-elle? Elle monte
jusqu'à la mansarde : là gît une mère de famille entou-
rée de petits enfants ; à son arrivée la joie brille sur ces
visages amaigris; c'est qu'elle vient calmer toutes ces
douleurs; elle apporte le nécessaire assaisonné de douces
et consolantes paroles qui font accepter le bienfait sans
rougir, car ces infortunés ne sont point des mendiants
de profession ; le père est à l'hôpital, et pendant ce
temps la mère ne peut suffire aux besoins. Grâce à elle,
ces pauvres enfants n'endureront ni le froid ni la faim;
ils iront à l'école chaudement vêtus, et le sein de la
mère ne tarira pas pour les plus petits. S'il en est un de
malade parmi eux, aucun soin matériel ne lui répugnera.
De là elle se rend à l'hospice pour porter au père quel-

ques douceurs et le tranquilliser sur le sort de sa famille. Au coin de la rue, l'attend une voiture, véritable magasin de tout ce qu'elle porte à ses protégés qu'elle visite ainsi successivement; elle ne leur demande ni leur croyance, ni leur opinion, car pour elle tous les hommes sont frères et enfants de Dieu. Sa tournée finie, elle se dit: J'ai bien commencé ma journée. Quel est son nom? où demeure-t-elle? Nul ne le sait; pour les malheureux, c'est un nom qui ne trahit rien; mais c'est l'ange de consolation; et, le soir, un concert de bénédictions s'élève pour elle vers le Créateur : catholiques, juifs, protestants, tous la bénissent.

Pourquoi cette mise si simple? C'est qu'elle ne veut pas insulter à la misère par son luxe. Pourquoi se fait-elle accompagner par sa jeune fille? C'est pour lui apprendre comment on doit pratiquer la bienfaisance. Sa fille aussi veut faire la charité, mais sa mère lui dit : « Que peux-tu donner, mon enfant, puisque tu n'as rien à toi? Si je te remets quelque chose pour le passer à d'autres, quel mérite auras-tu? C'est en réalité moi qui ferais la charité et toi qui en aurais le mérite; ce n'est pas juste. Quand nous allons visiter les malades, tu m'aides à les soigner; or, donner des soins, c'est donner quelque chose. Cela ne te semble-t-il pas suffisant? rien n'est plus simple; apprends à faire des ouvrages utiles, et tu confectionneras des vêtements pour ces petits enfants; de cette façon tu donneras quelque chose venant de toi. » C'est ainsi que cette mère vraiment chrétienne forme sa fille à la pratique des vertus enseignées par le Christ. Est-elle spirite? Qu'importe !

Dans son intérieur, c'est la femme du monde, parce que sa position l'exige; mais on ignore ce qu'elle fait, parce qu'elle ne veut d'autre approbation que celle de

Dieu et de sa conscience. Pourtant un jour une circonstance imprévue conduit chez elle une de ses proté-
gées qui lui rapportait de l'ouvrage; celle-ci la reconnut et voulut bénir sa bienfaitrice. « Chut ! lui dit-elle;
ne le dites à personne. » Ainsi parlait Jésus.

Le denier de la veuve.

5. Jésus étant assis vis-à-vis du tronc, considérait de quelle
manière le peuple y jetait de l'argent, et que plusieurs gens
riches y en mettaient beaucoup. — Il vint aussi une pauvre
veuve qui y mit seulement deux petites pièces de la valeur d'un
quart de sou. — Alors Jésus ayant appelé ses disciples, leur
dit : Je vous dis en vérité, cette pauvre veuve a plus donné que
tous ceux qui ont mis dans le tronc; — car tous les autres ont
donné de leur abondance, mais celle-ci a donné de son indigence, même tout ce qu'elle avait et tout ce qui lui restait pour
vivre. (Saint Marc, ch. xii, v. de 41 à 44.— Saint Luc, ch. xxi,
v. de 1 à 4.)

6. Beaucoup de gens regrettent de ne pouvoir faire
autant de bien qu'ils le voudraient, faute de ressources
suffisantes, et s'ils désirent la fortune, c'est, disent-ils,
pour en faire un bon usage. L'intention est louable,
sans doute, et peut être très sincère chez quelques-uns;
mais est-il bien certain qu'elle soit chez tous complète-
ment désintéressée ? N'y en a-t-il pas qui, tout en sou-
haitant faire du bien aux autres, seraient bien aises de
commencer par s'en faire à eux-mêmes, de se donner
quelques jouissances de plus, de se procurer un peu du
superflu qui leur manque, sauf à donner le reste aux
pauvres? Cette arrière-pensée, qu'ils se dissimulent
peut-être, mais qu'ils trouveraient au fond de leur cœur
s'ils voulaient y fouiller, annule le mérite de l'intention,

car la vraie charité pense aux autres avant de penser à
soi. Le sublime de la charité, dans ce cas, serait de
chercher dans son propre travail, par l'emploi de ses
forces, de son intelligence, de ses talents, les ressources
qui manquent pour réaliser ses intentions généreuses ; là
serait le sacrifice le plus agréable au Seigneur. Malheureusement la plupart rêvent des moyens plus faciles de
s'enrichir tout d'un coup et sans peine, en courant après
des chimères, comme les découvertes de trésors, une
chance aléatoire favorable, le recouvrement d'héritages
inespérés, etc. Que dire de ceux qui espèrent trouver,
pour les seconder dans les recherches de cette nature,
des auxiliaires parmi les Esprits ? Assurément ils ne
connaissent ni ne comprennent le but sacré du spiritisme, et encore moins la mission des Esprits, à qui
Dieu permet de se communiquer aux hommes; aussi en
sont-ils punis par les déceptions. (*Livre des Médiums*,
n°ˢ 294, 295.)

Ceux dont l'intention est pure de toute idée personnelle doivent se consoler de leur impuissance à faire
autant de bien qu'ils le voudraient par la pensée que
l'obole du pauvre, qui donne en se privant, pèse plus
dans la balance de Dieu que l'or du riche qui donne sans
se priver de rien. La satisfaction serait grande sans
doute de pouvoir largement secourir l'indigence ; mais
si elle est refusée, il faut se soumettre et se borner à faire
ce qu'on peut. D'ailleurs, n'est-ce qu'avec l'or qu'on peut
tarir les larmes, et faut-il rester inactif parce qu'on n'en
possède pas ? Celui qui veut sincèrement se rendre utile
à ses frères en trouve mille occasions; qu'il les cherche, et il les trouvera; si ce n'est d'une manière, c'est
d'une autre, car il n'est personne, ayant la libre jouissance de ses facultés, qui ne puisse rendre un service

quelconque, donner une consolation, adoucir une souffrance physique ou morale, faire une démarche utile ; à
défar t d'argent, chacun n'a-t-il pas sa peine, son temps,
son repos, dont il peut donner une partie ? Là aussi est
l'obole du pauvre, le denier de la veuve.

Convier les pauvres et les estropiés.

7. Il dit aussi à celui qui l'avait invité : Lorsque vous donnerez à dîner ou à souper, n'y conviez ni vos amis, ni vos frères,
ni vos parents, ni vos voisins qui seront riches, de peur qu'ils
ne vous invitent ensuite à leur tour, et qu'ainsi ils ne vous rendent ce qu'ils avaient reçu de vous. — Mais lorsque vous faites
un festin, conviez-y les pauvres, les estropiés, les boiteux et
les aveugles ; — et vous serez heureux de ce qu'ils n'auront pas
le moyen de vous le rendre ; car cela vous sera rendu dans la
résurrection des justes.

Un de ceux qui étaient à table, ayant entendu ces paroles, lui
dit : Heureux celui qui mangera du pain dans le royaume de
Dieu ! (Saint Luc, ch. xiv, v. de 12 à 15.)

8. « Lorsque vous faites un festin, dit Jésus, n'y conviez pas vos amis, mais les pauvres et les estropiés. »
Ces paroles, absurdes, si on les prend à la lettre, sont
sublimes si l'on en cherche l'esprit. Jésus ne peut avoir
voulu dire qu'au lieu de ses amis il faut réunir à sa
table les mendiants de la rue ; son langage était presque
toujours figuré, et à des hommes incapables de comprendre les nuances délicates de la pensée, il fallait des
images fortes, produisant l'effet des couleurs tran-
chantes. Le fond de sa pensée se révèle dans ces mots :
« Vous serez heureux de ce qu'ils n'auront pas le
moyen de vous le rendre ; » c'est dire qu'on ne doit
point faire le bien en vue d'un retour, mais pour le seul

plaisir de le faire. Pour donner une comparaison sai-
sissante, il dit : Conviez à vos festins les pauvres, car
vous savez que ceux-là ne pourront rien vous rendre;
et par *festins* il faut entendre, non les repas proprement dits, mais la participation à l'abondance dont
vous jouissez.

Cette parole peut cependant aussi recevoir son application dans un sens plus littéral. Que de gens n'invitent
à leur table que ceux qui peuvent, comme ils le disent,
leur faire honneur, ou qui peuvent les convier à leur
tour ! D'autres, au contraire, trouvent de la satisfaction
à recevoir ceux de leurs parents ou amis qui sont
moins heureux; or, qui est-ce qui n'en a pas parmi les
siens ? C'est parfois leur rendre un grand service sans
en avoir l'air. Ceux-là, sans aller recruter les aveugles
et les estropiés, pratiquent la maxime de Jésus, s'ils le
font par bienveillance, sans ostentation, et s'ils savent
dissimuler le bienfait par une sincère cordialité.

INSTRUCTIONS DES ESPRITS.

La charité matérielle et la charité morale.

9. « Aimons-nous les uns les autres et faisons à autrui ce que nous voudrions qui nous fût fait. » Toute la
religion, toute la morale se trouvent renfermées dans
ces deux préceptes; s'ils étaient suivis ici-bas, vous seriez tous parfaits : plus de haines, plus de dissenti-
ments; je dirai plus encore : plus de pauvreté, car du
superflu de la table de chaque riche, bien des pauvres
se nourriraient, et vous ne verriez plus, dans les sombres quartiers que j'ai habités pendant ma dernière in-

carnation, de pauvres femmes traînant après elles de misérables enfants manquant de tout.

Riches ! pensez un peu à cela ; aidez de votre mieux les malheureux ; donnez, pour que Dieu vous rende un iour le bien que vous aurez fait, pour que vous trouviez, au sortir de votre enveloppe terrestre, un cortége d'Esprits reconnaissants qui vous recevront au seuil d'un monde plus heureux.

Si vous pouviez savoir la joie que j'ai éprouvée en retrouvant là-haut ceux que j'avais pu obliger dans ma dernière vie !...

Aimez donc votre prochain ; aimez-le comme vous-mêmes, car vous le savez maintenant, ce malheureux que vous repoussez est peut-être un frère, un père, un ami que vous rejetez loin de vous ; et alors quel sera votre désespoir en le reconnaissant dans le monde des Esprits !

Je souhaite que vous compreniez bien ce que peut être *la charité morale*, celle que chacun peut pratiquer ; celle qui ne *coûte rien* de matériel, et cependant celle qui est plus difficile à mettre en pratique.

La charité morale consiste à se supporter les uns les autres, et c'est ce que vous faites le moins, en ce bas monde où vous êtes incarnés pour le moment. Il y a un grand mérite, croyez-moi, à savoir se taire pour laisser parler un plus sot que soi ; et c'est encore là un genre de charité. Savoir être sourd quand un mot moqueur s'échappe d'une bouche habituée à railler ; ne pas voir le sourire dédaigneux qui accueille votre entrée chez des gens qui, souvent à tort, se croient au-dessus de vous, tandis que, dans la vie spirite, *la seule réelle*, ils en sont quelquefois bien loin ; voilà un mérite, non pas d'humilité, mais de charité ; car ne

pas remarquer les torts d'autrui, c'est la charité morale.

Cependant cette charité ne doit pas empêcher l'autre ; mais pensez surtout à ne pas mépriser votre semblable ; rappelez-vous tout ce que je vous ai déjà dit : Il
faut se souvenir sans cesse que, dans le pauvre rebuté,
vous repoussez peut-être un Esprit qui vous a été cher,
et qui se trouve momentanément dans une position inférieure à la vôtre. J'ai revu un des pauvres de votre
terre que j'avais pu, par bonheur, obliger quelquefois,
et qu'il m'arrive *maintenant d'implorer* à mon tour.

Rappelez-vous que Jésus a dit que nous sommes frères, et pensez toujours à cela avant de repousser le lépreux ou le mendiant. Adieu ; pensez à ceux qui souffrent, et priez. (SŒUR ROSALIE. Paris, 1860.)

10. Mes amis, j'ai entendu plusieurs d'entre vous
se dire : Comment puis-je faire la charité? souvent je
n'ai pas même le nécessaire !

La charité, mes amis, se fait de bien des manières ;
vous pouvez faire la charité en pensées, en paroles et en
actions. En pensées : en priant pour les pauvres délaissés qui sont morts sans avoir été à même de voir la lumière ; une prière du cœur les soulage. En paroles : en
adressant à vos compagnons de tous les jours quelques
bons avis ; dites aux hommes aigris par le désespoir, les
privations, et qui blasphèment le nom du Très-Haut :
« J'étais comme vous ; je souffrais, j'étais malheureux,
mais j'ai cru au Spiritisme, et voyez, je suis heureux
maintenant. » Aux vieillards qui vous diront : « C'est
inutile ; je suis au bout de ma carrière ; je mourrai
comme j'ai vécu. » Dites à ceux-là : « Dieu a pour nous
tous une justice égale ; rappelez-vous les ouvriers de la

dixième heure. » Aux petits enfants qui, déjà viciés par
leur entourage, s'en vont rôder par les chemins, tout
prêts à succomber aux mauvaises tentations, dites-leur :
« Dieu vous voit, mes chers petits, » et ne craignez pas
de leur répéter souvent cette douce parole; elle finira
par prendre germe dans leur jeune intelligence, et au
lieu de petits vagabonds, vous aurez fait des hommes.
C'est encore là une charité.

Plusieurs d'entre vous disent aussi : « Bah! nous
sommes si nombreux sur la terre, Dieu ne peut pas
nous voir tous. » Écoutez bien ceci, mes amis : Quand
vous êtes sur le sommet d'une montagne, est-ce que
votre regard n'embrasse pas les milliards de grains de
sable qui couvrent cette montagne? Eh bien! Dieu
vous voit de même ; il vous laisse votre libre arbitre,
comme vous laissez ces grains de sable aller au gré du
vent qui les disperse ; seulement, Dieu, dans sa miséricorde infinie, a mis au fond de votre cœur une sentinelle
vigilante qu'on appelle la *conscience*. Écoutez-la ; elle ne
vous donnera que de bons conseils. Parfois vous l'en-
gourdissez en lui opposant l'esprit du mal ; elle se tait
alors; mais soyez sûrs que la pauvre délaissée se fera
entendre aussitôt que vous lui aurez laissé apercevoir
l'ombre du remords. Écoutez-la, interrogez-la, et souvent vous vous trouverez consolés du conseil que vous
en aurez reçu.

Mes amis, à chaque régiment nouveau le général remet un drapeau ; je vous donne, moi, cette maxime du
Christ : « Aimez-vous les uns les autres. » Pratiquez
cette maxime; réunissez-vous tous autour de cet étendard, et vous en recevrez le bonheur et la consolation.
(Un Esprit protecteur. Lyon, 1860.)

La bienfaisance.

11. La bienfaisance, mes amis, vous donnera dans ce monde les plus pures et les plus douces jouissances, les joies du cœur qui ne sont troublées ni par le remords, ni par l'indifférence. Oh ! puissiez-vous comprendre tout ce que renferme de grand et de doux la générosité des belles âmes, ce sentiment qui fait que l'on regarde autrui du même œil que l'on se regarde soi-même, qu'on se dépouille avec joie pour couvrir son frère. Puissiez-vous, mes amis, n'avoir de plus douce occupation que celle de faire des heureux ! Quelles sont les fêtes du monde que vous puissiez comparer à ces fêtes joyeuses, quand, représentants de la Divinité, vous rendez la joie à ces pauvres familles qui ne connaissent de la vie que les vicissitudes et les amertumes ; quand vous voyez soudain ces visages flétris rayonner d'espérance, car ils n'avaient pas de pain, ces malheureux, et leurs petits enfants, ignorant que vivre c'est souffrir, criaient, pleuraient et répétaient ces paroles qui s'enfonçaient comme un glaive aigu dans le cœur maternel : J'ai faim !... Oh ! comprenez combien sont délicieuses les impressions de celui qui voit renaître la joie là où, un instant auparavant, il ne voyait que désespoir ! Comprenez quelles sont vos obligations envers vos frères ! Allez, allez au-devant de l'infortune ; allez au secours des misères cachées surtout, car ce sont les plus douloureuses. Allez, mes bien-aimés, et souvenez-vous de ces paroles du Sauveur : « Quand vous vêtirez un de ces petits, songez que c'est à moi que vous le faites ! »

Charité ! mot sublime qui résume toutes les vertus, c'est toi qui dois conduire les peuples au bonheur ; en te

pratiquant, ils se créeront des jouissances infinies pour
l'avenir, et pendant leur exil sur la terre, tu seras leur
consolation, l'avant-goût des joies qu'ils goûteront plus
tard quand ils s'embrasseront tous ensemble dans le
sein du Dieu d'amour. C'est toi, vertu divine, qui m'as
procuré les seuls moments de bonheur que j'aie goûtés
sur la terre. Puissent mes frères incarnés croire la voix
de l'ami qui leur parle et leur dit : C'est dans la charité
que vous devez chercher la paix du cœur, le contente-
ment de l'âme, le remède contre les afflictions de la vie.
Oh ! quand vous êtes sur le point d'accuser Dieu, jetez
un regard au-dessous de vous ; voyez que de misères à
soulager ; que de pauvres enfants sans famille ; que de
vieillards qui n'ont pas une main amie pour les secourir et leur fermer les yeux quand la mort les réclame !
Que de bien à faire ! Oh ! ne vous plaignez pas ; mais,
au contraire, remerciez Dieu, et prodiguez à pleines
mains votre sympathie, votre amour, votre argent à
tous ceux qui, déshérités des biens de ce monde, lan-
guissent dans la souffrance et dans l'isolement. Vous
recueillerez ici-bas des joies bien douces, et plus tard...
Dieu seul le sait!... (ADOLPHE, évêque d'Alger. Bordeaux, 1861.)

12. Soyez bons et charitables, c'est la clef des cieux
que vous tenez en vos mains ; tout le bonheur éternel
est renfermé dans cette maxime : Aimez-vous les uns
les autres. L'âme ne peut s'élever dans les régions spirituelles que par le dévoûment au prochain ; elle ne
trouve de bonheur et de consolation que dans les élans
de la charité ; soyez bons, soutenez vos frères, laissez de
côté l'affreuse plaie de l'égoïsme ; ce devoir rempli doit
vous ouvrir la route du bonheur éternel. Du reste, qui

d'entre vous n'a senti son cœur bondir, sa joie intérieure se dilater au récit d'un beau dévoûment, d'une
œuvre vraiment charitable ? Si vous ne recherchiez que
la volupté que procure une bonne action, vous reste-
riez toujours dans le chemin du progrès spirituel. Les
exemples ne vous manquent pas ; il n'y a que les bonnes
volontés qui sont rares. Voyez la foule des hommes
de bien dont votre histoire vous rappelle le pieux souvenir.

Le Christ ne vous a-t-il pas dit tout ce qui concerne
ces vertus de charité et d'amour ? Pourquoi laisse-t-on
de côté ses divins enseignements ? Pourquoi ferme-t-on
l'oreille à ses divines paroles, le cœur à toutes ses
douces maximes ? Je voudrais qu'on apportât plus d'intérêt, plus de foi aux lectures évangéliques ; on délaisse
ce livre, on en fait un mot creux, une lettre close ; on
laisse ce code admirable dans l'oubli : vos maux ne
proviennent que de l'abandon volontaire que vous
faites de ce résumé des lois divines. Lisez donc ces
pages toutes brûlantes du dévoûment de Jésus, et mé-
ditez-les.

Hommes forts, ceignez-vous ; hommes faibles, faites-
vous des armes de votre douceur, de votre foi ; ayez plus
de persuasion, plus de constance dans la propagation
de votre nouvelle doctrine ; ce n'est qu'un encouragement que nous sommes venus vous donner, ce n'est que
pour stimuler votre zèle et vos vertus que Dieu nous
permet de nous manifester à vous ; mais si on voulait,
on n'aurait besoin que de l'aide de Dieu et de sa propre
volonté : les manifestations spirites ne sont faites que
pour les yeux fermés et les cœurs indociles.

La charité est la vertu fondamentale qui doit soutenir
tout l'édifice des vertus terrestres ; sans elle les autres

n'existent pas. Sans la charité point d'espoir dans un
sort meilleur, pas d'intérêt moral qui nous guide ; sans
la charité point de foi, car la foi n'est qu'un pur rayon
qui fait briller une âme charitable.

La charité est l'ancre éternelle du salut dans tous les
globes : c'est la plus pure émanation du Créateur lui-
même ; c'est sa propre vertu qu'il donne à la créature.
Comment voudrait-on méconnaître cette suprême bonté ?
Quel serait, avec cette pensée, le cœur assez pervers pour
refouler et chasser ce sentiment tout divin ? Quel serait
l'enfant assez méchant pour se mutiner contre cette
douce caresse : la charité ?

Je n'ose pas parler de ce que j'ai fait, car les Esprits
ont aussi la pudeur de leurs œuvres ; mais je crois celle
que j'ai commencée une de celles qui doivent le plus
contribuer au soulagement de vos semblables. Je vois
souvent les Esprits demander pour mission de continuer
ma tâche ; je les vois, mes douces et chères sœurs, dans
leur pieux et divin ministère ; je les vois pratiquer
la vertu que je vous recommande, avec toute la joie que
procure cette existence de dévoûment et de sacrifices ; c'est un grand bonheur pour moi de voir combien leur caractère est honoré, combien leur mission
est aimée et doucement protégée. Hommes de bien, de
bonne et forte volonté, unissez-vous pour continuer
grandement l'œuvre de propagation de la charité ; vous
trouverez la récompense de cette vertu par son exercice
même ; il n'est pas de joie spirituelle qu'elle ne donne
dès la vie présente. Soyez unis ; aimez-vous les uns les
autres selon les préceptes du Christ. Ainsi soit-il. (Saint
Vincent de Paul. Paris, 1858.)

13. Je me nomme la charité, je suis la route princi-

pale qui conduit vers Dieu ; suivez-moi, car je suis le but
où vous devez tous viser.

J'ai fait ce matin ma tournée habituelle, et, le cœur
navré, je viens vous dire : Oh ! mes amis, que de misères, que de larmes, et combien vous avez à faire pour
les sécher toutes ! J'ai vainement cherché à consoler de
pauvres mères ; je leur disais à l'oreille : Courage ! il y
a de bons cœurs qui veillent sur vous ; on ne vous
abandonnera pas ; patience ! Dieu est là ; vous êtes ses
aimées, vous êtes ses élues. Elles paraissaient m'entendre et tournaient de mon côté de grands yeux égarés ; je lisais sur leur pauvre visage que leur corps, ce
tyran de l'Esprit, avait faim, et que si mes paroles ras-
sérénaient un peu leur cœur, elles ne remplissaient pas
leur estomac. Je répétais encore : Courage ! courage !
Alors une pauvre mère, toute jeune, qui allaitait un
petit enfant, l'a pris dans ses bras et l'a tendu dans l'espace vide, comme pour me prier de protéger ce pauvre
petit être qui ne prenait à un sein stérile qu'une nourriture insuffisante.

Ailleurs, mes amis, j'ai vu de pauvres vieillards sans
travaux et bientôt sans asile, en proie à toutes les souffrances du besoin, et, honteux de leur misère, n'osant
pas, eux qui n'ont jamais mendié, aller implorer la pitié des passants. Le cœur ému de compassion, moi qui
n'ai rien, je me suis faite mendiante pour eux, et je vais
de tous côtés stimuler la bienfaisance, souffler de bonnes
pensées aux cœurs généreux et compatissants. C'est
pourquoi je viens à vous, mes amis, et je vous dis : Là-
bas il y a des malheureux dont la huche est sans pain,
le foyer sans feu et le lit sans couverture. Je ne vous dis
pas ce que vous devez faire ; j'en laisse l'initiative à vos
bons cœurs ; si je vous dictais votre ligne de conduite,

vous n'auriez plus le mérite de votre bonne action ; je vous dis seulement : Je suis la charité, et je vous tends la main pour vos frères souffrants.

Mais si je demande, je donne aussi et je donne beaucoup ; je vous convie à un grand banquet, et je fournis l'arbre où vous vous rassasierez tous ! Voyez comme il est beau, comme il est chargé de fleurs et de fruits ! Allez, allez, cueillez, prenez tous les fruits de ce bel arbre qui s'appelle la bienfaisance. A la place des rameaux que vous aurez pris, j'attacherai toutes les bonnes actions que vous ferez, et je rapporterai cet arbre à Dieu pour qu'il le charge de nouveau, car la bienfaisance est inépuisable. Suivez-moi donc, mes amis, afin que je vous compte parmi ceux qui s'enrôlent sous ma bannière ; soyez sans crainte ; je vous conduirai dans la voie du salut, car je suis *la Charité*. (CARITA, *martyrisée à Rome*. Lyon, 1861.)

14. Il y a plusieurs manières de faire la charité que beaucoup d'entre vous confondent avec l'aumône ; il y a pourtant une grande différence. L'aumône, mes amis, est quelquefois utile, car elle soulage les pauvres ; mais elle est presque toujours humiliante et pour celui qui la fait et pour celui qui la reçoit. La charité, au contraire, lie le bienfaiteur et l'obligé, et puis elle se déguise de tant de manières ! On peut être charitable même avec ses proches, avec ses amis, en étant indulgents les uns envers les autres, en se pardonnant ses faiblesses, en ayant soin de ne froisser l'amour-propre de personne ; pour vous, spirites, dans votre manière d'agir envers ceux qui ne pensent pas comme vous ; en amenant les moins clairvoyants à croire, et cela sans les heurter, sans rompre en visière avec leurs convictions, mais en

les amenant tout doucement à nos réunions où ils pourront nous entendre, et où nous saurons bien trouver la
brèche du cœur par où nous devrons pénétrer. Voilà
pour un côté de la charité.

Écoutez maintenant la charité envers les pauvres, ces
déshérités ici-bas, mais ces récompensés de Dieu, s'ils
savent accepter leurs misères sans murmurer, et cela
dépend de vous. Je vais me faire comprendre par un
exemple.

Je vois plusieurs fois dans la semaine une réunion de
dames : il y en a de tous les âges ; pour nous, vous le
savez, elles sont toutes sœurs. Que font-elles donc ?
Elles travaillent vite, vite ; les doigts sont agiles ; aussi
voyez comme les visages sont radieux, et comme les
cœurs battent à l'unisson ! mais quel est leur but ? c'est
qu'elles voient approcher l'hiver qui sera rude pour les
pauvres ménages ; les fourmis n'ont pas pu amasser pendant l'été le grain nécessaire à la provision, et la plupart des effets sont engagés ; les pauvres mères s'inquiè-
tent et pleurent en songeant aux petits enfants qui, cet
hiver, auront froid et faim ! Mais patience, pauvres femmes ! Dieu en a inspiré de plus fortunées que vous ;
elles se sont réunies et vous confectionnent de petits
vêtements ; puis un de ces jours, quand la neige aura
couvert la terre et que vous murmurerez en disant :
« Dieu n'est pas juste, » car c'est votre parole ordinaire
à vous qui souffrez ; alors vous verrez apparaître un des
enfants de ces bonnes travailleuses qui se sont consti-
tuées les ouvrières des pauvres ; oui, c'est pour vous
qu'elles travaillaient ainsi, et votre murmure se chan-
gera en bénédiction, car dans le cœur des malheureux
l'amour suit de bien près la haine.

Comme il faut à toutes ces travailleuses un encoura-

gement, je vois les communications des bons Esprits
leur arriver de toutes parts ; les hommes qui font partie
de cette société apportent aussi leur concours en faisant
une de ces lectures qui plaisent tant ; et nous, pour récompenser le zèle de tous et de chacun en particulier,
nous promettons à ces ouvrières laborieuses une bonne
clientèle qui les payera, argent comptant, en bénédictions, seule monnaie qui ait cours au ciel, leur assurant
en outre, et sans crainte de trop nous avancer, qu'elle
ne leur manquera pas. (CARITA. Lyon, 1861.)

15. Mes chers amis, chaque jour j'en entends parmi
vous qui disent : « Je suis pauvre, je ne puis pas faire
la charité ; » et chaque jour je vous vois manquer d'indulgence pour vos semblables ; vous ne leur pardonnez
rien, et vous vous érigez en juges souvent sévères, sans
vous demander si vous seriez satisfaits qu'on en fît autant à votre égard. L'indulgence n'est-elle pas aussi de
la charité ? Vous qui ne pouvez faire que la charité indulgente, faites-la au moins, mais faites-la grandement.
Pour ce qui est de la charité matérielle, je veux vous
raconter une histoire de l'autre monde.

Deux hommes venaient de mourir ; Dieu avait dit :
Tant que ces deux hommes vivront, on mettra dans un
sac chacune de leurs bonnes actions, et à leur mort on
pèsera ces sacs. Quand ces deux hommes arrivèrent à
leur dernière heure, Dieu se fit apporter les deux sacs ;
l'un était gros, grand, bien bourré, il résonnait le mé-
tal qui le remplissait ; l'autre était tout petit, et si
mince, qu'on voyait à travers les rares sous qu'il con-
tenait ; et chacun de ces hommes reconnut son sac :
Voici le mien, dit le premier ; je le reconnais ; j'ai été
riche et j'ai beaucoup donné. Voilà le mien, dit l'autre ;

j'ai toujours été pauvre, hélas! je n'avais presque rien
à partager. Mais, ô surprise! les deux sacs mis dans la
balance, le plus gros devint léger, et le petit s'alourdit,
si bien qu'il emporta de beaucoup l'autre côté de la
balance. Alors Dieu dit au riche : Tu as beaucoup donné,
c'est vrai, mais tu as donné par ostentation, et pour
voir ton nom figurer à tous les temples de l'orgueil, et
de plus en donnant tu ne t'es privé de rien; vas à gauche
et sois satisfait que l'aumône te soit comptée encore
pour quelque petite chose. Puis il dit au pauvre : Tu
as bien peu donné, toi, mon ami; mais chacun des
sous qui sont dans cette balance représente une privation pour toi; si tu n'as pas fait l'aumône, tu as fait la
charité, et ce qu'il y a de mieux, tu as fait la charité
naturellement, sans penser qu'on t'en tiendrait compte;
tu as été indulgent; tu n'as pas jugé ton semblable, tu
l'as au contraire excusé dans toutes ses actions : passe à
droite, et va recevoir ta récompense. (UN ESPRIT PROTEC-
TEUR. Lyon, 1861.)

16. La femme riche, heureuse, qui n'a pas besoin
d'employer son temps aux travaux de son ménage, ne
peut-elle consacrer quelques heures à des travaux utiles pour ses semblables? Qu'avec le superflu de ses joies
elle achète de quoi couvrir le malheureux qui grelotte
de froid; qu'elle fasse, de ses mains délicates, de grossiers mais chauds vêtements; qu'elle aide la mère à
couvrir l'enfant qui va naître; si son enfant, à elle, a
quelques dentelles de moins, celui du pauvre aura plus
chaud. Travailler pour les pauvres, c'est travailler à la
vigne du Seigneur.

Et toi, pauvre ouvrière, qui n'as pas de superflu, mais
qui veux, dans ton amour pour tes frères, donner aussi

du peu que tu possèdes, donne quelques heures de ta journée, de ton temps ton seul trésor; fais de ces ouvrages élégants qui tentent les heureux; vends le travail de ta veille, et tu pourras aussi procurer à tes frères ta part de soulagement; tu auras peut-être quelques rubans de moins, mais tu donneras des souliers à celui qui a les pieds nus.

Et vous, femmes vouées à Dieu, travaillez aussi à son œuvre, mais que vos ouvrages délicats et coûteux ne soient pas faits seulement pour orner vos chapelles, pour attirer l'attention sur votre adresse et votre patience; travaillez, mes filles, et que le prix de vos ouvrages soit consacré au soulagement de vos frères en Dieu; les pauvres sont ses enfants bien-aimés; travailler pour eux, c'est le glorifier. Soyez-leur la Providence qui dit : Aux oiseaux du ciel Dieu donne la pâture. Que l'or et l'argent qui se tissent sous vos doigts se changent en vêtements et en nourriture pour ceux qui en manquent. Faites cela, et votre travail sera béni.

Et vous tous qui pouvez produire, donnez; donnez votre génie, donnez vos inspirations, donnez votre cœur que Dieu bénira. Poètes, littérateurs, qui n'êtes lus que par les gens du monde, satisfaites leurs loisirs, mais que le produit de quelques-unes de vos œuvres soit consacré au soulagement des malheureux; peintres, sculpteurs, artistes en tous genres, que votre intelligence vienne aussi en aide à vos frères, vous n'en aurez pas moins de gloire, et il y aura quelques souffrances de moins.

Tous vous pouvez donner; dans quelque classe que vous soyez, vous avez quelque chose que vous pouvez partager; quoi que ce soit que Dieu vous ait donné, vous en devez une partie à celui qui manque du néces-

saire, parce qu'à sa place vous seriez bien aises qu'un
autre partageât avec vous. Vos trésors de la terre seront
un peu moindres, mais vos trésors dans le ciel seront
plus abondants; vous y recueillerez au centuple ce que
vous aurez semé en bienfaits ici-bas. (JEAN. Bordeaux, 1861.)

La pitié.

17. La pitié est la vertu qui vous rapproche le plus
des anges; c'est la sœur de charité qui vous conduit
vers Dieu. Ah! laissez votre cœur s'attendrir à l'aspect
des misères et des souffrances de vos semblables; vos
larmes sont un baume que vous versez sur leurs blessures, et lorsque, par une douce sympathie, vous parvenez à leur rendre l'espérance et la résignation, quel
charme n'éprouvez-vous pas! Ce charme, il est vrai, a
une certaine amertume, car il naît à côté du malheur;
mais s'il n'a pas l'âcreté des jouissances mondaines, il
n'a pas les poignantes déceptions du vide que celles-ci
laissent après elles; il a une suavité pénétrante qui réjouit l'âme. La pitié, une pitié bien sentie, c'est de l'a-
mour; l'amour, c'est du dévoûment; le dévoûment,
c'est l'oubli de soi-même; et cet oubli, cette abnégation
en faveur des malheureux, c'est la vertu par excellence.
celle qu'a pratiquée toute sa vie le divin Messie, et qu'il
a enseignée dans sa doctrine si sainte et si sublime.
Lorsque cette doctrine sera rendue à sa pureté primitive,
qu'elle sera admise par tous les peuples, elle donnera
le bonheur à la terre en y faisant régner enfin la concorde, la paix et l'amour.

Le sentiment le plus propre à vous faire progresser
en domptant votre égoïsme et votre orgueil, celui qui

dispose votre âme à l'humilité, à la bienfaisance et à l'amour de votre prochain, c'est la pitié! cette pitié qui vous émeut jusque dans vos entrailles devant les souffrances de vos frères, qui vous fait leur tendre une main secourable et vous arrache de sympathiques larmes. N'étouffez donc jamais dans vos cœurs cette émotion céleste, ne faites pas comme ces égoïstes endurcis qui s'éloignent des affligés, parce que la vue de leur misère troublerait un instant leur joyeuse existence; redoutez de rester indifférents lorsque vous pouvez être utiles. La tranquillité achetée au prix d'une indifférence coupable, c'est la tranquillité de la mer Morte, qui cache au fond de ses eaux la vase fétide et la corruption.

Que la pitié est loin cependant de causer le trouble et l'ennui dont s'épouvante l'égoïste! Sans doute l'âme éprouve, au contact du malheur d'autrui et en faisant un retour sur elle-même, un saisissement naturel et profond qui fait vibrer tout votre être et vous affecte péniblement; mais la compensation est grande, quand vous parvenez à rendre le courage et l'espoir à un frère malheureux qu'attendrit la pression d'une main amie, et dont le regard, humide à la fois d'émotion et de reconnaissance, se tourne doucement vers vous avant de se fixer sur le ciel pour le remercier de lui avoir envoyé un consolateur, un appui. La pitié est le mélancolique mais céleste précurseur de la charité, cette première des vertus dont elle est la sœur et dont elle prépare et ennoblit les bienfaits. (MICHEL. Bordeaux, 1862.)

Les orphelins

18. Mes frères, aimez les orphelins; si vous saviez combien il est triste d'être seul et abandonné, surtout

dans le jeune âge! Dieu permet qu'il y ait des orphelins pour nous engager à leur servir de pères. Quelle divine charité d'aider une pauvre petite créature délaissée, de l'empêcher de souffrir de la faim et du froid, de diriger son âme afin qu'elle ne s'égare pas dans le vice! Qui tend la main à l'enfant abandonné est agréable à Dieu, car il comprend et pratique sa loi. Pensez aussi que souvent l'enfant que vous secourez vous a été cher dans une autre incarnation; et si vous pouviez vous souvenir, ce ne serait plus de la charité, mais un devoir. Ainsi donc, mes amis, tout être souffrant est votre frère et a droit à votre charité, non pas cette charité qui blesse le cœur, non cette aumône qui brûle la main dans laquelle elle tombe, car vos oboles sont souvent bien amères! Que de fois elles seraient refusées si, au grenier, la maladie et le dénûment ne les attendaient pas! Donnez délicatement, ajoutez au bienfait le plus précieux de tous : une bonne parole, une caresse, un sourire d'ami; évitez ce ton de protection qui retourne le fer dans un cœur qui saigne, et pensez qu'en faisant le bien, vous travaillez pour vous et les vôtres. (Un Esprit familier. Paris, 1860.)

19. Que faut-il penser des gens qui, ayant été payés de leurs bienfaits par l'ingratitude, ne font plus de bien de peur de rencontrer des ingrats?

Ces gens-là ont plus d'égoïsme que de charité; car ne faire le bien que pour en recevoir des marques de reconnaissance, ce n'est pas le faire avec désintéressement, et le bienfait désintéressé est le seul qui soit agréable à Dieu. C'est aussi de l'orgueil, car ils se complaisent dans l'humilité de l'obligé qui vient mettre sa reconnaissance à leurs pieds. Celui qui cherche sur la terre la récompense du bien qu'il fait ne la recevra pas au ciel; mais Dieu tiendra compte à celui qui ne la cherche pas sur la terre.

Il faut toujours aider les faibles, quoique sachant d'avance que ceux à qui on fait le bien n'en sauront pas gré. Sachez que si celui à qui vous rendez service oublie le bienfait, Dieu vous en tiendra plus de compte que si vous étiez déjà récompensés par la reconnaissance de votre obligé. *Dieu permet que vous soyez parfois payés d'ingratitude pour éprouver votre persévérance à faire le bien.*

Que savez-vous, d'ailleurs, si ce bienfait, oublié pour le moment, ne portera pas plus tard de bons fruits? Soyez certains, au contraire, que c'est une semence qui germera avec le temps. Malheureusement vous ne voyez toujours que le présent; vous travaillez pour vous, et non en vue des autres. Les bienfaits finissent par amollir les cœurs les plus endurcis; ils peuvent être méconnus ici-bas, mais lorsque l'Esprit sera débarrassé de son voile charnel, il se souviendra, et ce souvenir sera son châtiment; alors il regrettera son ingratitude; il voudra réparer sa faute, payer sa dette dans une autre existence, souvent même en acceptant une vie de dévoûment envers son bienfaiteur. C'est ainsi que, sans vous en douter, vous aurez contribué à son avancement moral, et vous reconnaîtrez plus tard toute la vérité de cette maxime : Un bienfait n'est jamais perdu. Mais vous aurez aussi travaillé pour vous, car vous aurez le mérite d'avoir fait le bien avec désintéressement, et sans vous être laissé décourager par les déceptions.

Ah! mes amis, si vous connaissiez tous les liens qui, dans la vie présente, vous rattachent à vos existences antérieures; si vous pouviez embrasser la multitude des

rapports qui rapprochent les êtres les uns des autres
pour leur progrès mutuel, vous admireriez bien mieux
encore la sagesse et la bonté du Créateur qui vous permet de revivre pour arriver à lui. (GUIDE PROTECTEUR.
Sens, 1862.)

20. *La bienfaisance est-elle bien entendue quand elle est
exclusive entre les gens d'une même opinion, d'une même
croyance ou d'un même parti?*

Non, c'est surtout l'esprit de secte et de parti qu'il
faut abolir, car tous les hommes sont frères. Le vrai
chrétien ne voit que des frères dans ses semblables, et
avant de secourir celui qui est dans le besoin, il ne consulte ni sa croyance, ni son opinion en quoi que ce soit.
Suivrait-il le précepte de Jésus-Christ, qui dit d'aimer
même ses ennemis, s'il repoussait un malheureux, parce
que celui-ci aurait une autre foi que la sienne? Qu'il le
secoure donc sans lui demander aucun compte de sa
conscience, car si c'est un ennemi de la religion, c'est
le moyen de la lui faire aimer; en le repoussant, on la
lui ferait haïr. (SAINT LOUIS. Paris, 1860.)

CHAPITRE XIV

HONOREZ VOTRE PÈRE ET VOTRE MÈRE.

Piété filiale.—Qui est ma mère et qui sont mes frères ?— Parenté corporelle et parenté spirituelle. —*Instructions des Esprits* : L'ingratitude des enfants.

1. Vous savez les commandements : vous ne commettrez point d'adultère ; vous ne tuerez point ; vous ne déroberez point ; vous ne porterez point de faux témoignage ; vous ne ferez tort à personne ; *honorez votre père et votre mère.* (Saint Marc, ch. x, v. 19 ; saint Luc, ch. xviii, v. 20 ; saint Matthieu, ch. xix, v. 19.)

2. Honorez votre père et votre mère, afin que vous viviez longtemps sur la terre que le Seigneur votre Dieu vous donnera. (Décalogue ; Exode, ch. xx, v. 12.)

Piété filiale.

3. Le commandement : « Honorez votre père et votre mère, » est une conséquence de la loi générale de charité et d'amour du prochain, car on ne peut aimer son prochain sans aimer son père et sa mère ; mais le mot *honorez* renferme un devoir de plus à leur égard, celui de la piété filiale. Dieu a voulu montrer par là qu'à l'amour il faut ajouter le respect, les égards, la soumission et la condescendance, ce qui implique l'obligation d'accomplir envers eux d'une manière plus rigoureuse encore tout ce que la charité commande envers le pro-

chain. Ce devoir s'étend naturellement aux personnes qui tiennent lieu de père et de mère, et qui en ont d'autant plus de mérite, que leur dévoûment est moins obligatoire. Dieu punit toujours d'une manière rigoureuse toute violation de ce commandement.

Honorer son père et sa mère, ce n'est pas seulement les respecter, c'est aussi les assister dans le besoin; c'est leur procurer le repos sur leurs vieux jours; c'est les entourer de sollicitude comme ils l'ont fait pour nous dans notre enfance.

C'est surtout envers les parents sans ressources que se montre la véritable piété filiale. Satisfont-ils à ce commandement ceux qui croient faire un grand effort en leur donnant tout juste de quoi ne pas mourir de faim, alors qu'eux-mêmes ne se privent de rien? en les reléguant dans les plus infimes réduits de la maison, pour ne pas les laisser dans la rue, alors qu'ils se réservent ce qu'il y a de mieux, de plus confortable? Heureux encore lorsqu'ils ne le font pas de mauvaise grâce et ne leur font pas acheter le temps qui leur reste à vivre en se déchargeant sur eux des fatigues du ménage! Est-ce donc aux parents vieux et faibles à être les serviteurs des enfants jeunes et forts? Leur mère a-t-elle marchandé son lait quand ils étaient au berceau? a-t-elle compté ses veilles quand ils étaient malades, ses pas pour leur procurer ce dont ils avaient besoin? Non, ce n'est pas seulement le strict nécessaire que les enfants doivent à leurs parents pauvres, ce sont aussi, autant qu'ils le peuvent, les petites douceurs du superflu, les prévenances, les soins délicats, qui ne sont que l'intérêt de ce qu'ils ont reçu, le payement d'une dette sacrée. Là seulement est la piété filiale acceptée par Dieu.

Malheur donc à celui qui oublie ce qu'il doit à ceux

12.

qui l'ont soutenu dans sa faiblesse, qui avec la vie matérielle lui ont donné la vie morale, qui souvent se sont imposé de dures privations pour assurer son bien-être; malheur à l'ingrat, car il sera puni par l'ingratitude et l'abandon; il sera frappé dans ses plus chères affections, *quelquefois dès la vie présente*, mais certainement dans une autre existence, où il endurera ce qu'il aura fait endurer aux autres.

Certains parents, il est vrai, méconnaissent leurs devoirs, et ne sont pas pour leurs enfants ce qu'ils devraient être; mais c'est à Dieu de les punir et non à leurs enfants; ce n'est pas à ceux-ci de le leur reprocher, parce que peut-être eux-mêmes ont mérité qu'il en fût ainsi. Si la charité fait une loi de rendre le bien pour le mal, d'être indulgent pour les imperfections d'autrui, de ne point médire de son prochain, d'oublier et de pardonner les torts, d'aimer même ses ennemis, combien cette obligation n'est-elle pas plus grande encore à l'égard des parents! Les enfants doivent donc prendre pour règle de leur conduite envers ces derniers, tous les préceptes de Jésus concernant le prochain, et se dire que tout procédé blâmable vis-à-vis d'étrangers l'est encore plus vis-à-vis des proches, et que ce qui peut n'être qu'une faute dans le premier cas peut devenir crime dans le second, parce qu'alors au manque de charité se joint l'ingratitude.

4. Dieu a dit : « Honorez votre père et votre mère, afin que vous viviez longtemps sur la terre que le Seigneur votre Dieu vous donnera; » pourquoi donc promet-il comme récompense la vie sur la terre et non la vie céleste? L'explication en est dans ces mots : « Que Dieu vous donnera, » supprimés dans la formule mo-

derne du décalogue, ce qui en dénature le sens. Pour
comprendre cette parole, il faut se reporter à la situation et aux idées des Hébreux à l'époque où elle a été
dite; ils ne comprenaient pas encore la vie future; leur
vue ne s'étendait pas au delà de la vie corporelle; ils
devaient donc être plus touchés de ce qu'ils voyaient
que de ce qu'ils ne voyaient pas; c'est pourquoi Dieu
leur parle un langage à leur portée, et, comme à des
enfants, leur donne en perspective ce qui peut les satisfaire. Ils étaient alors dans le désert; la terre que
Dieu leur *donnera* était la Terre Promise, but de leurs
aspirations: ils ne désiraient rien de plus, et Dieu leur
dit qu'ils y vivront longtemps, c'est-à-dire qu'ils la
posséderont longtemps s'ils observent ses commandements.

Mais à l'avénement de Jésus, leurs idées étaient plus
développées; le moment étant venu de leur donner une
nourriture moins grossière, il les initie à la vie spirituelle en leur disant: « Mon royaume n'est pas de ce
monde; c'est là, et non sur la terre, que vous recevrez
la récompense de vos bonnes œuvres. » Sous ces paroles, la Terre Promise matérielle se transforme en une
patrie céleste; aussi, quand il les rappelle à l'observation du commandement : « Honorez votre père et votre
mère, » ce n'est plus la terre qu'il leur promet, mais le
ciel. (Chap. II et III.)

Qui est ma mère et qui sont mes frères?

5. Et étant venu dans la maison, il s'y assembla une si grande
foule de peuple qu'ils ne pouvaient pas même prendre leur re
pas. — Ce que ses proches ayant appris, ils vinrent pour se saisir de lui, car ils disaient *qu'il avait perdu l'esprit.*

Cependant sa mère et ses frères étant venus, et se tenant en dehors, envoyèrent l'appeler. — Or, le peuple était assis autour de lui, et on lui dit : Votre mère et vos frères sont là dehors qui vous demandent. — Mais il leur répondit : *Qui est ma mère, et qui sont mes frères ?* — Et regardant ceux qui étaient assis autour de lui : Voici, dit-il, ma mère et mes frères ; — car quiconque fait la volonté de Dieu, celui-là est mon frère, ma sœur et ma mère. (Saint Marc, ch. III, *v.* 20, 21 et de 31 à 35 ; saint Matthieu, ch. XII, *v.* de 46 à 50.)

6. Certaines paroles semblent étranges dans la bouche de Jésus, et contrastent avec sa bonté et son inaltérable bienveillance pour tous. Les incrédules n'ont pas manqué de s'en faire une arme en disant qu'il se contredisait lui-même. Un fait irrécusable, c'est que sa doctrine a pour base essentielle, pour pierre angulaire, la loi d'amour et de charité ; il ne pouvait donc détruire d'un côté ce qu'il établissait de l'autre ; d'où il faut tirer cette conséquence rigoureuse, que, si certaines maximes sont en contradiction avec le principe, c'est que les paroles qu'on lui prête ont été mal rendues, mal comprises, ou qu'elles ne sont pas de lui.

7. On s'étonne avec raison de voir, en cette circonstance, Jésus montrer tant d'indifférence pour ses proches, et en quelque sorte renier sa mère.

Pour ce qui est de ses frères, on sait qu'ils n'avaient jamais eu de sympathie pour lui ; Esprits peu avancés, ils n'avaient point compris sa mission ; sa conduite, à leurs yeux, était bizarre, et ses enseignements ne les avaient point touchés, puisqu'il n'eut aucun disciple parmi eux ; il paraîtrait même qu'ils partageaient jusqu'à un certain point les préventions de ses ennemis ; il est certain, du reste, qu'ils l'accueillaient plus en étranger qu'en frère quand il se présentait dans la famille, et saint Jean dit positivement (ch. XII, v.5) « *qu'ils ne croyaient pas en lui.* »

Quant à sa mère, nul ne saurait contester sa tendresse pour son fils ; mais il faut bien convenir aussi qu'elle ne paraît pas s'être fait une idée très juste de sa mission, car on ne l'a jamais vue suivre ses enseignements, ni lui rendre témoignage, comme l'a fait Jean-Baptiste ; la sollicitude maternelle était, chez elle, le sentiment dominant. A l'égard de Jésus, lui supposer d'avoir renié sa mère, ce serait méconnaître son caractère ; une telle pensée ne pouvait animer celui qui a dit : *Honorez votre père et votre mère.* Il faut donc chercher un autre sens à ses paroles, presque toujours voilées sous la forme allégorique.

Jésus ne négligeait aucune occasion de donner un enseignement ; il saisit donc celle que lui offrait l'arrivée de sa famille pour établir la différence qui existe entre la parenté corporelle et la parenté spirituelle.

La parenté corporelle et la parenté spirituelle.

8. Les liens du sang n'établissent pas nécessairement les liens entre les Esprits. Le corps procède du corps, mais l'Esprit ne procède pas de l'Esprit, parce que l'Esprit existait avant la formation du corps ; ce n'est pas le père qui crée l'Esprit de son enfant, il ne fait que lui fournir une enveloppe corporelle, mais il doit aider à son développement intellectuel et moral pour le faire progresser.

Les Esprits qui s'incarnent dans une même famille, surtout entre proches parents, sont le plus souvent des

Esprits sympathiques, unis par des relations antérieures
qui se traduisent par leur affection pendant la vie terrestre ; mais il peut arriver aussi que ces Esprits soient
complétement étrangers les uns aux autres, divisés par
des antipathies également antérieures, qui se traduisent
de même par leur antagonisme sur la terre pour leur
servir d'épreuve. Les véritables liens de famille ne sont
donc pas ceux de la consanguinité, mais ceux de la
sympathie et de la communion de pensées qui unissent
les Esprits *avant*, *pendant* et *après* leur incarnation.
D'où il suit que deux êtres issus de pères différents peuvent être plus frères par l'Esprit que s'ils l'étaient par
le sang ; ils peuvent s'attirer, se rechercher, se plaire
ensemble, tandis que deux frères consanguins peuvent
se repousser, ainsi qu'on le voit tous les jours ; problème
moral que le spiritisme seul pouvait résoudre par la
pluralité des existences. (Ch. iv, n° 13.)

Il y a donc deux sortes de familles : *les familles par
les liens spirituels, et les familles par les liens corporels ;*
les premières, durables, se fortifient par l'épuration, et
se perpétuent dans le monde des Esprits, à travers les
diverses migrations de l'âme ; les secondes, fragiles
comme la matière, s'éteignent avec le temps et souvent
se dissolvent moralement dès la vie actuelle. C'est ce
qu'a voulu faire comprendre Jésus en disant de ses disciples : Voilà ma mère et mes frères, c'est-à-dire ma
famille par les liens de l'Esprit, car quiconque fait la
volonté de mon Père qui est dans les cieux est mon
frère, ma sœur et ma mère.

L'hostilité de ses frères est clairement exprimée dans
le récit de saint Marc, puisque, dit-il, ils se proposaient
de se saisir de lui, sous le prétexte qu'il avait *perdu
l'esprit*. A l'annonce de leur arrivée, connaissant **leur**

sentiment à son égard, il était naturel qu'il dît en parlant de ses disciples, au point de vue spirituel : « Voilà
mes véritables frères ; » sa mère se trouvait avec eux,
il généralise l'enseignement, ce qui n'implique nullement qu'il ait prétendu que sa mère selon le corps ne
lui était rien comme Esprit, et qu'il n'eût pour elle que
de l'indifférence ; sa conduite, en d'autres circonstances,
a suffisamment prouvé le contraire.

INSTRUCTIONS DES ESPRITS.

L'Ingratitude des enfants et les liens de famille.

9. L'ingratitude est un des fruits les plus immédiats
de l'égoïsme ; elle révolte toujours les cœurs honnêtes ;
mais celle des enfants à l'égard des parents a un caractère encore plus odieux ; c'est à ce point de vue plus
spécialement que nous allons l'envisager pour en ana-
lyser les causes et les effets. Ici, comme partout, le
spiritisme vient jeter la lumière sur un des problèmes
du cœur humain.

Quand l'Esprit quitte la terre, il emporte avec lui les
passions ou les vertus inhérentes à sa nature, et va
dans l'espace se perfectionnant ou restant stationnaire
jusqu'à ce qu'il veuille voir la lumière. Quelques-uns
sont donc partis emportant avec eux des haines puissantes et des désirs de vengeance inassouvis ; mais à
quelques-uns de ceux-là, plus avancés que les autres,
il est permis d'entrevoir un coin de la vérité ; ils reconnaissent les funestes effets de leurs passions, et c'est
alors qu'ils prennent de bonnes résolutions ; ils comprennent que pour aller à Dieu, il n'est qu'un seul mot

de passe : *charité* ; or, pas de charité sans oubli des outrages et des injures; pas de charité avec des haines au cœur et sans pardon.

Alors, par un effort inouï, ils regardent ceux qu'ils ont détestés sur la terre; mais à cette vue leur animosité se réveille; ils se révoltent à l'idée de pardonner, encore plus qu'à celle de s'abdiquer eux-mêmes, à celle surtout d'aimer ceux qui ont détruit peut-être leur fortune, leur honneur, leur famille. Cependant le cœur de ces infortunés est ébranlé; ils hésitent, ils flottent, agités par ces sentiments contraires; si la bonne résolution l'emporte, ils prient Dieu, ils implorent les bons Esprits de leur donner la force au moment le plus décisif de l'épreuve.

Enfin, après quelques années de méditations et de prières, l'Esprit profite d'une chair qui se prépare dans la famille de celui qu'il a détesté, et demande aux Esprits chargés de transmettre les ordres suprêmes, d'aller remplir sur la terre les destinées de cette chair qui vient de se former. Quelle sera donc sa conduite dans cette famille ? Elle dépendra du plus ou moins de persistance de ses bonnes résolutions. Le contact incessant des êtres qu'il a haïs est une épreuve terrible sous laquelle il succombe parfois, si sa volonté n'est pas assez forte. Ainsi, selon que la bonne ou la mauvaise résolution l'emportera, il sera l'ami ou l'ennemi de ceux au milieu desquels il est appelé à vivre. Par là s'expliquent ces haines, ces répulsions instinctives que l'on remarque chez certains enfants et qu'aucun acte antérieur ne semble justifier; rien, en effet, dans cette existence, n'a pu provoquer cette antipathie; pour s'en rendre compte, il faut porter son regard sur le passé.

O spirites ! comprenez aujourd'hui le grand rôle de

l'humanité; comprenez que quand vous produisez un corps, l'âme qui s'y incarne vient de l'espace pour progresser; sachez vos devoirs, et mettez tout votre amour à rapprocher cette âme de Dieu : c'est la mission qui vous est confiée, et dont vous recevrez la récompense si vous l'accomplissez fidèlement. Vos soins, l'éducation que vous lui donnerez aideront à son perfectionnement et à son bien-être futur. Songez qu'à chaque père et à chaque mère, Dieu demandera : Qu'avez-vous fait de l'enfant confié à votre garde? S'il est resté arriéré par votre faute, votre châtiment sera de le voir parmi les Esprits souffrants, tandis qu'il dépendait de vous qu'il fût heureux. Alors vous-mêmes, bourrelés de remords, vous demanderez à réparer votre faute; vous solliciterez une nouvelle incarnation pour vous et pour lui, dans laquelle vous l'entourerez de soins plus éclairés, et lui, plein de reconnaissance, vous entourera de son amour.

Ne rebutez donc point l'enfant au berceau qui repousse sa mère, ni celui qui vous paye d'ingratitude; ce n'est pas le hasard qui l'a fait ainsi et qui vous l'a donné. Une intuition imparfaite du passé se révèle, et de là jugez que l'un ou l'autre a déjà bien haï ou a été bien offensé; que l'un ou l'autre est venu pour pardonner ou pour expier. Mères! embrassez donc l'enfant qui vous cause du chagrin, et dites-vous : L'un de nous deux a été coupable. Méritez les jouissances divines que Dieu attache à la maternité, en apprenant à cet enfant qu'il est sur la terre pour se perfectionner, aimer et bénir. Mais, hélas! beaucoup d'entre vous, au lieu de chasser par l'éducation les mauvais principes innés des existences antérieures, entretiennent, développent ces mêmes principes par une coupable faiblesse

13

ou par insouciance, et, plus tard, votre cœur, ulcéré
par l'ingratitude de vos enfants, sera pour vous, dès
cette vie, le commencement de votre expiation.

La tâche n'est pas aussi difficile que vous pourriez
le croire ; elle n'exige point le savoir du monde ; l'ignorant comme le savant peut la remplir, et le spiritisme
vient la faciliter en faisant connaître la cause des imperfections du cœur humain.

Dès le berceau, l'enfant manifeste les instincts bons
ou mauvais qu'il apporte de son existence antérieure ;
c'est à les étudier qu'il faut s'appliquer ; tous les maux
ont leur principe dans l'égoïsme et l'orgueil ; épiez donc
les moindres signes qui révèlent le germe de ces vices,
et attachez-vous à les combattre sans attendre qu'ils
aient pris des racines profondes ; faites comme le bon
jardinier, qui arrache les mauvais bourgeons à mesure
qu'il les voit poindre sur l'arbre. Si vous laissez se développer l'égoïsme et l'orgueil, ne vous étonnez pas
d'être plus tard payés par l'ingratitude. Quand des parents ont fait tout ce qu'ils doivent pour l'avancement
moral de leurs enfants, s'ils ne réussissent pas, ils n'ont
point de reproches à se faire, et leur conscience peut
être en repos ; mais au chagrin bien naturel qu'ils
éprouvent de l'insuccès de leurs efforts, Dieu réserve
une grande, une immense consolation, par la *certitude*
que ce n'est qu'un retard, et qu'il leur sera donné
d'achever dans une autre existence l'œuvre commencée
dans celle-ci, et qu'un jour l'enfant ingrat les récom-
pensera par son amour. (Chap. XIII, n° 19.)

Dieu n'a point fait l'épreuve au-dessus des forces de
celui qui la demande ; il ne permet que celles qu'on
peut accomplir ; si l'on ne réussit pas, ce n'est donc pas
la possibilité qui manque, mais la volonté, car combien

y en a-t-il qui au lieu de résister aux mauvais entraîne-
ments s'y complaisent ; c'est à ceux-là que sont réservés
les pleurs et les gémissements dans leurs existences
postérieures ; mais admirez la bonté de Dieu, qui ne
ferme jamais la porte du repentir. Un jour vient où le
coupable est las de souffrir, où son orgueil est enfin
dompté, c'est alors que Dieu ouvre ses bras paternels à
l'enfant prodigue qui se jette à ses pieds. *Les fortes
épreuves*, entendez-moi bien, *sont presque toujours l'indice d'une fin de souffrance et d'un perfectionnement de l'Esprit, lorsqu'elles sont acceptées en vue de Dieu.* C'est un
moment suprême, et c'est là surtout qu'il importe de ne
pas faillir en murmurant, si l'on ne veut en perdre le
fruit et avoir à recommencer. Au lieu de vous plaindre,
remerciez Dieu, qui vous offre l'occasion de vaincre
pour vous donner le prix de la victoire. Alors quand,
sorti du tourbillon du monde terrestre, vous entrerez
dans le monde des Esprits, vous y serez acclamé comme
le soldat qui sort victorieux du milieu de la mêlée.

De toutes les épreuves, les plus pénibles sont celles
qui affectent le cœur ; tel supporte avec courage la misère et les privations matérielles, qui succombe sous le
poids des chagrins domestiques, meurtri par l'ingratitude des siens. Oh ! c'est une poignante angoisse que
celle-là ! Mais qui peut mieux, en ces circonstances, relever le courage moral que la connaissance des causes
du mal, et la certitude que, s'il y a de longs déchire-
ments, il n'y a point de désespoirs éternels, car Dieu ne
peut vouloir que sa créature souffre toujours ? Quoi de
plus consolant, de plus encourageant que cette pensée
qu'il dépend de soi, de ses propres efforts, d'abréger la
souffrance en détruisant en soi les causes du mal ? Mais
pour cela il ne faut pas arrêter son regard sur la terre

et ne voir qu'une seule existence; il faut s'élever, planer dans l'infini du passé et de l'avenir; alors la grande justice de Dieu se révèle à vos regards, et vous attendez avec patience, parce que vous vous expliquez ce qui vous semblait des monstruosités sur la terre; les blessures que vous y recevez ne vous paraissent plus que des égratignures. Dans ce coup d'œil jeté sur l'ensemble, les liens de famille apparaissent sous leur véritable jour; ce ne sont plus les liens fragiles de la matière qui en réunissent les membres, mais les liens durables de l'Esprit qui se perpétuent et se consolident en s'épurant, au lieu de se briser par la réincarnation.

Les Esprits que la similitude des goûts, l'identité du progrès moral et l'affection portent à se réunir, forment des familles; ces mêmes Esprits, dans leurs migrations terrestres, se recherchent pour se grouper comme ils le font dans l'espace; de là naissent les familles unies et homogènes; et si, dans leurs pérégrinations, ils sont momentanément séparés, ils se retrouvent plus tard, heureux de leurs nouveaux progrès. Mais comme ils ne doivent pas travailler seulement pour eux, Dieu permet que des Esprits moins avancés viennent s'incarner parmi eux pour y puiser des conseils et de bons exemples dans l'intérêt de leur avancement; ils y causent parfois du trouble, mais là est l'épreuve, là est la tâche. Accueillez-les donc en frères; venez-leur en aide, et plus tard, dans le monde des Esprits, la famille se félicitera d'avoir sauvé des naufragés qui, à leur tour, pourront en sauver d'autres. (SAINT AUGUSTIN. Paris, 1862.)

CHAPITRE XV

HORS LA CHARITÉ POINT DE SALUT.

Ce qu'il faut pour être sauvé. Parabole du bon Samaritain.— Le plus grand commandement. — Nécessité de la charité selon saint Paul. — Hors l'Église point de salut. Hors la vérité point de salut. — *Instructions des Esprits :* Hors la charité point de salut.

Ce qu'il faut pour être sauvé. Parabole du bon Samaritain.

1. Or, quand le Fils de l'homme viendra dans sa majesté, accompagné de tous les anges, il s'assoira sur le trône de sa gloire ; — et toutes les nations étant assemblées devant lui, il séparera les uns d'avec les autres, comme un berger sépare les brebis d'avec les boucs, — et il placera les brebis à sa droite, et les boucs à sa gauche.

Alors le Roi dira à ceux qui seront à sa droite : Venez, vous qui avez été bénis par mon Père, possédez le royaume qui vous a été préparé dès le commencement du monde ; — car j'ai eu faim, et vous m'avez donné à manger ; j'ai eu soif, et vous m'avez donné à boire ; j'ai eu besoin de logement, et vous m'avez logé ; — j'ai été nu, et vous m'avez revêtu ; j'ai été malade, et vous m'avez visité ; j'ai été en prison, et vous m'êtes venu voir.

Alors les justes lui répondront : Seigneur, quand est-ce que nous vous avons vu avoir faim, et que nous vous avons donné à manger, ou avoir soif, et que nous vous avons donné à boire ? — Quand est-ce que nous vous avons vu sans logement, et que nous vous avons logé ; ou sans habits, et que nous vous avons revêtu ? — Et quand est-ce que nous vous avons vu malade ou en prison, et que nous sommes venus vous visiter ? — Et le Roi

leur répondra : Je vous dis en vérité, autant de fois que vous
l'avez fait à l'égard de l'un de ces plus petits de mes frères,
c'est à moi-même que vous l'avez fait.

Il dira ensuite à ceux qui seront à sa gauche : Retirez-vous
de moi, maudits ; allez au feu éternel, qui a été préparé pour le
diable et pour ses anges ; — car j'ai eu faim, et vous ne m'avez
pas donné à manger ; j'ai eu soif, et vous ne m'avez pas donné à
boire ; — j'ai eu besoin de logement, et vous ne m'avez pas logé ;
j'ai été sans habits, et vous ne m'avez pas revêtu ; j'ai été malade
et en prison, et vous ne m'avez point visité.

Alors ils lui répondront aussi : Seigneur, quand est-ce que
nous vous avons vu avoir faim, avoir soif, ou sans logement, ou
sans habits, ou malade, ou dans la prison, et que nous avons
manqué à vous assister ? — Mais il leur répondra : Je vous dis
en vérité, autant de fois que vous avez manqué à rendre ces
assistances à l'un de ces plus petits, vous avez manqué à me
les rendre à moi-même.

Et alors ceux-ci iront dans le supplice éternel, et les justes
dans la vie éternelle. (Saint Matthieu, ch. xxv, v. de 31 à 46.)

2. Alors un docteur de la loi s'étant levé, lui dit pour le tenter : Maître, que faut-il que je fasse pour posséder la vie éternelle ? — Jésus lui répondit : Qu'y a-t-il d'écrit dans la loi ? Qu'y
lisez-vous ? — Il lui répondit : Vous aimerez le Seigneur votre
Dieu de tout votre cœur, de toute votre âme, de toutes vos
forces et de tout votre esprit, et votre prochain comme vous-
même. — Jésus lui dit : Vous avez fort bien répondu ; faites
cela et vous vivrez.

Mais cet homme, voulant faire paraître qu'il était juste, dit à
Jésus : Et qui est mon prochain ? — Et Jésus prenant la parole
lui dit .

Un homme qui descendait de Jérusalem à Jéricho tomba entre les mains des voleurs qui le dépouillèrent, le couvrirent de
plaies, et s'en allèrent, le laissant à demi mort. — Il arriva ensuite
qu'un prêtre descendait par le même chemin, lequel, l'ayant
aperçu, passa outre. — Un lévite, qui vint aussi au même lieu,
l'ayant considéré, passa outre encore. — Mais un Samaritain
qui voyageait, étant venu à l'endroit où était cet homme, et
l'ayant vu, en fut touché de compassion. — Il s'approcha donc
de lui, versa de l'huile et du vin dans ses plaies, et les banda ;

et l'ayant mis sur son cheval, il le mena dans une hôtellerie,
et prit soin de lui. — Le lendemain il tira deux deniers qu'il
donna à l'hôte, et lui dit : Ayez bien soin de cet homme, et
tout ce que vous dépenserez de plus, je vous le rendrai à mon
retour.

Lequel de ces trois vous semble-t-il avoir été le prochain
de celui qui tomba entre les mains des voleurs? — Le docteur
lui répondit : Celui qui a exercé la miséricorde envers lui.
—Allez donc, lui dit Jésus, et faites de même. (Saint Luc, ch. x,
v. de 25 à 37.)

3. Toute la morale de Jésus se résume dans la charité et l'humilité, c'est-à-dire dans les deux vertus
contraires à l'égoïsme et à l'orgueil. Dans tous ses enseignements, il montre ces vertus comme étant le chemin de l'éternelle félicité : Bienheureux, dit-il, les
pauvres d'esprit, c'est-à-dire les humbles, parce que le
royaume des cieux est à eux; bienheureux ceux qui ont
le cœur pur; bienheureux ceux qui sont doux et pacifiques; bienheureux ceux qui sont miséricordieux;
aimez votre prochain comme vous-même; faites aux
autres ce que vous voudriez qu'on vous fît; aimez vos
ennemis; pardonnez les offenses, si vous voulez être
pardonné; faites le bien sans ostentation; jugez-vous
vous-même avant de juger les autres. Humilité et charité, voilà ce qu'il ne cesse de recommander et ce dont
il donne lui-même l'exemple; orgueil et égoïsme, voilà
ce qu'il ne cesse de combattre; mais il fait plus que de
recommander la charité, il la pose nettement et en
termes explicites comme la condition absolue du bonheur futur.

Dans le tableau que donne Jésus du jugement dernier,
il faut, comme dans beaucoup d'autres choses, faire la
part de la figure et de l'allégorie. A des hommes comme
ceux à qui il parlait, encore incapables de comprendre

les choses purement spirituelles, il devait présenter des images matérielles, saisissantes et capables d'impressionner; pour mieux être accepté, il devait même ne pas trop s'écarter des idées reçues, quant à la forme, réservant toujours pour l'avenir la véritable interprétation de ses paroles et des points sur lesquels il ne pouvait s'expliquer clairement. Mais à côté de la partie accessoire et figurée du tableau, il y a une idée dominante : celle du bonheur qui attend le juste et du malheur réservé au méchant.

Dans ce jugement suprême, quels sont les considérants de la sentence? sur quoi porte l'enquête? Le juge demande-t-il si l'on a rempli telle ou telle formalité, observé plus ou moins telle ou telle pratique extérieure? Non; il ne s'enquiert que d'une chose : la pratique de la charité, et il prononce en disant : Vous qui avez assisté vos frères, passez à droite; vous qui avez été durs pour eux, passez à gauche. S'informe-t-il de l'orthodoxie de la foi? fait-il une distinction entre celui qui croit d'une façon et celui qui croit d'une autre? Non; car Jésus place le Samaritain, regardé comme hérétique, mais qui a l'amour du prochain, au-dessus de l'orthodoxe qui manque de charité. Jésus ne fait donc pas de la charité seulement une des conditions du salut, mais la seule condition; s'il y en avait d'autres à remplir, il les aurait exprimées. S'il place la charité au premier rang des vertus, c'est qu'elle renferme implicitement toutes les autres : l'humilité, la douceur, la bienveillance, l'indulgence, la justice, etc.; et parce qu'elle est la négation absolue de l'orgueil et de l'égoïsme.

Le plus grand commandement.

4. Mais les Pharisiens, ayant appris qu'il avait fermé la bouche aux Sadducéens, s'assemblèrent ; — et l'un d'eux, qui était
docteur de la loi, vint lui faire cette question pour le tenter : —
Maître, quel est le grand commandement de la loi? — Jésus lui
répondit : Vous aimerez le Seigneur votre Dieu de tout votre
cœur, de toute votre âme, et de tout votre esprit. — C'est là le
plus grand et le premier commandement. — Et voici le second
qui est semblable à celui-là : Vous aimerez votre prochain
comme vous-même. — Toute la loi et les prophètes sont renfermés dans ces deux commandements. (Saint Matthieu, ch. XXII,
v. de 34 à 40.)

5. Charité et humilité, telle est donc la seule voie du
salut ; égoïsme et orgueil, telle est celle de la perdition.
Ce principe est formulé en termes précis dans ces paroles : « Vous aimerez Dieu de toute votre âme et votre
prochain comme vous-même ; *toute la loi et les prophètes*
sont renfermés dans ces deux commandements. » Et pour
qu'il n'y ait pas d'équivoque sur l'interprétation de
l'amour de Dieu et du prochain, il ajoute : « Et voici le
second commandement qui est semblable au premier ; »
c'est-à-dire qu'on ne peut vraiment aimer Dieu sans
aimer son prochain, ni aimer son prochain sans aimer
Dieu ; donc tout ce que l'on fait contre le prochain,
c'est le faire contre Dieu. Ne pouvant aimer Dieu sans
pratiquer la charité envers le prochain, tous les devoirs
de l'homme se trouvent résumés dans cette maxime :
HORS LA CHARITÉ POINT DE SALUT.

Nécessité de la charité selon saint Paul.

6. Quand je parlerais toutes les langues des hommes, et la
langue des anges même, si je n'ai point la charité, je ne suis
13.

que comme un airain sonnant, et une cymbale retentissante ; — et quand j'aurais le don de prophétie, que je pénétrerais tous les mystères, et que j'aurais une parfaite science de toutes choses ; quand j'aurais encore toute la foi possible, jusqu'à transporter les montagnes, *si je n'ai point la charité, je ne suis rien.* — Et quand j'aurais distribué mon bien pour nourrir les pauvres, et que j'aurais livré mon corps pour être brûlé, si je n'ai point la charité, tout cela ne me sert de rien.

La charité est patiente ; elle est douce et bienfaisante ; la charité n'est point envieuse ; elle n'est point téméraire et précipitée ; elle ne s'enfle point d'orgueil ; — elle n'est point dédaigneuse ; elle ne cherche point ses propres intérêts ; elle ne se pique et ne s'aigrit de rien ; elle n'a point de mauvais soupçons ; elle ne se réjouit point de l'injustice, mais elle se réjouit de la vérité ; elle supporte tout, elle croit tout, elle espère tout, elle souffre tout.

Maintenant ces trois vertus : la foi, l'espérance et la charité demeurent ; mais entre elles la plus excellente est *la charité.* (Saint Paul, 1re Épître aux Corinthiens, ch. xiii, *v.* de 1 à 7 et 13.)

7. Saint Paul a tellement compris cette grande vérité, qu'il dit : « *Quand j'aurais le langage des anges ; quand j'aurais le don de prophétie, que je pénétrerais tous les mystères ; quand j'aurais toute la foi possible jusqu'à transporter les montagnes, si je n'ai point la charité, je ne suis rien. Entre ces trois vertus : la foi, l'espérance et la charité, la plus excellente est la charité.* » Il place ainsi, sans équivoque, la charité au-dessus même de la foi ; c'est que la charité est à la portée de tout le monde, de l'ignorant et du savant, du riche et du pauvre, et parce qu'elle est indépendante de toute croyance particulière.

Il fait plus : il définit la vraie charité ; il la montre, non pas seulement dans la bienfaisance, mais dans la réunion de toutes les qualités du cœur, dans la bonté et la bienveillance à l'égard du prochain.

Hors l'Église point de salut. Hors la vérité point de salut.

8. Tandis que la maxime : *Hors la charité point de salut,* s'appuie sur un principe universel, ouvre à tous les enfants de Dieu l'accès du bonheur suprême, le dogme : *Hors l'Église point de salut,* s'appuie, non pas sur la foi fondamentale en Dieu et en l'immortalité de l'âme, foi commune à toutes les religions, mais *sur la foi spéciale en des dogmes particuliers;* il est exclusif et absolu; au lieu d'unir les enfants de Dieu, il les divise; au lieu de les exciter à l'amour de leurs frères, il entretient et sanctionne l'irritation entre les sectaires des différents cultes qui se considèrent réciproquement comme maudits dans l'éternité, fussent-ils parents ou amis dans ce monde; méconnaissant la grande loi d'égalité devant la tombe, il les sépare même dans le champ du repos. La maxime : *Hors la charité point de salut,* est la consécration du principe de l'égalité devant Dieu et de la liberté de conscience; avec cette maxime pour règle, tous les hommes sont frères, et quelle que soit leur manière d'adorer le Créateur, ils se tendent la main et prient les uns pour les autres. Avec le dogme : *Hors l'Église point de salut,* ils se lancent l'anathème, se persécutent et vivent en ennemis; le père ne prie pas pour le fils, ni le fils pour le père, ni l'ami pour l'ami; s'ils se croient réciproquement damnés sans retour. Ce dogme est donc essentiellement contraire aux enseignements du Christ et à la loi évangélique.

9. *Hors la vérité point de salut* serait l'équivalent de : *Hors l'Église point de salut,* et tout aussi exclusif, car il

n'est pas une seule secte qui ne prétende avoir le privilége de la vérité. Quel est l'homme qui peut se flatter
de la posséder tout entière, alors que le cercle des
connaissances grandit sans cesse, et que les idées se
rectifient chaque jour? La vérité absolue n'est le partage que des Esprits de l'ordre le plus élevé, et l'humanité terrestre ne saurait y prétendre, parce qu'il ne lui
est pas donné de tout savoir; elle ne peut aspirer qu'à
une vérité relative et proportionnée à son avancement.
Si Dieu avait fait de la possession de la vérité absolue
la condition expresse du bonheur futur, ce serait un
arrêt de proscription générale; tandis que la charité,
même dans son acception la plus large, peut être pratiquée par tous. Le spiritisme, d'accord avec l'Évangile,
admettant que l'on peut être sauvé quelle que soit sa
croyance, pourvu que l'on observe la loi de Dieu, ne
dit point : *Hors le spiritisme point de salut;* et comme il
ne prétend pas enseigner encore toute la vérité, il ne
dit pas non plus : *Hors la vérité point de salut,* maxime
qui diviserait au lieu d'unir, et perpétuerait l'antagonisme.

INSTRUCTIONS DES ESPRITS.

Hors la charité point de salut.

10. Mes enfants, dans la maxime : *Hors la charité
point de salut,* sont contenues les destinées des hommes
sur la terre et dans le ciel; sur la terre, parce qu'à
l'ombre de cet étendard ils vivront en paix; dans le
ciel, parce que ceux qui l'auront pratiquée trouveront
grâce devant le Seigneur. Cette devise est le flambeau
céleste, la colonne lumineuse qui guide l'homme dans
le désert de la vie pour le conduire à la Terre Promise,

elle brille dans le ciel comme une auréole sainte au front des élus, et sur la terre elle est gravée dans le cœur de ceux à qui Jésus dira : Allez à droite, vous les bénis de mon Père. Vous les reconnaissez au parfum de charité qu'ils répandent autour d'eux. Rien n'exprime mieux la pensée de Jésus, rien ne résume mieux les devoirs de l'homme que cette maxime d'ordre divin ; le spiritisme ne pouvait mieux prouver son origine qu'en la donnant pour règle, car elle est le reflet du plus pur christianisme ; avec un tel guide, l'homme ne 's'égarera jamais. Appliquez-vous donc, mes amis, à en comprendre le sens profond et les conséquences, à en chercher pour vous-mêmes toutes les applications. Soumettez toutes vos actions au contrôle de la charité, et votre conscience vous répondra ; non-seulement elle vous évitera de faire le mal, mais elle vous fera faire le bien : car il ne suffit pas d'une vertu négative, il faut une vertu active ; pour faire le bien, il faut toujours l'action de la volonté ; pour ne pas faire le mal, il suffit souvent de l'inertie et de l'insouciance.

Mes amis, remerciez Dieu qui a permis que vous pussiez jouir de la lumière du spiritisme ; non pas que ceux qui la possèdent puissent seuls être sauvés, mais parce qu'en vous aidant à mieux comprendre les enseignements du Christ, elle fait de vous de meilleurs chrétiens ; faites donc qu'en vous voyant on puisse dire que vrai spirite et vrai chrétien sont une seule et même chose, car tous ceux qui pratiquent la charité sont les disciples de Jésus à quelque culte qu'ils appartiennent. (PAUL, apôtre. Paris, 1860.)

CHAPITRE XVI

Salut des riches. — Se garder de l'avarice. — Jésus chez Zachée. — Parabole du mauvais riche. — Parabole des talents. — Utilité providentielle de la fortune. Épreuves de la richesse et de la misère. — Inégalité des richesses. — *Instructions des Esprits* : La vraie propriété. — Emploi de la fortune. — Détachement des biens terrestres. — Transmission de la fortune.

Salut des riches.

1. Nul ne peut servir deux maîtres; car ou il haïra l'un et aimera l'autre, ou il s'attachera à l'un et méprisera l'autre. Vous ne pouvez servir tout ensemble Dieu et Mammon. (Sain' Luc, ch. xvi, v. 13.)

2. Alors un jeune homme s'approcha de lui et lui dit : Bon maître, quel bien faut-il que je fasse pour acquérir la vie éternelle ?—Jésus lui répondit : Pourquoi m'appelez-vous bon ? Il n'y a que Dieu seul qui soit bon. Si vous voulez entrer dans la vie, gardez les commandements. — Quels commandements, lui dit-il? Jésus lui dit : Vous ne tuerez point; vous ne commettrez point d'adultère; vous ne déroberez point ; vous ne direz point de faux témoignages. — Honorez votre père et votre mère, et aimez votre prochain comme vous-même.

Ce jeune homme lui répondit : J'ai gardé tous ces commandements dès ma jeunesse; que me manque-t-il encore? — Jésus lui dit : Si vous voulez être parfait, allez, vendez ce que vous avez, et le donnez aux pauvres, et vous aurez un trésor dans le ciel; puis venez et me suivez.

Ce jeune homme entendant ces paroles s'en alla tout triste, parce qu'il avait de grands biens. — Et Jésus dit à ses disciples : Je vous dis en vérité qu'il est bien difficile qu'un riche entre dans le royaume des cieux. — Je vous le dis encore une fois : *Il est plus aisé qu'un chameau passe par le trou d'une aiguille, qu'il ne l'est qu'un riche entre dans le royaume des cieux* [1]. (Saint Matthieu, ch. xix, v. de 16 à 24. — Saint Luc, ch. xviii, v. de 18 à 25. — Saint Marc, ch. x, v. de 17 à 25.)

Se garder de l'avarice.

3. Alors un homme lui dit du milieu de la foule : Maître, dites à mon frère qu'il partage avec moi la succession qui nous est échue. — Mais Jésus lui dit : O homme ! qui m'a établi pour vous juger, ou pour faire vos partages? — Puis il leur dit : Ayez soin de vous garder de toute avarice ; car en quelque abondance qu'un homme soit, sa vie ne dépend point des biens qu'il possède.

Il leur dit ensuite cette parabole : Il y avait un homme riche dont les terres avaient extraordinairement rapporté ; — et il s'entretenait en lui-même de ces pensées : Que ferai-je, car je n'ai point de lieu où je puisse serrer tout ce que j'ai à recueillir ? — Voici, dit-il, ce que je ferai : J'abattrai mes greniers et j'en bâtirai de plus grands, et j'y mettrai toute ma récolte et tous mes biens ; — et je dirai à mon âme : Mon âme, tu as beaucoup de biens en réserve pour plusieurs années ; repose-toi, mange, bois, fais bonne chère. — Mais Dieu en même temps dit à cet homme : Insensé que tu es ! on va te reprendre ton âme cette nuit même ; et pour qui sera ce que tu as amassé?

C'est ce qui arrive à celui qui amasse des trésors pour soi-même, et qui n'est point riche devant Dieu. (Saint Luc, ch. xii, v. 13 à 21.)

Jésus chez Zachée.

4. Jésus étant entré dans Jéricho, passait par la ville ; — et

---

1. Cette figure hardie peut paraître un peu forcée, car on ne voit pas le rapport qui existe entre un chameau et une aiguille. Cela vient de ce qu'en hébreu le même mot se disait d'un *câble* et d'un *chameau*. Dans la traduction on lui a donné cette dernière acception ; il est probable que c'est la première qui était dans la pensée de Jésus ; elle est du moins plus naturelle.

il y avait un homme nommé Zachée, chef des publicains et fort riche, — qui, ayant envie de voir Jésus pour le connaître, ne le pouvait à cause de la foule, parce qu'il était fort petit; — c'est pourquoi il courut devant et monta sur un sycomore pour le voir, parce qu'il devait passer par là. — Jésus étant venu en cet endroit, leva les yeux en haut; et l'ayant vu, il lui dit : Zachée, hâtez-vous de descendre, parce qu'il faut que je loge aujourd'hui dans votre maison. — Zachée descendit aussitôt, et le reçut avec joie. — Tous voyant cela en murmuraient, disant: Il est allé loger chez un homme de mauvaise vie. (Voy. Introduction; art. *Publicains*.)

Cependant Zachée, se présentant devant le Seigneur, lui dit : Seigneur, je donne la moitié de mon bien aux pauvres ; et si j'ai fait tort à quelqu'un en quoi que ce soit, je lui en rends quatre fois autant. — Sur quoi Jésus lui dit : Cette maison a reçu aujourd'hui le salut, parce que celui-ci est aussi enfant d'Abraham ; — car le Fils de l'homme est venu pour chercher et pour sauver ce qui était perdu. (Saint Luc, ch. XIX, v. de 1 à 10.)

Parabole du mauvais riche.

5. Il y avait un homme riche, qui était vêtu de pourpre et de lin, et qui se traitait magnifiquement tous les jours. — Il y avait aussi un pauvre nommé Lazare, étendu à sa porte, tout couvert d'ulcères, — qui eût bien voulu se rassasier des miettes qui tombaient de la table du riche ; mais personne ne lui en donnait, et les chiens venaient lui lécher ses plaies. — Or il arriva que ce pauvre mourut, et fut emporté par les anges dans le sein d'Abraham. Le riche mourut aussi, et eut l'enfer pour sépulcre. — Et lorsqu'il était dans les tourments, il leva les yeux en haut, et vit de loin Abraham, et Lazare dans son sein ; — et s'écriant, il dit ces paroles : Père Abraham, ayez pitié de moi, et envoyez-moi Lazare, afin qu'il trempe le bout de son doigt dans l'eau pour me rafraîchir la langue, parce que je souffre d'extrêmes tourments dans cette flamme.

Mais Abraham lui répondit : Mon fils, souvenez-vous que vous avez reçu vos biens dans votre vie, et que Lazare n'y a eu que des maux ; c'est pourquoi il est maintenant dans la consolation, et vous dans les tourments.

De plus, il y a pour jamais un grand abîme entre nous et vous ; de sorte que ceux qui voudraient passer d'ici vers vous ne le peuvent, comme on ne peut passer ici du lieu où vous êtes.

Le riche lui dit : Je vous supplie donc, père Abraham, de l'envoyer dans la maison de mon père, — où j'ai cinq frères, afin qu'il leur atteste ces choses, de peur qu'ils ne viennent aussi eux-mêmes dans ce lieu de tourments. — Abraham lui repartit : Ils ont Moïse et les prophètes ; qu'ils les écoutent. — Non, dit-il, père Abraham ; mais si quelqu'un des morts va les trouver, ils feront pénitence. — Abraham lui répondit : S'ils n'écoutent ni Moïse ni les prophètes, ils ne croiront pas non plus, quand même quelqu'un des morts ressusciterait. (Saint Luc, ch. XVI, v. de 19 à 31.)

Parabole des talents.

6. Le Seigneur agit comme un homme qui, devant faire un long voyage hors de son pays, appela ses serviteurs et leur mit son bien entre les mains. — Et ayant donné cinq talents à l'un, deux à l'autre, un à l'autre, selon la capacité différente de chacun, il partit aussitôt. — Celui donc qui avait reçu cinq talents, s'en alla ; il trafiqua avec cet argent, et il en gagna cinq autres. — Celui qui en avait reçu deux, en gagna de même encore deux autres. Mais celui qui n'en avait reçu qu'un, alla creuser dans la terre et y cacha l'argent de son maître. — Longtemps après, le maître de ces serviteurs étant revenu, leur fit rendre compte. — Et celui qui avait reçu cinq talents vint lui en présenter cinq autres, en lui disant : Seigneur, vous m'aviez mis cinq talents entre les mains ; en voici, outre ceux-là, cinq autres que j'ai gagnés. — Son maître lui répondit : O bon et fidèle serviteur, parce que vous avez été fidèle en peu de chose, je vous établirai sur beaucoup d'autres ; entrez dans la joie de votre Seigneur. — Celui qui avait reçu deux talents vint aussitôt se présenter à lui et lui dit : Seigneur, vous m'aviez mis deux talents entre les mains ; en voici, outre ceux-là, deux autres que j'ai gagnés. — Son maître lui répondit : O bon et fidèle serviteur, parce que vous avez été fidèle en peu de chose, je vous établirai sur beaucoup d'autres ; entrez dans la joie de

votre Seigneur. — Celui qui n'avait reçu qu'un talent vint ensuite, et lui dit : Seigneur, je sais que vous êtes un homme
dur, que vous moissonnez où vous n'avez pas semé, et que vous
recueillez où vous n'avez rien mis ; — c'est pourquoi, comme je
vous appréhendais, j'ai été cacher votre talent dans la terre ; le
voici, je vous rends ce qui est à vous. — Mais son maître lui répondit : Serviteur méchant et paresseux, vous saviez que je
moissonne où je n'ai point semé, et que je recueille où je n'ai
rien mis, — vous deviez donc mettre mon argent entre les
mains des banquiers, afin qu'à mon retour je retirasse avec
usure ce qui est à moi. — Qu'on lui ôte donc le talent qu'il a,
et qu'on le donne à celui qui a dix talents ; — car on donnera
à tous ceux qui ont déjà, et ils seront comblés de biens ; mais
pour celui qui n'a point, on lui ôtera même ce qu'il semble
avoir ; et qu'on jette ce serviteur inutile dans les ténèbres extérieures ; c'est là qu'il y aura des pleurs et des grincements de
dents. (Saint Matthieu, ch. xxv, v. de 14 à 30.)

Utilité providentielle de la fortune.

7. Si la richesse devait être un obstacle absolu au
salut de ceux qui la possèdent, ainsi qu'on pourrait en
inférer de certaines paroles de Jésus interprétées selon
la lettre et non selon l'esprit, Dieu, qui la dispense,
aurait mis entre les mains de quelques-uns un instrument de perdition sans ressources, pensée qui répugne
à la raison. La richesse est sans doute une épreuve très
glissante, plus dangereuse que la misère par ses entraî-
nements, les tentations qu'elle donne, et la fascination
qu'elle exerce ; c'est le suprême excitant de l'orgueil, de
l'égoïsme et de la vie sensuelle ; c'est le lien le plus
puissant qui attache l'homme à la terre et détourne ses
pensées du ciel ; elle produit un tel vertige que l'on voit
souvent celui qui passe de la misère à la fortune oublier
vite sa première position, ceux qui l'ont partagée, ceux
qui l'ont aidé, et devenir insensible, égoïste et vain.

Mais de ce qu'elle rend la route difficile, il ne s'ensuit pas qu'elle la rende impossible, et ne puisse devenir un moyen de salut entre les mains de celui qui sait s'en servir, comme certains poisons peuvent rendre la santé s'ils sont employés à propos et avec discernement.

Lorsque Jésus dit au jeune homme qui l'interrogeait sur les moyens de gagner la vie éternelle : « Défaites-vous de tous vos biens et suivez-moi, » il n'entendait point poser en principe absolu que chacun doit se dépouiller de ce qu'il possède, et que le salut n'est qu'à ce prix, mais montrer que *l'attachement aux biens terrestres* est un obstacle au salut. Ce jeune homme, en effet, se croyait quitte parce qu'il avait observé certains commandements, et pourtant il recule à l'idée d'abandonner ses biens; son désir d'obtenir la vie éternelle ne va pas jusqu'à ce sacrifice.

La proposition que lui fait Jésus était une épreuve décisive pour mettre à jour le fond de sa pensée; il pouvait sans doute être un parfait honnête homme selon le monde, ne faire de tort à personne, ne point médire de son prochain, n'être ni vain ni orgueilleux, honorer son père et sa mère; mais il n'avait pas la vraie charité, car sa vertu n'allait pas jusqu'à l'abnégation. Voilà ce que Jésus a voulu démontrer; c'était une application du principe : Hors la charité point de salut.

La conséquence de ces paroles prises dans leur acception rigoureuse, serait l'abolition de la fortune comme nuisible au bonheur futur, et comme source d'une foule de maux sur la terre; ce serait de plus la condamnation du travail qui peut la procurer; conséquence absurde qui ramènerait l'homme à la vie sauvage, et qui, par cela même, serait en contradiction avec la loi du progrès, qui est une loi de Dieu.

Si la richesse est la source de beaucoup de maux, si
elle excite tant de mauvaises passions, si elle provoque
tant de crimes même, il faut s'en prendre non à la
chose, mais à l'homme qui en abuse, comme il abuse
de tous les dons de Dieu; par l'abus, il rend pernicieux
ce qui pourrait lui être le plus utile; c'est la conséquence de l'état d'infériorité du monde terrestre. Si la
richesse ne devait produire que du mal, Dieu ne l'aurait
pas mise sur la terre; c'est à l'homme d'en faire sortir
le bien. Si elle n'est pas un élément direct du progrès
moral, elle est, sans contredit, un puissant élément de
progrès intellectuel.

En effet, l'homme a pour mission de travailler à
l'amélioration matérielle du globe; il doit le défricher,
l'assainir, le disposer pour recevoir un jour toute la
population que comporte son étendue; pour nourrir
cette population qui croît sans cesse, il faut augmenter
la production; si la production d'une contrée est insuffisante, il faut aller la chercher au loin. Par cela
même, les relations de peuple à peuple deviennent un
besoin; pour les rendre plus faciles, il faut détruire les
obstacles matériels qui les séparent, rendre les communications plus rapides. Pour des travaux qui sont l'œuvre
des siècles, l'homme a dû puiser des matériaux jusque
dans les entrailles de la terre; il a cherché dans la
science les moyens de les exécuter plus sûrement et
plus rapidement; mais, pour les accomplir, il lui faut
des ressources : la nécessité lui a fait créer la richesse,
comme elle lui a fait découvrir la science. L'activité
nécessitée par ces mêmes travaux grandit et développe
son intelligence; cette intelligence qu'il concentre
d'abord sur la satisfaction des besoins matériels, l'aidera plus tard à comprendre les grandes vérités mo-

rales. La richesse étant le premier moyen d'exécution, sans elle plus de grands travaux, plus d'activité, plus de stimulant, plus de recherches; c'est donc avec raison qu'elle est considérée comme un élément du progrès.

Inégalité des richesses.

8. L'inégalité des richesses est un de ces problèmes que l'on cherche en vain à résoudre, si l'on ne considère que la vie actuelle. La première question qui se présente est celle-ci : Pourquoi tous les hommes ne sont-ils pas également riches? Ils ne le sont pas par une raison très simple, *c'est qu'ils ne sont pas également intelligents, actifs et laborieux pour acquérir, sobres et prévoyants pour conserver*. C'est d'ailleurs un point mathématiquement démontré, que la fortune également répartie donnerait à chacun une part minime et insuffisante; qu'en supposant cette répartition faite, l'équilibre serait rompu en peu de temps par la diversité des caractères et des aptitudes; qu'en la supposant possible et durable, chacun ayant à peine de quoi vivre, ce serait l'anéantissement de tous les grands travaux qui concourent au progrès et au bien-être de l'humanité; qu'en supposant qu'elle donnât à chacun le nécessaire, il n'y aurait plus l'aiguillon qui pousse aux grandes découvertes et aux entreprises utiles. Si Dieu la concentre sur certains points, c'est pour que de là elle se répande en quantité suffisante, selon les besoins.

Ceci étant admis, on se demande pourquoi Dieu la donne à des gens incapables de la faire fructifier pour le bien de tous. Là encore est une preuve de la sagesse et de la bonté de Dieu. En donnant à l'homme le libre arbitre, il a voulu qu'il arrivât, par sa propre expé-

rience, à faire la différence du bien et du mal, et que la
pratique du bien fût le résultat de ses efforts et de sa
propre volonté. Il ne doit être conduit fatalement ni au
bien ni au mal, sans cela il ne serait qu'un instrument
passif et irresponsable, comme les animaux. La fortune
est un moyen de l'éprouver moralement; mais comme,
en même temps, c'est un puissant moyen d'action pour
le progrès, il ne veut pas qu'elle reste longtemps improductive, c'est pourquoi *il la déplace incessamment.*
Chacun doit la posséder, pour s'essayer à s'en servir et
prouver l'usage qu'il en sait faire ; mais comme il y a
impossibilité matérielle à ce que tous l'aient en même
temps; que d'ailleurs, si tout le monde la possédait,
personne ne travaillerait, et l'amélioration du globe en
souffrirait, *chacun la possède à son tour :* tel qui ne l'a
pas aujourd'hui l'a déjà eue ou l'aura dans une autre
existence, et tel qui l'a maintenant pourra ne plus
l'avoir demain. Il y a des riches et des pauvres, parce
que Dieu étant juste, chacun doit travailler à son tour ;
la pauvreté est pour les uns l'épreuve de la patience et
de la résignation; la richesse est pour les autres l'épreuve
de la charité et de l'abnégation.

On gémit avec raison de voir le pitoyable usage que
certaines gens font de leur fortune, les ignobles passions
que provoque la convoitise, et l'on se demande si Dieu
est juste de donner la richesse à de telles gens? Il est
certain que si l'homme n'avait qu'une seule existence,
rien ne justifierait une telle répartition des biens de la
terre; mais si, au lieu de borner sa vue à la vie présente, on considère l'ensemble des existences, on voit
que tout s'équilibre avec justice. Le pauvre n'a donc
plus de motif d'accuser la Providence, ni d'envier les
riches, et les riches n'en ont plus de se glorifier de ce

qu'ils possèdent. S'ils en abusent, ce n'est ni avec les décrets, ni avec les lois somptuaires qu'on remédiera au mal ; les lois peuvent momentanément changer l'extérieur, mais elles ne peuvent changer le cœur ; c'est pourquoi elles n'ont qu'une durée temporaire, et sont toujours suivies d'une réaction plus effrénée. La source du mal est dans l'égoïsme et l'orgueil ; les abus de toute nature cesseront d'eux-mêmes quand les hommes se régleront sur la loi de charité.

INSTRUCTIONS DES ESPRITS.

La vraie propriété.

9. L'homme ne possède en propre que ce qu'il peut emporter de ce monde. Ce qu'il trouve en arrivant et ce qu'il laisse en partant, il en jouit pendant son séjour ; mais, puisqu'il est forcé de l'abandonner, il n'en a que la jouissance et non la possession réelle. Que possède-t-il donc ? Rien de ce qui est à l'usage du corps, tout ce qui est à l'usage de l'âme : l'intelligence, les connaissances, les qualités morales ; voilà ce qu'il apporte et ce qu'il emporte, ce qu'il n'est au pouvoir de personne de lui enlever, ce qui lui servira plus encore dans l'autre monde que dans celui-ci ; de lui dépend d'être plus riche à son départ qu'à son arrivée, car de ce qu'il aura acquis en bien dépend sa position future. Quand un homme va dans un pays lointain, il compose sa pacotille d'objets qui ont cours dans le pays ; mais il ne se charge point de ceux qui lui seraient inutiles. Faites donc de même pour la vie future, et faites provision de tout ce qui pourra vous y servir.

Au voyageur qui arrive dans une auberge, on donne

un beau logement s'il peut le payer; à celui qui a peu
de chose, on en donne un moins agréable; quant à celui
qui n'a rien, il couche sur la paille. Ainsi en est-il de
l'homme à son arrivée dans le monde des Esprits : sa
place y est subordonnée à son avoir; mais ce n'est pas
avec de l'or qu'il la paye. On ne lui demandera point :
Combien aviez-vous sur la terre? quel rang y occupiez-
vous? étiez-vous prince ou artisan? Mais on lui demandera : Qu'en rapportez-vous ? On ne supputera point la
valeur de ses biens ni de ses titres, mais la somme de
ses vertus; or, à ce compte, l'artisan peut être plus
riche que le prince. En vain alléguera-t-il qu'avant son
départ il a payé son entrée avec de l'or, on lui répondra :
Les places ne s'achètent point ici, elles se gagnent par
le bien qu'on a fait; avec la monnaie terrestre, vous
avez pu acheter des champs, des maisons, des palais;
ici tout se paye avec les qualités du cœur. Êtes-vous
riche de ces qualités? soyez le bienvenu, et allez à la
première place où toutes les félicités vous attendent;
êtes-vous pauvre? allez à la dernière où vous serez traité
en raison de votre avoir. (PASCAL. Genève, 1860.)

10. Les biens de la terre appartiennent à Dieu qui les
dispense à son gré, et l'homme n'en est que l'usufruitier,
l'administrateur plus ou moins intègre et intelligent.
Ils sont si peu la propriété individuelle de l'homme,
que Dieu déjoue souvent toutes les prévisions; que la fortune échappe à celui qui croit la posséder aux meilleurs
titres.

Vous direz peut-être que cela se comprend pour la
fortune héréditaire, mais qu'il n'en est pas de même de
celle que l'on acquiert par son travail. Sans aucun doute,
s'il est une fortune légitime, c'est celle-là, quand elle

est acquise honnêtement, car *une propriété n'est légitime-
ment acquise que, lorsque, pour la posséder, on n'a fait de
tort à personne.* Il sera demandé compte d'un denier mal
acquis au préjudice d'autrui. Mais de ce qu'un homme
doit sa fortune à lui-même, en emporte-t-il davantage
en mourant? Les soins qu'il prend de la transmettre à
ses descendants ne sont-ils pas souvent superflus? car
si Dieu ne veut pas qu'elle leur échoie, rien ne saurait
prévaloir contre sa volonté. Peut-il en user et en abuser
impunément pendant sa vie sans avoir de compte à rendre? Non; en lui permettant de l'acquérir, Dieu a pu
vouloir récompenser en lui, pendant cette vie, ses efforts,
son courage, sa persévérance; mais s'il ne la fait servir
qu'à la satisfaction de ses sens ou de son orgueil; si elle
devient une cause de chute entre ses mains, mieux eût
valu pour lui qu'il ne la possédât pas; il perd d'un côté
ce qu'il a gagné de l'autre en annulant le mérite de son
travail, et quand il quittera la terre, Dieu lui dira qu'il
a déjà reçu sa récompense. (**M.** Esprit protecteur,
Bruxelles, 1861.)

Emploi de la fortune.

11. Vous ne pouvez servir Dieu et Mammon; retenez
bien ceci, vous que l'amour de l'or domine, vous qui
vendriez votre âme pour posséder des trésors, parce
qu'ils peuvent vous élever au-dessus des autres hommes
et vous donner les jouissances des passions; non, vous
ne pouvez servir Dieu et Mammon! Si donc vous sentez
votre âme dominée par les convoitises de la chair,
hâtez-vous de secouer le joug qui vous accable, car
Dieu, juste et sévère, vous dira : Qu'as-tu fait, économe
infidèle, des biens que je t'avais confiés? Ce puissant

14

mobile des bonnes œuvres, tu ne l'as fait servir qu'à ta satisfaction personnelle.

Quel est donc le meilleur emploi de la fortune? cher- chez dans ces paroles : « Aimez-vous les uns les autres, » la solution de ce problème; là est le secret de bien em- ployer ses richesses. Celui qui est animé de l'amour du prochain a sa ligne de conduite toute tracée; l'emploi qui plaît à Dieu, c'est la charité; non pas cette charité froide et égoïste qui consiste à répandre autour de soi le superflu d'une existence dorée, mais cette charité pleine d'amour qui cherche le malheur, qui le relève sans l'hu- milier. Riche, donne de ton superflu; fais mieux : donne un peu de ton nécessaire, car ton nécessaire est encore du superflu, mais donne avec sagesse. Ne repousse pas la plainte de peur d'être trompé, mais va à la source du mal; soulage d'abord, informe-toi ensuite, et vois si le travail, les conseils, l'affection même ne seront pas plus efficaces que ton aumône. Répands autour de toi, avec l'aisance, l'amour de Dieu, l'amour du travail, l'amour du prochain. Place tes richesses sur un fonds qui ne te manquera jamais et te rapportera de gros inté- rêts : les bonnes œuvres. La richesse de l'intelligence doit te servir comme celle de l'or ; répands autour de toi les trésors de l'instruction ; répands sur tes frères les trésors de ton amour, et ils fructifieront. (CHEVERUS. Bordeaux, 1861.)

12. Lorsque je considère la brièveté de la vie, je suis douloureusement affecté de l'incessante préoccupation dont le bien-être matériel est pour vous l'objet, tandis que vous attachez si peu d'importance, et ne consacrez que peu ou point de temps à votre perfectionnement moral qui doit vous compter pour l'éternité. On croi-

rait, à voir l'activité que vous déployez, qu'il s'y rattache une question du plus haut intérêt pour l'humanité,
tandis qu'il ne s'agit presque toujours que de vous
mettre à même de satisfaire à des besoins exagérés, à la
vanité, ou de vous livrer à des excès. Que de peines, de
soucis, de tourments l'on se donne, que de nuits sans
sommeil, pour augmenter une fortune souvent plus que
suffisante! Pour comble d'aveuglement, il n'est pas rare
de voir ceux qu'un amour immodéré de la fortune et
des jouissances qu'elle procure, assujettit à un travail
pénible, se prévaloir d'une existence dite de sacrifice et
de mérite, comme s'ils travaillaient pour les autres et
non pour eux-mêmes. Insensés! vous croyez donc réellement qu'il vous sera tenu compte des soins et des
efforts dont l'égoïsme, la cupidité ou l'orgueil sont le
mobile, tandis que vous négligez le soin de votre avenir,
ainsi que les devoirs que la solidarité fraternelle impose
à tous ceux qui jouissent des avantages de la vie sociale !
Vous n'avez songé qu'à votre corps ; son bien-être, ses
jouissances étaient l'unique objet de votre sollicitude
égoïste; pour lui qui meurt, vous avez négligé votre
Esprit qui vivra toujours. Aussi ce maître tant choyé et
caressé est devenu votre tyran; il commande à votre
Esprit qui s'est fait son esclave. Était-ce là le but de
l'existence que Dieu vous avait donnée? (UN ESPRIT
PROTECTEUR. Cracovie, 1861.)

13. L'homme étant le dépositaire, le gérant des biens
que Dieu remet entre ses mains, il lui sera demandé un
compte sévère de l'emploi qu'il en aura fait en vertu de
son libre arbitre. Le mauvais emploi consiste à ne les
faire servir qu'à sa satisfaction personnelle ; au contraire,
l'emploi est bon toutes les fois qu'il en résulte un bien

quelconque pour autrui; le mérite est proportionné au
sacrifice que l'on s'impose. La bienfaisance n'est qu'un
mode d'emploi de la fortune ; elle soulage la misère actuelle ; elle apaise la faim, préserve du froid et donne un
asile à celui qui n'en a pas ; mais un devoir tout aussi
impérieux, tout aussi méritoire, consiste à prévenir la
misère ; c'est là surtout la mission des grandes fortunes
par les travaux de tous genres qu'elles peuvent faire
exécuter ; et dussent-elles en tirer un profit légitime, le
bien n'en existerait pas moins, car le travail développe
l'intelligence et rehausse la dignité de l'homme toujours
fier de pouvoir dire qu'il a gagné le pain qu'il mange, tandis que l'aumône humilie et dégrade. La fortune concentrée dans une main doit être comme une source d'eau vive
qui répand la fécondité et le bien-être autour d'elle. O vous,
riches, qui l'emploierez selon les vues du Seigneur,
votre cœur, le premier, se désaltérera à cette source
bienfaisante ; vous aurez en cette vie les ineffables jouissances de l'âme au lieu des jouissances matérielles de
l'égoïste qui laissent le vide dans le cœur. Votre nom
sera béni sur la terre, et quand vous la quitterez, le
souverain maître vous adressera le mot de la parabole
des talents : « O bon et fidèle serviteur, entrez dans la
joie de votre Seigneur. » Dans cette parabole, le serviteur qui enfouit dans la terre l'argent qui lui a été confié, n'est-il pas l'image des avares entre les mains desquels la fortune est improductive? Si cependant Jésus
parle principalement des aumônes, c'est qu'en ce
temps-là et dans le pays où il vivait on ne connaissait
pas les travaux que les arts et l'industrie ont créés depuis, et auxquels la fortune peut être employée utilement pour le bien général. A tous ceux qui peuvent
donner, peu ou beaucoup, je dirai donc : Faites l'au-

mône quand cela sera nécessaire, mais autant que possible convertissez-la en salaire, afin que celui qui la reçoit n'en rougisse pas. (FÉNELON. Alger, 1860.)

Détachement des biens terrestres.

14. Je viens, mes frères, mes amis, apporter mon obole pour vous aider à marcher hardiment dans la voie d'amélioration où vous êtes entrés. Nous nous devons les uns aux autres ; ce n'est que par une union sincère et fraternelle entre Esprits et incarnés que la régénération est possible.

Votre amour pour les biens terrestres est une des plus fortes entraves à votre avancement moral et spirituel; par cet attachement à la possession, vous brisez vos facultés aimantes en les reportant toutes sur les choses matérielles. Soyez sincères; la fortune donne-t-elle un bonheur sans mélange : Quand vos coffres sont pleins, n'y a-t-il pas toujours un vide dans le cœur ? Au fond de cette corbeille de fleurs, n'y a-t-il pas toujours un reptile caché ? Je comprends que l'homme qui, par un travail assidu et honorable, a gagné la fortune, éprouve une satisfaction, bien juste du reste; mais de cette satisfaction, très naturelle et que Dieu approuve, à un attachement qui absorbe tout autre sentiment et paralyse les élans du cœur, il y a loin ; aussi loin que de l'avarice sordide à la prodigalité exagérée, deux vices entre lesquels Dieu a placé la charité, sainte et salutaire vertu qui apprend au riche à donner sans ostentation, pour que le pauvre reçoive sans bassesse.

Que la fortune vous vienne de votre famille, ou que vous l'ayez gagnée par votre travail, il est une chose que vous ne devez jamais oublier, c'est que tout vient

14.

de Dieu, tout retourne à Dieu. Rien ne vous appartient
sur la terre, pas même votre pauvre corps : la mort
vous en dépouille comme de tous les biens matériels;
vous êtes dépositaires et non propriétaires, ne vous y
trompez pas ; Dieu vous a prêté, vous devez rendre, et
il vous prête à la condition que le superflu, au moins,
revienne à ceux qui n'ont pas le nécessaire.

Un de vos amis vous prête une somme; pour peu
que vous soyez honnête, vous vous faites un scrupule
de la lui rendre, et vous lui en gardez de la reconnaissance. Eh bien, voilà la position de tout homme riche;
Dieu est l'ami céleste qui lui a prêté la richesse ; il ne
demande pour lui que l'amour et la reconnaissance,
mais il exige qu'à son tour le riche donne aux pauvres
qui sont ses enfants au même titre que lui.

Le bien que Dieu vous a confié excite en vos cœurs
une ardente et folle convoitise ; avez-vous réfléchi,
quand vous vous attachez immodérément à une fortune
périssable et passagère comme vous, qu'un jour viendra
où vous devrez rendre compte au Seigneur de ce qui
vient de lui ? Oubliez - vous que, par la richesse, vous
êtes revêtus du caractère sacré de ministres de la charité
sur la terre pour en être les dispensateurs intelligents ?
Qu'êtes-vous donc quand vous usez à votre seul profit
de ce qui vous a été confié, sinon des dépositaires infidèles ? Que résulte-t-il de cet oubli volontaire de vos
devoirs ? La mort inflexible, inexorable, vient déchirer
le voile sous lequel vous vous cachiez, et vous force à
rendre vos comptes à l'ami même qui vous avait obligés, et qui à ce moment se revêt pour vous de la robe
de juge.

C'est en vain que sur la terre vous cherchez à vous
faire illusion à vous-mêmes, en colorant du nom de

vertu ce qui souvent n'est que de l'égoïsme; que vous
appelez économie et prévoyance ce qui n'est que de la
cupidité et de l'avarice, ou générosité ce qui n'est que
la prodigalité à votre profit. Un père de famille, par
exemple, s'abstiendra de faire la charité, économisera,
entassera or sur or, et cela, dit-il, pour laisser à ses enfants le plus de bien possible, et leur éviter de tomber
dans la misère; c'est fort juste et paternel, j'en conviens,
et on ne peut l'en blâmer ; mais est-ce bien là toujours
le seul mobile qui le guide? N'est-ce pas souvent un
compromis avec sa conscience pour justifier à ses propres yeux et aux yeux du monde son attachement personnel aux biens terrestres? Cependant j'admets que
l'amour paternel soit son unique mobile; est-ce un motif pour oublier ses frères devant Dieu? Quand lui-
même a déjà le superflu, laissera-t-il ses enfants dans
la misère, parce qu'ils auront un peu moins de ce superflu? N'est-ce pas leur donner une leçon d'égoïsme
et endurcir leur cœur? N'est-ce pas étouffer en eux l'a-
mour du prochain ? Pères et mères, vous êtes dans une
grande erreur, si vous croyez par là augmenter l'affection de vos enfants pour vous ; en leur apprenant à être
égoïstes pour les autres, vous leur apprenez à l'être pour
vous-mêmes.

Quand un homme a bien travaillé, et qu'à la sueur
de son front il a amassé du bien, vous l'entendrez souvent dire que lorsque l'argent est gagné on en connaît
mieux le prix : rien n'est plus vrai. Eh bien ! que cet
homme qui avoue connaître toute la valeur de l'argent,
fasse la charité selon ses moyens, il aura plus de mérite
que celui qui, né dans l'abondance, ignore les rudes
fatigues du travail. Mais qu'au contraire ce même
homme qui se rappelle ses peines, ses travaux, soit

égoïste, dur pour les pauvres, il est bien plus coupable que les autres; car plus on connaît par soi-même les douleurs cachées de la misère, plus on doit être porté à les soulager dans les autres.

Malheureusement il y a toujours dans l'homme qui possède un sentiment aussi fort que l'attachement à la fortune : c'est l'orgueil. Il n'est pas rare de voir le parvenu étourdir le malheureux qui implore son assistance du récit de ses travaux et de son savoir-faire, au lieu de lui venir en aide, et finir par lui dire : « Faites ce que j'ai fait. » D'après lui, la bonté de Dieu n'est pour rien dans sa fortune; à lui seul en revient tout le mé. rite; son orgueil met un bandeau sur ses yeux et bouche ses oreilles; il ne comprend pas qu'avec toute son intelligence et son adresse, Dieu peut le renverser d'un seul mot.

Gaspiller sa fortune, ce n'est pas le détachement des biens terrestres, c'est de l'insouciance et de l'indifférence; l'homme, dépositaire de ces biens, n'a pas plus le droit de les dilapider que de les confisquer à son profit; la prodigalité n'est pas la générosité, c'est souvent une forme de l'égoïsme; tel qui jette l'or à pleines mains pour satisfaire une fantaisie ne donnerait pas un écu pour rendre service. Le détachement des biens terrestres consiste à apprécier la fortune à sa juste valeur, à savoir s'en servir pour les autres et non pour soi seul, à n'y point sacrifier les intérêts de la vie future, à la perdre sans murmurer s'il plaît à Dieu de vous la retirer. Si, par des revers imprévus, vous devenez un autre Job, comme lui, dites : « Seigneur, vous me l'aviez donnée, vous me l'avez ôtée; que votre volonté soit faite. » Voilà le vrai détachement. Soyez soumis d'abord; ayez foi en celui qui vous ayant donné et ôté peut vous ren-

dre ; résistez avec courage à l'abattement, au désespoir
qui paralysent votre force ; n'oubliez jamais, quand Dieu
vous frappera, qu'à côté de la plus grande épreuve, il
place toujours une consolation. Mais songez surtout
qu'il est des biens infiniment plus précieux que ceux de
la terre, et cette pensée aidera à vous détacher de ces
derniers. Le peu de prix qu'on attache à une chose fait
qu'on est moins sensible à sa perte. L'homme qui s'attache aux biens de la terre est comme l'enfant qui ne
voit que le moment présent ; celui qui n'y tient pas est
comme l'adulte qui voit des choses plus importantes,
car il comprend ces paroles prophétiques du Sauveur :
Mon royaume n'est pas de ce monde.

Le Seigneur n'ordonne point de se dépouiller de ce
qu'on possède pour se réduire à une mendicité volontaire, car alors on devient une charge pour la société ;
agir ainsi serait mal comprendre le détachement des
biens terrestres ; c'est un égoïsme d'un autre genre, car
c'est s'affranchir de la responsabilité que la fortune fait
peser sur celui qui la possède. Dieu la donne à qui bon
lui semble pour la gérer au profit de tous ; le riche a
donc une mission, mission qu'il peut rendre belle et
profitable pour lui ; rejeter la fortune quand Dieu vous
la donne, c'est renoncer au bénéfice du bien que l'on
peut faire en l'administrant avec sagesse. Savoir s'en
passer quand on ne l'a pas, savoir l'employer utilement
quand on l'a, savoir la sacrifier quand cela est nécessaire, c'est agir selon les vues du Seigneur. Que celui à
qui il arrive ce qu'on appelle dans le monde une bonne
fortune, s'écrie : Mon Dieu, vous m'envoyez une nouvelle charge, donnez-moi la force de la remplir selon
votre sainte volonté.

Voilà, mes amis, ce que j'entendais vous enseigner

par le détachement des biens terrestres; je me résume en disant : Sachez vous contenter de peu. Si vous êtes pauvre, n'enviez pas les riches, car la fortune n'est pas nécessaire au bonheur; si vous êtes riche, n'oubliez pas que ces biens vous sont confiés, et que vous en devrez justifier l'emploi comme dans un compte de tutelle. Ne soyez pas dépositaire infidèle, en les faisant servir à la satisfaction de votre orgueil et de votre sensualité; ne vous croyez pas le droit de disposer pour vous uniquement de ce qui n'est qu'un prêt, et non un don. Si vous ne savez pas rendre, vous n'avez plus le droit de demander, et rappelez-vous que celui qui donne aux pauvres s'acquitte de la dette qu'il a contractée envers Dieu. (LACORDAIRE. Constantine, 1863.)

15. *Le principe en vertu duquel l'homme n'est que le dépositaire de la fortune dont Dieu lui permet de jouir pendant sa vie, lui ôte-t-il le droit de la transmettre à ses descendants ?*

L'homme peut parfaitement transmettre après sa mort ce dont il a eu la jouissance pendant sa vie, parce que l'effet de ce droit est toujours subordonné à la volonté de Dieu qui peut, quand il veut, empêcher ses descendants d'en jouir; c'est ainsi qu'on voit s'écrouler les fortunes qui paraissent le plus solidement assises. La volonté de l'homme pour maintenir sa fortune dans sa lignée est donc impuissante, ce qui ne lui ôte pas le droit de transmettre le prêt qu'il a reçu, puisque Dieu le retirera quand il le jugera à propos. (SAINT LOUIS, Paris, 1860.)

CHAPITRE XVI

SOYEZ PARFAITS.

Caractères de la perfection. — L'homme de bien. — Les bons spirites. — Parabole de la semence. — *Instructions des Esprits* : Le devoir. — La vertu. — Les supérieurs et les inférieurs. — L'homme dans le monde. — Soignez le corps et l'esprit.

Caractères de la perfection.

1. Aimez vos ennemis ; faites du bien à ceux qui vous haïssent, et priez pour ceux qui vous persécutent et qui vous calomnient ; — car si vous n'aimez que ceux qui vous aiment, quelle récompense en aurez-vous ? Les publicains ne le font-ils pas aussi ? — Et si vous ne saluez que vos frères, que faites-vous en cela de plus que les autres ? Les Païens ne le font-ils pas aussi ? — *Soyez donc, vous autres, parfaits, comme votre Père céleste est parfait.* (Saint Matthieu, ch. v, v. 44, 46, 47, 48.)

2. Puisque Dieu possède la perfection infinie en toutes choses, cette maxime : « Soyez parfaits comme votre Père céleste est parfait, » prise à la lettre, présupposerait la possibilité d'atteindre à la perfection absolue. S'il était donné à la créature d'être aussi parfaite que le Créateur, elle lui deviendrait égale, ce qui est inadmissible. Mais les hommes auxquels s'adressait Jésus n'auraient point compris cette nuance ; il se borne à leur présenter un modèle et leur dit de s'efforcer de l'atteindre.

Il faut donc entendre par ces paroles la perfection relative, celle dont l'humanité est susceptible et qui la rapproche le plus de la Divinité. En quoi consiste cette perfection ? Jésus le dit : « Aimer ses ennemis, faire du bien à ceux qui nous haïssent, prier pour ceux qui nous persécutent. » Il montre par là que l'essence de la perfection, c'est la charité dans sa plus large acception, parce qu'elle implique la pratique de toutes les autres vertus.

En effet, si l'on observe les résultats de tous les vices, et même des simples défauts, on reconnaîtra qu'il n'en est aucun qui n'altère plus ou moins le sentiment de la charité, parce que tous ont leur principe dans l'égoïsme et l'orgueil, qui en sont la négation ; car tout ce qui surexcite le sentiment de la personnalité détruit, ou tout au moins affaiblit les éléments de la vraie charité, qui sont : la bienveillance, l'indulgence, l'abnégation et le dévoûment. L'amour du prochain, porté jusqu'à l'amour de ses ennemis, ne pouvant s'allier avec aucun défaut contraire à la charité, est, par cela même, toujours l'indice d'une plus ou moins grande supériorité morale ; d'où il résulte que le degré de la perfection est en raison de l'étendue de cet amour ; c'est pourquoi Jésus, après avoir donné à ses disciples les règles de la charité dans ce qu'elle a de plus sublime, leur dit : « Soyez donc parfaits comme votre Père céleste est parfai

L'homme de bien.

3. Le véritable homme de bien est celui qui pratique la loi de justice, d'amour et de charité dans sa plus grande pureté. S'il interroge sa conscience sur ses propres actes, il se demande s'il n'a point violé cette loi ; s'il n'a point fait de mal ; s'il a fait tout le bien *qu'il a*

pu; s'il a négligé volontairement une occasion d'être utile ; si nul n'a à se plaindre de lui ; enfin s'il a fait à autrui tout ce qu'il eût voulu qu'on fît pour lui.

Il a foi en Dieu, en sa bonté, en sa justice et en sa sagesse ; il sait que rien n'arrive sans sa permission, et il se soumet en toutes choses à sa volonté.

Il a foi en l'avenir ; c'est pourquoi il place les biens spirituels au-dessus des biens temporels.

Il sait que toutes les vicissitudes de la vie, toutes les douleurs, toutes les déceptions, sont des épreuves ou des expiations, et il les accepte sans murmures

L'homme pénétré du sentiment de charité et d'amour du prochain fait le bien pour le bien, sans espoir de retour, rend le bien pour le mal, prend la défense du faible contre le fort, et sacrifie toujours son intérêt à la justice.

Il trouve sa satisfaction dans les bienfaits qu'il répand, dans les services qu'il rend, dans les heureux qu'il fait, dans les larmes qu'il tarit, dans les consolations qu'il donne aux affligés. Son premier mouvement est de penser aux autres avant de penser à lui, de chercher l'intérêt des autres avant le sien propre. L'égoïste, au contraire, calcule les profits et les pertes de toute action généreuse.

Il est bon, humain et bienveillant pour tout le monde, sans acception *de races ni de croyances,* parce qu'il voit des frères dans tous les hommes.

Il respecte en autrui toutes les convictions sincères, et ne jette point l'anathème à ceux qui ne pensent pas comme lui.

En toutes circonstances la charité est son guide ; il se dit que celui qui porte préjudice à autrui par des paroles malveillantes, qui froisse la susceptibilité de quelqu'un par son orgueil et son dédain, qui ne recule pas à l'idée de causer une peine, une contrariété, même légère, quand il peut l'éviter, manque au devoir de l'amour du prochain, et ne mérite pas la clémence du Seigneur.

Il n'a ni haine, ni rancune, ni désir de vengeance ; à l'exemple de Jésus, il pardonne et oublie les offenses, et ne se souvient que des bienfaits ; car il sait qu'il lui sera pardonné comme il aura pardonné lui-même.

Il est indulgent pour les faiblesses d'autrui, parce qu'il sait qu'il a lui-même besoin d'indulgence, et se rappelle cette parole du Christ : Que celui qui est sans péché lui jette la première pierre.

Il ne se complaît point à rechercher les défauts d'autrui ni à les mettre en évidence. Si la nécessité l'y oblige, il cherche toujours le bien qui peut atténuer le mal.

Il étudie ses propres imperfections, et travaille sans cesse à les combattre. Tous ses efforts tendent à pouvoir se dire le lendemain qu'il y a en lui quelque chose de mieux que la veille.

Il ne cherche à faire valoir ni son esprit, ni ses talents aux dépens d'autrui ; il saisit, au contraire, toutes les occasions de faire ressortir ce qui est à l'avantage des autres.

Il ne tire aucune vanité ni de sa fortune, ni de ses avantages personnels, parce qu'il sait que tout ce qui lui a été donné peut lui être retiré.

Il use, mais n'abuse point des biens qui lui sont accordés, parce qu'il sait que c'est un dépôt dont il devra compte, et que l'emploi le plus préjudiciable qu'il en puisse faire pour lui-même, c'est de les faire servir à la satisfaction de ses passions.

Si l'ordre social a placé des hommes sous sa dépendance, il les traite avec bonté et bienveillance, parce que ce sont ses égaux devant Dieu ; il use de son autorité pour relever leur moral, et non pour les écraser de son orgueil ; il évite tout ce qui pourrait rendre leur position subalterne plus pénible.

Le subordonné, de son côté, comprend les devoirs de sa position, et se fait un scrupule de les remplir consciencieusement. (Ch. XVII, n° 9.)

L'homme de bien, enfin, respecte dans ses semblables tous les droits que donnent les lois de la nature, comme il voudrait qu'on les respectât envers lui.

Là n'est pas l'énumération de toutes les qualités qui distinguent l'homme de bien, mais quiconque s'efforce de posséder celles-ci est sur la voie qui conduit à toutes les autres

Les bons spirites.

4. Le spiritisme bien compris, mais surtout bien senti, conduit forcément aux résultats ci-dessus, qui caractérisent le vrai spirite comme le vrai chrétien, l'un et l'autre ne faisant qu'un. Le spiritisme ne crée aucune morale nouvelle ; il facilite aux hommes l'intelligence et la pratique de celle du Christ, en donnant une foi solide et éclairée à ceux qui doutent ou qui chancellent.

Mais beaucoup de ceux qui croient aux faits des manifestations n'en comprennent ni les conséquences ni la portée morale, ou, s'ils les comprennent, ils ne se les appliquent point à eux-mêmes. A quoi cela tient-il ? Est-ce à un défaut de précision de la doctrine? Non, car elle ne contient ni allégories, ni figures qui puissent

donner lieu à de fausses interprétations; son essence
même est la clarté, et c'est ce qui fait sa puissance,
parce qu'elle va droit à l'intelligence. Elle n'a rien de
mystérieux, et ses initiés ne sont en possession d'aucun
secret caché au vulgaire.

Faut-il donc, pour la comprendre, une intelligence
hors ligne ? Non, car on voit des hommes d'une capacité notoire qui ne la comprennent pas, tandis que des
intelligences vulgaires, des jeunes gens même à peine
sortis de l'adolescence, en saisissent avec une admirable
justesse les nuances les plus délicates. Cela vient de ce
que la partie en quelque sorte *matérielle* de la science
ne requiert que des yeux pour observer, tandis que la
partie *essentielle* veut un certain degré de sensibilité qu'on
peut appeler *la maturité du sens moral*, maturité indépendante de l'âge et du degré d'instruction, parce qu'elle est
inhérente au développement, dans un sens spécial, de
l'Esprit incarné.

Chez quelques-uns, les liens de la matière sont encore trop tenaces pour permettre à l'Esprit de se déga-
ger des choses de la terre; le brouillard qui les envi-
ronne leur dérobe la vue de l'infini; c'est pourquoi ils
ne rompent facilement ni avec leurs goûts, ni avec leurs
habitudes, ne comprenant pas quelque chose de mieux
que ce qu'ils ont; la croyance aux Esprits est pour eux
un simple fait, mais ne modifie que peu ou point leurs
tendances instinctives; en un mot, ils ne voient qu'un
rayon de la lumière, insuffisant pour les conduire et leur
donner une aspiration puissante, capable de vaincre
leurs penchants. Ils s'attachent aux phénomènes plus
qu'à la morale, qui leur semble banale et monotone; ils
demandent aux Esprits de les initier sans cesse à de nouveaux mystères, sans se demander s'ils se sont rendus

dignes d'être mis dans les secrets du Créateur. Ce sont les spirites imparfaits, dont quelques-uns restent en chemin ou s'éloignent de leurs frères en croyance, parce qu'ils reculent devant l'obligation de se réformer eux-mêmes, ou bien ils réservent leurs sympathies pour ceux qui partagent leurs faiblesses ou leurs préventions. Cependant l'acceptation du principe de la doctrine est un premier pas qui leur rendra le second plus facile dans une autre existence.

Celui que l'on peut, avec raison, qualifier de vrai et sincère spirite, est à un degré supérieur d'avancement moral; l'Esprit qui domine plus complétement la matière lui donne une perception plus claire de l'avenir; les principes de la doctrine font vibrer en lui des fibres qui restent muettes chez les premiers; en un mot, *il est touché au cœur;* aussi sa foi est-elle inébranlable. L'un est comme le musicien qui s'émeut à certains accords, tandis qu'un autre n'entend que des sons. *On reconnaît le vrai spirite à sa transformation morale, et aux efforts qu'il fait pour dompter ses mauvaises inclinations;* tandis que l'un se complaît dans son horizon borné, l'autre, qui comprend quelque chose de mieux, s'efforce de s'en détacher, et il y parvient toujours quand il en a la ferme volonté.

Parabole de la semence.

5. Ce même jour, Jésus, étant sorti de la maison, s'assit auprès de la mer; — et il s'assembla autour de lui une grande foule de peuple; c'est pourquoi il monta sur une barque, où il s'assit, tout le peuple se tenant sur le rivage; — et il leur dit beaucoup de choses en paraboles, leur parlant de cette sorte :

Celui qui sème s'en alla semer; — et pendant qu'il semait,

quelque partie de la semence tomba le long du chemin, et les
oiseaux du ciel étant venus la mangèrent.

Une autre tomba dans des lieux pierreux où elle n'avait pas
beaucoup de terre; et elle leva aussitôt, parce que la terre où
elle était n'avait pas de profondeur. — Mais le soleil s'étant levé
ensuite, elle en fut brûlée; et comme elle n'avait point de racine, elle sécha.

Une autre tomba dans des épines, et les épines venant à
croître l'étouffèrent.

Une autre enfin tomba dans de bonne terre, et elle porta du
fruit, quelques grains rendant cent pour un, d'autres soixante,
et d'autres trente.

Que celui-là entende, qui a des oreilles pour entendre. (Saint
Matthieu, ch. XIII, v. de 1 à 9.)

Écoutez donc, vous autres, la parabole de celui qui sème.

Quiconque écoute la parole du royaume et n'y fait point
d'attention, l'esprit malin vient et enlève ce qui avait été semé
dans son cœur; c'est celui-là qui a reçu la semence le long du
chemin.

Celui qui reçoit la semence au milieu des pierres, c'est celui
qui écoute la parole, et qui la reçoit à l'heure même avec joie; —
mais il n'a point en soi de racine, et il n'est que pour un temps;
et lorsqu'il survient des traverses et des persécutions à cause
de la parole, il en prend aussitôt un sujet de scandale et de
chute.

Celui qui reçoit la semence parmi les épines, c'est celui qui
entend la parole; mais ensuite les sollicitudes de ce siècle et
l'illusion des richesses étouffent en lui cette parole et la rendent infructueuse.

Mais celui qui reçoit la semence dans une bonne terre, c'est
celui qui écoute la parole, qui y fait attention et qui porte du
fruit, et rend cent, ou soixante, ou trente pour un. (Saint Matthieu, ch. XIII, v. de 18 à 23.

6. La parabole de la semence représente parfaitement les nuances qui existent dans la manière de mettre
à profit les enseignements de l'Évangile. Combien est-il
de gens, en effet, pour lesquels ce n'est qu'une lettre

morte qui, pareille à la semence tombée sur le roc, ne produit aucun fruit!

Elle trouve une application non moins juste dans les différentes catégories de spirites. N'est-elle pas l'emblème de ceux qui ne s'attachent qu'aux phénomènes matériels, et n'en tirent aucune conséquence, parce qu'ils n'y voient qu'un objet de curiosité? de ceux qui ne cherchent que le brillant dans les communications des Esprits, et ne s'y intéressent qu'autant qu'elles satisfont leur imagination, mais qui, après les avoir entendues, sont aussi froids et indifférents qu'auparavant? qui trouvent les conseils fort bons et les admirent, mais en font l'application aux autres et non à eux-mêmes? de ceux, enfin, pour qui ces instructions sont comme la semence tombée dans la bonne terre, et produisent des fruits?

INSTRUCTIONS DES ESPRITS.

Le devoir.

7. Le devoir est l'obligation morale, vis-à-vis de soi d'abord, et des autres ensuite. Le devoir est la loi de la vie: il se retrouve dans les plus infimes détails, aussi bien que dans les actes élevés. Je ne veux parler ici que du devoir moral, et non de celui qu'imposent les professions.

Dans l'ordre des sentiments, le devoir est très-difficile à remplir, parce qu'il se trouve en antagonisme avec les séductions de l'intérêt et du cœur; ses victoires n'ont pas de témoins, et ses défaites n'ont pas de répression. Le devoir intime de l'homme est abandonné à son libre arbitre; l'aiguillon de la conscience, cette gardienne de la probité intérieure, l'avertit et le soutient, mais elle demeure souvent impuissante devant les sophismes de la passion. Le devoir du cœur, fidèlement observé, élève l'homme ; mais ce devoir, comment le préciser ? Où commence-t-il ? où s'arrête-t-il ? *Le devoir commence précisément au point où vous menacez le bonheur ou le repos de votre prochain ; il se termine à la limite que vous ne voudriez pas voir franchir pour vousmême.*

Dieu a créé tous les hommes égaux pour la douleur ; petits ou grands, ignorants ou éclairés, souffrent par les mêmes causes, afin que chacun juge sainement le mal qu'il peut faire. Le même criterium n'existe pas pour le bien, infiniment plus varié dans ses expressions. *L'égalité devant la douleur est une sublime prévoyance de Dieu, qui veut que ses enfants, instruits par l'expérience commune, ne commettent pas le mal en arguant de l'ignorance de ses effets.*

Le devoir est le résumé pratique de toutes les spéculations morales ; c'est une bravoure de l'âme qui affronte les angoisses de la lutte ; il est austère et souple ; prompt à se plier aux complications diverses, il demeure inflexible devant leurs tentations. *L'homme qui remplit son devoir aime Dieu plus que les créatures, et les créatures plus que lui-même ;* il est à la fois juge et esclave dans sa propre cause.

Le devoir est le plus beau fleuron de la raison ; il relève d'elle, comme le fils relève de sa mère. L'homme doit aimer le devoir, non parce qu'il préserve des maux de la vie, auxquels l'humanité ne peut se soustraire, mais parce qu'il donne à l'âme la vigueur nécessaire à son développement.

Le devoir grandit et rayonne sous une forme plus

élevée dans chacune des étapes supérieures de l'humanité ; l'obligation morale ne cesse jamais de la créature
à Dieu ; elle doit refléter les vertus de l'Éternel qui n'accepte pas une ·ébauche imparfaite, parce qu'il veut que
la beauté de son œuvre resplendisse devant lui. (LAZARE.
Paris, 1863.)

La vertu.

8. La vertu, à son plus haut degré, comporte l'ensemble de toutes les qualités essentielles qui constituent
l'homme de bien. Être bon, charitable, laborieux, sobre,
modeste, ces qualités sont de l'homme vertueux. Malheureusement elles sont souvent accompagnées de petites infirmités morales qui les déparent et les atténuent.
Celui qui fait parade de sa vertu n'est pas vertueux,
puisqu'il lui manque la qualité principale : la modestie,
et qu'il a le vice le plus contraire : l'orgueil. La vertu
vraiment digne de ce nom n'aime pas à s'étaler ; on la
devine, mais elle se dérobe dans l'obscurité et fuit l'admiration des foules. Saint Vincent de Paul était vertueux ; le digne curé d'Ars était vertueux, et beaucoup
d'autres peu connus du monde, mais connus de Dieu.
Tous ces hommes de bien ignoraient eux-mêmes qu'ils
fussent vertueux ; ils se laissaient aller au courant de
leurs saintes inspirations, et pratiquaient le bien avec
un désintéressement complet et un entier oubli d'eux-
mêmes.

C'est ·à la vertu ainsi comprise et pratiquée que je
vous convie, mes enfants ; c'est à cette vertu vraiment
chrétienne et vraiment spirite que je vous engage à vous
consacrer ; mais éloignez de vos cœurs la pensée de
l'orgueil, de la vanité, de l'amour-propre qui déparent
toujours les plus belles qualités. N'imitez pas cet homme

15.

qui se pose comme un modèle et prône lui-même ses
propres qualités à toutes les oreilles complaisantes.
Cette vertu d'ostentation dérobe souvent une foule de
petites turpitudes et d'odieuses lâchetés.

En principe, l'homme qui s'exalte lui-même, qui
élève une statue à sa propre vertu, annihile par ce fait
seul tout le mérite effectif qu'il peut avoir. Mais que
dirai-je de celui dont toute la valeur est de paraître ce
qu'il n'est pas? Je veux bien admettre que l'homme qui
fait le bien en ressente au fond du cœur une satisfaction
intime, mais dès que cette satisfaction se traduit au
dehors pour en recueillir des éloges, elle dégénère en
amour-propre.

O vous tous que la foi spirite a réchauffés de ses
rayons, et qui savez combien l'homme est loin de la
perfection, ne donnez jamais dans un pareil travers. La
vertu est une grâce que je souhaite à tous les sincères
spirites, mais je leur dirai : Mieux vaut moins de vertus
avec la modestie que beaucoup avec de l'orgueil. C'est
par l'orgueil que les humanités successives se sont perdues, c'est par l'humilité qu'elles doivent se racheter
un jour. (FRANÇOIS, NICOLAS, MADELEINE. Paris, 1863.)

Les supérieurs et les inférieurs.

9. L'autorité, de même que la fortune, est une délé-
gation dont il sera demandé compte à celui qui en est
revêtu; ne croyez pas qu'elle lui soit donnée pour lui
procurer le vain plaisir de commander, ni, ainsi que
le croient faussement la plupart des puissants de la
terre, comme un droit, une propriété. Dieu, cependant,
leur prouve assez que ce n'est ni l'un ni l'autre, puisqu'il la leur retire quand cela lui plaît. Si c'était un

privilége attaché à leur personne, elle serait inaliénable.
Nul ne peut donc dire qu'une chose lui appartient,
quand elle peut lui être ôtée sans son consentement.
Dieu donne l'autorité à titre de *mission* ou d'épreuve
quand cela lui convient, et la retire de même.

Quiconque est dépositaire de l'autorité, de quelque
étendue qu'elle soit, depuis le maître sur son serviteur
jusqu'au souverain sur son peuple, ne doit pas se dissimuler qu'il a charge d'âmes; il répondra de la bonne
ou de la mauvaise direction qu'il aura donnée à ses
subordonnés, et les fautes que ceux-ci pourront commettre, les vices auxquels ils seront entraînés par suite
de cette direction ou *des mauvais exemples*, retombe-
ront sur lui, tandis qu'il recueillera les fruits de sa sollicitude pour les amener au bien. Tout homme a sur la
terre une mission petite ou grande; quelle qu'elle soit,
elle est toujours donnée pour le bien; c'est donc y faillir
que de la fausser dans son principe.

Si Dieu demande au riche : Qu'as-tu fait de la fortune qui devait être entre tes mains une source répan-
dant la fécondité tout à l'entour? il demandera à celui qui possède une autorité quelconque : Quel usage
as-tu fait de cette autorité? quel mal as-tu arrêté? quel
progrès as-tu fait faire? Si je t'ai donné des subordonnés, ce n'était pas pour en faire les esclaves de
ta volonté, ni les instruments dociles de tes caprices
ou de ta cupidité; je t'ai fait fort, et je t'ai confié des
faibles pour les soutenir et les aider à monter vers moi.

Le supérieur qui est pénétré des paroles du Christ ne
méprise aucun de ceux qui sont au-dessous de lui, parce
qu'il sait que les distinctions sociales n'en établissent
pas devant Dieu. Le spiritisme lui apprend que s'ils lui
obéissent aujourd'hui, ils ont pu lui commander, ou

pourront lui commander plus tard, et qu'alors il sera
traité comme il les aura traités lui-même.

Si le supérieur a des devoirs à remplir, l'inférieur en
a de son côté qui ne sont pas moins sacrés. Si ce dernier est spirite, sa conscience lui dira mieux encore
qu'il n'en est pas dispensé, alors même que son chef
ne remplirait pas les siens, parce qu'il sait qu'on ne
doit pas rendre le mal pour le mal, et que les fautes des
uns n'autorisent pas les fautes des autres. S'il souffre de
sa position, il se dit qu'il l'a sans doute méritée, parce
que lui-même a peut-être abusé jadis de son autorité,
et qu'il doit ressentir à son tour les inconvénients de ce
qu'il a fait souffrir aux autres. S'il est forcé de subir
cette position, faute d'en trouver une meilleure, le spiritisme lui apprend à s'y résigner comme à une épreuve
pour son humilité, nécessaire à son avancement. Sa
croyance le guide dans sa conduite; il agit comme il
voudrait que ses subordonnés agissent envers lui s'il
était chef. Par cela même il est plus scrupuleux dans
l'accomplissement de ses obligations, car il comprend
que toute négligence dans le travail qui lui est confié
est un préjudice pour celui qui le rémunère et à qui il
doit son temps et ses soins; en un mot, il est sollicité
par le sentiment du devoir que lui donne sa foi, et la
certitude que toute déviation du droit chemin est une
dette qu'il faudra payer tôt ou tard. (FRANÇOIS, NICOLAS,
MADELEINE, card. MORLOT, Paris, 1863.)

L'homme dans le monde.

10. Un sentiment de piété doit toujours animer le
cœur de ceux qui se réunissent sous les yeux du Seigneur et implorent l'assistance des bons Esprits. Puri-

fiez donc vos cœurs ; n'y laissez séjourner aucune pensée mondaine ou futile ; élevez votre esprit vers ceux
que vous appelez, afin que, trouvant en vous les dispo-
sitions nécessaires, ils puissent jeter à profusion la semence qui doit germer dans vos cœurs et y porter des
fruits de charité et de justice.

Ne croyez pas pourtant qu'en vous excitant sans cesse
à la prière et à l'évocation mentale, nous vous enga-
gions à vivre d'une vie mystique qui vous tienne en
dehors des lois de la société où vous êtes condamnés à
vivre. Non, vivez avec les hommes de votre époque,
comme doivent vivre des hommes ; sacrifiez aux besoins, aux frivolités même du jour, mais sacrifiez-y
avec un sentiment de pureté qui puisse les sanctifier.

Vous êtes appelés à vous trouver en contact avec des
esprits de nature différente, des caractères opposés : ne
heurtez aucun de ceux avec lesquels vous vous trouvez.
Soyez gais, soyez heureux, mais de la gaieté que donne
une bonne conscience, du bonheur de l'héritier du ciel
comptant les jours qui le rapprochent de son héritage.

La vertu ne consiste pas à revêtir un aspect sévère et
lugubre, à repousser les plaisirs que vos conditions humaines permettent ; il suffit de rapporter tous les actes
de sa vie au Créateur qui a donné cette vie ; il suffit,
quand on commence ou achève une œuvre, d'élever
sa pensée vers ce Créateur et de lui demander, dans un
élan de l'âme, soit sa protection pour réussir, soit sa
bénédiction pour l'œuvre achevée. Quoi que vous fassiez, remontez vers la source de toutes choses ; ne faites
jamais rien sans que le souvenir de Dieu ne vienne purifier et sanctifier vos actes.

La perfection est tout entière, comme l'a dit le
Christ, dans la pratique de la charité absolue ; mais

les devoirs de la charité s'étendent à toutes les positions sociales, depuis le plus petit jusqu'au plus
grand. L'homme qui vivrait seul n'aurait pas de charité à exercer; ce n'est que dans le contact de ses semblables, dans les luttes les plus pénibles qu'il en trouve
l'occasion. Celui donc qui s'isole se prive volontairement du plus puissant moyen de perfection; n'ayant à
penser qu'à lui, sa vie est celle d'un égoïste. (Chap. v,
n° 26.)

Ne vous imaginez donc pas que pour vivre en communication constante avec nous, pour vivre sous l'œil
du Seigneur, il faille revêtir le cilice et se couvrir de
cendres; non, non, encore une fois; soyez heureux suivant les nécessités de l'humanité, mais que dans votre
bonheur il n'entre jamais ni une pensée, ni un acte qui
puisse l'offenser, ou faire voiler la face de ceux qui vous
aiment et qui vous dirigent. Dieu est amour et bénit
ceux qui aiment saintement. (Un Esprit Protecteur.
Bordeaux, 1863.)

Soigner le corps et l'esprit.

11. La perfection morale consiste-t-elle dans la macé-
ration du corps? Pour résoudre cette question, je m'appuie sur les principes élémentaires, et je commence par
démontrer la nécessité de soigner le corps, qui, selon
les alternatives de santé et de maladie, influe d'une
manière très-importante sur l'âme, qu'il faut considérer
comme captive dans la chair. Pour que cette prison-
nière vive, s'ébatte et conçoive même les illusions de la
liberté, le corps doit être sain, dispos, vaillant. Suivons
la comparaison : Les voici donc en parfait état tous les
deux; que doivent-ils faire pour maintenir l'équilibre

entre leurs aptitudes et leurs besoins si différents?

Ici deux systèmes sont en présence : celui des ascéti-tiques, qui veulent terrasser le corps, et celui des maté-rialistes, qui veulent abaisser l'âme : deux violences qui sont presque aussi insensées l'une que l'autre. A côté de ces grands partis fourmille la nombreuse tribu des indifférents, qui, sans conviction et sans passion, aiment avec tiédeur et jouissent avec économie. Où donc est la sagesse ? Où donc est la science de vivre? Nulle part; et ce grand problème resterait tout entier à résoudre si le spiritisme ne venait en aide aux chercheurs en leur démontrant les rapports qui existent entre le corps et l'âme, et en disant que, puisqu'ils sont nécessaires l'un à l'autre, il faut les soigner tous les deux. Aimez donc votre âme, mais soignez aussi le corps, instrument de l'âme ; méconnaître les besoins qui sont indiqués par la nature elle-même, c'est méconnaître la loi de Dieu. Ne le châtiez pas pour les fautes que votre libre arbitre lui a fait commettre, et dont il est aussi irresponsable que l'est le cheval mal dirigé, des accidents qu'il cause. Serez-vous donc plus parfaits si, tout en martyrisant le corps, vous n'en restez pas moins égoïstes, orgueilleux et peu charitables pour votre prochain ? Non, la perfec-tion n'est pas là ; elle est tout entière dans les réformes que vous ferez subir à votre Esprit ; pliez-le, soumet-tez-le, humiliez-le, mortifiez-le : c'est le moyen de le rendre docile à la volonté de Dieu et le seul qui con-duise à la perfection. (GEORGES, ESPRIT PROTECTEUR Paris, 1863.)

CHAPITRE XVIII

Parabole du festin de noces. — La porte étroite. — Ceux qui disent : Seigneur ! Seigneur ! n'entreront pas tous dans le royaume des cieux. — On demandera beaucoup à celui qui a beaucoup reçu. — *Instructions des Esprits:* On donnera à celui qui a. — On reconnaît le chrétien à ses œuvres.

Parabole du festin de noces.

1. Jésus parlant encore en parabole, leur dit :

Le royaume des cieux est semblable à un roi, qui voulant faire les noces de son fils, — envoya ses serviteurs pour appeler aux noces ceux qui y étaient conviés ; mais ils refusèrent d'y venir. — Il envoya encore d'autres serviteurs avec ordre de dire de sa part aux conviés : J'ai préparé mon dîner ; j'ai fait tuer mes bœufs et tout ce que j'avais fait engraisser ; tout est prêt, venez aux noces. — Mais eux, ne s'en mettant -point en peine, s'en allèrent, l'un à sa maison des champs, et l'autre à son négoce. — Les autres se saisirent de ses serviteurs, et les tuèrent après leur avoir fait plusieurs outrages. — Le roi l'ayant appris en fut ému de colère, et ayant envoyé ses armées, il extermina ces meurtriers et brûla leur ville.

Alors il dit à ses serviteurs : Le festin de noces est tout prêt ; mais ceux qui y avaient été appelés n'en ont pas été dignes. Allez donc dans les carrefours, et appelez aux noces tous ceux que vous trouverez. — Ses serviteurs s'en allant alors par les rues, assemblèrent tous ceux qu'ils trouvèrent, bons et mauvais ; et la salle de noces fut remplie de personnes qui se mirent à table.

Le roi entra ensuite pour voir ceux qui étaient à table, et y ayant aperçu un homme qui n'était pas revêtu de la robe nup-

tiale, — il lui dit : Mon ami, comment êtes-vous entré ici sans
avoir la robe nuptiale? Et cet homme resta muet. — Alors le
roi dit à ses gens : Liez-lui les mains et les pieds, et jetez-le
dans les ténèbres extérieures : c'est là qu'il y aura des pleurs et
des grincements de dents ; — car *il y en a beaucoup d'appelés et
peu d'élus.* (Saint Matthieu, ch. xxii, v. de 1 à 14.)

2. L'incrédule sourit à cette parabole qui lui semble
d'une puérile naïveté, car il ne comprend pas qu'on
puisse faire tant de difficultés pour assister à un festin,
et encore moins que des invités poussent la résistance
jusqu'à massacrer les envoyés du maître de la maison.
« Les paraboles, dit-il, sont sans doute des figures, mais
encore faut-il qu'elles ne sortent pas des limites du vrai-
semblable. »

On peut en dire autant de toutes les allégories, des
fables les plus ingénieuses, si on ne les dépouille pas de
leur enveloppe pour en chercher le sens caché. Jésus
puisait les siennes dans les usages les plus vulgaires de
la vie, et les adaptait aux mœurs et au caractère du
peuple auquel il parlait ; la plupart ont pour but de
faire pénétrer dans les masses l'idée de la vie spirituelle ;
le sens n'en paraît souvent inintelligible que parce qu'on
ne part pas de ce point de vue.

Dans cette parabole, Jésus compare le royaume des
cieux, où tout est joie et bonheur, à un festin. Par les
premiers conviés, il fait allusion aux Hébreux que Dieu
avait appelés les premiers à la connaissance de sa loi
Les envoyés du maître sont les prophètes qui venaient
les exhorter à suivre la route de la vraie félicité ; mais
leurs paroles étaient peu écoutées ; leurs avertissements
étaient méprisés ; plusieurs même furent massacrés
comme les serviteurs de la parabole. Les invités qui
s'excusent sur les soins à donner à leurs champs et à

leur négoce, sont l'emblème des gens du monde qui, absorbés par les choses terrestres, sont indifférents sur les choses célestes.

C'était une croyance, chez les Juifs d'alors, que leur nation devait acquérir la suprématie sur toutes les autres. Dieu n'avait-il pas, en effet, promis à Abraham que sa postérité couvrirait toute la terre? Mais toujours, prenant la forme pour le fond, ils croyaient à une domination effective et matérielle.

Avant la venue du Christ, à l'exception des Hébreux, tous les peuples étaient idolâtres et polythéistes. Si quelques hommes supérieurs au vulgaire conçurent l'idée de l'unité divine, cette idée resta à l'état de système personnel, mais nulle part elle ne fut acceptée comme vérité fondamentale, si ce n'est par quelques initiés qui cachaient leurs connaissances sous un voile mystérieux impénétrable aux masses. Les Hébreux furent les premiers qui pratiquèrent publiquement le monothéisme; c'est à eux que Dieu transmit sa loi, d'abord par Moïse, puis par Jésus; c'est de ce petit foyer qu'est partie la lumière qui devait se répandre sur le monde entier, triompher du paganisme, et donner à Abraham une postérité *spirituelle* « aussi nombreuse que les étoiles du firmament. » Mais les Juifs, tout en repoussant l'idolâtrie, avaient négligé la loi morale pour s'attacher à la pratique plus facile des formes extérieures. Le mal était à son comble; la nation asservie était déchirée par les factions, divisée par les sectes; l'incrédulité même avait pénétré jusque dans le sanctuaire. C'est alors que parut Jésus, envoyé pour les rappeler à l'observation de la loi, et leur ouvrir les horizons nouveaux de la vie future; conviés des *premiers* au grand banquet de la foi universelle, ils repoussèrent la parole du céleste Messie, et le firent périr ; c'est ainsi qu'ils perdirent le fruit qu'ils eussent recueilli de leur initiative.

Il serait injuste, toutefois, d'accuser le peuple entier de cet état de choses ; la responsabilité en incombe principalement aux Pharisiens et aux Sadducéens qui ont perdu la nation, par l'orgueil et le fanatisme des uns, et par l'incrédulité des autres. Ce sont eux surtout que Jésus assimile aux invités qui refusent de se rendre au repas de noces. Puis il ajoute : « Le Maître voyant cela, fit convier tous ceux que l'on trouva dans les carrefours, bons et mauvais ; » il entendait par là que la parole allait être prêchée à tous les autres peuples, païens et idolâtres, et que ceux-ci l'acceptant seraient admis au festin à la place des premiers conviés.

Mais il ne suffit pas d'être invité ; il ne suffit pas de porter le nom de chrétien, ni de s'asseoir à la table pour prendre part au céleste banquet ; il faut avant tout, et de condition expresse, être revêtu de la robe nuptiale, c'est-à-dire avoir la pureté du cœur, et pratiquer la loi selon l'esprit ; or cette loi est tout entière dans ces mots : *Hors la charité point de salut.* Mais parmi tous ceux qui entendent la parole divine, combien peu en est-il qui la gardent et la mettent à profit ! Combien peu se rendent dignes d'entrer dans le royaume des cieux ! C'est pourquoi Jésus dit : *Il y aura beaucoup d'appelés et peu d'élus.*

La porte étroite.

3. Entrez par la porte étroite, parce que la porte de la perdition est large, et le chemin qui y mène est spacieux, et il y en a beaucoup qui y entrent. — Que la porte de la vie est petite ! que la voie qui y mène est étroite ! et qu'il y en a peu qui la trouvent ! (Saint Matthieu, ch. vii, v. 13, 14.)

4. Quelqu'un lui ayant fait cette demande : Seigneur, y en

aura-t-il peu de sauvés ? Il leur répondit : — Faites effort pour entrer par la porte étroite, car je vous assure que plusieurs chercheront à y entrer, et ne le pourront pas. — Et quand le père de famille sera entré et aura fermé la porte, et que vous, étant dehors, vous commencerez à heurter, en disant : Seigneur, ouvrez-nous; il vous répondra : Je ne sais d'où vous êtes. — Alors vous commencerez à dire : Nous avons mangé et bu en votre présence, et vous avez enseigné dans nos places publiques. — Et il vous répondra : Je ne sais d'où vous êtes ; retirez-vous de moi, vous tous qui commettez l'iniquité.

Ce sera alors qu'il y aura des pleurs et des grincements de œents, quand vous verrez qu'Abraham, Isaac, Jacob et tous les prophètes seront dans le royaume de Dieu, et que vous autres vous serez chassés dehors. — Il en viendra d'Orient et d'Occident, du Septentrion et du Midi, qui auront place au festin dans le royaume de Dieu. — Alors ceux qui sont les derniers seront les premiers, et ceux qui sont les premiers seront les derniers. (Saint Luc, ch. XIII, v. de 23 à 30.)

5. La porte de la perdition est large, parce que les mauvaises passions sont nombreuses, et que la route du mal est fréquentée par le plus grand nombre. Celle du salut est étroite, parce que l'homme qui veut la franchir doit faire de grands efforts sur lui-même pour vaincre ses mauvaises tendances, et que peu s'y résignent ; c'est le complément de la maxime : Il y a beaucoup d'appelés et peu d'élus.

Tel est l'état actuel de l'humanité terrestre, parce que la terre étant un monde d'expiation le mal y domine; quand elle sera transformée, la route du bien sera la plus fréquentée. Ces paroles doivent donc s'entendre dans le sens relatif et non dans le sens absolu. Si tel devait être l'état normal de l'humanité, Dieu aurait volontairement voué à la perdition l'immense majorité de ses créatures; supposition inadmissible, dès lors qu'on reconnait que Dieu est toute justice et toute bonté

Mais de quels méfaits cette humanité aurait-elle pu
se rendre coupable pour mériter un sort si triste, dans
son présent et dans son avenir, si elle était toute reléguée
sur la terre, et si l'âme n'avait pas eu d'autres existences?
Pourquoi tant d'entraves semées sur sa route? Pourquoi
cette porte si étroite qu'il est donné au plus petit nombre de franchir, si le sort de l'âme est fixé pour jamais
après la mort? C'est ainsi qu'avec l'unité d'existence on
est incessamment en contradiction avec soi-même et
avec la justice de Dieu. Avec l'antériorité de l'âme et la
pluralité des mondes, l'horizon s'élargit; la lumière se
fait sur les points les plus obscurs de la foi ; le présent
et l'avenir sont solidaires du passé ; alors seulement on
peut comprendre toute la profondeur, toute la vérité et
toute la sagesse des maximes du Christ.

Ceux qui disent : Seigneur! Seigneur!

6. Ceux qui me disent : Seigneur! Seigneur! n'entreront pas
tous dans le royaume des cieux ; mais celui-là seulement entrera
qui fait la volonté de mon Père qui est dans les cieux. — Plusieurs me diront ce jour-là: Seigneur! Seigneur! n'avons-nous
pas prophétisé en votre nom? n'avons-nous pas chassé les démons en votre nom, et n'avons-nous pas fait plusieurs miracles
en votre nom?.— Et alors je leur dirai hautement : Retirez-vous
de moi, vous qui faites des œuvres d'iniquité. (Saint Matthieu,
ch. VII, v. 21, 22, 23.)

7. Quiconque donc entend ces paroles que je dis et les pratique, sera comparé à un homme sage qui a bâti sa maison sur
la pierre ; — et lorsque la pluie est tombée, que les fleuves se
sont débordés, que les vents ont soufflé et sont venus fondre sur
cette maison, elle n'est point tombée, parce qu'elle était fondée
sur la pierre. — Mais quiconque entend ces paroles que je dis
et ne les pratique point, sera semblable à un homme insensé qui
a bâti sa maison sur le sable; et lorsque la pluie est tombée, que

les fleuves se sont débordés, que les vents ont soufflé et sont venus fondre sur cette maison, elle a été renversée, et sa ruine a été grande. (Saint Matthieu, ch. **vii**, *v.* de 24 à 27. — Saint Luc, ch. **vi**, *v.* de 46 à 49.)

8. Celui donc qui violera un de ces moindres commandements, et qui apprendra aux hommes à les violer, sera regardé dans le royaume des cieux comme le dernier ; mais celui qui fera et enseignera sera grand dans le royaume des cieux. (Saint Matthieu, ch. **v**, *v.* 19.)

9. Tous ceux qui confessent la mission de Jésus disent : Seigneur ! Seigneur ! Mais à quoi sert de l'appeler Maître ou Seigneur si l'on ne suit pas ses préceptes ? Sont-ils chrétiens ceux qui l'honorent par des actes extérieurs de dévotion et sacrifient en même temps à l'orgueil, à l'égoïsme, à la cupidité et à toutes leurs passions ? Sont-ils ses disciples ceux qui passent des journées en prières et n'en sont ni meilleurs, ni plus charitables, ni plus indulgents pour leurs semblables ? Non, car, ainsi que les Pharisiens, ils ont la prière sur les lèvres et non dans le cœur. Avec la forme, ils peuvent en imposer aux hommes, mais non à Dieu. C'est en vain qu'ils diront à Jésus : « Seigneur, nous avons prophétisé, c'est-à-dire enseigné en votre nom ; nous avons chassé les démons en votre nom ; nous avons bu et mangé avec vous ; » il leur répondra : « Je ne sais qui vous êtes ; retirez-vous de moi, vous qui commettez des iniquités, vous qui démentez vos paroles par vos actions, qui calomniez votre prochain, qui spoliez les veuves et commettez l'adultère ; retirez-vous de moi, vous dont le cœur distille la haine et le fiel, vous qui répandez le sang de vos frères en mon nom, qui faites couler des larmes au lieu de les sécher. Pour vous il y aura des pleurs et des grincements de

dents, car le royaume de Dieu est pour ceux qui sont
doux, humbles et charitables. N'espérez pas fléchir la
justice du Seigneur par la multiplicité de vos paroles
et de vos génuflexions ; la seule voie qui vous est ouverte
pour trouver grâce devant lui, c'est la pratique sincère
de la loi d'amour et de charité. »

Les paroles de Jésus sont éternelles, parce qu'elles
sont la vérité. Elles sont non-seulement la sauvegarde
de la vie céleste, mais le gage de la paix, de la tranquillité et de la stabilité dans les choses de la vie terrestre ;
c'est pourquoi toutes les institutions humaines, politiques, sociales et religieuses qui s'appuieront sur ces paroles seront stables comme la maison bâtie sur la pierre ;
les hommes les conserveront parce qu'ils y trouvêront
leur bonheur ; mais celles qui en seront la violation, seront comme la maison bâtie sur le sable : le
vent des révolutions et le fleuve du progrès les empor-
teront.

On demandera beaucoup à celui qui a beaucoup reçu.

10. Le serviteur qui aura su la volonté de son maître, et qui
néanmoins ne se sera pas tenu prêt et n'aura pas fait ce qu'il
désirait de lui, sera battu rudement ; — mais celui qui n'aura
pas su sa volonté, et qui aura fait des choses dignes de châtiment, sera moins battu. On demandera beaucoup à celui à qui
on aura beaucoup donné, et on fera rendre un plus grand compte
à celui à qui on aura confié plus de choses. (Saint Luc, ch. xii,
v. 47, 48.)

11. Je suis venu dans ce monde pour exercer un jugement,
afin que ceux qui ne voient point voient, et que ceux qui voient
deviennent aveugles. — Quelques pharisiens qui étaient avec lui
entendirent ces paroles et lui dirent : Sommes-nous donc aussi
aveugles ? — Jésus leur répondit : Si vous étiez aveugles, vous
n'auriez point de péché ; mais maintenant vous dites que vous

voyez, et c'est pour cela que votre péché demeure en vous. (Saint Jean, ch. ix, v. 39, 40, 41.)

12. Ces maximes trouvent surtout leur application dans l'enseignement des Esprits. Quiconque connaît les préceptes du Christ est coupable assurément de ne pas les pratiquer ; mais outre que l'Évangile qui les contient n'est répandu que dans les sectes chrétiennes, parmi celles-ci, combien est-il de gens qui ne le lisent pas, et parmi ceux qui le lisent, combien en est-il qui ne le comprennent pas ! Il en résulte que les paroles même de Jésus sont perdues pour le plus grand nombre.

L'enseignement des Esprits qui reproduit ces maximes sous différentes formes, qui les développe et les commente pour les mettre à la portée de tous, a cela de particulier qu'il n'est point circonscrit, et que chacun, lettré ou illettré, croyant ou incrédule, chrétien ou non, peut le recevoir, puisque les Esprits se communiquent partout ; nul de ceux qui le reçoivent, directement ou par entremise, ne peut prétexter ignorance ; il ne peut s'excuser ni sur son défaut d'instruction, ni sur l'obscurité du sens allégorique. Celui donc qui ne les met pas à profit pour son amélioration, qui les admire comme choses intéressantes et curieuses sans que son cœur en soit touché, qui n'en est ni moins vain, ni moins orgueilleux, ni moins égoïste, ni moins attaché aux biens matériels, ni meilleur pour son prochain, est d'autant plus coupable qu'il a plus de moyens de connaître la vérité.

Les médiums qui obtiennent de bonnes communications sont encore plus répréhensibles de persister dans le mal, parce que souvent ils écrivent leur propre condamnation, et que, s'ils n'étaient aveuglés par l'orgueil, ils reconnaîtraient que c'est à eux que les Esprits s'adressent. Mais, au lieu de prendre pour eux les leçons qu'ils écrivent, ou qu'ils voient écrire, leur unique pensée est de les appliquer aux autres, réalisant ainsi cette parole de Jésus : « Vous voyez une paille dans l'œil de votre voisin, et vous ne voyez pas la poutre qui est dans le vôtre. » (Ch. x, n° 9.)

Par cette autre parole : « Si vous étiez aveugles vous n'auriez point péché », Jésus entend que la culpabilité est en raison des lumières que l'on possède ; or, les Pharisiens, qui avaient la prétention d'être, et qui étaient, en effet, la partie la plus éclairée de la nation, étaient plus répréhensibles aux yeux de Dieu quele peuple ignorant. Il en est de même aujourd'hui.

Aux spirites, il sera donc beaucoup demandé, parce qu'ils ont beaucoup reçu, mais aussi à ceux qui auront profité il sera beaucoup donné.

La première pensée de tout spirite sincère doit être de chercher, dans les conseils donnés par les Esprits, s'il n'y a pas quelque chose qui puisse le concerner.

Le spiritisme vient multiplier le nombre des *appelés;* par la foi qu'il donne, il multipliera aussi le nombre des *élus.*

INSTRUCTIONS DES ESPRITS.

On donnera à celui qui a.

13. Ses disciples s'approchant, lui dirent : Pourquoi leur parlez-vous en paraboles? — Et leur répondant, il leur dit : C'est parce que pour vous autres, il vous a été donné de connaître les mystères du royaume des cieux, mais pour eux, il ne leur a pas été donné. — Car quiconque a déjà, on lui donnera encore, et il sera dans l'abondance ; mais pour celui qui n'a point, on lui ôtera même ce qu'il a. — C'est pourquoi je leur parle en paraboles; parce qu'en voyant ils ne voient point, et qu'en

écoutant ils n'entendent ni ne comprennent point. — Et la prophétie d'Isaïe s'accomplit en eux, lorsqu'il dit : Vous écouterez
de vos oreilles, et vous n'entendrez point ; vous regarderez de
vos yeux, et vous ne verrez point. (Saint Matthieu, ch. XIII. *v.* 10
à 14.)

14. Prenez bien garde à ce que vous entendez ; car on se
servira envers vous de la même mesure dont vous vous serez
servis envers les autres, et il vous sera donné encore davantage ;
— car on donnera à celui qui a déjà, et pour celui qui n'a
point, on lui ôtera même ce qu'il a. (Saint Marc, ch. IV,
v. 24, 25.)

15. « On donne à celui qui a déjà et on retire à celui
qui n'a pas ; » méditez ces grands enseignements qui
vous ont souvent semblé paradoxaux. Celui qui a reçu
est celui qui possède le sens de la parole divine ; il n'a
reçu que parce qu'il a tenté de s'en rendre digne, et
que le Seigneur, dans son amour miséricordieux, encourage les efforts qui tendent au bien. Ces efforts soutenus, persévérants, attirent les grâces du Seigneur ;
c'est un aimant qui appelle à lui · le mieux progres-
sif, les grâces abondantes qui vous rendent forts pour
gravir la montagne sainte, au sommet de laquelle est le
repos après le travail.

« On ôte à celui qui n'a rien, ou qui a peu ; » prenez
ceci comme une opposition figurée. Dieu ne retire pas à
ses créatures le bien qu'il a daigné leur faire. Hommes
aveugles et sourds ! ouvrez vos intelligences et vos
cœurs ; voyez par votre esprit ; entendez par votre âme,
et n'interprétez pas d'une manière aussi grossièrement
injuste les paroles de celui qui a fait resplendir à vos
yeux la justice du Seigneur. Ce n'est pas Dieu qui retire
à celui qui avait peu reçu, c'est l'Esprit lui-même qui,
prodigue et insouciant, ne sait pas conserver ce qu'il a,

et augmenter, en la fécondant, l'obole tombée dans son cœur.

Celui qui ne cultive pas le champ que le travail de son père lui a gagné et dont il hérite, voit ce champ se couvrir d'herbes parasites. Est-ce son père qui lui reprend les récoltes qu'il n'a pas voulu préparer? S'il a laissé les graines destinées à produire dans ce champ moisir faute de soin, doit-il accuser son père si elles ne produisent rien? Non, non; au lieu d'accuser celui qui avait tout préparé pour lui, de reprendre ses dons, qu'il accuse le véritable auteur de ses misères, et qu'alors, repentant et actif, il se mette à l'œuvre avec courage; qu'il brise le sol ingrat par l'effort de sa volonté; qu'il le laboure jusqu'au cœur à l'aide du repentir et de l'espérance; qu'il y jette avec confiance la graine qu'il aura choisie bonne entre les mauvaises, qu'il l'arrose de son amour et de sa charité, et Dieu, le Dieu d'amour et de charité, donnera à celui qui a déjà reçu. Alors il verra ses efforts couronnés de succès, et un grain en produire cent, et un autre mille. Courage, laboureurs; prenez vos herses et vos charrues; labourez vos cœurs; arrachez-en l'ivraie; semez-y le bon grain que le Seigneur vous confie, et la rosée d'amour lui fera porter des fruits de charité. (Un Esprit ami. Bordeaux, 1862.) »

On reconnaît le chrétien à ses œuvres.

16. « Ceux qui me disent: Seigneur, Seigneur, n'entreront pas tous au royaume des cieux, mais celui-là seul qui fait la volonté de mon Père qui est dans les cieux. »

Écoutez cette parole du maître, vous tous qui repoussez la doctrine spirite comme une œuvre du démon.

Ouvrez vos oreilles, le moment d'entendre est arrivé.

Suffit-il de porter la livrée du Seigneur pour être un fidèle serviteur? Suffit-il de dire : « Je suis chrétien, » pour suivre Christ ? Cherchez les vrais chrétiens et vous les reconnaîtrez à leurs œuvres. « Un bon arbre ne peut porter de mauvais fruits, ni un mauvais arbre porter de bons fruits. » — « Tout arbre qui ne porte pas de bons fruits est coupé et jeté au feu. » Voilà les paroles du maître; disciples de Christ, comprenez-les bien. Quels sont les fruits que doit porter l'arbre du christianisme, arbre puissant dont les rameaux touffus couvrent de leur ombre une partie du monde, mais n'ont pas encore abrité tous ceux qui doivent se ranger autour de lui? Les fruits de l'arbre de vie sont des fruits de vie, d'espérance et de foi. Le christianisme, tel qu'on l'a fait depuis bien des siècles, prêche toujours ces divines vertus; il cherche à répandre ses fruits, mais combien peu les cueillent! L'arbre est toujours bon, mais les jardiniers sont mauvais. Ils ont voulu le façonner à leur idée; ils ont voulu le modeler suivant leurs besoins; ils l'ont taillé, rapetissé, mutilé ; ses branches stériles ne portent pas de mauvais fruits, mais elles n'en portent plus. Le voyageur altéré qui s'arrête sous son ombre pour chercher le fruit d'espérance qui doit lui rendre la force et le courage, n'aperçoit que des branches arides faisant pressentir la tempête. En vain il demande le fruit de vie à l'arbre de vie: les feuilles tombent desséchées ; la main de l'homme les a tant maniées qu'elle les a brûlées !

Ouvrez donc vos oreilles et vos cœurs, mes bien-aimés ! Cultivez cet arbre de vie dont les fruits donnent la vie éternelle. Celui qui l'a planté vous engage à le soigner avec amour, et vous le verrez porter encore avec abondance ses fruits divins. Laissez-le tel que Christ vous l'a donné : ne le mutilez pas ; son ombre immense veut s'étendre sur l'univers : ne raccourcissez pas ses rameaux. Ses fruits bienfaisants tombent en abondance pour soutenir le voyageur altéré qui veut atteindre le but ; ne les ramassez pas, ces fruits, pour les enfermer et les laisser pourrir afin qu'ils ne servent à aucun. «Il y a beaucoup d'appelés et peu d'élus ; » c'est qu'il y a des accapareurs pour le pain de vie, comme il y en a souvent pour le pain matériel. Ne vous rangez pas de ce nombre ; l'arbre qui porte de bons fruits doit les répandre pour tous. Allez donc chercher ceux qui sont altérés ; amenez-les sous les rameaux de l'arbre et partagez avec eux l'abri qu'il vous offre. — « On ne cueille pas de raisins sur les épines. » Mes frères, éloignez-vous donc de ceux qui vous appellent pour vous présenter les ronces du chemin, et suivez ceux qui vous conduisent à l'ombre de l'arbre de vie.

Le divin Sauveur, le juste par excellence, l'a dit, et ses paroles ne passeront pas : « Ceux qui me disent : Seigneur, Seigneur, n'entreront pas tous dans le royaume des cieux, mais ceux-là seuls qui font la volonté de mon Père qui est dans les cieux. ».

Que le Seigneur de bénédiction vous bénisse ; que le Dieu de lumière vous éclaire ; que l'arbre de vie répande sur vous ses fruits avec abondance ! Croyez et priez. (SIMÉON, Bordeaux, 1863.)

CHAPITRE XIX

LA FOI TRANSPORTE LES MONTAGNES.

Puissance de la foi. — La foi religieuse. Condition de la foi inébranlable. — Parabole du figuier desséché. — *Instructions des Esprits* : La foi mère de l'espérance et de la charité. — La foi divine et la foi humaine.

Puissance de la foi.

1. Lorsqu'il fut venu vers le peuple, un homme s'approcha de lui, qui se jeta à genoux à ses pieds, et lui dit : Seigneur, ayez pitié de mon fils, qui est lunatique, et qui souffre beaucoup, car il tombe souvent dans le feu et souvent dans l'eau. Je l'ai présenté à vos disciples, mais ils n'ont pu le guérir. — Et Jésus répondit en disant : O race incrédule et dépravée, jusqu'à quand serai-je avec vous ? jusqu'à quand vous souffrirai-je ? Amenez-moi ici cet enfant. — Et Jésus ayant menacé le démon, il sortit de l'enfant, lequel fut guéri au même instant. — Alors les disciples vinrent trouver Jésus en particulier, et lui dirent : Pourquoi n'avons-nous pu, nous autres, chasser ce démon ? — Jésus leur répondit : C'est à cause de votre incrédulité. Car je vous le dis en vérité, *si vous aviez de la foi comme un grain de sénevé, vous diriez à cette montagne : Transporte-toi d'ici là, et elle s'y transporterait,* et rien ne vous serait impossible. (Saint Matthieu, ch. XVII, v. de 14 à 19.)

2. Au sens propre, il est certain que la confiance en ses propres forces rend capable d'exécuter des choses matérielles qu'on ne peut faire quand on doute de soi ; mais ici c'est uniquement dans le sens moral qu'il faut entendre ces paroles : Les montagnes que la foi soulève

sont les difficultés, les résistances, le mauvais vouloir, en un mot, que l'on rencontre parmi les hommes, alors même qu'il s'agit des meilleures choses; les préjugés de la routine, l'intérêt matériel, l'égoïsme, l'aveuglement du fanatisme, les passions orgueilleuses sont autant de montagnes qui barrent le chemin de quiconque travaille au progrès de l'humanité. La foi robuste donne la per-sévérance, l'énergie et les ressources qui font vaincre les obstacles, dans les petites choses comme dans les grandes; celle qui est chancelante donne l'incertitude, l'hésitation dont profitent ceux que l'on veut combattre; elle ne cherche pas les moyens de vaincre, parce qu'elle ne croit pas pouvoir vaincre.

3. Dans une autre acception la foi se dit de la con-fiance que l'on a dans l'accomplissement d'une chose, de la certitude d'atteindre un but; elle donne une sorte de lucidité qui fait voir, dans la pensée, le terme vers lequel on tend et les moyens d'y arriver, de sorte que celui qui la possède marche pour ainsi dire à coup sûr. Dans l'un et l'autre cas elle peut faire accomplir de grandes choses.

La foi sincère et vraie est toujours calme; elle donne la patience qui sait attendre, parce qu'ayant son point d'appui sur l'intelligence et la compréhension des choses, elle est certaine d'arriver; la foi douteuse sent sa propre faiblesse; quand elle est stimulée par l'inté-rêt, elle devient furibonde, et croit suppléer à la force par la violence. Le calme dans la lutte est toujours un signe de force et de confiance; la violence, au con-traire, est une preuve de faiblesse et de doute de soi-même.

4. Il faut se garder de confondre la foi avec la pré--
somption. La vraie foi s'allie à l'humilité ; celui qui la
possède met sa confiance en Dieu plus qu'en lui-même,
parce qu'il sait que, simple instrument de la volonté de
Dieu, il ne peut rien sans lui ; c'est pourquoi les bons
Esprits lui viennent en aide. La présomption est moins
la foi que l'orgueil, et l'orgueil est toujours châtié tôt
ou tard par la déception et les échecs qui lui sont in-
fligés.

5. La puissance de la foi reçoit une application
directe et spéciale dans l'action magnétique ; par elle
l'homme agit sur le fluide, agent universel ; il en modifie les qualités, et lui donne une impulsion pour ainsi
dire irrésistible. C'est pourquoi celui qui, à une grande
puissance fluidique normale, joint une foi ardente,
peut, par la seule volonté dirigée vers le bien, opérer
ces phénomènes étranges de guérisons et autres qui
jadis passaient pour des prodiges, et ne sont cependant
que les conséquences d'une loi naturelle. Tel est le
motif pour lequel Jésus dit à ses apôtres : si vous n'avez
pas guéri, c'est que vous n'aviez pas la foi.

La foi religieuse. Condition de la foi inébranlable.

6. Au point de vue religieux, la foi est la croyance
dans les dogmes particuliers ; qui constituent les différentes religions ; toutes les religions ont leurs articles de foi. Sous ce rapport, la foi peut être *raisonnée*
ou *aveugle*. La foi aveugle n'examinant rien, accepte
sans contrôle le faux comme le vrai, et se heurte à
chaque pas contre l'évidence et la raison ; poussée à

l'excès, elle produit le *fanatisme*. Quand la foi repose
sur l'erreur, elle se brise tôt ou tard ; celle qui a pour
base la vérité est seule assurée de l'avenir, parce qu'elle
n'a rien à redouter du progrès des lumières, attendu
que *ce qui est vrai dans l'ombre, l'est également au
grand jour*. Chaque religion prétend être en possession
exclusive de la vérité ; *préconiser la foi aveugle sur un
point de croyance, c'est avouer son impuissance à démontrer
qu'on a raison*.

7. On dit vulgairement que *la foi ne se commande pas*,
de là beaucoup de gens disent que ce n'est pas leur
faute s'ils n'ont pas la foi. Sans doute la foi ne se commande pas, et ce qui est encore plus juste : *la foi ne
s'impose pas*. Non, elle ne se commande pas, mais elle
s'acquiert, et il n'est personne à qui il soit refusé de la
posséder, même parmi les plus réfractaires. Nous parlons
des vérités spirituelles fondamentales, et non de telle
ou telle croyance particulière. Ce n'est pas à la foi à aller
à eux, c'est à eux à aller au-devant de la foi, et s'ils la
cherchent avec sincérité, ils la trouveront. Tenez donc
pour certain que ceux qui disent : « Nous ne demande-
rions pas mieux que de croire, mais nous ne le pouvons
pas, » le disent des lèvres et non du cœur, car en disant
cela ils se bouchent les oreilles. Les preuves cependant
abondent autour d'eux ; pourquoi donc refusent-ils de
les voir ? Chez les uns c'est insouciance ; chez d'autres
la crainte d'être forcés de changer leurs habitudes ;
chez la plupart c'est l'orgueil qui refuse de reconnaître
une puissance supérieure, parce qu'il leur faudrait s'incliner devant elle.

Chez certaines personnes, la foi semble en quelque
sorte innée ; une étincelle suffit pour la développer.

Cette facilité à s'assimiler les vérités spirituelles est un
signe évident de progrès antérieur ; chez d'autres, au
contraire, elles ne pénètrent qu'avec difficulté, signe non
moins évident d'une nature en retard. Les premières
ont déjà cru et compris ; elles apportent en *renaissant*
l'intuition de ce qu'elles ont su : leur éducation est faite ;
les secondes ont tout à apprendre : leur éducation est
à faire ; elle se fera, et si elle n'est pas terminée dans
cette existence, elle le sera dans une autre.

La résistance de l'incrédule, il faut en convenir, tient
souvent moins à lui qu'à la manière dont on lui présente les choses. A la foi il faut une base, et cette base
c'est l'intelligence parfaite de ce que l'on doit croire ;
pour croire il ne suffit pas de *voir*, il faut surtout *comprendre*. La foi aveugle n'est plus de ce siècle ; or, c'est
précisément le dogme de la foi aveugle qui fait aujour-
d'hui le plus grand nombre des incrédules, parce qu'elle
veut s'imposer, et qu'elle exige l'abdication d'une des
plus précieuses prérogatives de l'homme : le raisonnement et le libre arbitre. C'est cette foi contre laquelle
surtout se roidit l'incrédule, et dont il est vrai de dire
qu'elle ne se commande pas ; n'admettant pas de preuves, elle laisse dans l'esprit un vague d'où naît le doute.
La foi raisonnée, celle qui s'appuie sur les faits et la logique, ne laisse après elle aucune obscurité ; on croit,
parce qu'on est certain, et l'on n'est certain que lorsqu'on a compris ; voilà pourquoi elle ne fléchit pas ;
car *il n'y a de foi inébranlable que celle qui peut regarder
la raison face à face à tous les âges de l'humanité.*

C'est à ce résultat que conduit le spiritisme, aussi
triomphe-t-il de l'incrédulité toutes les fois qu'il ne
rencontre pas d'opposition systématique et intéressée.

Parabole du figuier desséché.

8. Lorsqu'ils sortaient de Béthanie, il eut faim ; — et voyant
de loin un figuier, il alla pour voir s'il pourrait y trouver quelque chose, et s'en étant approché, il n'y trouva que des feuilles,
car ce n'était pas le temps des figues. — Alors Jésus dit au
figuier : Que nul ne mange de toi aucun fruit ; ce que ses disciples entendirent. — Le lendemain ils virent en passant le
figuier qui était devenu sec jusqu'à la racine. — Et Pierre, se
souvenant de la parole de Jésus, lui dit : Maître, voyez comme
le figuier que vous avez maudit est devenu sec. — Jésus, prenant la parole, leur dit : Ayez la foi en Dieu. — Je vous dis en
vérité, que quiconque dira à cette montagne : Ote-toi de là et
te jette dans la mer, et cela sans hésiter dans son cœur, mais
croyant fermement que tout ce qu'il aura dit arrivera, il le
verra en effet arriver. (Saint Marc, ch. xi, v. 12, 13, 14, et de
20 à 23.)

9. Le figuier desséché est le symbole des gens qui
n'ont que les apparences du bien, mais en réalité ne
produisent rien de bon ; des orateurs qui ont plus de
brillant que de solidité ; leurs paroles ont le vernis de
la surface ; elles plaisent aux oreilles, mais quand on
les scrute, on n'y trouve rien de substantiel pour le
cœur ; après les avoir entendues, on se demande quel
profit on en a retiré.

C'est encore l'emblème de tous les gens qui ont les
moyens d'être utiles et ne le sont pas ; de toutes les
utopies, de tous les systèmes vides, de toutes les doctrines sans base solide. Ce qui manque, la plupart du
temps, c'est la vraie foi, la foi féconde, la foi qui remue
les fibres du cœur, en un mot la foi qui transporte les
montagnes. Ce sont des arbres qui ont des feuilles, mais
point de fruits ; c'est pourquoi Jésus les condamne à la

stérilité, car un jour viendra où ils seront desséchés jusqu'à la racine; c'est-à-dire que tous les systèmes, toutes les doctrines qui n'auront produit aucun bien pour l'humanité, tomberont dans le néant; que tous les hommes volontairement inutiles, faute d'avoir mis en œuvre les ressources qui étaient en eux, seront traités comme le figuier desséché.

10. Les médiums sont les interprètes des Esprits; ils suppléent aux organes matériels qui manquent à ceux-ci pour nous transmettre leurs instructions; c'est pourquoi ils sont doués de facultés à cet effet. En ces temps de rénovation sociale, ils ont une mission particulière; ce sont des arbres qui doivent donner la nourriture spirituelle à leurs frères; ils sont multipliés, pour que la nourriture soit abondante; il s'en trouve partout, dans toutes les contrées, dans tous les rangs de la société, chez les riches et chez les pauvres, chez les grands et chez les petits, afin qu'il n'y ait point de déshérités, et pour prouver aux hommes que *tous sont appelés.* Mais s'ils détournent de son but providentiel la faculté précieuse qui leur est accordée, s'ils la font servir à des choses futiles ou nuisibles, s'ils la mettent au service des intérêts mondains, si au lieu de fruits salutaires ils en donnent de malsains, s'ils refusent de la rendre profitable pour les autres, s'ils n'en tirent pas profit pour eux-mêmes en s'améliorant, ils sont comme le figuier stérile; Dieu leur retirera un don qui devient inutile entre leurs mains : la semence qu'ils ne savent pas faire fructifier, et les laissera devenir la proie des mauvais Esprits.

INSTRUCTIONS DES ESPRITS.

La foi mère de l'espérance et de la charité.

11. La foi, pour être profitable, doit être active; elle ne doit pas s'engourdir. Mère de toutes les vertus qui conduisent à Dieu, elle doit veiller attentivement au développement des filles qu'elle enfante.

L'espérance et la charité sont une conséquence de la foi; ces trois vertus sont une trinité inséparable. N'est-ce pas la foi qui donne l'espoir de voir accomplir les promesses du Seigneur; car si vous n'avez pas la foi, qu'attendrez-vous? N'est-ce pas la foi qui donne l'amour; car si vous n'avez pas la foi, quelle reconnaissance aurez-vous, et par conséquent quel amour?

La foi, divine inspiration de Dieu, éveille tous les nobles instincts qui conduisent l'homme au bien; c'est la base de la régénération. Il faut donc que cette base soit forte et durable, car si le moindre doute vient l'ébranler, que devient l'édifice que vous construisez dessus? Élevez donc cet édifice sur des fondations inébranlables; que votre foi soit plus forte que les sophismes et les railleries des incrédules, car la foi qui ne brave pas le ridicule des hommes n'est pas la vraie foi.

La foi sincère est entraînante et contagieuse; elle se communique à ceux qui ne l'avaient pas, ou même ne voudraient pas l'avoir; elle trouve des paroles persuasives qui vont à l'âme, tandis que la foi apparente n'a que des paroles sonores qui laissent froid et indifférent. Prêchez par l'exemple de votre foi pour en donner aux hommes; prêchez par l'exemple de vos œuvres

17

pour leur faire voir le mérite de la foi; prêchez par
votre espoir inébranlable pour leur faire voir la confiance qui fortifie et met à même de braver toutes les
vicissitudes de la vie.

Ayez donc la foi dans tout ce qu'elle a de beau et de
bon, dans sa pureté, dans son raisonnement. N'admettez
pas la foi sans contrôle, fille aveugle de l'aveuglement.
Aimez Dieu, mais sachez pourquoi vous l'aimez; croyez
en ses promesses, mais sachez pourquoi vous y croyez;
suivez nos conseils, mais rendez-vous compte du but
que nous vous montrons et des moyens que nous vous
apportons pour l'atteindre. Croyez et espérez sans jamais faiblir: les miracles sont l'œuvre de la foi. (JOSEPH,
ESPRIT PROTECTEUR. Bordeaux, 1862.)

La foi divine et la foi humaine.

12. La foi est le sentiment inné en l'homme de ses
destinées futures; c'est la conscience qu'il a des facultés
immenses dont le germe a été déposé chez lui, à l'état
latent d'abord, et qu'il doit faire éclore et grandir par
sa volonté agissante.

Jusqu'à présent la foi n'a été comprise que sous le
côté religieux, parce que le Christ l'a préconisée comme
levier puissant, et que l'on n'a vu en lui que le chef d'une
religion. Mais le Christ, qui a accompli des miracles
matériels, a montré, par ces miracles mêmes, ce que
peut l'homme quand il a la foi, c'est-à-dire *la volonté de
vouloir*, et la certitude que cette volonté peut recevoir
son accomplissement. Les apôtres, à son exemple, n'ont-
ils pas aussi fait des miracles? Or, qu'étaient ces miracles, sinon des effets naturels dont la cause était inconnue aux hommes d'alors, mais qu'on s'explique en

grande partie aujourd'hui, et que l'on comprendra complétement par l'étude du spiritisme et du magnétisme?

La foi est humaine ou divine, selon que l'homme applique ses facultés aux besoins terrestres ou à ses aspirations célestes et futures. L'homme de génie qui poursuit la réalisation de quelque grande entreprise réussit s'il a la foi, parce qu'il sent en lui qu'il peut et doit arriver, et cette certitude lui donne une force immense. L'homme de bien qui, croyant à son avenir céleste, veut remplir sa vie de nobles et belles actions, puise dans sa foi, dans la certitude du bonheur qui l'attend, la force nécessaire, et là encore s'accomplissent des miracles de charité, de dévoûment et d'abnégation. Enfin, avec la foi, il n'est pas de mauvais penchants qu'on ne parvienne à vaincre.

Le magnétisme est une des plus grandes preuves de la puissance de la foi mise en action; c'est par la foi qu'il guérit et produit ces phénomènes étranges qui jadis étaient qualifiés de miracles.

Je le répète, la foi est *humaine* et *divine;* si tous les incarnés étaient bien persuadés de la force qu'ils ont en eux, et s'ils voulaient mettre leur volonté au service de cette force, ils seraient capables d'accomplir ce que, jusqu'à présent, on a appelé des prodiges, et qui n'est simplement qu'un développement des facultés humaines. (UN ESPRIT PROTECTEUR. Paris, 1863.)

CHAPITRE XX

LES OUVRIERS DE LA DERNIÈRE HEURE.

Instructions des Esprits : Les derniers seront les premiers. — Mission des spirites. — Les ouvriers du Seigneur.

1. Le royaume des cieux est semblable à un père de famille, qui sortit dès le grand matin, afin de louer des ouvriers pour travailler à sa vigne ; — étant convenu avec les ouvriers qu'ils auraient un denier pour leur journée, il les envoya à la vigne. — Il sortit encore sur la troisième heure du jour, et en ayant vu d'autres qui se tenaient dans la place sans rien faire, — il leur dit : Allez-vous-en aussi, vous autres, à ma vigne, et je vous donnerai ce qui sera raisonnable ; — et ils s'en allèrent. Il sortit encore sur la sixième et sur la neuvième heure du jour, et fit la même chose. — Et étant sorti sur la onzième heure, il en trouva d'autres qui étaient là sans rien faire, auxquels il dit : Pourquoi demeurez-vous là tout le long du jour sans travailler ? — C'est, lui dirent-ils, que personne ne nous a loués, et il leur dit : Allez-vous-en aussi, vous autres, à ma vigne.

Le soir étant venu, le maître de la vigne dit à celui qui avait le soin de ses affaires : Appelez les ouvriers, et payez-les, en commençant depuis les derniers jusqu'aux premiers. — Ceux donc qui n'étaient venus à la vigne que vers la onzième heure s'étant approchés, reçurent chacun un denier. — Ceux qui avaient été loués les premiers venant à leur tour, crurent qu'on leur donnerait davantage, mais ils ne reçurent non plus qu'un denier chacun ; — et en le recevant ils murmuraient contre le père de famille, — en disant : Ces derniers n'ont travaillé qu'une heure et vous les rendez égaux à nous qui avons porté le poids du jour et de la chaleur.

Mais pour réponse il dit à l'un d'eux : Mon ami, je ne vous

fais point de tort ; n'êtes-vous pas convenu avec moi d'un denier pour votre journée ? Prenez ce qui vous appartient, et vous
en allez ; pour moi, je veux donner à ce dernier autant qu'à
vous. — Ne m'est-il donc pas permis de faire ce que je veux ?
et votre œil est-il mauvais, parce que je suis bon ?

Ainsi, *les derniers seront les premiers, et les premiers seront les
derniers, parce qu'il y en a beaucoup d'appelés et peu d'élus.*
(Saint Matthieu, ch. XX, v. de 1 à 16. Voir aussi : Parabole du
festin de noces, ch. XVIII, n° 1.)

Les derniers seront les premiers.

2. L'ouvrier de la dernière heure a droit au salaire,
mais il faut que sa bonne volonté l'ait tenu à la disposition du maître qui devait l'employer, et que ce retard
ne soit pas le fruit de sa paresse ou de sa mauvaise volonté. Il a droit au salaire, parce que, depuis l'aube, il
attendait impatiemment celui qui, enfin, l'appellerait
à l'œuvre ; il était laborieux, l'ouvrage seul lui man-
quait.

Mais s'il avait refusé l'ouvrage à chaque heure du
jour ; s'il avait dit : Prenons patience, le repos m'est
doux ; quand la dernière heure sonnera, il sera temps de
penser au salaire de la journée. Qu'ai-je besoin de me
déranger pour un maître que je ne connais pas, que je
n'aime pas ! Le plus tard sera le mieux. Celui-là, mes
amis, n'eût pas trouvé le salaire de l'ouvrier, mais celui
de la paresse.

Que sera-ce donc de celui qui, au lieu de rester simplement dans l'inaction, aura employé les heures destinées
au labeur du jour à commettre des actes coupables ;
qui aura blasphémé Dieu, versé le sang de ses frères,
jeté le trouble dans les familles, ruiné les hommes con-

fiants, abusé de l'innocence, qui se sera enfin vautré dans toutes les ignominies de l'humanité; que sera-ce donc de celui-là? Lui suffira-t-il de dire à la dernière heure : Seigneur, j'ai mal employé mon temps; prenez-moi jusqu'à la fin du jour, que je fasse un peu, bien peu de ma tâche, et donnez-moi le salaire de l'ouvrier de bonne volonté? Non, non; le maître lui dira : Je n'ai point d'ouvrage pour toi quant à présent; tu as gaspillé ton temps; tu as oublié ce que tu avais appris, tu ne sais plus travailler à ma vigne. Recommence donc à apprendre, et lorsque tu seras mieux disposé, tu viendras vers moi, je t'ouvrirai mon vaste champ, et tu pourras y travailler à toute heure du jour.

Bons spirites, mes bien-aimés, vous êtes tous des ouvriers de la dernière heure. Bien orgueilleux serait celui qui dirait : J'ai commencé l'œuvre à l'aurore et ne la terminerai qu'au déclin du jour. Tous vous êtes venus quand vous avez été appelés, un peu· plus tôt, un peu plus tard, pour l'incarnation dont vous portez la chaîne; mais depuis combien de siècles entassés le maître ne vous a-t-il pas ·appelés à sa vigne sans que vous ayez voulu y entrer ! Vous voilà au moment de toucher le salaire; employez bien cette heure qui vous reste, et n'oubliez jamais que votre existence, si longue qu'elle vous paraisse, n'est qu'un moment bien fugitif dans l'immensité des temps qui forment pour vous l'éternité. (CONSTANTIN, ESPRIT PROTECTEUR. Bordeaux, 1863.)

3. Jésus affectionnait la simplicité des symboles, et, dans son mâle langage, les ouvriers arrivés à la première heure sont les prophètes, Moïse, et tous les initiateurs qui ont marqué les étapes du progrès, continuées à travers les siècles par les apôtres, les martyrs,

les Pères de l'Eglise, les savants, les philosophes, et enfin les spirites. Ceux-ci, venus les derniers, ont été annoncés et prédits dès l'aurore du Messie, et ils recevront la même récompense; que dis-je? une plus haute récompense. Derniers venus, les spirites profitent des labeurs intellectuels de leurs devanciers, parce que l'homme doit hériter de l'homme, et que ses travaux et leurs résultats sont collectifs : Dieu bénit la solidarité. Beaucoup d'entre eux revivent d'ailleurs aujourd'hui, ou revivront demain, pour achever l'œuvre qu'ils ont commencée jadis; plus d'un patriarche, plus d'un prophète, plus d'un disciple du Christ, plus d'un propagateur de la foi chrétienne se retrouvent parmi eux, mais plus éclairés, plus avancés, travaillant, non plus à la base, mais au couronnement de l'édifice; leur salaire sera donc proportionné au mérite de l'œuvre.

La réincarnation, ce beau dogme, éternise et précise la filiation spirituelle. L'Esprit, appelé à rendre compte de son mandat terrestre, comprend la continuité de la tâche interrompue, mais toujours reprise; il voit, il sent qu'il a saisi au vol la pensée de ses devanciers; il rentre dans la lice, mûri par l'expérience, pour avancer encore; et tous, ouvriers de la première et de la dernière heure, les yeux dessillés sur la profonde justice de Dieu, ne murmurent plus et adorent.

Tel est un des vrais sens de cette parabole qui renferme, comme toutes celles que Jésus a adressées au peuple, le germe de l'avenir, et aussi, sous toutes les formes, sous toutes les images, la révélation de cette magnifique unité qui harmonise toutes choses dans l'univers, de cette solidarité qui relie tous les êtres présents au passé et à l'avenir. (HENRI HEINE. Paris, 1863.)

Mission des spirites.

4. N'entendez-vous pas déjà fermenter la tempête qui doit emporter le vieux monde et engloutir dans le néant la somme des iniquités terrestres? Ah! bénissez le Seigneur, vous qui avez mis votre foi en sa souveraine justice, et qui, nouveaux apôtres de la croyance révélée par les voix prophétiques supérieures, allez prêcher le dogme nouveau de la *réincarnation* et de l'élévation des Esprits, suivant qu'ils ont bien ou mal accompli leurs missions, et supporté leurs épreuves terrestres.

Ne tremblez plus! les langues de feu sont sur vos têtes. O vrais adeptes du Spiritisme, vous êtes les élus de Dieu! Allez et prêchez la parole divine. L'heure est venue où vous devez sacrifier à sa propagation vos habitudes, vos travaux, vos occupations futiles. Allez et prêchez: les Esprits d'en haut sont avec vous. Certes vous parlerez à des gens qui ne voudront point écouter la voix de Dieu, parce que cette voix les rappelle sans cesse à l'abnégation; vous prêcherez le désintéressement aux avares, l'abstinence aux débauchés, la mansuétude aux tyrans domestiques comme aux despotes : paroles perdues, je le sais; mais qu'importe! Il faut arroser de vos sueurs le terrain que vous devez ensemencer, car il ne fructifiera et ne produira que sous les efforts réitérés de la bêche et de la charrue évangéliques. Allez et prêchez!

Oui, vous tous, hommes de bonne foi, qui croyez à votre infériorité en regardant les mondes espacés dans l'infini, partez en croisade contre l'injustice et l'iniquité. Allez et renversez ce culte du veau d'or, chaque jour de plus en plus envahissant. Allez, Dieu vous conduit! Hommes simples et ignorants, vos langues seront déliées, et vous parlerez comme aucun orateur ne parle. Allez et prêchez, et les populations attentives recueilleront avec bonheur vos paroles de consolation, de fraternité, d'espérance et de paix.

Qu'importent les embûches qui seront jetées sur votre chemin! les loups seuls se prendront aux piéges à loup, car le pasteur saura défendre ses brebis contre les bouchers sacrificateurs.

Allez, hommes grands devant Dieu, qui, plus heureux que saint Thomas, croyez sans demander à voir, et acceptez les faits de la médiumnité quand même vous n'avez jamais réussi à en obtenir vous-mêmes; allez, l'Esprit de Dieu vous conduit.

Marche donc en avant, phalange imposante par ta foi! et les gros bataillons des incrédules s'évanouiront devant toi comme les brouillards du matin aux premiers rayons du soleil levant.

La foi est la vertu qui soulèvera les montagnes, vous a dit Jésus; mais plus lourdes que les plus lourdes montagnes gisent dans le cœur des hommes l'impureté et tous les vices de l'impureté. Partez donc avec courage pour soulever cette montagne d'iniquités que les générations futures ne doivent connaître qu'à l'état de légende, comme vous ne connaissez vous-mêmes que très imparfaitement la période des temps antérieurs à la civilisation païenne.

Oui, les bouleversements moraux et philosophiques vont éclater sur tous les points du globe; l'heure approche où la lumière divine apparaîtra sur les deux mondes.

17.

Les ouvriers du Seigneur.

5. Vous touchez au temps de l'accomplissement des choses annoncées pour la transformation de l'humanité; heureux seront ceux qui auront travaillé au champ du Seigneur avec désintéressement et sans autre mobile que la charité! Leurs journées de travail seront payées au centuple de ce qu'ils auront espéré. Heureux seront ceux qui auront dit à leurs frères : « Frères, travaillons ensemble, et unissons nos efforts afin que le maître trouve l'ouvrage fini à son arrivée, » car le maître leur dira : « Venez à moi, vous qui êtes de bons serviteurs, vous qui avez fait taire vos jalousies et vos discordes pour ne pas laisser l'ouvrage en souffrance! » Mais malheur à ceux qui, par leurs dissensions, auront retardé l'heure de la moisson, car l'orage viendra et ils seront emportés par le tourbillon! Ils crieront : « Grâce ! grâce! » Mais le Seigneur leur dira : « Pourquoi demandez-vous grâce, vous qui n'avez pas eu pitié de vos frères, et qui avez refusé de leur tendre la main, vous qui avez écrasé le faible au lieu de le soutenir? Pourquoi demandez-vous grâce, vous qui avez cherché votre récompense dans les joies de la terre et dans la satisfaction de votre orgueil? Vous l'avez déjà reçue, votre récompense, telle que vous l'avez voulue; n'en demandez pas davantage : les récompenses célestes sont pour ceux qui n'auront pas demandé les récompenses de la terre. »

Dieu fait en ce moment le dénombrement de ses serviteurs fidèles, et il a marqué de son doigt ceux qui n'ont que l'apparence du dévoûment, afin qu'ils n'usurpent pas le salaire des serviteurs courageux, car c'est à ceux qui ne reculeront pas devant leur tâche qu'il va confier les postes les plus difficiles dans la grande œuvre de la régénération par le spiritisme, et cette parole s'accomplira : « Les premiers seront les derniers, et les derniers seront les premiers dans le royaume des cieux ! » (L'ESPRIT DE VÉRITÉ. Paris, 1862.)

CHAPITRE XXI

IL Y AURA DE FAUX CHRISTS ET DE FAUX PROPHÈTES.

On connaît l'arbre à son fruit. — **Mission des** prophètes. — Prodiges des faux prophètes. — Ne croyez point à tous les Esprits. — *Instructions des Esprits* : Les faux prophètes. — Caractères du vrai prophète. — Les faux prophètes de l'erraticité. — Jérémie et les faux prophètes.

On connaît l'arbre à son fruit.

1. L'arbre qui produit de mauvais fruits n'est pas bon, et l'arbre qui produit de bons fruits n'est pas mauvais ; — car chaque arbre se connaît à son propre fruit. On ne cueille point de figues sur des épines, et l'on ne coupe point de grappes de raisin sur des ronces. — L'homme de bien tire de bonnes choses du bon trésor de son cœur, et le méchant en tire de mauvaises du mauvais trésor de son cœur ; car la bouche parle de la plénitude du cœur. (Saint Luc, ch. VI, v. 43, 44, 45.)

2. *Gardez-vous des faux prophètes* qui viennent à vous couverts de peaux de brebis, et qui au dedans sont des loups ravisseurs. — Vous les connaîtrez par leurs fruits. *Peut-on cueillir des raisins sur des épines ou des figues sur des ronces ?* — Ainsi tout arbre qui est bon produit de bons fruits, et tout arbre qui est mauvais produit de mauvais fruits. — *Un bon arbre ne peut produire de mauvais fruits, et un mauvais arbre ne peut en produire de bons.* — Tout arbre qui ne produit point de bons fruits sera coupé et jeté au feu. — Vous les connaîtrez donc à leurs fruits. (Saint Matthieu, ch. VII, v. 15 à 20.)

3. Prenez garde que quelqu'un vous séduise ; — parce que plusieurs viendront sous mon nom, disant : « Je suis le Christ, » et ils en séduiront plusieurs.

Il s'élèvera plusieurs faux prophètes qui séduiront beaucoup de personnes ; — et parce que l'iniquité abondera, la charité de plusieurs se refroidira. — Mais celui-là sera sauvé qui persévérera jusqu'à la fin.

Alors si quelqu'un vous dit : Le Christ est ici, ou il est là, ne le croyez point ; — car *il s'élèvera de faux Christs et de faux prophètes qui feront de grands prodiges* et des choses étonnantes, jusqu'à séduire, s'il était possible, les élus même. (Saint Matthieu, chap. xxiv, *v.* 4, 5, 11, 12, 13, 23, 24. — Saint Marc, ch. xiii, *v.* 5, 6, 21, 22.)

Mission des prophètes.

4. On attribue vulgairement aux prophètes le don de révéler l'avenir, de sorte que les mots *prophéties* et *prédictions* sont devenus synonymes. Dans le sens évangélique, le mot *prophète* a une signification plus étendue ; il se dit de tout envoyé de Dieu avec mission d'instruire les hommes et de leur révéler les choses cachées et les mystères de la vie spirituelle. Un homme peut donc être prophète sans faire de prédictions ; cette idée était celle des Juifs au temps de Jésus ; c'est pourquoi, lorsqu'il fut amené devant le grand prêtre Caïphe, les Scribes et les Anciens, étant assemblés, lui crachèrent au visage, le frappèrent à coups de poing et lui donnèrent des soufflets, en disant : « Christ, prophétisenous, et dis qui est celui qui t'a frappé. » Cependant il est arrivé que des prophètes ont eu la prescience de l'avenir, soit par intuition, soit par révélation providentielle, afin de donner aux hommes des avertissements ; ces événements s'étant accomplis, le don de prédire l'avenir a été regardé comme un des attributs de la qualité de prophète.

Prodiges des faux prophètes.

5. « Il s'élèvera de faux christs et de faux prophètes qui feront de grands prodiges et des choses étonnantes à séduire les élus même. » Ces paroles donnent le véritable sens du mot prodige. Dans l'acception théologique, les prodiges et les miracles sont des phénomènes exceptionnels, en dehors des lois de la nature. Les lois de la nature étant l'œuvre de Dieu *seul*, il peut sans doute y déroger si cela lui plaît, mais le simple bon sens dit qu'il ne peut avoir donné à des êtres inférieurs et pervers un pouvoir égal au sien, et encore moins le droit de défaire ce qu'il a fait. Jésus ne peut avoir consacré un tel principe. Si donc, selon le sens que l'on attache à ces paroles, l'Esprit du mal a le pouvoir de faire des prodiges tels que les élus même y soient trompés, il en résulterait que, pouvant faire ce que Dieu fait, les prodiges et les miracles ne sont pas le privilége exclusif des envoyés de Dieu, et ne prouvent rien, puisque rien ne distingue les miracles des saints des miracles du démon. Il faut donc chercher un sens plus rationnel à ces paroles.

Aux yeux du vulgaire ignorant, tout phénomène dont la cause est inconnue passe pour surnaturel, merveilleux et miraculeux; la cause une fois connue, on reconnaît que le phénomène, si extraordinaire qu'il paraisse, n'est autre chose que l'application d'une loi de nature. C'est ainsi que le cercle des faits surnaturels se rétrécit à mesure que s'étend celui de la science. De tout temps des hommes ont exploité, au profit de leur ambition, de leur intérêt et de leur domination, certaines connaissances qu'ils possédaient, afin de se don-

ner le prestige d'un pouvoir soi-disant surhumain ou
d'une prétendue mission divine. Ce sont là de faux
christs et de faux prophètes; la diffusion des lumières
tue leur crédit, c'est pourquoi le nombre en diminue à
mesure que les hommes s'éclairent. Le fait d'opérer ce
qui, aux yeux de certaines gens, passe pour des prodiges, n'est donc point le signe d'une mission divine,
puisqu'il peut résulter de connaissances que chacun
peut acquérir, ou de facultés organiques spéciales, que
le plus indigne peut posséder aussi bien que le plus
digne. Le vrai prophète se reconnaît à des caractères
plus sérieux, et exclusivement moraux.

Ne croyez point à tous les Esprits.

6. Mes bien-aimés, *ne croyez point à tout Esprit,* mais éprouvez si les Esprits sont de Dieu, car plusieurs faux prophètes se
sont élevés dans le monde. (Saint Jean, épître 1ʳᵉ, chap. IV,
v. 1.)

7. Les phénomènes spirites, loin d'accréditer les
faux christs et les faux prophètes, comme quelques-uns
affectent de le dire, viennent au contraire leur porter
un dernier coup. Ne demandez pas au spiritisme des
miracles ni des prodiges, car il déclare formellement
qu'il n'en produit point; comme la physique, la chimie,
l'astronomie, la géologie sont venues révéler les lois du
monde matériel, il vient révéler d'autres lois inconnues,
celles qui régissent les rapports du monde corporel et du
monde spirituel, et qui, comme leurs aînées de la
science, n'en sont pas moins des lois de nature; en
donnant l'explication d'un certain ordre de phénomènes incompris jusqu'à ce jour, il détruit ce qui res-

tait encore dans le domaine du merveilleux. Ceux donc qui seraient tentés d'exploiter ces phénomènes à leur profit, en se faisant passer pour des messies de Dieu, ne pourraient abuser longtemps de la crédulité, et seraient bientôt démasqués. D'ailleurs, ainsi qu'il a été dit, ces phénomènes seuls ne prouvent rien : la mission se prouve par des effets moraux qu'il n'est pas donné au premier venu de produire. C'est là un des résultats du développement de la science spirite ; en scrutant la cause de certains phénomènes, elle lève le voile sur bien des mystères. Ceux qui préfèrent l'obscurité à la lumière ont seuls intérêt à la combattre ; mais la vérité est comme le soleil : elle dissipe les plus épais brouillards.

Le spiritisme vient révéler une autre catégorie bien plus dangereuse de faux Christs et de faux prophètes, qui se trouvent, non parmi les hommes, mais parmi les désincarnés : c'est celle des Esprits trompeurs, hypocrites, orgueilleux et faux savants qui, de la terre, sont passés dans l'erraticité, et se parent de noms vénérés pour chercher, à la faveur du masque dont ils se couvrent, à accréditer les idées souvent les plus bizarres et les plus absurdes. Avant que les rapports médianimiques fussent connus, ils exerçaient leur action d'une manière moins ostensible, par l'inspiration, la médiumnité inconsciente, auditive ou parlante. Le nombre de ceux qui, à diverses époques, mais dans ces derniers temps surtout, se sont donnés pour quelques-uns des anciens prophètes, pour le Christ, pour Marie, mère du Christ, et même pour Dieu, est considérable. Saint Jean met en garde contre eux quand il dit : « Mes bien-aimés, ne croyez point à tout Esprit, mais éprouvez si les Esprits sont de Dieu ; car plusieurs faux prophètes se sont élevés dans le monde. » Le spiritisme donne les moyens de les éprouver en indiquant les caractères auxquels on reconnaît les bons Esprits, caractères *toujours moraux et jamais matériels*[1]. C'est au discernement des bons et des mauvais Esprits que peuvent surtout s'appliquer ces paroles de Jésus : « On reconnaît la qualité de l'arbre à son fruit ; un bon arbre ne peut produire de mauvais fruits, et un mauvais arbre ne peut en produire de bons. » On juge les Esprits à la qualité de leurs œuvres, comme un arbre à la qualité de ses fruits.

INSTRUCTIONS DES ESPRITS.

Les faux prophètes.

8. Si l'on vous dit : « Christ est ici, » n'y allez pas, mais, au contraire, tenez-vous sur vos gardes, car les faux prophètes seront nombreux. Mais ne voyez-vous pas les feuilles du figuier qui commencent à blanchir ; ne voyez-vous pas leurs pousses nombreuses attendant l'époque de la floraison, et Christ ne vous a-t-il pas dit : On reconnaît un arbre à son fruit ? Si donc les fruits sont amers, vous jugez que l'arbre est mauvais ; mais s'ils sont doux et salutaires, vous dites : Rien de pur ne peut sortir d'une souche mauvaise.

C'est ainsi, mes frères, que vous devez juger ; ce sont les œuvres que vous devez examiner. Si ceux qui se disent revêtus de la puissance divine sont accompagnés de toutes les marques d'une pareille mission, c'est-à-

---

1. Voir, pour la distinction des Esprits, *Livre des Médiums*, ch. 24 et suiv.

dire s'ils possèdent au plus haut degré les vertus chrétiennes et éternelles : la charité, l'amour, l'indulgence,
la bonté qui concilie tous les cœurs; si, à l'appui
des paroles, ils joignent les actes, alors vous pourrez dire : Ceux-ci sont bien réellement les envoyés de
Dieu.

Mais méfiez-vous des paroles mielleuses, méfiez-vous
des scribes et des pharisiens qui prient dans les places
publiques, vêtus de longues robes. Méfiez-vous de ceux
qui prétendent avoir le seul et unique monopole de la
vérité!

Non, non, Christ n'est point là, car ceux qu'il envoie
propager sa sainte doctrine, et régénérer son peuple,
seront, à l'exemple du Maître, doux et humbles de cœur
par-dessus toutes choses; ceux qui doivent, par leurs
exemples et leurs conseils, sauver l'humanité courant
à sa perte et vagabondant dans des routes tortueuses,
ceux-là seront par-dessus tout modestes et humbles.
Tout ce qui révèle un atome d'orgueil, fuyez-le comme
une lèpre contagieuse qui corrompt tout ce qu'elle touche. Rappelez-vous que *chaque créature porte sur son
front, mais dans ses actes surtout, le cachet de sa grandeur
ou de sa décadence.*

Allez donc, mes enfants bien-aimés, marchez sans
tergiversations, sans arrière-pensées, dans la route
bénie que vous avez entreprise. Allez, allez toujours
sans crainte; éloignez courageusement tout ce qui pourrait entraver votre marche vers le but éternel. Voyageurs, vous ne serez que bien peu de temps encore dans
les ténèbres et les douleurs de l'épreuve, si vous laissez
aller vos cœurs à cette douce doctrine qui vient vous
révéler les lois éternelles, et satisfaire toutes les aspirations de votre âme vers l'inconnu. Dès à présent,

vous pouvez donner un corps à ces sylphes légers que vous voyiez passer dans vos rêves, et qui, éphémères, ne pouvaient que charmer votre esprit, mais ne disaient rien à votre cœur. Maintenant, mes aimés, la mort a disparu pour faire place à l'ange radieux que vous connaissez, l'ange du revoir et de la réunion ! Maintenant, vous qui avez bien accompli la tâche imposée par le Créateur, vous n'avez plus rien à craindre de sa justice, car il est père et pardonne toujours à ses enfants égarés qui crient miséricorde. Continuez donc, avancez sans cesse ; que votre devise soit celle du progrès, du progrès continu en toutes choses, jusqu'à ce que vous arriviez enfin à ce terme heureux où vous attendent tous ceux qui vous ont précédés. (LOUIS. Bordeaux, 1861.)

Caractères du vrai prophète.

9. *Défiez-vous des faux prophètes.* Cette recommandation est utile dans tous les temps, mais surtout dans les moments de transition où, comme dans celui-ci, s'élabore une transformation de l'humanité, car alors une foule d'ambitieux et d'intrigants se posent en réformateurs et en messies. C'est contre ces imposteurs qu'il faut se tenir en garde, et il est du devoir de tout honnête homme de les démasquer. Vous demanderez sans doute comment on peut les reconnaître ; voici leur signalement :

On ne confie le commandement d'une armée qu'à un général habile et capable de la diriger ; croyez-vous donc que Dieu soit moins prudent que les hommes ? Soyez certains qu'il ne confie les missions importantes qu'à ceux qu'il sait capables de les remplir, car les grandes missions sont de lourds fardeaux qui écraseraient l'homme trop faible pour les porter. Comme en toutes choses le maître doit en savoir plus que l'écolier; pour faire avancer l'humanité moralement et intellectuellement, il faut des hommes supérieurs en intelligence et en moralité! c'est pourquoi ce sont toujours des Esprits déjà très avancés ayant fait leurs preuves dans d'autres existences, qui s'incarnent dans ce but; car s'ils ne sont pas supérieurs au milieu dans lequel ils doivent agir, leur action sera nulle.

Ceci posé, concluez que le vrai missionnaire de Dieu doit justifier sa mission par sa supériorité, par ses vertus, par la grandeur, par le résultat et l'influence moralisatrice de ses œuvres. Tirez encore cette conséquence, que s'il est, par son caractère, par ses vertus, par son intelligence, au-dessous du rôle qu'il se donne, ou du personnage sous le nom duquel il s'abrite, ce n'est qu'un histrion de bas étage qui ne sait pas même copier son modèle.

Une autre considération, c'est que la plupart des vrais missionnaires de Dieu s'ignorent eux-mêmes; ils accomplissent ce à quoi ils sont appelés, par la force de leur génie secondé par la puissance occulte qui les inspire et les dirige à leur insu, mais sans dessein prémédité. En un mot, *les vrais prophètes se révèlent par leurs actes : on les devine ; tandis que les faux prophètes se posent eux-mêmes comme les envoyés de Dieu;* le premier est humble et modeste; le second est orgueilleux et plein de lui-même; il parle avec hauteur, et, comme tous les menteurs, il semble toujours craindre de n'être pas cru.

On a vu de ces imposteurs se donner pour les apôtres

du Christ, d'autres pour le Christ lui-même, et ce qui
est à la honte de l'humanité, c'est qu'ils ont trouvé des
gens assez crédules pour ajouter foi à de pareilles turpitudes. Une considération bien simple cependant devrait ouvrir les yeux du plus aveugle, c'est que si le
Christ se réincarnait sur la terre, il y viendrait avec
toute sa puissance et toutes ses vertus, à moins d'admettre, ce qui serait absurde, qu'il eût dégénéré; or, de
même que si vous ôtez à Dieu un seul de ses attributs
vous n'aurez plus Dieu, si vous ôtez une seule des vertus du Christ, vous n'avez plus le Christ. Ceux qui se
donnent pour le Christ ont-ils toutes ses vertus? Là est
la question; regardez; scrutez leurs pensées et leurs
actes, et vous reconnaîtrez qu'ils manquent par-dessus
tout des qualités distinctives du Christ : l'humilité et la
charité, tandis qu'ils ont ce qu'il n'avait pas : la cupidité et l'orgueil. Remarquez d'ailleurs qu'il y a dans ce
moment, et dans différents pays, plusieurs prétendus
Christs, comme il y a plusieurs prétendus Élie, saint
Jean ou saint Pierre, et que nécessairement ils ne peuvent être tous véritables. Tenez pour certain que ce
sont des gens qui exploitent la crédulité et trouvent
commode de vivre aux dépens de ceux qui les écoutent.

Défiez-vous donc des faux prophètes, surtout dans
un temps de rénovation, parce que beaucoup d'imposteurs se diront les envoyés de Dieu; ils se procurent
une vaniteuse satisfaction sur la terre, mais une terrible justice les attend, vous pouvez en être certains.
(ÉRASTE. Paris, 1862.)

Les faux prophètes de l'erraticité.

10. Les faux prophètes ne sont pas seulement parmi les incarnés; il sont aussi, et en bien plus grand nombre, parmi les Esprits orgueilleux qui, sous de faux semblants d'amour et de charité, sèment la désunion et retardent l'œuvre émancipatrice de l'humanité, en jetant à la traverse leurs systèmes absurdes qu'ils font accepter par leurs médiums; et pour mieux fasciner ceux qu'ils veulent abuser, pour donner plus de poids à leurs théories, ils se parent sans scrupule de noms que les hommes ne prononcent qu'avec respect.

Ce sont eux qui sèment des ferments d'antagonisme entre les groupes, qui les poussent à s'isoler les uns des autres, et à se voir d'un mauvais œil. Cela seul suffirait pour les démasquer ; car, en agissant ainsi, ils donnent eux-mêmes le plus formel démenti à ce qu'ils prétendent être. Aveugles donc sont les hommes qui se laissent prendre à un piége aussi grossier.

Mais il y a bien d'autres moyens de les reconnaître. Des Esprits de l'ordre auquel ils disent appartenir, doivent être non-seulement très bons, mais, en outre, éminemment rationnels. Eh bien, passez leurs systèmes au tamis de la raison et du bon sens, et vous verrez ce qui en restera. Convenez donc avec moi que, toutes les fois qu'un Esprit indique, comme remède aux maux de l'humanité, ou comme moyens d'arriver à sa transformation, des choses utopiques et impraticables, des mesures puériles et ridicules; quand il formule un système contredit par les plus vulgaires notions de la science, ce ne peut être qu'un Esprit ignorant et menteur.

D'un autre côté, croyez bien que si la vérité n'est pas toujours appréciée par les individus, elle l'est toujours par le bon sens des masses, et c'est encore là un criterium. Si deux principes se contredisent, vous aurez la mesure de leur valeur intrinsèque en cherchant celui qui trouve le plus d'échos et de sympathies; *il serait illogique*, en effet, *d'admettre qu'une doctrine qui verrait diminuer le nombre de ses partisans fût plus vraie que celle qui voit les siens s'augmenter*. Dieu, voulant que la vérité arrive à tous, ne la confine pas dans un cercle restreint: il la fait surgir sur différents points, afin que partout la lumière soit à côté des ténèbres.

Repoussez impitoyablement tous ces Esprits qui se donnent comme conseils exclusifs, en prêchant la division et l'isolement. Ce sont presque toujours des Esprits vaniteux et médiocres, qui tendent à s'imposer aux hommes faibles et crédules, en leur prodiguant des louanges exagérées, afin de les fasciner et de les tenir sous leur domination. Ce sont généralement des Esprits affamés de pouvoir, qui, despotes publics ou privés de leur vivant, veulent avoir encore des victimes à tyranniser après leur mort. En général, *défiez-vous des communications qui portent un caractère de mysticisme et d'étrangeté, ou qui prescrivent des cérémonies et des actes bizarres;* il y a toujours alors un motif légitime de suspicion.

D'un autre côté, croyez bien que lorsqu'une vérité doit être révélée à l'humanité, elle est pour ainsi dire instantanément communiquée dans tous les groupes sérieux qui possèdent de sérieux médiums, et non pas à tels ou tels, à l'exclusion des autres. Nul n'est parfait médium s'il est obsédé, et il y a obsession manifeste lor squ'un médium n'est apte qu'à recevoir les commu-

nications d'un Esprit spécial, si haut que celui-ci cherche à se placer lui-même. En conséquence, tout médium,
tout groupe qui se croient privilégiés par des communications que seuls ils peuvent recevoir, et qui, d'autre
part, sont assujettis à des pratiques qui frisent la superstition, sont indubitablement sous le coup d'une obsession des mieux caractérisées, surtout quand l'Esprit do-
minateur se targue d'un nom que tous, Esprits et incarnés, nous devons honorer et respecter, et ne pas laisser
commettre à tout propos.

Il est incontestable qu'en soumettant au creuset de la
raison et de la logique toutes les données et toutes les
communications des Esprits, il sera facile de repousser
l'absurdité et l'erreur. Un médium peut être fasciné, un
groupe abusé; mais le contrôle sévère des autres groupes, mais la science acquise, et la haute autorité morale
des chefs de groupe, mais des communications des
principaux médiums qui reçoivent un cachet de logique
et d'authenticité de nos meilleurs Esprits, feront rapidement justice de ces dictées mensongères et .astucieuses
émanées d'une tourbe d'Esprits trompeurs ou méchants.
(ÉRASTE, disciple de saint Paul. Paris, 1862.)

(Voir à l'Introduction le paragraphe : II. *Contrôle universel de l'enseignement des Esprits.* — Livre des médiums,
chap. xxiii, *De l'obsession.*)

Jérémie et les faux prophètes.

11. Voici ce que dit le Seigneur des armées : N'écoutez point les paroles des prophètes qui vous prophétisent et qui vous trompent. Ils publient les visions de leur
cœur, et non ce qu'ils ont appris de la bouche du Sei-

gneur. — Ils disent à ceux qui me blasphèment : Le Seigneur l'a dit, vous aurez la paix ; et à tous ceux qui
marchent dans la corruption de leur cœur : Il ne vous
arrivera point de mal. — Mais qui d'entre eux a assisté
au conseil de Dieu ; qui l'a vu et qui a entendu ce qu'il
a dit? — Je n'envoyais point ces prophètes, et ils couraient d'eux-mêmes ; je ne leur parlais point, et ils pro-
phétisaient de leur tête. — J'ai entendu ce qu'ont dit
ces prophètes qui prophétisent le mensonge en mon
nom ; en disant : J'ai songé, j'ai songé. — Jusques à
quand cette imagination sera-t-elle dans le cœur des
prophètes qui prophétisent le mensonge, et dont les
prophéties ne sont que les séductions de leur cœur ? Si
donc ce peuple, ou un prophète, ou un prêtre vous interroge et vous dit : Quel est le fardeau du Seigneur?
Vous lui direz : C'est vous-même qui êtes le fardeau, et
je vous jetterai bien loin de moi, dit le Seigneur. (JÉRÉMIE,
ch. XXIII, *v.* 16, 17, 18, 21, 25, 26, 33.)

C'est sur ce passage du prophète Jérémie que je vais
vous entretenir, mes amis. Dieu, parlant par sa bouche,
dit : « C'est la vision de leur cœur qui les fait parler. »
Ces mots indiquent clairement que déjà, à cette époque,
les charlatans et les exaltés abusaient du don de prophétie et l'exploitaient. Ils abusaient, par conséquent, de la
foi simple et presque aveugle du peuple en prédisant
pour de l'argent de bonnes et agréables choses. Cette
sorte de tromperie était assez générale chez la nation
juive, et il est facile de comprendre que le pauvre peuple, dans son ignorance, était dans l'impossibilité de distinguer les bons d'avec les mauvais, et il était toujours
plus ou moins dupe de ces soi-disant prophètes qui n'é-
taient que des imposteurs ou des fanatiques. Y a-t-il
rien de plus significatif que ces paroles : « Je n'ai point

18

envoyé ces prophètes-là, et ils ont couru d'eux-mêmes ;
je ne leur ai point parlé, et ils ont prophétisé ?» Plus
loin il dit : « J'ai entendu ces prophètes qui prophétisent le mensonge en mon nom, en disant : J'ai songé,
j'ai songé ; » il indiquait ainsi un des moyens employés
pour exploiter la confiance qu'on avait en eux. La multitude, toujours crédule, ne pensait point à contester la
véracité de leurs songes ou de leurs visions; elle trouvait cela tout naturel et invitait toujours ces prophètes
à parler.

Après les paroles du prophète, écoutez les sages conseils de l'apôtre saint Jean, quand il dit : « Ne croyez
point à tout Esprit, mais éprouvez si les Esprits sont de
Dieu ; » car parmi les invisibles il en est aussi qui se
plaisent à faire des dupes quand ils en trouvent l'occasion. Ces dupes sont, bien entendu, les médiums qui
ne prennent pas assez de précautions. Là est sans contredit un des plus grands écueils, contre lequel beaucoup viennent se briser, surtout quand ils sont novices
dans le spiritisme. C'est pour eux une épreuve dont ils
ne peuvent triompher que par une grande prudence.
Apprenez donc, avant toute chose, à distinguer les
bons et les mauvais Esprits, pour ne pas devenir vous-
mêmes de faux prophètes. (LUOZ, *Esp. protect.* Carlsruhe,
1861.)

CHAPITRE XXII

NE SÉPAREZ PAS CE QUE DIEU A JOINT.

Indissolubilité du mariage. — Divorce.

Indissolubilité du mariage.

1. Les Pharisiens vinrent aussi à lui pour le tenter, et ils lui dirent : Est-il permis à un homme de renvoyer sa femme pour quelque cause que ce soit? — Il leur répondit : N'avez-vous point lu que celui qui créa l'homme dès le commencement, les créa mâle et femelle, et qu'il est dit : — Pour cette raison, l'homme quittera son père et sa mère, et s'attachera à sa femme, et ils ne feront plus tous deux qu'une seule chair? — Ainsi ils ne seront plus deux, mais une seule chair. Que l'homme donc ne sépare pas ce que Dieu a joint.

Mais pourquoi donc, lui dirent-ils, Moïse a-t-il ordonné qu'on donne à sa femme un écrit de séparation, et qu'on la renvoie? — Il leur répondit : C'est à cause de la dureté de votre cœur que Moïse vous a permis de renvoyer vos femmes; mais cela n'a pas été dès le commencement. — Aussi je vous déclare que quiconque renvoie sa femme, si ce n'est en cas d'adultère, et en épouse une autre, commet un adultère; et que celui qui épouse celle qu'un autre a renvoyée, commet aussi un adultère. (Saint Matthieu, ch. XIX, *v*. de 3 à 9.)

2. Il n'y a d'immuable que ce qui vient de Dieu; tout ce qui est l'œuvre des hommes est sujet à changement. Les lois de la nature sont les mêmes dans tous les temps et dans tous les pays; les lois humaines changent selon les temps, les lieux et le progrès de l'in-

telligence. Dans le mariage, ce qui est d'ordre divin,
c'est l'union des sexes pour opérer le renouvellement
des êtres qui meurent; mais les conditions qui règlent
cette union sont d'ordre tellement humain, qu'il n'y a
pas dans le monde entier, et même dans la chrétienté,
deux pays où elles soient absolument les mêmes, et
qu'il n'y en a pas un où elles n'aient subi des changements avec le temps; il en résulte qu'aux yeux de la loi
civile, ce qui est légitime dans une contrée et à une
époque, est adultère dans une autre contrée et dans un
autre temps; et cela, parce que la loi civile a pour but
de régler les intérêts des familles, et que ces intérêts
varient selon les mœurs et les besoins locaux; c'est
ainsi, par exemple, que dans certains pays le mariage
religieux est seul légitime, dans d'autres il faut en plus
le mariage civil, dans d'autres, enfin, le mariage civil
seul suffit.

3. Mais dans l'union des sexes, à côté de la loi divine
matérielle, commune à tous les êtres vivants, il y a une
autre loi divine, immuable comme toutes les lois de
Dieu, exclusivement morale, c'est la loi d'amour. Dieu
a voulu que les êtres fussent unis, non-seulement par
les liens de la chair, mais par ceux de l'âme, afin que
l'affection mutuelle des époux se reportât sur leurs enfants, et qu'ils fussent deux, au lieu d'un, à les aimer,
à les soigner et à les faire progresser. Dans les conditions ordinaires du mariage, est-il tenu compte de cette
loi d'amour? Nullement; ce que l'on consulte, ce n'est
pas l'affection de deux êtres qu'un mutuel sentiment
attire l'un vers l'autre, puisque le plus souvent on brise
cette affection; ce que l'on cherche, ce n'est pas la satisfaction du cœur, mais celle de l'orgueil, de la vanité,

de la cupidité, en un mot de tous les intérêts matériels ;
quand tout est pour le mieux selon ces intérêts, on dit
que le mariage est convenable, et quand les bourses
sont bien assorties, on dit que les époux le sont également, et doivent être bien heureux.

Mais ni la loi civile, ni les engagements qu'elle fait
contracter ne peuvent suppléer la loi d'amour, si cette
loi ne préside pas à l'union ; il en résulte que souvent
ce que l'on a uni de force se sépare de soi-même ; que le
serment que l'on prononce au pied de l'autel devient
un parjure si on le dit comme une formule banale ; de
là 'les unions malheureuses, qui finissent par devenir
criminelles ; double malheur que l'on éviterait si, dans
les conditions du mariage, on ne faisait pas abstraction
de la seule qui le sanctionne aux yeux de Dieu : la loi
d'amour. Quand Dieu a dit : « Vous ne ferez qu'une
même chair ; » et quand Jésus a dit : « Vous ne sépa-
rerez pas ce que Dieu a uni, » cela doit s'entendre de
l'union selon la loi immuable de Dieu, et non selon la
loi changeante des hommes.

4. La loi civile est-elle donc superflue, et faut-il en
revenir aux mariages selon la nature ? Non certainement ; la loi civile a pour but de régler les rapports
sociaux et les intérêts des familles, selon les exigences
de la civilisation, voilà pourquoi elle est utile, nécessaire, mais variable ; elle doit être prévoyante, parce que
l'homme civilisé ne peut vivre comme le sauvage ; mais
rien, absolument rien ne s'oppose à ce qu'elle soit le
corollaire de la loi de Dieu ; les obstacles à l'accomplissement de la loi divine viennent des préjugés et non
de la loi civile. Ces préjugés, bien qu'encore vivaces,
ont déjà perdu de leur empire chez les peuples éclairés ;

ils disparaîtront avec le progrès moral, qui ouvrira enfin les yeux sur les maux sans nombre, les fautes, les
crimes même qui résultent des unions contractées en
vue des seuls intérêts matériels; et l'on se demandera
un jour s'il est plus humain, plus charitable, plus moral de river l'un à l'autre des êtres qui ne peuvent vivre
ensemble, que de leur rendre la liberté; si la perspective
d'une chaîne indissoluble n'augmente pas le nombre
des unions irrégulières.

Le divorce.

5. Le divorce est une loi humaine qui a pour but de
séparer légalement ce qui est séparé de fait; elle n'est
point contraire à la loi de Dieu, puisqu'elle ne réforme
que ce que les hommes ont fait, et qu'elle n'est appli-
cable que dans les cas où il n'a pas été tenu compte de
la loi divine; si elle était contraire à cette loi, l'Église
elle-même serait forcée de regarder comme prévarica-
teurs ceux de ses chefs qui, de leur propre autorité,
et au nom de la religion, ont, en plus d'une circonstance, imposé le divorce; double prévarication alors,
puisque c'était en vue d'intérêts temporels seuls, et non
pour satisfaire à la loi d'amour.

Mais Jésus lui-même ne consacre pas l'indissolubilité
absolue du mariage. Ne dit-il pas : « C'est à cause de
la dureté de votre cœur que Moïse vous a permis de
renvoyer vos femmes? » Ce qui signifie que, dès le
temps de Moïse, l'affection mutuelle n'étant pas le but
unique du mariage, la séparation pouvait devenir nécessaire. Mais, ajoute-t-il, « cela n'a pas été dès le commencement; » c'est-à-dire qu'à l'origine de l'humanité,
alors que les hommes n'étaient pas encore pervertis par

l'égoïsme et l'orgueil, et qu'ils vivaient selon la loi de Dieu, les unions fondées sur la sympathie et non sur la vanité ou l'ambition, ne donnaient pas lieu à répudiation.

Il va plus loin : il spécifie le cas où la répudiation peut avoir lieu, c'est celui d'adultère; or, l'adultère n'existe pas là où règne une affection réciproque sincère. Il défend, il est vrai, à tout homme d'épouser la femme répudiée, mais il faut tenir compte des mœurs et du caractère des hommes de son temps. La loi mosaïque, dans ce cas, prescrivait la lapidation; voulant abolir un usage barbare, il fallait néanmoins une pénalité, et il la trouve dans la flétrissure que devait imprimer l'interdiction d'un second mariage. C'était en quelque sorte une loi civile substituée à une autre loi civile, mais qui, comme toutes les lois de cette nature, devait subir l'épreuve du temps.

CHAPITRE XXIII

Qui ne hait pas son père et sa mère. — Quitter son père, sa mère et ses enfants. — Laissez aux morts le soin d'ensevelir leurs morts. — Je ne suis pas venu apporter la paix, mais la division.

Qui ne hait pas son père et sa mère.

1. Une grande troupe de peuple marchant avec Jésus, il se retourna vers eux et leur dit : — Si quelqu'un vient à moi, et ne *hait* pas son père et sa mère, sa femme et ses enfants, ses frères et ses sœurs, et même sa propre vie, il ne peut être mon disciple. — Et quiconque ne porte pas sa croix, et ne me suit pas, ne peut être mon disciple. — Ainsi quiconque d'entre vous ne renonce pas à tout ce qu'il a ne peut être mon disciple. (Saint Luc, ch. xiv, v. 25, 26, 27, 33.)

2. Celui qui aime son père ou sa mère plus que moi n'est pas digne de moi; celui qui aime son fils ou sa fille plus que moi n'est pas digne de moi. (Saint Matthieu, ch. x, v. 37.)

3. Certaines paroles, très rares du reste, font un contraste si étrange dans la bouche du Christ, qu'instinctivement on en repousse le sens littéral, et la sublimité de sa doctrine n'en a subi aucune atteinte. Écrites après sa mort, puisque aucun Évangile n'a été écrit de son vivant, il est permis de croire que, dans ce cas, le fond de sa pensée n'a pas été bien rendu, ou, ce qui n'est pas moins probable, c'est que le sens primitif a

pu subir quelque altération en passant d'une langue à l'autre. Il a suffi qu'une erreur fût faite une première fois pour qu'elle ait été répétée par les reproducteurs, comme cela se voit si souvent dans les faits historiques.

Le mot *hait*, dans cette phrase de saint Luc : *Si quelqu'un vient à moi et ne hait pas son père et sa mère*, est dans ce cas; il n'est personne qui ait eu la pensée de l'attribuer à Jésus; il serait donc superflu de le discuter, et encore moins de chercher à le justifier. Il faudrait savoir d'abord s'il l'a prononcé, et, dans l'affirmative, savoir si, dans la langue dans laquelle il s'exprimait, ce mot avait la même valeur que dans la nôtre. Dans ce passage de saint Jean : « Celui qui *hait* sa vie dans ce monde, la conserve pour la vie éternelle, » il est certain qu'il n'exprime pas l'idée que nous y attachons.

La langue hébraïque n'était pas riche, et avait beaucoup de mots à plusieurs significations. Tel est par exemple celui qui, dans la Genèse, désigne les phases de la création, et servait à la fois pour exprimer une période de temps quelconque et la révolution diurne; de là, plus tard, sa traduction par le mot *jour*, et la croyance que le monde a été l'œuvre de six fois vingt-quatre heures. Tel est encore le mot qui se disait d'un *chameau* et d'un *câble*, parce que les câbles étaient faits de poils de chameau, et qui a été traduit par *chameau* dans l'allégorie du trou d'aiguille (ch. XVI, n° 2 [1].)

---

1. *Non odit* en latin, *Kaï ou miseï* en grec, ne veut pas dire *haïr*, mais *aimer moins*. Ce qu'exprime le verbe grec *miseïn*, le verbe hébreu, dont a dû se servir Jésus, le dit encore mieux ; il ne signifie pas seulement *haïr*, mais *aimer moins*, *ne pas aimer autant que*, à *l'égal d'un autre*. Dans le dialecte syriaque, dont il est dit que Jésus usait le plus souvent, cette signification est encore plus accentuée. C'est dans ce sens qu'il est dit dans la Genèse (ch. XXIX, v. 30, 31) :

Il faut d'ailleurs tenir compte des mœurs et du caractère des peuples qui influent sur le génie particulier de leurs langues; sans cette connaissance le sens
véritable de certains mots échappe; d'une langue à
l'autre le même mot a plus ou moins d'énergie; il
peut être une injure ou un blasphème dans l'une et
insignifiant dans l'autre, selon l'idée qu'on y attache;
dans la même langue certains mots perdent leur
valeur à quelques siècles de distance; c'est pour cela
qu'une traduction rigoureusement littérale ne rend pas
toujours parfaitement la pensée, et que, pour être exact,
il faut parfois employer, non, les mots correspondants,
mais des mots équivalents ou des périphrases.

Ces remarques trouvent une application spéciale dans
l'interprétation des saintes Écritures, et des Évangiles
en particulier. Si l'on ne tient pas compte du milieu
dans lequel vivait Jésus, on est exposé à se méprendre
sur la valeur de certaines expressions et de certains
faits, par suite de l'habitude où l'on est d'assimiler les
autres à soi-même. En tout état de cause, il faut donc
écarter du mot *haïr* l'acception moderne, comme contraire à l'esprit de l'enseignement de Jésus (voy. aussi
chap. xiv, nᵒˢ 5 et suiv.)

Quitter son père, sa mère et ses enfants.

4. Quiconque aura quitté pour mon nom sa maison, ou ses

« Et Jacob aima aussi Rachel plus que Lia, et Jehova voyant que
Lia était *haïe*… » Il est évident que le véritable sens est *moins aimée*;
c'est ainsi qu'il faut traduire. Dans plusieurs autres passages hé-
braïques, et surtout syriaques, le même verbe est employé dans le
sens de *ne pas aimer autant qu'un autre*, et l'on ferait un contresens
en traduisant par *haïr*, qui a une autre acception bien déterminée.
Le texte de saint Matthieu lève d'ailleurs toute difficulté.

(*Note de M. Pezzani.*)

frères, ou ses sœurs, ou son père, ou sa mère, ou sa femme, ou ses enfants, ou ses terres, en recevra le centuple, et aura pour héritage la vie éternelle. (Saint Matthieu, ch. xix, v. 29.)

5. Alors Pierre lui dit : Pour nous, vous voyez que nous avons tout quitté, et que nous vous avons suivi. — Jésus leur dit : Je vous dis en vérité, personne ne quittera pour le royaume de Dieu, ou sa maison, ou son père et sa mère, ou ses frères, ou sa femme, ou ses enfants, — qui ne reçoive dès ce monde beaucoup davantage, et dans le siècle à venir la vie éternelle. (Saint Luc, ch. xviii, v. 28, 29, 30.)

6. Un autre lui dit : Seigneur, je vous suivrai; mais permettez-moi de disposer auparavant de ce que j'ai dans ma maison.—Jésus lui répondit : Quiconque, ayant la main à la charrue, regarde derrière lui, n'est pas propre au royaume de Dieu. (Saint Luc, chap. ix, v. 61, 62.)

Sans discuter les mots, il faut ici chercher la pensée, qui était évidemment celle-ci : « Les intérêts de la vie future l'emportent sur tous les intérêts et toutes les considérations humaines, » parce qu'elle est d'accord avec le fond de la doctrine de Jésus, tandis que l'idée d'un renoncement à sa famille en serait la négation.

N'avons-nous pas. d'ailleurs sous nos yeux l'application de ces maximes dans le sacrifice des intérêts et des affections de famille pour la patrie? Blâme-t-on un fils de quitter son père, sa mère, ses frères, sa femme, ses enfants, pour marcher à la défense de son pays? Ne lui fait-on pas au contraire un mérite de s'arracher aux douceurs du foyer domestique, aux étreintes de l'amitié, pour accomplir un devoir? Il y a donc des devoirs qui l'emportent sur d'autres devoirs. La loi ne fait-elle pas une obligation à la fille de quitter ses parents pour suivre son époux? Le monde fourmille de cas où les

séparations les plus pénibles sont nécessaires; mais les
affections n'en sont pas brisées pour cela; l'éloignement
ne diminue ni le respect, ni la sollicitude que l'on doit
à ses parents, ni la tendresse pour ses enfants. On voit
donc que, même prises à la lettre, sauf le mot *haïr*, ces
paroles ne seraient pas la négation du commandement
qui prescrit d'honorer son père et sa mère, ni du sentiment de tendresse paternelle, à plus forte raison si
l'on en prend l'esprit. Elles avaient pour but de montrer, par une hyperbole, combien était impérieux le
devoir de s'occuper de la vie future. Elles devaient
d'ailleurs être moins choquantes chez un peuple et à
une époque où, par suite des mœurs, les liens de famille avaient moins de force que dans une civilisation morale plus avancée; ces liens, plus faibles chez
les peuples primitifs, se fortifient avec le développement de la sensibilité et du sens moral. La séparation
même est nécessaire au progrès; il en est des familles
comme des races; elles s'abâtardissent s'il n'y a pas
croisement, si elles ne se greffent pas les unes sur les
autres; c'est une loi de nature autant dans l'intérêt
du progrès moral que dans celui du progrès physique.

Les choses ne sont envisagées ici qu'au point de vue
terrestre; le spiritisme nous les fait voir de plus haut,
en nous montrant que les véritables liens d'affection
sont ceux de l'Esprit et non ceux du corps; que ces liens
ne sont brisés ni par la séparation, ni même par la
mort du corps; qu'ils se fortifient dans la vie spirituelle
par l'épuration de l'Esprit; vérité consolante qui donne
une grande force pour supporter les vicissitudes de la
vie. (Ch. iv, n° 18; ch. xiv, n° 8.)

Laissez aux morts le soin d'ensevelir leurs morts.

7. Il dit à un autre : Suivez-moi ; et il lui répondit : Seigneur, permettez-moi d'aller auparavant ensevelir mon père. — Jésus lui répondit : Laissez aux morts le soin d'ensevelir leurs morts ; mais pour vous, allez annoncer le royaume de Dieu. (Saint Luc, ch. IX, v. 59, 60.)

8. Que peuvent signifier ces paroles : « Laissez aux morts le soin d'ensevelir leurs morts ? » Les considérations qui précèdent montrent d'abord que, dans la circonstance où elles ont été prononcées, elles ne pouvaient exprimer un blâme contre celui qui regardait comme un devoir de piété filiale d'aller ensevelir son père ; mais elles renferment un sens profond qu'une connaissance plus complète de la vie spirituelle pouvait seule faire comprendre.

La vie spirituelle, en effet, est la véritable vie ; c'est la vie normale de l'Esprit ; son existence terrestre n'est que transitoire et passagère ; c'est une sorte de mort si on la compare à la splendeur et à l'activité de la vie spirituelle. Le corps n'est qu'un vêtement grossier que revêt momentanément l'Esprit, véritable chaîne qui l'attache à la glèbe de la terre et dont il est heureux d'être délivré. Le respect que l'on a pour les morts ne s'attache pas à la matière, mais, par le souvenir, à l'Esprit absent ; il est analogue à celui que l'on a pour les objets qui lui ont appartenu, qu'il a touchés, et que ceux qui l'affectionnent gardent comme des reliques. C'est ce que cet homme ne pouvait comprendre de lui-même ; Jésus le lui apprend en lui disant : Ne vous inquiétez pas du corps, mais songez plutôt à l'Esprit ; allez enseigner le royaume de Dieu ; allez dire aux hommes

19

que leur patrie n'est pas sur la terre, mais dans le ciel, car là seulement est la véritable vie.

Je ne suis pas venu pour apporter la paix, mais la division.

9. Ne pensez pas que je sois venu apporter la paix sur la terre; je ne suis pas venu apporter la paix, mais l'épée; — car je suis venu séparer l'homme d'avec son père, la fille d'avec sa mère, et la belle-fille d'avec sa belle-mère; — et l'homme aura pour ennemis ceux de sa maison. (Saint Matthieu, ch. x, v. 34, 35, 36.)

10. Je suis venu pour jeter le feu dans la terre; et que désiré-je, sinon qu'il s'allume? — Je dois être baptisé d'un baptême, et combien je me sens pressé qu'il s'accomplisse!
Croyez-vous que je sois venu apporter la paix sur la terre? Non, je vous assure, mais au contraire la division; — car désormais s'il se trouve cinq personnes dans une maison, elles seront divisées les unes contre les autres: trois contre deux et deux contre trois. — Le père sera en division avec le fils, et le fils avec le père; la mère avec la fille, et la fille avec la mère; la belle-mère avec la belle-fille, et la belle-fille avec la belle-mère. (Saint Luc, ch. xii, v. de 49 à 53.)

11. Est-ce bien Jésus, la personnification de la douceur et de la bonté, lui qui n'a cessé de prêcher l'amour du prochain, qui a pu dire: Je ne suis pas venu apporter la paix, mais l'épée; je suis venu séparer le fils du père, l'époux de l'épouse; je suis venu jeter le feu sur la terre, et j'ai hâte qu'il s'allume! Ces paroles ne sont-elles pas en contradiction flagrante avec son enseignement? N'y a-t-il pas blasphème à lui attribuer le langage d'un conquérant sanguinaire et dévastateur? Non, il n'y a ni blasphème ni contradiction dans ces paroles, car c'est bien lui qui les a prononcées, et elles témoi-

gnent de sa haute sagesse; seulement la forme un peu
équivoque ne rend pas exactement sa pensée, ce qui
fait qu'on s'est mépris sur leur sens véritable; prises à
la lettre, elles tendraient à transformer sa mission toute
pacifique en une mission de troubles et de discordes,
conséquence absurde que le bon sens fait écarter, car
Jésus ne pouvait se démentir. (Ch. xiv, n° 6.)

12. Toute idée nouvelle rencontre forcément de
l'opposition, et il n'en est pas une seule qui se soit établie sans luttes; or, en pareil cas, la résistance est toujours en raison de l'importance des résultats *prévus*,
parce que plus elle est grande, plus elle froisse d'intérêts. Si elle est notoirement fausse, si on la juge sans
conséquence, personne ne s'en émeut, et on la laisse
passer, sachant qu'elle n'a pas de vitalité. Mais si elle
est vraie, si elle repose sur une base solide, si l'on entrevoit pour elle de l'avenir, un secret pressentiment
avertit ses antagonistes qu'elle est un danger pour eux
et pour l'ordre de choses au maintien duquel ils sont
intéressés; c'est pourquoi ils frappent sur elle et sur ses
partisans.

La mesure de l'importance et des résultats d'une idée
nouvelle se trouve ainsi dans l'émotion qu'elle cause à
son apparition, dans la violence de l'opposition qu'elle
soulève, et dans le degré et la persistance de la colère
de ses adversaires.

13. Jésus venait proclamer une doctrine qui sapait
par leur base les abus dont vivaient les Pharisiens, les
Scribes et les prêtres de son temps; aussi le firent-ils
mourir, croyant tuer l'idée en tuant l'homme; mais l'idée
survécut, parce qu'elle était vraie; elle grandit, parce

qu'elle était dans les desseins de Dieu, et, sortie d'une obscure bourgade de la Judée, elle alla planter son drapeau dans la capitale même du monde païen, en face de ses ennemis les plus acharnés, de ceux qui avaient le plus d'intérêt à la combattre, parce qu'elle renversait des croyances séculaires auxquelles beaucoup tenaient bien plus par intérêt que par conviction. Là des luttes plus terribles attendaient ses apôtres ; les victimes furent innombrables, mais l'idée grandit toujours et sortit triomphante, parce qu'elle l'emportait, comme vérité, sur ses devancières.

14. Il est à remarquer que le Christianisme est arrivé lorsque le Paganisme était à son déclin et se débattait contre les lumières de la raison. On le pratiquait encore pour la forme, mais la croyance avait disparu, l'intérêt personnel seul le soutenait. Or, l'intérêt est tenace ; il ne cède jamais à l'évidence ; il s'irrite d'autant plus que les raisonnements qu'on lui oppose sont plus péremptoires et lui démontrent mieux son erreur ; il sait bien qu'il est dans l'erreur, mais ce n'est pas ce qui le touche, car la vraie foi n'est pas dans son âme ; ce qu'il redoute le plus, c'est la lumière qui ouvre les yeux des aveugles ; cette erreur lui profite, c'est pourquoi il s'y cramponne et la défend.

Socrate n'avait-il pas, lui aussi, émis une doctrine analogue, jusqu'à un certain point, à celle du Christ ? Pourquoi-donc n'a-t-elle pas prévalu à [cette époque, chez un des peuples les plus intelligents de la terre ? C'est que le temps n'était pas venu ; il a semé dans une terre non labourée ; le paganisme ne s'était pas encore *usé*. Christ a reçu sa mission providentielle au temps propice. Tous les hommes de son temps n'étaient pas,

tant s'en faut, à la hauteur des idées chrétiennes, mais
il y avait une aptitude plus générale à se les assimiler,
parce que l'on commençait à sentir le vide que les
croyances vulgaires laissaient dans l'âme. Socrate et
Platon avaient ouvert la voie et prédisposé les esprits.
(Voy. à l'Introduction, paragr. IV, *Socrate et Platon, précurseurs de l'idée chrétienne et du spiritisme.*)

15. Malheureusement les adeptes de la nouvelle doctrine ne s'entendirent pas sur l'interprétation des paroles du Maître, la plupart voilées sous l'allégorie et la
figure; de là naquirent, dès le début, les sectes nombreuses qui prétendaient toutes avoir la vérité exclusive,
et que dix-huit siècles n'ont pu mettre d'accord. Ou-
bliant le plus important des divins préceptes, celui
dont Jésus avait fait la pierre angulaire de son édifice
et la condition expresse du salut : la charité, la fraternité et l'amour du prochain, ces sectes se renvoyèrent
l'anathème, et se ruèrent les unes sur les autres, les
plus fortes écrasant les plus faibles, les étouffant dans
le sang, dans les tortures et dans la flamme des bûchers.
Les chrétiens, vainqueurs du Paganisme, de persécutés se firent persécuteurs; c'est avec le fer et le feu qu'ils
ont été planter la croix de l'agneau sans tache dans les
deux mondes. C'est un fait constant que les guerres
de religion ont été les plus cruelles et ont fait plus de
victimes que les guerres politiques, et que dans aucune
il ne s'est commis plus d'actes d'atrocité et de barbarie.

La faute en est-elle à la doctrine du Christ? Non
certes, car elle condamne formellement toute violence.
A-t-il dit quelque part à ses disciples : Allez, tuez, mas-
sacrez, brûlez ceux qui ne croiront pas comme vous ?

Non, car il leur a dit au contraire : Tous les hommes
sont frères, et Dieu est souverainement miséricordieux;
aimez votre prochain; aimez vos ennemis; faites du
bien à ceux qui vous persécutent. Il leur a dit encore :
Qui tuera par l'épée périra par l'épée. La responsabilité
n'en est donc point à la doctrine de Jésus, mais à ceux
qui l'ont faussement interprétée, et en ont fait un instrument pour servir leurs passions; à ceux qui ont méconnu cette parole : Mon royaume n'est pas de ce
monde.

Jésus, dans sa profonde sagesse, prévoyait ce qui devait arriver; mais ces choses étaient inévitables, parce
qu'elles tenaient à l'infériorité de la nature humaine
qui ne pouvait se transformer tout à coup. Il fallait
que le christianisme passât par cette longue et cruelle
épreuve de dix-huit siècles pour montrer toute sa puissance; car, malgré tout le mal commis en son nom, il
en est sorti pur; jamais il n'a été mis en cause; le blâme
est toujours retombé sur ceux qui en ont abusé; à
chaque acte d'intolérance, on a toujours dit : Si le christianisme était mieux compris et mieux pratiqué, cela
n'aurait pas lieu.

16. Lorsque Jésus dit : Ne croyez pas que je sois venu
apporter la paix, mais la division, sa pensée était
celle-ci :

« Ne croyez pas que ma doctrine s'établisse paisible-
ment; elle amènera des luttes sanglantes, dont mon
nom sera le prétexte, parce que les hommes ne m'auront pas compris, ou n'auront pas voulu me comprendre; les frères, séparés par leur croyance, tireront l'épée
l'un contre l'autre, et la division régnera entre les membres d'une même famille qui n'auront pas la même foi.

Je suis venu jeter le feu sur la terre pour la nettoyer des erreurs et des préjugés, comme on met le feu dans un champ pour en détruire les mauvaises herbes, et j'ai hâte qu'il s'allume pour que l'épuration soit plus prompte, car de ce conflit la vérité sortira triomphante; à la guerre succédera la paix; à la haine des partis, la fraternité universelle; aux ténèbres du fanatisme, la lumière de la foi éclairée. Alors, quand le champ sera préparé, je vous enverrai *le Consolateur, l'Esprit de Vérité, qui viendra rétablir toutes choses;* c'est-à-dire qu'en faisant connaître le vrai sens de mes paroles que les hommes plus éclairés pourront enfin comprendre, il mettra fin à la lutte fratricide qui divise les enfants d'un même Dieu. Las enfin d'un combat sans issue, qui ne traîne à sa suite que la désolation, et porte le trouble jusque dans le sein des familles, les hommes reconnaîtront où sont leurs véritables intérêts pour ce monde et pour l'autre; ils verront de quel côté sont les amis et les ennemis de leur repos. Tous alors viendront s'abriter sous le même drapeau : celui de la charité, et les choses seront rétablies sur la terre selon la vérité et les principes que je vous ai enseignés. »

17. Le spiritisme vient réaliser au temps voulu les promesses du Christ; cependant il ne peut le faire sans détruire les abus; comme Jésus, il rencontre sur ses pas l'orgueil, l'égoïsme, l'ambition, la cupidité, le fanatisme aveugle, qui, traqués dans leurs derniers retranchements, tentent de lui barrer le chemin et lui suscitent des entraves et des persécutions; c'est pourquoi il lui faut aussi combattre; mais le temps des luttes et des persécutions sanglantes est passé; celles qu'il aura à subir sont toutes morales, et le terme en

est rapproché ; les premières ont duré des siècles :
celles-ci dureront à peine quelques années, parce que
la lumière, au lieu de partir d'un seul foyer, jaillit sur
tous les points du globe, et ouvrira plus tôt les yeux
des aveugles.

18. Ces paroles de Jésus doivent donc s'entendre des
colères qu'il prévoyait que sa doctrine allait soulever, des
conflits momentanés qui allaient en être la conséquence,
des luttes qu'elle allait avoir à soutenir avant de s'établir,
comme il en fut des Hébreux avant leur entrée dans la
Terre Promise, et non d'un dessein prémédité de sa part
de semer le désordre et la confusion. Le mal devait venir des hommes et non de lui. Il était comme le médecin qui vient guérir, mais dont les remèdes provoquent
une crise salutaire en remuant les humeurs malsaines
du malade.

CHAPITRE XXIV

NE METTEZ PAS LA LAMPE SOUS LE BOISSEAU

Lampe sous le boisseau. Pourquoi Jésus parle en paraboles. — N'allez point vers les Gentils. — Ce ne sont pas ceux qui se portent bien qui ont besoin de médecin. — Le courage de la foi. — Porter sa croix. Qui voudra sauver sa vie la perdra.

Lampe sous le boisseau. Pourquoi Jésus parle en paraboles.

1. On n'allume point une lampe pour la mettre sous le bois- seau ; mais on la met sur un chandelier, afin qu'elle éclaire tous ceux qui sont dans la maison. (Saint Matthieu, ch. v, v. 15.)

2. Il n'y a personne qui, après avoir allumé une lampe, la couvre d'un vase ou la mette sous un lit ; mais on la met sur le chandelier, afin que ceux qui entrent voient la lumière ; — car il n'y a rien de secret qui ne doive être découvert, ni rien de caché qui ne doive être connu et paraître publiquement. (Saint Luc, ch. viii, v. 16, 17.)

3. Ses disciples, s'approchant, lui dirent : Pourquoi leur par- lez-vous en paraboles ? — Et leur répondant, il leur dit : C'est parce que, pour vous autres, il vous a été donné de connaître les mystères du royaume des cieux ; mais, pour eux, il ne leur a pas été donné. — Je leur parle en paraboles, parce qu'en voyant ils ne voient point, et qu'en écoutant ils n'entendent ni ne comprennent point. — Et la prophétie d'Isaïe s'accomplira en eux lorsqu'il dit : Vous écouterez de vos oreilles, et vous n'en- tendrez point ; vous regarderez de vos yeux, et vous ne verrez point. — Car le cœur de ce peuple s'est appesanti, et leurs

oreilles sont devenues sourdes, et ils ont fermé leurs yeux de peur que leurs yeux ne voient, que leurs oreilles n'entendent, que leur cœur ne comprenne, et que, s'étant convertis, je ne les guérisse. (Saint Matthieu, ch. xiii, v. de 10 à 15.)

4. On s'étonne d'entendre Jésus dire qu'il ne faut pas mettre la lumière sous le boisseau, tandis que lui-même cache sans cesse le sens de ses paroles sous le voile de l'allégorie qui ne peut être comprise de tous. Il s'explique en disant à ses apôtres : Je leur parle en paraboles, parce qu'ils ne sont pas en état de comprendre certaines choses ; ils voient, regardent, entendent et ne comprennent pas ; leur tout dire serait donc inutile pour le moment ; mais à vous je vous le dis, parce qu'il vous est donné de comprendre ces mystères. Il agissait donc avec le peuple comme on le fait avec des enfants dont les idées ne sont pas encore développées. Par là il indique le véritable sens de la maxime : « Il ne faut pas mettre la lampe sous le boisseau, mais sur le chandelier, afin que tous ceux qui entrent puissent la voir. » Elle ne signifie point qu'il faut inconsidérément révéler toutes les choses ; tout enseignement doit être proportionné à l'intelligence de celui à qui l'on s'adresse, car il est des gens qu'une lumière trop vive éblouit sans les éclairer.

Il en est des hommes en général comme des individus ; les générations ont leur enfance, leur jeunesse et leur âge mûr ; chaque chose doit venir en son temps, et la graine semée hors de saison ne fructifie pas. Mais ce que la prudence commande de taire momentanément doit tôt ou tard être découvert, parce que, arrivés à un certain degré de développement, les hommes recherchent eux-mêmes la lumière vive ; l'obscurité leur pèse. Dieu leur ayant donné l'intelligence pour com-

prendre et pour se guider dans les choses de la terre et
du ciel, ils veulent raisonner leur foi; c'est alors qu'il
ne faut pas mettre la lampe sous le boisseau, car *sans
la lumière de la raison, la foi s'affaiblit.* (Chap. XIX, n° 7.)

5. Si donc, dans sa prévoyante sagesse, la Providence ne révèle les vérités que graduellement, elle
les découvre toujours à mesure que l'humanité est
mûre pour les recevoir; elle les tient en réserve et
non sous le boisseau; mais les hommes qui en sont en
possession ne les cachent la plupart du temps au vulgaire qu'en vue de le dominer; ce sont eux qui mettent
véritablement la lumière sous le boisseau. C'est ainsi
que toutes les religions ont eu leurs mystères dont elles
interdisaient l'examen; mais tandis que ces religions
restaient en arrière, la science et l'intelligence ont marché et ont déchiré le voile mystérieux; le vulgaire
devenu adulte a voulu pénétrer le fond des choses, et
alors il a rejeté de sa foi ce qui était contraire à l'observation.

Il ne peut y avoir de mystères absolus, et Jésus est
dans le vrai quand il dit qu'il n'y a rien de secret qui
ne doive être connu. Tout ce qui est caché sera découvert un jour, et ce que l'homme ne peut encore comprendre sur la terre lui sera successivement dévoilé
dans des mondes plus avancés, et lorsqu'il sera purifié;
ici-bas, il est encore dans le brouillard.

6. On se demande quel profit le peuple pouvait
retirer de cette multitude de paraboles dont le sens
restait caché pour lui? Il est à remarquer que Jésus ne
s'est exprimé en paraboles que sur les parties en quelque sorte abstraites de sa doctrine; mais ayant fait de

la charité envers le prochain, et de l'humilité, la condition expresse du salut, tout ce qu'il a dit à cet égard
est parfaitement clair, explicite et sans ambiguïté. Il en
devait être ainsi, parce que c'était la règle de conduite,
règle que tout le monde devait comprendre pour pouvoir l'observer ; c'était l'essentiel pour la multitude
ignorante à laquelle il se bornait à dire : Voilà ce qu'il
faut faire pour gagner le royaume des cieux. Sur les
autres parties il ne développait sa pensée qu'à ses disciples ; ceux-ci étant plus avancés moralement et intellectuellement, Jésus avait pu les initier à des vérités
plus abstraites ; c'est pourquoi il dit : *A ceux qui ont
déjà, il sera donné encore davantage.* (Chap. XVIII, n° 15.)

Cependant, même avec ses apôtres, il est resté dans
le vague sur beaucoup de points dont la complète intelligence était réservée à des temps ultérieurs. Ce sont
ces points qui ont donné lieu à des interprétations si
diverses, jusqu'à ce que la science, d'un côté, et le spiritisme, de l'autre, soient venus révéler les nouvelles
lois de nature qui en ont fait comprendre le véritable
sens.

7. Le spiritisme vient aujourd'hui jeter la lumière
sur une foule de points obscurs ; cependant il ne la
jette pas inconsidérément. Les Esprits procèdent dans
leurs instructions avec une admirable prudence ; ce
n'est que successivement et graduellement qu'ils ont
abordé les diverses parties connues de la doctrine, et
c'est ainsi que les autres parties seront révélées au fur
et à mesure que le moment sera venu de les faire sortir
de l'ombre. S'ils l'eussent présentée complète dès le
début, elle n'eût été accessible qu'à un petit nombre ;
elle eût même effrayé ceux qui n'y étaient pas pré-

parés, ce qui aurait nui à sa propagation. Si donc les
Esprits ne disent pas encore tout ostensiblement, ce
n'est point qu'il y ait dans la doctrine des mystères réservés à des privilégiés, ni qu'ils mettent la lampe
sous le boisseau, mais parce que chaque chose doit
venir en temps opportun ; ils laissent à une idée le
temps de mûrir et de se propager avant d'en présenter
une autre, et *aux événements celui d'en préparer l'acceptation.* •

N'allez point vers les Gentils.

8. Jésus envoya ses douze (les apôtres) après leur avoir donné
les instructions suivantes : N'allez point vers les Gentils, et
n'entrez point dans les villes des Samaritains ; — mais allez plutôt aux brebis perdues de la maison d'Israël ; — et dans les lieux
où vous irez, prêchez en disant que le royaume des cieux est
proche. (Saint Matth., ch. x, v. 5, 6, 7.)

9. Jésus prouve en maintes circonstances que ses
vues ne sont point circonscrites au peuple juif, mais
qu'elles embrassent toute l'humanité. Si donc il dit à
ses apôtres de ne point aller chez les Païens, ce n'est
pas par dédain pour la conversion de ceux-ci, ce qui
eût été peu charitable, mais parce que les Juifs, qui
croyaient en l'unité de Dieu et attendaient le Messie,
étaient préparés, par la loi de Moïse et les prophètes,
à recevoir sa parole. Chez les Païens, la base même
manquant, tout était à faire, et les apôtres n'étaient
point encore assez éclairés pour une aussi lourde tâche ;
c'est pourquoi il leur dit : Allez aux brebis égarées
d'Israël ; c'est-à-dire, allez semer dans un terrain déjà
défriché, sachant bien que la conversion des Gentils
viendrait en son temps ; plus tard, en effet, c'est au

centre même du paganisme que les apôtres allèrent planter la croix.

10. Ces paroles peuvent s'appliquer aux adeptes et aux propagateurs du spiritisme. Les incrédules systématiques, les railleurs obstinés, les adversaires intéressés, sont pour eux ce qu'étaient les Gentils pour les apôtres. A l'exemple de ceux-ci, qu'ils cherchent d'abord des prosélytes parmi les gens de bonne volonté, ceux qui désirent la lumière, en qui on trouve un germe fécond, et le nombre en est grand, sans perdre leur temps avec ceux qui refusent de voir et d'entendre, et se roidissent d'autant plus, par orgueil, qu'on paraît attacher plus de prix à leur conversion. Mieux vaut ouvrir les yeux à cent aveugles qui désirent voir clair, qu'à un seul qui se complaît dans l'obscurité, parce que c'est augmenter le nombre des soutiens de la cause dans une plus grande proportion. Laisser les autres tranquilles n'est pas de l'indifférence, mais de la bonne politique ; leur tour viendra quand ils seront dominés par l'opinion générale, et qu'ils entendront la même chose sans cesse répétée autour d'eux ; alors ils croiront accepter l'idée volontairement et d'eux-mêmes et non sous la pression d'un individu. Puis il en est des idées comme des semences : elles ne peuvent germer avant la saison, et seulement dans un terrain préparé, c'est pourquoi il est mieux d'attendre le temps propice, et de cultiver d'abord celles qui germent, de crainte de faire avorter les autres en les poussant trop.

Au temps de Jésus, et par suite des idées restreintes et matérielles de l'époque, tout était circonscrit et localisé ; la maison d'Israël était un petit peuple ; les Gentils étaient de petits peuples environnants ; aujourd'hui les idées s'universalisent et se spiritualisent. La lumière nouvelle n'est le privilége d'aucune nation; pour elle il n'existe plus de barrières; elle a son foyer partout et tous les hommes sont frères. Mais aussi les Gentils ne sont plus un peuple, c'est une opinion que l'on rencontre partout, et dont la vérité triomphe peu à peu comme le christianisme a triomphé du paganisme. Ce n'est plus avec les armes de guerre qu'on les combat, mais avec la puissance de l'idée.

Ce ne sont pas ceux qui se portent bien qui ont besoin de médecin.

11. Jésus étant à table dans la maison de cet homme (Matthieu), il y vint beaucoup de publicains et de gens de mauvaise vie qui se mirent à table avec Jésus et ses disciples; — ce que les Pharisiens ayant vu, ils dirent à ses disciples : Pourquoi votre Maître mange-t-il avec des publicains et des gens de mauvaise vie? — Mais Jésus les ayant entendus, leur dit : Ce ne sont pas ceux qui se portent bien, mais les malades qui ont besoin de médecin. (Saint Matthieu, ch. IX, *v.* 10, 11, 12.)

12. Jésus s'adressait surtout aux pauvres et aux déshérités, parce que ce sont eux qui ont le plus besoin de consolations; aux aveugles dociles et de bonne foi, parce qu'ils demandent à voir, et non aux orgueilleux qui croient posséder toute lumière et n'avoir besoin de rien (voy. Introd., art. *Publicains, Péagers*).

Cette parole, comme tant d'autres, trouve son application dans le spiritisme. On s'étonne parfois que la médiumnité soit accordée à des gens indignes et capables d'en faire un mauvais usage; il semble, dit-on, qu'une faculté si précieuse devrait être l'attribut exclusif des plus méritants.

Disons d'abord que la médiumnité tient à une disposition organique dont tout homme peut être doué comme de celle de voir, d'entendre, de parler. Il n'en est pas une dont l'homme, en vertu de son libre arbitre, ne puisse abuser, et si Dieu n'avait accordé la parole, par exemple, qu'à ceux qui sont incapables de dire de mauvaises choses, il y aurait plus de muets que de parlants. Dieu a donné à l'homme des facultés; il le laisse libre d'en user, mais il punit toujours celui qui en abuse.

Si le pouvoir de communiquer avec les Esprits n'était donné qu'aux plus dignes, quel est celui qui oserait y prétendre? Où serait d'ailleurs la limite de la dignité et de l'indignité? La médiumnité est donnée sans distinction, afin que les Esprits puissent porter la lumière dans tous les rangs, dans toutes les classes de la société, chez le pauvre comme chez le riche; chez les sages pour les fortifier dans le bien, chez les vicieux pour les corriger. Ces derniers ne sont-ils pas les malades qui ont besoin du médecin? Pourquoi Dieu, qui ne veut pas la mort du pécheur, le priverait-il du secours qui peut le tirer du bourbier? Les bons Esprits lui viennent donc en aide, et leurs conseils qu'il reçoit directement sont de nature à l'impressionner plus vivement que s'il les recevait par des voies détournées. Dieu, dans sa bonté, pour lui épargner la peine d'aller chercher la lumière au loin, la lui met dans la main; n'est-il pas bien plus coupable de ne pas la regarder? Pourra-t-il s'excuser sur son ignorance, quand il aura écrit lui-même, vu de ses yeux, entendu de ses oreilles, et prononcé de sa bouche sa propre condamnation? S'il ne profite pas, c'est alors qu'il est puni par la perte ou par la perversion de sa faculté dont les mauvais Esprits s'emparent pour l'obséder et le tromper, sans préjudice des afflictions réelles dont Dieu frappe ses serviteurs indignes, et les cœurs endurcis par l'orgueil et l'égoïsme.

La médiumnité n'implique pas nécessairement des rapports habituels avec les Esprits supérieurs ; c'est simplement une *aptitude* à servir d'instrument plus ou moins souple aux Esprits en général. Le bon médium n'est donc pas celui qui communique facilement, mais celui qui est sympathique aux bons Esprits et n'est assisté que par eux. C'est en ce sens seulement que l'excellence des qualités morales est toute-puissante sur la médiumnité.

Courage de la foi.

13. Quiconque me confessera et me reconnaîtra devant les hommes, je le reconnaîtrai et confesserai aussi moi-même devant mon Père qui est dans les cieux ; — et quiconque me renoncera devant les hommes, je le renoncerai aussi moi-même devant mon Père qui est dans les cieux. (Saint Matthieu, ch. x, *v.* 32, 33.)

14. Si quelqu'un rougit de moi et de mes paroles, le Fils de l'homme rougira aussi de lui, lorsqu'il viendra dans sa gloire et dans celle de son Père et des saints anges. (Saint Luc, ch. ix, *v.* 26.)

15. Le courage de l'opinion a toujours été tenu en estime parmi les hommes, parce qu'il y a du mérite à braver les dangers, les persécutions, les contradictions, et même les simples sarcasmes, auxquels s'expose presque toujours celui qui ne craint pas d'avouer hautement des idées qui ne sont pas celles de tout le monde. Ici, comme en tout, le mérite est en raison des circonstances et de l'importance du résultat. Il y a toujours faiblesse à reculer devant les conséquences de son opi-

nion et à la renier, mais il est des cas où c'est une
lâcheté aussi grande que dé fuir au moment du com
bat.

Jésus flétrit cette lâcheté, au point de vue spécial de
sa doctrine, en disant que si quelqu'un rougit de ses
paroles, il rougira aussi de lui; qu'il reniera celui qui
l'aura renié; que celui qui le confessera devant les
hommes, il le reconnaîtra devant son Père qui est dans
les cieux; en d'autres termes : *ceux qui auront craint
de s'avouer disciples de la vérité, ne sont pas dignes d'être
admis dans le royaume de la vérité.* Ils perdront le
bénéfice de leur foi, parce que c'est une foi égoïste,
qu'ils gardent pour eux-mêmes, mais qu'ils cachent de
peur qu'elle ne leur porte préjudice en ce monde, tandis que ceux qui, mettant la vérité au-dessus de leurs
intérêts matériels, la proclament ouvertement, travaillent en même temps pour leur avenir et celui des
autres.

16. Ainsi en sera-t-il des adeptes du spiritisme; puisque
leur doctrine n'est autre que le développement et l'application de celle de l'Évangile, c'est à eux aussi que
s'adressent les paroles du Christ. Ils sèment sur la terre
ce qu'ils récolteront dans la vie spirituelle; là ils recueilleront les fruits de leur courage ou de leur faiblesse.

Porter sa croix. Qui voudra sauver sa vie la perdra.

17. Vous êtes bien heureux, lorsque les hommes vous haïront,
qu'ils vous sépareront, qu'ils vous traiteront injurieusement,
qu'ils rejetteront votre nom comme mauvais à cause du Fils de
l'homme. — Réjouissez-vous en ce jour-là, et soyez ravis de
joie, parce qu'une grande récompense vous est réservée dans le

ciel, car c'est ainsi que leurs pères traitaient les prophètes.
(Saint Luc, ch. vi, v. 22, 23.)

18. En appelant à soi le peuple avec ses disciples, il leur dit :
Si quelqu'un veut venir après moi, qu'il renonce à soi-même,
qu'il porte sa croix et qu'il me suive ; — car celui qui voudra
se sauver soi-même se perdra ; et celui qui se perdra pour
l'amour de moi et de l'Évangile, se sauvera. — En effet, que
servirait à un homme de gagner tout le monde, et de se perdre
soi-même ? (Saint Marc, ch. viii, v. de 34 à 36. — Saint Luc,
ch. ix, v. 23, 24, 25. — Saint Matthieu, ch. x, v. 39. — Saint
Jean, ch. xii, v. 24, 25.)

19. Réjouissez-vous, dit Jésus, quand les hommes
vous haïront et vous persécuteront à cause de moi,
parce que vous en serez récompensés dans le ciel. Ces
paroles peuvent se traduire ainsi : Soyez heureux quand
des hommes, par leur mauvais vouloir à votre égard,
vous fournissent l'occasion de prouver la sincérité de
votre foi, car le mal qu'ils vous font tourne à votre
profit. Plaignez-les donc de leur aveuglement, et ne les
maudissez pas.

Puis il ajoute : « Que celui qui veut me suivre porte
sa croix, » c'est-à-dire qu'il supporte courageusement
les tribulations que sa foi lui suscitera ; car celui qui
voudra sauver sa vie et ses biens en me renonçant, perdra les avantages du royaume des cieux, tandis que
ceux qui auront tout perdu ici-bas, même la vie, pour
le triomphe de la vérité, recevront, dans la vie future,
le prix de leur courage, de leur persévérance et de leur
abnégation ; mais à ceux qui sacrifient les biens célestes
aux jouissances terrestres, Dieu dit : Vous avez déjà
reçu votre récompense.

CHAPITRE XXV

CHERCHEZ ET VOUS TROUVEREZ.

Aide-toi, le ciel t'aidera. — Considérez les oiseaux du ciel. — Ne vous mettez point en peine d'avoir de l'or.

Aide-toi, le ciel t'aidera.

1. Demandez et l'on vous donnera ; *cherchez et vous trouverez* ; frappez à la porte et l'on vous ouvrira ; car quiconque demande reçoit, et qui cherche trouve, et l'on ouvrira à celui qui frappe à la porte.

Aussi qui est l'homme d'entre vous qui donne une pierre à son fils lorsqu'il lui demande du pain ? — ou s'il lui demande un poisson, lui donnera-t-il un serpent ? — Si donc, étant méchants comme vous êtes, vous savez donner de bonnes choses à vos enfants, à combien plus forte raison votre Père qui est dans les cieux donnera-t-il les vrais biens à ceux qui les lui demandent. (Saint Matthieu, ch. viii, v. de 7 à 11.)

2. Au point de vue terrestre, la maxime : *Cherchez et vous trouverez*, est l'analogué de celle-ci : *Aide-toi, le ciel t'aidera*. C'est le principe de la *loi du travail*, et par suite de la *loi du progrès*, car le progrès est fils du travail, parce que le travail met en action les forces de l'intelligence.

Dans l'enfance de l'humanité, l'homme n'applique son intelligence qu'à la recherche de sa nourriture, des moyens de se préserver des intempéries, et de se défendre contre ses ennemis ; mais Dieu lui a donné de

plus qu'à l'animal *le désir incessant du mieux;* c'est ce
désir du mieux qui le pousse à la recherche des moyens
d'améliorer sa position, qui le conduit aux découvertes,
aux inventions, au perfectionnement de la science, car
c'est la science qui lui procure ce qui lui manque. Par
ses recherches son intelligence grandit, son moral s'é-
pure; aux besoins du corps succèdent les besoins de
l'esprit; après la nourriture matérielle, il faut la nourriture spirituelle, c'est ainsi que l'homme passe de la
sauvagerie à la civilisation.

Mais le progrès que chaque homme accomplit individuellement pendant la vie est bien peu de chose,
imperceptible même chez un grand nombre; comment
alors l'humanité pourrait-elle progresser sans la préexistence et la *réexistence* de l'âme? Les âmes s'en allant
chaque jour pour ne plus revenir, l'humanité se re-
nouvellerait sans cesse avec les éléments primitifs,
ayant tout à faire, tout à apprendre; il n'y aurait donc
pas de raison pour que l'homme fût plus avancé aujourd'hui qu'aux premiers âges du monde, puisqu'à
chaque naissance tout le travail intellectuel serait à
recommencer. L'âme, au contraire, revenant avec son
progrès accompli, et acquérant chaque fois quelque
chose de plus, c'est ainsi qu'elle passe graduellement
de la barbarie à *la civilisation matérielle*, et de celle-ci
à *la civilisation morale*. (Voy. ch. IV, n° 17.)

3. Si Dieu eût affranchi l'homme du travail du corps,
ses membres seraient atrophiés; s'il l'eût affranchi du
travail de l'intelligence, son esprit serait resté dans
l'enfance, à l'état d'instinct animal; c'est pourquoi il
lui a fait une nécessité du travail; il lui a dit : *Cherche et tu trouveras; travaille et tu produiras;* de cette

manière tu seras le fils de tes œuvres, tu en auras le
mérite, et tu seras récompensé selon ce que tu auras
fait.

4. C'est par application de ce principe que les Esprits
ne viennent pas épargner à l'homme le travail des recherches, en lui apportant des découvertes et des inventions toutes faites et prêtes à produire, de manière
à n'avoir qu'à prendre ce qu'on lui mettrait dans la
main, sans avoir la peine de se baisser pour ramasser,
ni même celle de penser. S'il en était ainsi, le plus
paresseux pourrait s'enrichir, et le plus ignorant devenir savant à bon marché, et l'un et l'autre se donner
le mérite de ce qu'ils n'auraient point fait. Non, *les Esprits ne viennent point affranchir l'homme de la loi du
travail, mais lui montrer le but qu'il doit atteindre et la
route qui y conduit, en lui disant : Marche et tu arriveras.*
Tu trouveras des pierres sous tes pas; regarde, et ôte-
les toi-même; nous te donnerons la force nécessaire si
tu veux l'employer. (*Livre des Médiums,* ch. xxvi, nos 291
et suiv.)

5. Au point de vue moral, ces paroles de Jésus signifient : Demandez la lumière qui doit éclairer votre route,
et elle vous sera donnée; demandez la force de résister
au mal, et vous l'aurez; demandez l'assistance des bons
Esprits, et ils viendront vous accompagner, et comme
l'ange de Tobie, ils vous serviront de guides; demandez
de bons conseils, et ils ne vous seront jamais refusés;
frappez à notre porte, et elle vous sera ouverte; mais
demandez sincèrement, avec foi, ferveur et confiance;
présentez-vous avec humilité et non avec arrogance,
sans cela vous serez abandonnés à vos propres forces,

et les chutes mêmes que vous ferez seront la punition de votre orgueil.

Tel est le sens de ces paroles : Cherchez et vous trouverez, frappez et l'on vous ouvrira.

Considérez les oiseaux du ciel

6. Ne vous faites point de trésors dans la terre, où la rouille et les vers les mangent, et où les voleurs les déterrent et les dérobent ; — mais faites-vous des trésors dans le ciel, où ni la rouille ni les vers ne les mangent point ; — car où est votre trésor, là aussi est votre cœur.

C'est pourquoi je vous dis : Ne vous inquiétez point où vous trouverez de quoi manger pour le soutien de votre vie, ni d'où vous aurez des vêtements pour couvrir votre corps ; la vie n'est-elle pas plus que la nourriture, et le corps plus que le vêtement ?

Considérez les oiseaux du ciel : ils ne sèment point, ils ne moissonnent point, et ils n'amassent rien dans des greniers ; mais votre Père céleste les nourrit ; n'êtes-vous pas beaucoup plus qu'eux ? — Et qui est celui d'entre vous qui puisse, avec tous ses soins, ajouter à sa taille la hauteur d'une coudée ?

Pourquoi aussi vous inquiétez-vous pour le vêtement ? Considérez comme croissent les lis des champs ; ils ne travaillent point, ils ne filent point ; — et cependant je vous déclare que Salomon, même dans toute sa gloire, n'a jamais été vêtu comme l'un d'eux. — Si donc Dieu a soin de vêtir de cette sorte une herbe des champs, qui est aujourd'hui et qui demain sera jetée dans le four, combien aura-t-il plus de soin de vous vêtir, ô hommes de peu de foi !

Ne vous inquiétez donc point, en disant : Que mangerons-nous, ou que boirons-nous, ou de quoi nous vêtirons-nous ? — comme font les Païens qui recherchent toutes ces choses ; car votre Père sait que vous en avez besoin.

Cherchez donc premièrement le royaume de Dieu et sa justice, et toutes ces choses vous seront données par surcroît. — C'est pourquoi ne soyez point en inquiétude pour le lendemain, car le lendemain aura soin de lui-même. *A chaque jour suffit son mal.* (Saint Matthieu, ch. VI, v. de 25 à 34.)

7. Ces paroles prises à la lettre seraient la négation de toute prévoyance, de tout travail, et par conséquent de tout progrès. Avec un tel principe, l'homme se réduirait à une passivité expectante ; ses forces physiques et intellectuelles seraient sans activité ; si telle eût été sa condition normale sur la terre, il ne serait jamais sorti de l'état primitif, et s'il en faisait sa loi actuelle, il n'aurait plus qu'à vivre sans rien faire. Telle ne peut avoir été la pensée de Jésus, car elle serait en contradiction avec ce qu'il a dit ailleurs, avec les lois mêmes de la nature. Dieu a créé l'homme sans vêtements et sans abri, mais il lui a donné l'intelligence pour s'en fabriquer. (Ch. xiv, n° 6 ; ch. xxv, n° 2.)

Il ne faut donc voir dans ces paroles qu'une poétique allégorie de la Providence, qui n'abandonne jamais ceux qui mettent en elle sa confiance, mais elle veut qu'ils travaillent de leur côté. Si elle ne vient pas toujours en aide par un secours matériel, elle inspire les idées avec lesquelles on trouve les moyens de se tirer soi-même d'embarras. (Ch. xxvii, n° 8.)

Dieu connaît nos besoins, et il y pourvoit selon ce qui est nécessaire ; mais l'homme, insatiable dans ses désirs, ne sait pas toujours se contenter de ce qu'il a ; le nécessaire ne lui suffit pas, il lui faut le superflu ; c'est alors que la Providence le laisse à lui-même ; souvent il est malheureux par sa faute et pour avoir méconnu la voix qui l'avertissait par sa conscience, et Dieu lui en laisse subir les conséquences, afin que cela lui serve de leçon à l'avenir. (Ch. v, n° 4.)

8. La terre produit assez pour nourrir tous ses habitants, quand les hommes sauront administrer les biens qu'elle donne, selon les lois de justice, de charité et

d'amour du prochain ; quand la fraternité régnera entre les divers peuples, comme entre les provinces d'un
même empire, le superflu momentané de l'un suppléera
à l'insuffisance momentanée de l'autre, et chacun aura
le nécessaire. Le riche alors se considérera comme un
homme ayant une grande quantité de semences ; s'il les
répand, elles produiront au centuple pour lui et pour
les autres ; mais s'il mange ces semences à lui seul, et
s'il gaspille et laisse perdre le surplus de ce qu'il mangera, elles ne produiront rien, et il n'y en aura pas pour
tout le monde ; s'il les enferme dans son grenier, les
vers les mangeront : c'est pourquoi Jésus dit : Ne vous
faites point de trésors dans la terre, qui sont périssables,
mais faites-vous des trésors dans le ciel, parce qu'ils sont
éternels. En d'autres termes, n'attachez pas aux biens
matériels plus d'importance qu'aux biens spirituels, et
sachez sacrifier les premiers au profit des seconds.
(Ch. XVI, nᵒˢ 7 et suiv.).

Ce n'est pas avec des lois qu'on décrète la charité et
la fraternité ; si elles ne sont pas dans le cœur, l'égoïsme
les étouffera toujours ; les y faire pénétrer est l'œuvre
du spiritisme.

Ne vous mettez point en peine d'avoir de l'or.

9. Ne vous mettez point en peine d'avoir de l'or ou de l'argent, ou d'autre monnaie dans votre bourse. — Ne préparez ni
un sac pour le chemin, ni deux habits, ni souliers, ni bâtons,
car celui qui travaille mérite qu'on le nourrisse.

10. En quelque ville ou en quelque village que vous entriez,
informez-vous qui est digne de vous loger, et demeurez chez
lui jusqu'à ce que vous vous en alliez. — En entrant dans la
maison, saluez-la en disant : Que la paix soit dans cette maison. — Si cette maison en est digne, votre paix viendra sur

elle; et si elle n'en est pas digne, votre paix reviendra à vous.

Lorsque quelqu'un ne voudra point vous recevoir, ni écouter vos paroles, secouez en sortant de cette maison ou de cette ville la poussière de vos pieds. — Je vous dis en vérité, au jour du jugement, Sodome et Gomorrhe seront traitées moins rigoureusement que cette ville. (Saint Matthieu, ch. x, v. de 9 à 15.)

11. Ces paroles, que Jésus adressait à ses apôtres, lorsqu'il les envoya pour la première fois annoncer la bonne nouvelle, n'avaient rien d'étrange à cette époque; elles étaient selon les mœurs patriarcales de l'Orient, où le voyageur était toujours reçu sous la tente. Mais alors les voyageurs étaient rares; chez les peuples modernes l'accroissement de la circulation a dû créer de nouvelles mœurs; on ne retrouve celles des temps antiques que dans les contrées retirées où le grand mouvement n'a pas encore pénétré; et si Jésus revenait aujourd'hui, il ne pourrait plus dire à ses apôtres : Mettez-vous en route sans provisions.

A côté du sens propre, ces paroles ont un sens moral très profond. Jésus apprenait ainsi à ses disciples à se confier à la Providence; puis ceux-ci n'ayant rien, ils ne pouvaient tenter la cupidité de ceux qui les recevaient; c'était le moyen de distinguer les charitables des égoïstes; c'est pourquoi il leur dit : « Informez-vous qui est digne de vous loger; » c'est-à-dire qui est assez humain pour héberger le voyageur qui n'a pas de quoi payer, car ceux-là sont dignes d'entendre vos paroles ; c'est à leur charité que vous les reconnaîtrez.

Quant à ceux qui ne voudront ni les recevoir, ni les écouter, dit-il à ses apôtres de les maudire, de s'imposer à eux, d'user de violence et de contrainte pour les con-

vertir ? Non; mais de s'en aller purement et simplement ailleurs, et de chercher les gens de bonne volonté.

Ainsi dit aujourd'hui le spiritisme à ses adeptes :
Ne violentez aucune conscience; ne contraignez personne à quitter sa croyance pour adopter la vôtre ; ne
jetez point l'anathème sur ceux qui ne pensent pas
comme vous; accueillez ceux qui viennent à vous et
laissez en repos ceux qui vous repoussent. Souvenez-
vous des paroles du Christ; jadis le ciel se prenait par
la violence, aujourd'hui, c'est par la douceur. (Ch. IV,
nᵒˢ 10, 11.)

CHAPITRE XXVI

Don de guérir. — Prières payées. — Vendeurs chassés du temple. —
Médiumnité gratuite.

Don de guérir.

1. Rendez la santé aux malades, ressuscitez les morts, gué-
rissez les lépreux, chassez les démons. *Donnez gratuitement ce
que vous avez reçu gratuitement.* (Saint Matthieu, ch. x, v. 8.)

2. « Donnez gratuitement ce que vous avez reçu gratuitement, » dit Jésus à ses disciples; par ce précepte
il prescrit de ne point faire payer ce que l'on n'a pas
payé soi-même; or, ce qu'ils avaient reçu gratuitement,
c'était la faculté de guérir les malades et de chasser les
démons, c'est-à-dire les mauvais Esprits; ce don leur
avait été donné gratuitement par Dieu pour le soulagement de ceux qui souffrent, et pour aider à la propagation de la foi, et il leur dit de ne point en faire un
trafic, ni un objet de spéculation, ni un moyen de
vivre.

Prières payées.

3. Il dit ensuite à ses disciples en présence de tout le peuple
qui l'écoutait : — Gardez-vous des scribes qui affectent de se
promener en longues robes, qui aiment à être salués dans les

places publiques, à occuper les premières chaires dans les syna
gogues et les premières places dans les festins ; — qui, *sous
prétexte de longues prières, dévorent les maisons des veuves*. Ces
personnes en recevront une condamnation plus rigoureuse.
(Saint Luc, ch. **xx**, *v.* 45, 46, 47. — Saint Marc, ch. **xii**, *v.* 38,
39, 40. — Saint Matthieu, ch. **xxiii**, *v.* 14.)

4. Jésus dit aussi : Ne faites point payer vos prières ;
ne faites point comme les scribes qui, « sous prétexte
de longues prières, *dévorent les maisons des veuves;* »
c'est-à-dire accaparent les fortunes. La prière est un
acte de charité, un élan du cœur ; faire payer celle que
l'on adresse à Dieu pour autrui, c'est se transformer en
intermédiaire salarié ; la prière alors est une formule
dont on proportionne la longueur à la somme qu'elle
rapporte. Or, de deux choses l'une : Dieu mesure ou ne
mesure pas ses grâces au nombre des paroles ; s'il en
faut beaucoup, pourquoi en dire peu ou pas du tout à
celui qui ne peut pas payer ? c'est un manque de charité ; si une seule suffit, le surplus est inutile ; pourquoi
donc alors le faire payer ? c'est une prévarication.

Dieu ne vend pas les bienfaits qu'il accorde ; pourquoi
donc celui qui n'en est pas même le distributeur, qui ne
peut en garantir l'obtention, ferait-il payer une demande
qui peut être sans résultat ? Dieu ne peut subordonner
un acte de clémence, de bonté ou de justice que l'on
sollicite de sa miséricorde, à une somme d'argent ; autrement il en résulterait que si la somme n'est pas payée,
ou est insuffisante, la justice, la bonté et la clémence
de Dieu seraient suspendues. La raison, le bon sens, la
logique disent que Dieu, la perfection absolue, ne peut
déléguer à des créatures imparfaites le droit de mettre
à prix sa justice. La justice de Dieu est comme le soleil ;
elle est pour tout le monde, pour le pauvre comme

20.

pour le riche. Si l'on considère comme immoral de tra-
fiquer des grâces d'un souverain de la terre, est-il plus
licite de vendre celles du souverain de l'univers?

Les prières payées ont un autre inconvénient; c'est
que celui qui les achète se croit, le plus souvent, dispensé de prier lui-même, parce qu'il se regarde comme
quitte quand il a donné son argent. On sait que les Esprits sont touchés par la ferveur de la pensée de celui
qui s'intéresse à eux; quelle peut être la ferveur de celui
qui charge un tiers de prier pour lui en payant? quelle
est la ferveur de ce tiers quand il délègue son mandat
à un autre, celui-ci à un autre, et ainsi de suite?
N'est-ce pas réduire l'efficacité de la prière à la valeur
d'une monnaie courante?

Vendeurs chassés du temple.

5. Ils vinrent ensuite à Jérusalem, et Jésus étant entré dans
le temple, commença par chasser ceux qui y vendaient et qui y
achetaient; il renversa les tables des changeurs et les siéges de
ceux qui vendaient des colombes; — et il ne permettait pas
que personne transportât aucun ustensile par le temple. — Il les
instruisit aussi en leur disant : N'est-il pas écrit : Ma maison
sera appelée la maison de prières pour toutes les nations? Et cependant vous en avez fait une caverne de voleurs. — Ce que les
princes des prêtres ayant entendu, ils cherchaient un moyen de
le perdre; car ils le craignaient, parce que tout le peuple était
ravi en admiration de sa doctrine. (Saint Marc, ch. xi, v. de 15
à 18. — Saint Matthieu, ch. xxi, v. 12, 13.)

6. Jésus a chassé les vendeurs du temple; par là il
condamne le trafic des choses saintes *sous quelque forme
que ce soit.* Dieu ne vend ni sa bénédiction, ni son pardon, ni l'entrée du royaume des cieux; l'homme n'a
donc pas le droit de les faire payer.

Médiumnité gratuite.

7. Les médiums modernes, — car les apôtres aussi avaient la médiumnité, — ont également reçu de Dieu un don gratuit, celui d'être les interprètes des Esprits pour l'instruction des hommes, pour leur montrer la route du bien et les amener à la foi, et non pour leur vendre des paroles qui ne leur appartiennent pas, parce qu'elles ne sont pas le produit de leur *conception, ni de leurs recherches, ni de leur travail personnel.* Dieu veut que la lumière arrive à tout le monde; il ne veut pas que le plus pauvre en soit déshérité et puisse dire : Je n'ai pas la foi, parce que je n'ai pas pu la payer; je n'ai pas eu la consolation de recevoir les encouragements et les témoignages d'affection de ceux que je pleure, parce que je suis pauvre. Voilà pourquoi la médiumnité n'est point un privilége, et se trouve partout; la faire payer, serait donc la détourner de son but providentiel.

8. Quiconque connaît les conditions dans lesquelles les bons Esprits se communiquent, leur répulsion pour tout ce qui est d'intérêt égoïste, et qui sait combien il faut peu de chose pour les éloigner, ne pourra jamais admettre que des Esprits supérieurs soient à la disposition du premier venu qui les appellerait à tant la séance; le simple bon sens repousse une telle pensée. Ne serait-ce pas aussi une profanation d'évoquer à prix d'argent les êtres que nous respectons ou qui nous sont chers? Sans doute on peut avoir ainsi des manifestations, mais qui pourrait en garantir la sincérité? Les Esprits légers, menteurs, espiègles, et toute la cohue

des Esprits inférieurs, fort peu scrupuleux, viennent toujours, et sont tout prêts à répondre à ce que l'on demande sans se soucier de la vérité. Celui donc qui veut des communications sérieuses doit d'abord les demander sérieusement, puis s'édifier sur la nature des sympathies du médium avec les êtres du monde spirituel; or la première condition pour se concilier la bienveillance des bons Esprits, c'est l'humilité, le dévoûment, l'abnégation, le désintéressement *moral et matériel* le plus absolu.

9. A côté de la question morale se présente une considération effective non moins importante qui tient à la nature même de la faculté. La médiumnité sérieuse ne peut être et ne sera jamais une profession, non-seulement parce qu'elle serait discréditée moralement, et bientôt assimilée aux diseurs de bonne aventure, mais parce qu'un obstacle matériel s'y oppose; c'est une faculté essentiellement mobile, fugitive et variable, sur la permanence de laquelle nul ne peut compter. Ce serait donc, pour l'exploiteur, une ressource tout à fait incertaine, qui peut lui manquer au moment où elle lui serait le plus nécessaire. Autre chose est un talent acquis par l'étude et le travail, et qui, par cela même, est une propriété dont il est naturellement permis de tirer parti. Mais la médiumnité n'est ni un art ni un talent, c'est pourquoi elle ne peut devenir une profession; elle n'existe que par le concours des Esprits; si ces Esprits font défaut, il n'y a plus de médiumnité; l'aptitude peut subsister, mais l'exercice en est annulé; aussi n'est-il pas un seul médium au monde qui puisse garantir l'obtention d'un phénomène spirite à un instant donné. Exploiter la médiumnité, c'est donc disposer d'une

chose dont on n'est réellement pas maître; affirmer le contraire, c'est tromper celui qui paye; il y a plus, ce n'est pas de *soi-même* qu'on dispose, ce sont les Esprits, les âmes des morts dont le concours est mis à prix; cette pensée répugne instinctivement. C'est ce trafic, dégénéré en abus, exploité par le charlatanisme, l'ignorance, la crédulité et la superstition, qui a motivé la défense de Moïse. Le spiristime moderne, comprenant le côté sérieux de la chose, par le discrédit qu'il a jeté sur cette exploitation, a élevé la médiumnité au rang de mission. (Voy. *Livré des Médiums,* ch. xxviii, — *Ciel et Enfer,* ch. xii.)

10. La médiumnité est une chose sainte qui doit être pratiquée saintement, religieusement. S'il est un genre de médiumnité qui requière cette condition d'une manière encore plus absolue, c'est la médiumnité guérissante. Le médecin donne le fruit de ses études, qu'il a faites au prix de sacrifices souvent pénibles; le magnétiseur donne son propre fluide, souvent même sa santé : ils peuvent y mettre un prix; le médium guérisseur transmet le fluide salutaire des bons Esprits : il n'a pas le droit de le vendre. Jésus et les apôtres, quoique pauvres, ne faisaient point payer les guérisons qu'ils opéraient.

Que celui donc qui n'a pas de quoi vivre cherche des ressources ailleurs que dans la médiumnité; qu'il n'y consacre, s'il le faut, que le temps dont il peut disposer matériellement. Les Esprits lui tiendront compte de son dévoûment et de ses sacrifices, tandis qu'ils se retirent de ceux qui espèrent s'en faire un marchepied.

CHAPITRE XXVII

DEMANDEZ ET VOUS OBTIENDREZ.

Qualités de la prière. — Efficacité de la prière. — Action de la prière. Transmission de la pensée. — Prières intelligibles. — De la prière pour les morts et les Esprits souffrants. — *Instructions des Esprits :* Manière de prier. — Bonheur de la prière.

Qualités de la prière.

1. Lorsque vous priez, ne ressemblez pas aux hypocrites qui affectent de prier en se tenant debout dans les synagogues et aux coins des rues pour être vus des hommes. Je vous dis en vérité, ils ont reçu leur récompense. — Mais lorsque vous voudrez prier, entrez dans votre chambre, et la porte étant fermée, priez votre Père dans le secret ; et votre Père, qui voit ce qui se passe dans le secret, vous en rendra la récompense.

N'affectez point de prier beaucoup dans vos prières, comme font les Païens, qui s'imaginent que c'est par la multitude des paroles qu'ils sont exaucés. — Ne vous rendez donc pas semblables à eux, parce que votre Père sait de quoi vous avez besoin avant que vous le lui demandiez. (Saint Matthieu, ch. vi, v. de 5 à 8.)

2. Lorsque vous vous présentez pour prier, si vous avez quelque chose contre quelqu'un, pardonnez-lui, afin que votre Père, qui est dans les cieux, vous pardonne aussi vos péchés. — Si vous ne pardonnez, votre Père, qui est dans les cieux, ne vous pardonnera point non plus vos péchés. (Saint Marc, ch. xi, v. 25, 26.)

3. Il dit aussi cette parabole à quelques-uns qui mettaient

leur confiance en eux-mêmes, comme étant justes, et méprisaient les autres :

Deux hommes montèrent au temple pour prier ; l'un était pharisien et l'autre publicain. — Le pharisien, se tenant debout, priait ainsi en lui-même : Mon Dieu, je vous rends grâce de ce que je ne suis point comme le reste des hommes, qui sont voleurs, injustes et adultères, ni même comme ce publicain. Je jeûne deux fois la semaine ; je donne la dîme de tout ce que je possède.

Le publicain, au contraire, se tenant éloigné, n'osait pas même lever les yeux au ciel ; mais il frappait sa poitrine, en disant : Mon Dieu, ayez pitié de moi, qui suis un pécheur.

Je vous déclare que celui-ci s'en retourna chez lui justifié, et non pas l'autre ; car quiconque s'élève sera abaissé, et quiconque s'abaisse sera élevé. (Saint Luc, chap. xviii, v. de 9 à 14.)

4. Les qualités de la prière sont clairement définies par Jésus ; lorsque vous priez, dit-il, ne vous mettez point en évidence, mais priez dans le secret ; n'affectez point de prier beaucoup, car ce n'est pas par la multiplicité des paroles que vous serez exaucés, mais par leur sincérité ; avant de prier, si vous avez quelque chose contre quelqu'un, pardonnez-lui, car la prière ne saurait être agréable à Dieu si elle ne part d'un cœur purifié de tout sentiment contraire à la charité ; priez enfin avec humilité, comme le publicain, et non avec orgueil, comme le pharisien ; examinez vos défauts et non vos qualités, et si vous vous comparez aux autres, cherchez ce qu'il y a de mal en vous. (Ch. x, nᵒˢ 7 et 8.)

Efficacité de la prière.

5. Quoi que ce soit que vous demandiez dans la prière, croyez que vous l'obtiendrez, et il vous sera accordé. (Saint Marc, ch. xi, v. 24.)

6. Il y a des gens qui contestent l'efficacité de la prière, et ils se fondent sur ce principe que, Dieu connaissant nos besoins, il est superflu de les lui exposer. Ils ajoutent encore que, tout s'enchaînant dans l'univers par des lois éternelles, nos vœux ne peuvent changer les décrets de Dieu.

Sans aucun doute, il y a des lois naturelles et immuables que Dieu ne peut abroger selon le caprice de chacun; mais de là à croire que toutes les circonstances de la vie sont soumises à la fatalité, la distance est grande. S'il en était ainsi, l'homme ne serait qu'un instrument passif, sans libre abitre et sans initiative. Dans cette hypothèse, il n'aurait qu'à courber la tête sous le coup de tous les événements, sans chercher à les éviter; il n'aurait pas dû chercher à détourner la foudre. Dieu ne lui a pas donné le jugement et l'intelligence pour ne pas s'en servir, la volonté pour ne pas vouloir, l'activité pour rester dans l'inaction. L'homme étant libre d'agir dans un sens ou dans un autre, ses actes ont pour lui-même et pour autrui des conséquences subordonnées à ce qu'il fait ou ne fait pas; par son initiative, il y a donc des événements qui échappent forcément à la fatalité, et qui ne détruisent pas plus l'harmonie des lois universelles, que l'avance ou le retard de l'aiguille d'une pendule ne détruit la loi du mouvement sur laquelle est établi le mécanisme. Dieu peut donc accéder à certaines demandes sans déroger à l'immuabilité des lois qui régissent l'ensemble, son accession restant toujours subordonnée à sa volonté.

7. Il serait illogique de conclure de cette maxime : « Quoi que ce soit que vous demandiez par la prière,

il vous sera accordé, » qu'il suffit de demander pour
obtenir, et injuste d'accuser la Providence si elle n'ac-
cède pas à toute demande qui lui est faite, car elle sait
mieux que nous ce qui est pour notre bien. Ainsi en
est-il d'un père sage qui refuse à son enfant les choses
contraires à l'intérêt de celui-ci. L'homme, généralement, ne voit que le présent; or, si la souffrance est
utile à son bonheur futur, Dieu le laissera souffrir,
comme le chirurgien laisse le malade souffrir d'une
opération qui doit amener la guérison.

Ce que Dieu lui accordera, s'il s'adresse à lui avec
confiance, c'est le courage, la patience et la résignation. Ce qu'il lui accordera encore, ce sont les moyens
de se tirer lui-même d'embarras, à l'aide des idées qu'il
lui fait suggérer par les bons Esprits, lui en laissant
ainsi le mérite; il assiste ceux qui s'aident eux-mêmes,
selon cette maxime : « Aide-toi, le ciel t'aidera, » et non
ceux qui attendent tout d'un secours étranger sans faire
usage de leurs propres facultés; mais la plupart du
temps on préférerait être secouru par un miracle sans
avoir rien à faire. (Ch. xxv, n° 1 et suiv.)

8. Prenons un exemple. Un homme est perdu dans
un désert; il souffre horriblement de la soif; il se sent
défaillir, se laisse tomber à terre; il prie Dieu de l'assister, et attend; mais aucun ange ne vient lui apporter
à boire. Cependant un bon Esprit lui *suggère* la pensée
de se lever, de suivre un des sentiers qui se présentent
devant lui; alors par un mouvement machinal, ras-
semblant ses forces, il se lève et marche à l'aventure.
Arrivé sur une hauteur, il découvre au loin un ruis-
seau; à cette vue il reprend courage. S'il a la foi, il
s'écriera : « Merci, mon Dieu, de la pensée que vous

21

m'avez inspirée, et de la force que vous m'avez donnée. » S'il n'a pas la foi, il dira : « Quelle bonne pensée
j'ai eue là ! Quelle *chance* j'ai eue de prendre le sentier
de droite plutôt que celui de gauche ; le hasard nous
sert vraiment bien quelquefois ! Combien je me félicite
de *mon* courage et de ne m'être pas laissé abattre ! »

Mais, dira-t-on, pourquoi le bon Esprit ne lui a-t-il
pas dit clairement : « Suis ce sentier, et au bout tu trouveras ce dont tu as besoin ? » Pourquoi ne s'est-il pas
montré à lui pour le guider et le soutenir dans sa défaillance? De cette manière il l'aurait convaincu de
l'intervention de la Providence. C'était d'abord pour
lui apprendre qu'il faut s'aider soi-même et faire usage
de ses propres forces. Puis, par l'incertitude, Dieu met
à l'épreuve la confiance en lui et la soumission à sa
volonté. Cet homme était dans la situation d'un enfant
qui tombe, et qui, s'il aperçoit quelqu'un, crie et attend
qu'on vienne le relever ; s'il ne voit personne, il fait des
efforts et se relève tout seul.

Si l'ange qui accompagna Tobie lui eût dit : « Je suis
envoyé par Dieu pour te guider dans ton voyage et te
préserver de tout danger, » Tobie n'aurait eu aucun
mérite ; se fiant sur son compagnon, il n'aurait même
pas eu besoin de penser ; c'est pourquoi l'ange ne s'est
fait connaître qu'au retour.

Action de la prière. Transmission de la pensée.

9. La prière est une invocation ; par elle on se met
en rapport de pensée avec l'être auquel on s'adresse.
Elle peut avoir pour objet une demande, un remercî-
ment ou une glorification. On peut prier pour soi-même
ou pour autrui, pour les vivants ou pour les morts.

Les prières adressées à Dieu sont entendues des Esprits chargés de l'exécution de ses volontés ; celles qui sont adressées aux bons Esprits sont reportées à Dieu. Lorsqu'on prie d'autres êtres que Dieu, ce n'est qu'à titre d'intermédiaires, d'intercesseurs, car rien ne peut se faire sans la volonté de Dieu.

10. Le Spiritisme fait comprendre l'action de la prière en expliquant le mode de transmission de la pensée, soit que l'être prié vienne à notre appel, soit que notre pensée lui parvienne. Pour se rendre compte de ce qui se passe en cette circonstance, il faut se représenter tous les êtres incarnés et désincarnés plongés dans le fluide universel qui occupe l'espace, comme ici-bas nous le sommes dans l'atmosphère. Ce fluide reçoit une impulsion de la volonté ; c'est le véhicule de la pensée, comme l'air est le véhicule du son, avec cette différence que les vibrations de l'air sont circonscrites, tandis que celles du fluide universel s'étendent à l'infini. Lors donc que la pensée est dirigée vers un être quelconque, sur la terre ou dans l'espace, d'incarné à désincarné, ou de désincarné à incarné, un courant fluidique s'établit de l'un à l'autre, transmettant la pensée, comme l'air transmet le son.

L'énergie du courant est en raison de celle de la pensée et de la volonté. C'est ainsi que la prière est entendue des Esprits à quelque endroit qu'ils se trouvent, que les Esprits communiquent entre eux, qu'ils nous transmettent leurs inspirations, que des rapports s'établissent à distance entre les incarnés.

Cette explication est surtout en vue de ceux qui ne comprennent pas l'utilité de la prière purement mystique ; elle n'a point pour but de matérialiser la prière, mais d'en rendre l'effet intelligible, en montrant qu'elle peut avoir une action directe et effective; elle n'en reste pas moins subordonnée à la volonté de Dieu, juge suprême en toutes choses, et qui seul peut rendre son action efficace.

11. Par la prière, l'homme appelle à lui le concours des bons Esprits qui viennent le soutenir dans ses bonnes résolutions, et lui inspirer de bonnes pensées; il acquiert ainsi la force morale nécessaire pour vaincre les difficultés et rentrer dans le droit chemin s'il en est écarté; et par là aussi il peut détourner de lui les maux qu'il s'attirerait par sa propre faute. Un homme, par exemple, voit sa santé ruinée par les excès qu'il a commis, et traîne, jusqu'à la fin de ses jours, une vie de souffrance; a-t-il droit de se plaindre s'il n'obtient pas sa guérison? Non, car il aurait pu trouver dans la prière la force de résister aux tentations.

12. Si l'on fait deux parts des maux de la vie, l'une de ceux que l'homme ne peut éviter, l'autre des tribulations dont il est lui-même la première cause par son incurie et ses excès (chap. v, n° 4), on verra que celle-ci l'emporte de beaucoup en nombre sur la première. Il est donc bien évident que l'homme est l'auteur de la plus grande partie de ses afflictions, et qu'il se les épargnerait s'il agissait toujours avec sagesse et prudence. Il n'est pas moins certain que ces misères sont le résultat de nos infractions aux lois de Dieu, et que si nous observions ponctuellement ces lois, nous serions parfaitement heureux. Si nous ne dépassions pas la limite du nécessaire dans la satisfaction de nos besoins, nous n'aurions pas les maladies qui sont la suite des

excès, et les vicissitudes qu'entraînent ces maladies; si nous mettions des bornes à notre ambition, nous ne craindrions pas la ruine; si nous ne voulions pas monter plus haut que nous ne le pouvons, nous ne craindrions pas de tomber; si nous étions humbles, nous ne subirions pas les déceptions de l'orgueil abaissé; si nous pratiquions la loi de charité, nous ne serions ni médisants, ni envieux, ni jaloux, et nous éviterions les querelles et les dissensions; si nous ne faisions de mal à personne, nous ne craindrions pas les vengeances, etc.

Admettons que l'homme ne puisse rien sur les autres maux; que toute prière soit superflue pour s'en préserver, ne serait-ce pas déjà beaucoup d'être affranchi de tous ceux qui proviennent de son fait? Or, ici l'action de la prière se conçoit aisément, parce qu'elle a pour effet d'appeler l'inspiration salutaire des bons Esprits, de leur demander la force de résister aux mauvaises pensées dont l'exécution peut nous être funeste. Dans ce cas, *ce n'est pas le mal qu'ils détournent, c'est nous-mêmes qu'ils détournent de la pensée qui peut causer le mal; ils n'entravent en rien les décrets de Dieu, ils ne suspendent point le cours des lois de la nature, c'est nous qu'ils empêchent d'enfreindre ces lois, en dirigeant notre libre arbitre;* mais ils le font à notre insu, d'une manière occulte, pour ne pas enchaîner notre volonté. L'homme se trouve alors dans la position de celui qui sollicite de bons conseils et les met en pratique, mais qui est toujours libre de les suivre ou non; Dieu veut qu'il en soit ainsi pour qu'il ait la responsabilité de ses actes et lui laisser le mérite du choix entre le bien et le mal. C'est là ce que l'homme est toujours certain d'obtenir s'il le demande avec ferveur, et ce à quoi peuvent surtout s'appliquer ces paroles : « Demandez et vous obtiendrez. »

L'efficacité de la prière, même réduite à cette proportion, n'aurait-elle pas un résultat immense? Il était réservé au Spiritisme de nous prouver son action par la révélation des rapports qui existent entre le monde corporel et le monde spirituel. Mais là ne se bornent pas seulement ses effets.

La prière est recommandée par tous les Esprits; renoncer à la prière, c'est méconnaître la bonté de Dieu ; c'est renoncer pour soi-même à leur assistance, et pour les autres au bien qu'on peut leur faire.

13. En accédant à la demande qui lui est adressée, Dieu a souvent en vue de récompenser l'intention, le dévouement et la foi de celui qui prie ; voilà pourquoi la prière de l'homme de bien a plus de mérite aux yeux de Dieu, et toujours plus d'efficacité, car l'homme vicieux et mauvais ne peut prier avec la ferveur et la confiance que donne seul le sentiment de la vraie piété. Du cœur de l'égoïste, de celui qui prie des lèvres, ne sauraient sortir que *des mots,* mais non les élans de charité qui donnent à la prière toute sa puissance. On le comprend tellement que, par un mouvement instinctif, on se recommande de préférence aux prières de ceux dont on sent que la conduite doit être agréable à Dieu, parce qu'ils en sont mieux écoutés.

14. Si la prière exerce une sorte d'action magnétique, on pourrait en croire l'effet subordonné à la puissance fluidique; or il n'en est point ainsi. Puisque les Esprits exercent cette action sur les hommes, ils suppléent, quand cela est nécessaire, à l'insuffisance de celui qui

prie, soit en agissant directement *en son nom*, soit en lui donnant momentanément une force exceptionnelle, lorsqu'il est jugé digne de cette faveur, ou que la chose peut être utile.

L'homme qui ne se croit pas assez bon pour exercer une influence salutaire ne doit pas s'abstenir de prier pour autrui, par la pensée qu'il n'est pas digne d'être écouté. La conscience de son infériorité est une preuve d'humilité toujours agréable à Dieu, qui tient compte de l'intention charitable qui l'anime. Sa ferveur et sa confiance en Dieu sont un premier pas vers le retour au bien dans lequel les bons Esprits sont heureux de l'encourager. La prière qui est repoussée est celle de *l'orgueilleux qui a foi en sa puissance et ses mérites, et croit pouvoir se substituer à la volonté de l'Éternel.*

15. La puissance de la prière est dans la pensée; elle ne tient ni aux paroles, ni au lieu, ni au moment où on la fait. On peut donc prier partout et à toute heure, seul ou en commun. L'influence du lieu ou du temps tient aux circonstances qui peuvent favoriser le recueillement. *La prière en commun a une action plus puissante quand tous ceux qui prient s'associent de cœur à une même pensée et ont un même but,* car c'est comme si beaucoup crient ensemble et à l'unisson; mais qu'importe d'être réunis en grand nombre si chacun agit isolément et pour son compte personnel! Cent personnes réunies peuvent prier comme des égoïstes, tandis que deux ou trois, unies dans une commune aspiration, prieront comme de véritables frères en Dieu, et leur prière aura plus de puissance que celle des cent autres. (Ch. xxvııı, n° 4, 5.)

Prières intelligibles.

16. Si je n'entends pas ce que signifient les paroles, je serai barbare à celui à qui je parle, et celui qui me parle me sera barbare. — *Si je prie en une langue que je n'entends pas,* mon cœur prie, mais mon intelligence est sans fruit. — Si vous ne louez Dieu que du cœur, comment un homme du nombre de ceux qui n'entendent que leur propre langue répondra-t-il *amen,* à la fin de votre action de grâce, *puisqu'il n'entend pas ce que vous dites?* — Ce n'est pas que votre action ne soit bonne, mais *les autres n'en sont pas édifiés.* (Saint Paul, Iʳᵉ aux Corinth., ch. xiv, v. 11, 14, 16, 17.)

17. La prière n'a de valeur que par la pensée qu'on y attache; or il est impossible d'attacher une pensée à ce que l'on ne comprend pas, car ce que l'on ne comprend pas ne peut toucher le cœur. Pour l'immense majorité, les prières en une langue incomprise ne sont que des assemblages de mots qui ne disent rien à l'esprit. Pour que la prière touche, il faut que chaque mot réveille une idée, et si on ne la comprend pas, elle ne peut en réveiller aucune. On la répète comme une simple formule qui a plus ou moins de vertu selon le nombre de fois qu'elle est répétée; beaucoup prient par devoir, quelques-uns même pour se conformer à l'usage; c'est pourquoi ils se croient quittes quand ils ont dit une prière un nombre de fois déterminé et dans tel ou tel ordre. Dieu lit au fond des cœurs; il voit la pensée et la sincérité, et c'est le rabaisser de le croire plus sensible à la forme qu'au fond. (Ch. xxviii, nᵒ **2.**)

De la prière pour les morts et les Esprits souffrants.

18. La prière est réclamée par les Esprits souffrants; elle leur est utile, parce qu'en voyant qu'on pense à eux.

ils se sentent moins délaissés, ils sont moins malheureux. Mais la prière a sur eux une action plus directe:
elle relève leur courage, excite en eux le désir de s'élever par le repentir et la réparation, et peut les détourner de la pensée du mal; c'est en ce sens qu'elle peut
non-seulement alléger, mais abréger leurs souffrances.
(Voyez: *Ciel et Enfer*, 2ᵉ partie: Exemples.)

19. Certaines personnes n'admettent pas la prière
pour les morts, parce que, dans leur croyance, il n'y a
pour l'âme que deux alternatives: être sauvée ou condamnée aux peines éternelles, et que, dans l'un et l'autre
cas, la prière est inutile. Sans discuter la valeur de cette
croyance, admettons pour un instant la réalité de peines éternelles et irrémissibles, et que nos prières soient
impuissantes pour y mettre un terme. Nous demandons
si, dans cette hypothèse, il est logique, il est charitable,
il est chrétien de rejeter la prière pour les réprouvés?
Ces prières, tout impuissantes qu'elles seraient pour
les délivrer, ne sont-elles pas pour eux une marque de
pitié qui peut adoucir leur souffrance? Sur la terre,
lorsqu'un homme est condamné à perpétuité, alors
même qu'il n'y aurait aucun espoir d'obtenir sa grâce,
est-il défendu à une personne charitable d'aller soutenir ses fers pour lui en alléger le poids? Lorsque quelqu'un est atteint d'un mal incurable faut-il, parce qu'il
n'offre aucun espoir de guérison, l'abandonner sans
aucun soulagement? Songez que parmi les réprouvés
peut se trouver une personne qui vous a été chère, un
ami, peut-être un père, une mère ou un fils, et parce
que, selon vous, il ne pourrait espérer sa grâce, vous
lui refuseriez un verre d'eau pour étancher sa soif? un
baume pour sécher ses plaies? Vous ne feriez pas pour

21.

lui ce que vous feriez pour un galérien? Vous ne lui donneriez pas un témoignage d'amour, une consolation? Non, cela ne serait pas chrétien. Une croyance qui dessèche le cœur ne peut s'allier avec celle d'un Dieu qui met au premier rang des devoirs l'amour du prochain.

La non-éternité des peines n'implique point la négation d'une pénalité temporaire, car Dieu, dans sa justice, ne peut confondre le bien et le mal ; or nier, dans ce cas, l'efficacité de la prière serait nier l'efficacité de la consolation, des encouragements et des bons conseils ; ce serait nier la force que l'on puise dans l'assistance morale de ceux qui nous veulent du bien.

20. D'autres se fondent sur une raison plus spécieuse : l'immuabilité des décrets divins. Dieu, disent-ils, ne peut changer ses décisions à la demande de ses créatures ; sans cela rien ne serait stable dans le monde. L'homme n'a donc rien à demander à Dieu, il n'a qu'à se soumettre et à l'adorer.

Il y a dans cette idée une fausse application de l'immuabilité de la loi divine, ou mieux, ignorance de la loi en ce qui concerne la pénalité future. Cette loi est révélée par les Esprits du Seigneur, aujourd'hui que l'homme est mûr pour comprendre ce qui, dans la foi, est conforme ou contraire aux attributs divins.

Selon le dogme de l'éternité absolue des peines, il n'est tenu au coupable aucun compte de ses regrets ni de son repentir ; pour lui, tout désir de s'améliorer est superflu : il est condamné à rester dans le mal à perpétuité. S'il est condamné pour un temps déterminé, la peine cessera quand le temps sera expiré ; mais qui dit qu'alors il sera revenu à de meilleurs sentiments ? qui dit qu'à l'exemple de beaucoup de condamnés de la

terre, à leur sortie de prison, il ne sera pas aussi mauvais qu'auparavant? Dans le premier cas, ce serait
maintenir dans la douleur du châtiment un homme revenu au bien ; dans le second, gracier celui qui est resté
coupable. La loi de Dieu est plus prévoyante que cela ;
toujours juste, équitable et miséricordieuse, elle ne fixe
aucune durée à la peine, quelle qu'elle soit ; elle se résume ainsi :

24. « L'homme subit toujours la conséquence de ses
« fautes; il n'est pas une seule infraction à la loi de
« Dieu qui n'ait sa punition.

   « La sévérité du châtiment est proportionnée à la gra-
« vité de la faute.

   « La durée du châtiment pour toute faute quelconque
« est *indéterminée; elle est subordonnée au repentir du*
« *coupable et à son retour au bien;* la peine dure autant
« que l'obstination dans le mal ; elle serait perpétuelle
« si l'obstination était perpétuelle ; elle est de courte
« durée si le repentir est prompt.

   « Dès que le coupable crie miséricorde ! Dieu l'entend
« et lui envoie l'espérance. Mais le simple regret du
« mal ne suffit pas : il faut la réparation ; c'est pourquoi
« le coupable est soumis à de nouvelles épreuves dans
« lesquelles il peut, toujours par sa volonté, faire le
« bien en réparation du mal qu'il a fait.

   « L'homme est ainsi constamment l'arbitre de son
« propre sort; il peut abréger son supplice ou le pro-
« longer indéfiniment; son bonheur ou son malheur
« dépend de sa volonté de faire le bien. »

   Telle est la loi; loi *immuable* et conforme à la bonté
et à la justice de Dieu.

L'Esprit coupable et malheureux peut ainsi toujours se sauver lui-même : la loi de Dieu lui dit à quelle condition il peut le faire. Ce qui lui manque le plus souvent, c'est la volonté, la force, le courage ; si, par nos prières, nous lui inspirons cette volonté, si nous le soutenons et l'encourageons ; si, par nos conseils, nous lui donnons les lumières qui lui manquent, *au lieu de solliciter Dieu de déroger à sa loi, nous devenons les instruments pour l'exécution de sa loi d'amour et de charité*, à laquelle il nous permet ainsi de participer en donnant nous-mêmes une preuve de charité. (Voyez, *Ciel et Enfer*, 1re partie, ch. IV, VII, VIII.)

INSTRUCTIONS DES ESPRITS.

Manière de prier.

22. Le premier devoir de toute créature humaine, le premier acte qui doit signaler pour elle le retour à la vie active de chaque jour, c'est la prière. Vous priez presque tous, mais combien peu savent prier ! Qu'importe au Seigneur les phrases que vous reliez les unes aux autres machinalement, parce que vous en avez l'habitude, que c'est un devoir que vous remplissez, et que, comme tout devoir, il vous pèse.

La prière du chrétien, du *Spirite* de quelque culte que ce soit, doit être faite dès que l'Esprit a repris le joug de la chair ; elle doit s'élever aux pieds de la majesté divine avec humilité, avec profondeur, dans un élan de reconnaissance pour tous les bienfaits accordés jusqu'à ce jour : pour la nuit écoulée et pendant laquelle il vous a été permis, quoique à votre insu, de retourner près de vos amis, de vos guides, pour puiser dans leur contact plus de force et de persévérance. Elle doit s'élever humble aux pieds du Seigneur, pour lui recommander votre faiblesse, lui demander son appui, son indulgence, sa miséricorde. Elle doit être profonde, car c'est votre âme qui doit s'élever vers le Créateur, qui doit se transfigurer comme Jésus au Thabor, et parvenir blanche et rayonnante d'espoir et d'amour.

Votre prière doit renfermer la demande des grâces dont vous avez besoin, mais un besoin réel. Inutile donc de demander au Seigneur d'abréger vos épreuves, de vous donner les joies et la richesse; demandez-lui de vous accorder les biens plus précieux de la patience, de la résignation et de la foi. Ne dites point, comme cela arrive à beaucoup d'entre vous : « Ce n'est pas la peine de prier, puisque Dieu ne m'exauce pas. » Que demandez-vous à Dieu, la plupart du temps ? Avez-vous souvent pensé à lui demander votre amélioration morale ? Oh ! non, très-peu; mais vous songez plutôt à lui demander *la réussite dans vos entreprises terrestres*, et vous vous êtes écriés : « Dieu ne s'occupe pas de nous ; s'il s'en occupait, il n'y aurait pas tant d'injustices.» Insensés! ingrats ! si vous descendiez dans le fond de votre conscience, vous trouveriez presque toujours en vous-mêmes le point de départ des maux dont vous vous plaignez; demandez donc, avant toutes choses, votre amélioration, et vous verrez quel torrent de grâces et de consolations se répandra sur vous. (Ch. v, n° 4.)

Vous devez prier sans cesse, sans pour cela vous retirer dans votre oratoire ou vous jeter à genoux dans les places publiques. La prière de la journée, c'est l'accomplissement de vos devoirs, de vos devoirs sans exception, de quelque nature qu'ils soient. N'est-ce un acte d'amour envers le Seigneur que d'assister vos

frères dans un besoin quelconque, moral ou physique?
N'est-ce pas faire un acte de reconnaissance que d'élever votre pensée vers lui quand un bonheur vous arrive, qu'un accident est évité, qu'une contrariété même
vous effleure seulement, si vous dites par la pensée :
Soyez béni, mon Père! N'est-ce pas un acte de contri-
tion que de vous humilier devant le juge suprême quand
vous sentez que vous avez failli, ne fût-ce que par une
pensée fugitive, et de lui dire : *Pardonnez-moi, mon*
Dieu, car j'ai péché (par orgueil, par égoïsme ou par
manque de charité); donnez-moi la force de ne plus faillir
et le courage de réparer ?

Ceci est indépendant des prières régulières du matin
et du soir, et des jours consacrés; mais, comme vous
le voyez, la prière peut être de tous les instants, sans
apporter aucune interruption à vos travaux; ainsi dite,
elle les sanctifie, au contraire. Et croyez bien qu'une
seule de ces pensées partant du cœur est plus écoutée
de votre Père céleste que les longues prières dites par
habitude, souvent sans cause déterminante, et auxquelles *l'heure convenue vous rappelle machinalement.*
(V. Monod. Bordeaux, 1862.)

Bonheur de la prière.

23. Venez, vous qui voulez croire : les Esprits célestes accourent et viennent vous annoncer de grandes
choses; Dieu, mes enfants, ouvre ses trésors pour vous
donner tous ses bienfaits. Hommes incrédules! si vous
saviez combien la foi fait de bien au cœur et porte l'âme
au repentir et à la prière! La prière! ah! combien sont
touchantes les paroles qui sortent de la bouche à l'heure
où l'on prie! La prière, c'est la rosée divine qui détruit

la trop grande chaleur des passions; fille aînée de la foi, elle nous mène dans le sentier qui conduit à Dieu. Dans le recueillement et la solitude, vous êtes avec Dieu; pour vous, plus de mystère : il se dévoile à vous. Apôtres de la pensée, pour vous c'est la vie ; votre âme se détache de la matière et roule dans ces mondes infinis et éthérés que les pauvres humains méconnaissent.

Marchez, marchez dans les sentiers de la prière, et vous entendrez les voix des anges. Quelle harmonie! Ce n'est plus le bruit confus et les accents criards de la terre; ce sont les lyres des archanges; ce sont les voix douces et suaves des séraphins, plus légères que les brises du matin quand elles se jouent dans la feuillée de vos grands bois. Dans quelles délices ne marcherez-vous pas! vos langues ne pourront définir ce bonheur, tant il entrera par tous les pores, tant la source à laquelle on boit en priant est vive et rafraîchissante! Douces voix, enivrants parfums que l'âme entend et savoure quand elle s'élance dans ces sphères inconnues et habitées par la prière! Sans mélange de désirs charnels, toutes les aspirations sont divines. Et vous aussi, priez comme Christ portant sa croix du Golgotha au Calvaire; portez votre croix, et vous sentirez les douces émotions qui passaient dans son âme, quoique chargé d'un bois infamant; il allait mourir, mais pour vivre de la vie céleste dans le séjour de son Père. (SAINT AUGUSTIN. Paris, 1861.)

CHAPITRE XXVIII

Préambule.

1. Les Esprits ont toujours dit : « La forme n'est rien, la pensée est tout. Priez chacun selon vos convictions et le mode qui vous touche le plus ; une bonne pensée vaut mieux que de nombreuses paroles où le cœur n'est pour rien. »

Les Esprits ne prescrivent aucune formule absolue de prières ; lorsqu'ils en donnent, c'est afin de fixer les idées, et surtout pour appeler l'attention sur certains principes de la doctrine spirite. C'est aussi dans le but de venir en aide aux personnes qui sont embarrassées pour rendre leurs idées, car il en est qui ne croiraient pas avoir réellement prié si leurs pensées n'étaient pas formulées.

Le recueil de prières contenues dans ce chapitre est un choix fait parmi celles qui ont été dictées par les Esprits en différentes circonstances ; ils ont pu en dicter d'autres, et en d'autres termes, appropriées à certaines idées ou à des cas spéciaux, mais peu importe la forme, si la pensée fondamentale est la même. Le but de la prière est d'élever notre âme à Dieu ; la diversité des formules ne doit établir aucune différence entre ceux qui croient en lui, et encore moins entre les adeptes du

Spiristime, car Dieu les accepte toutes lorsqu'elles sont sincères.

Il ne faut donc point considérer ce recueil comme un formulaire absolu, mais comme une variété parmi les instructions que donnent les Esprits. C'est une application des principes de la morale évangélique développés dans ce livre, un complément à leurs dictées sur les devoirs envers Dieu et le prochain, où sont rappelés tous les principes de la doctrine.

Le Spiritisme reconnaît comme bonnes les prières de tous les cultes quand elles sont dites par le cœur et non par les lèvres; il n'en impose aucune et n'en blâme aucune; Dieu est trop grand, selon lui, pour repousser la voix qui l'implore ou qui chante ses louanges, parce qu'elle le fait d'une manière plutôt que d'une autre. *Quiconque lancerait l'anathème contre les prières qui ne sont pas dans son formulaire prouverait qu'il méconnaît la grandeur de Dieu.* Croire que Dieu tient à une formule, c'est lui prêter la petitesse et les passions de l'humanité.

Une condition essentielle de la prière, selon saint Paul (ch. xxvii, n° 16), est d'être intelligible, afin qu'elle puisse parler à notre esprit; pour cela il ne suffit pas qu'elle soit dite en une langue comprise de celui qui prie; il est des prières en langue vulgaire qui ne disent pas beaucoup plus à la pensée que si elles étaient en langue étrangère, et qui, par cela même, ne vont pas au cœur; les rares idées qu'elles renferment sont souvent étouffées sous la surabondance des mots et le mysticisme du langage.

La principale qualité de la prière est d'être claire, simple et concise, sans phraséologie inutile, ni luxe d'épithètes qui ne sont que des parures de clinquant;

chaque mot doit avoir sa portée, réveiller une idée, remuer une fibre : en un mot, *elle doit faire réfléchir ;* à cette seule condition la prière peut atteindre son but, autrement *ce n'est que du bruit.* Aussi voyez avec quel air de distraction et quelle volubilité elles sont dites la plupart du temps ; on voit les lèvres qui remuent ; mais, à l'expression de la physionomie, au son même de la voix, on reconnaît un acte machinal, purement exté-- rieur, auquel l'âme reste indifférente.

Les prières réunies dans ce recueil sont divisées en cinq catégories : 1° Prières générales ; 2° Prières pour soi-même ; 3° Prières pour les vivants ; 4° Prières pour les morts ; 5° Prières spéciales pour les malades et les obsédés.

Dans le but d'appeler plus particulièrement l'atten- tion sur l'objet de chaque prière, et d'en mieux faire comprendre la portée, elles sont toutes précédées d'une instruction préliminaire, sorte d'exposé des motifs, sous le titre de *préface.*

I. PRIÈRES GÉNÉRALES.

Oraison dominicale.

2. PRÉFACE. Les Esprits ont recommandé de placer *l'Orai- son dominicale* en tête de ce recueil, non-seulement comme prière, mais comme symbole. De toutes les prières, c'est celle qu'ils mettent au premier rang, soit parce qu'elle vient de Jésus lui-même (saint Matthieu, ch. v, v. de 9 à 13), soit parce qu'elle peut les suppléer toutes selon la pensée qu'on y attache ; c'est le plus parfait modèle de concision, véritable chef-d'œuvre de sublimité dans sa simplicité. En effet, sous la forme la plus restreinte, elle résume tous les devoirs de l'homme envers Dieu, envers lui-même et envers le prochain ; elle renferme une profession de foi, un acte d'adoration et de

soumission, la demande des choses nécessaires à la vie, et le principe de la charité. La dire à l'intention de quelqu'un, c'est demander pour lui ce qu'on demanderait pour soi.

Cependant, en raison même de sa brièveté, le sens profond renfermé dans les quelques mots dont elle se compose échappe à la plupart; c'est pourquoi on la dit généralement sans diriger sa pensée sur les applications de chacune de ses parties; on la dit comme une formule dont l'efficacité est proportionnée au nombre de fois qu'elle est répétée; or c'est presque toujours un des nombres cabalistiques *trois, sept* ou *neuf*, tirés de l'antique croyance superstitieuse à la vertu des nombres, et en usage dans les opérations de la magie.

Pour suppléer au vague que la concision de cette prière laisse dans la pensée, d'après le conseil et avec l'assistance des bons Esprits, il a été ajouté à chaque proposition un commentaire qui en développe le sens et en montre les applications. Selon les circonstances et le temps disponible, on peut donc dire l'Oraison dominicale *simple* ou *développée*.

3. PRIÈRE. — I. *Notre Père, qui êtes aux cieux, que votre nom soit sanctifié!*

Nous croyons en vous, Seigneur, parce que tout révèle votre puissance et votre bonté. L'harmonie de l'univers témoigne d'une sagesse, d'une prudence et d'une prévoyance qui surpassent toutes les facultés humaines; le nom d'un être souverainement grand et sage est inscrit dans toutes les œuvres de la création, depuis le brin d'herbe et le plus petit insecte jusqu'aux astres qui se meuvent dans l'espace; partout nous voyons la preuve d'une sollicitude paternelle; c'est pourquoi aveugle est celui qui ne vous reconnaît pas dans vos œuvres, orgueilleux celui qui ne vous glorifie pas, et ingrat celui qui ne vous rend pas des actions de grâce.

II. *Que votre règne arrive!*

Seigneur, vous avez donné aux hommes des lois pleines de sagesse et qui feraient leur bonheur s'ils les observaient. Avec ces lois, ils feraient régner entre eux la paix et la justice; ils s'entr'aideraient mutuellement, au lieu de se nuire comme ils le font; le fort soutiendrait le faible au lieu de l'écraser; ils éviteraient les maux qu'engendrent les abus et les excès de tous genres. Toutes les misères d'ici-bas viennent de la violation de vos lois, car il n'est pas une seule infraction qui n'ait ses conséquences fatales.

Vous avez donné à la brute l'instinct qui lui trace la limite du nécessaire, et elle s'y conforme machinalement; mais à l'homme, outre cet instinct, vous avez donné l'intelligence et la raison; vous lui avez aussi donné la liberté d'observer ou d'enfreindre celles de vos lois qui le concernent personnellement, c'est-à-dire de choisir entre le bien et le mal, afin qu'il ait le mérite et la responsabilité de ses actions.

Nul ne peut prétexter ignorance de vos lois, car, dans votre prévoyance paternelle, vous avez voulu qu'elles fussent gravées dans la conscience de chacun, sans distinction de culte ni de nations; ceux qui les violent, c'est qu'ils vous méconnaissent.

Un jour viendra où, selon votre promesse, tous les pratiqueront; alors l'incrédulité aura disparu; tous vous reconnaîtront pour le souverain Maître de toutes choses, et le règne de vos lois sera votre règne sur la terre.

Daignez, Seigneur, hâter son avénement, en donnant aux hommes la lumière nécessaire pour les conduire sur le chemin de la vérité.

III. *Que votre volonté soit faite sur la terre comme au ciel!*

Si la soumission est un devoir du fils à l'égard du
père, de l'inférieur envers son supérieur, combien ne
doit pas être plus grande celle de la créature à l'égard
de son Créateur ! Faire votre volonté, Seigneur, c'est
observer vos lois et se soumettre sans murmure à vos
décrets divins; l'homme s'y soumettra quand il comprendra que vous êtes la source de toute sagesse, et que
sans vous il ne peut rien ; alors il fera votre volonté sur
la terre comme les élus dans le ciel.

IV. *Donnez-nous notre pain de chaque jour.*

Donnez-nous la nourriture pour l'entretien des forces
du corps; donnez-nous aussi la nourriture spirituelle
pour le développement de notre Esprit.

La brute trouve sa pâture, mais l'homme la doit à sa
propre activité et aux ressources de son intelligence,
parce que vous l'avez créé libre.

Vous lui avez dit : « Tu tireras ta nourriture de la
terre à la sueur de ton front; » par là, vous lui avez
fait une obligation du travail, afin qu'il exerçât son intelligence par la recherche des moyens de pourvoir à
ses besoins et à son bien-être, les uns par le travail matériel, les autres par le travail intellectuel ; sans le travail, il resterait stationnaire et ne pourrait aspirer à la
félicité des Esprits supérieurs.

Vous secondez l'homme de bonne volonté qui se
confie à vous pour le nécessaire, mais non celui qui se
complaît dans l'oisiveté et voudrait tout obtenir sans
peine, ni celui qui cherche le superflu. (Ch. xxv.)

Combien en est-il qui succombent par leur propre
faute, par leur incurie, leur imprévoyance ou leur
ambition, et pour n'avoir pas voulu se contenter de ce

que vous leur aviez donné! Ceux-là sont les artisans de leur propre infortune et n'ont pas le droit de se plaindre, car ils sont punis par où ils ont péché. Mais ceux-là mêmes, vous ne les abandonnez pas, parce que vous êtes infiniment miséricordieux ; vous leur tendez une main secourable dès que, comme l'enfant prodigue, ils reviennent sincèrement à vous. (Ch. v, n° 4.)

Avant de nous plaindre de notre sort, demandons-nous s'il n'est pas notre ouvrage ; à chaque malheur qui nous arrive, demandons-nous s'il n'eût pas dépendu de nous de l'éviter ; mais disons aussi que Dieu nous a donné l'intelligence pour nous tirer du bourbier, et qu'il dépend de nous d'en faire usage.

Puisque la loi du travail est la condition de l'homme sur la terre, donnez-nous le courage et la force de l'accomplir ; donnez-nous aussi la prudence, la prévoyance et la modération, afin de n'en pas perdre le fruit.

Donnez-nous donc, Seigneur, notre pain de chaque jour, c'est-à-dire les moyens d'acquérir, par le travail, les choses nécessaires à la vie, car nul n'a droit de réclamer le superflu.

Si le travail nous est impossible, nous nous confions en votre divine providence.

S'il entre dans vos desseins de nous éprouver par les plus dures privations, malgré nos efforts, nous les acceptons comme une juste expiation des fautes que nous avons pu commettre dans cette vie ou dans une vie précédente, car vous êtes juste ; nous savons qu'il n'y a point de peines imméritées, et que vous ne châtiez jamais sans cause.

Préservez-nous, ô mon Dieu, de concevoir de l'envie contre ceux qui possèdent ce que nous n'avons pas, ni même contre ceux qui ont le superflu, alors que nous manquons du nécessaire. Pardonnez-leur s'ils oublient la loi de charité et d'amour du prochain que vous leur avez enseignée. (Ch. XVI, n° 8.)

Écartez aussi de notre esprit la pensée de nier votre justice, en voyant la prospérité du méchant et le mal· heur qui accable parfois l'homme de bien. Nous savons maintenant, grâce aux nouvelles lumières qu'il vous a plu de nous donner, que votre justice reçoit toujours son accomplissement et ne fait défaut à personne; que la prospérité matérielle du méchant est éphémère comme son existence corporelle, et qu'elle aura de terribles retours, tandis que la joie réservée à celui qui souffre avec résignation sera éternelle. (Ch. v, n°ˢ 7, 9, 12, 18.)

V. *Remettez-nous nos dettes comme nous les remettons à ceux qui nous doivent. — Pardonnez-nous nos offenses, comme nous pardonnons à ceux qui nous ont offensés.*

Chacune de nos infractions à vos lois, Seigneur, est une offense envers vous, et une dette contractée qu'il nous faudra tôt ou tard acquitter. Nous en sollicitons la remise de votre infinie miséricorde, sous la promesse de faire nos efforts pour n'en pas contracter de nouvelles.

Vous nous avez fait une loi expresse de la charité; mais la charité ne consiste pas seulement à assister son semblable dans le besoin; elle est aussi dans l'oubli et le pardon des offenses. De quel droit réclamerions-nous votre indulgence, si nous en manquons nous-mêmes à l'égard de ceux dont nous avons à nous plaindre?

Donnez-nous, ô mon Dieu, la force d'étouffer dans

notre âme tout ressentiment, toute haine et toute rancune; *faites que la mort ne nous surprenne pas avec un désir de vengeance dans le cœur.* S'il vous plaît de nous retirer aujourd'hui même d'ici-bas, faites que nous puissions nous présenter à vous purs de toute animosité, à l'exemple du Christ, dont les dernières paroles furent pour ses bourreaux. (Ch. x.)

Les persécutions que nous font endurer les méchants font partie de nos épreuves terrestres; nous devons les accepter sans murmure, comme toutes les autres épreuves, et ne pas maudire ceux qui, par leurs méchancetés, nous frayent le chemin du bonheur éternel, car vous nous avez dit, par la bouche de Jésus : « Bienheureux ceux qui souffrent pour la justice ! » Bénissons donc la main qui nous frappe et nous humilie, car les meurtrissures du corps fortifient notre âme, et nous serons relevés de notre humilité. (Ch. xii, n° 4.)

Béni soit votre nom, Seigneur, de nous avoir appris que notre sort n'est point irrévocablement fixé après la mort; que nous trouverons dans d'autres existences les moyens de racheter et de réparer nos fautes passées, d'accomplir dans une nouvelle vie ce que nous ne pouvons faire en celle-ci pour notre avancement. (Ch. iv; ch. v, n° 5.)

Par là s'expliquent enfin toutes les anomalies apparentes de la vie ; c'est la lumière jetée sur notre passé et notre avenir, le signe éclatant de votre souveraine justice et de votre bonté infinie.

VI. *Ne nous abandonnez point à la tentation, mais délivrez-nous du mal* [1].

1. Certaines traductions portent : *Ne nous induisez point en tenta-*

Donnez-nous, Seigneur, la force de résister aux suggestions des mauvais Esprits qui tenteraient de nous détourner de la voie du bien en nous inspirant de mauvaises pensées.

Mais nous sommes nous-mêmes des Esprits imparfaits, incarnés sur cette terre pour expier et nous améliorer. La cause première du mal est en nous, et les
mauvais Esprits ne font que profiter de nos penchants
vicieux, dans lesquels ils nous entretiennent, pour nous
tenter.

Chaque imperfection est une porte ouverte à leur influence, tandis qu'ils sont impuissants et renoncent à
toute tentative contre les êtres parfaits. Tout ce que
nous pourrions faire pour les écarter est inutile, si nous
ne leur opposons une volonté inébranlable dans le
bien, et un renoncement absolu au mal. C'est donc
contre nous-mêmes qu'il faut diriger nos efforts, et
alors les mauvais Esprits s'éloigneront naturellement,
car c'est le mal qui les attire, tandis que le bien les repousse. (V. ci-après, Prières pour les obsédés.)

Seigneur, soutenez-nous dans notre faiblesse; inspirez-nous, par la voix de nos anges gardiens et des bons
Esprits, la volonté de nous corriger de nos imperfections, afin de fermer aux Esprits impurs l'accès de notre
âme. (V. ci-après, n° 11.)

Le mal n'est point votre ouvrage, Seigneur, car la
source de tout bien ne peut rien engendrer de mauvais; c'est nous-mêmes qui le créons en enfreignant

---

tion (et ne nos inducas in tentationem) ; cette expression donnerait à
entendre que la tentation vient de Dieu, qu'il pousse volontairement
les hommes au mal, pensée blasphématoire qui assimilerait Dieu à
Satan, et ne peut avoir été celle de Jésus. Elle est du reste conforme
à la doctrine vulgaire sur le rôle des démons. (Voy. *Ciel et Enfer*,
ch. x, les Démons.)

vos lois, et par le mauvais usage que nous faisons de la liberté que vous nous avez donnée. Quand les hommes observeront vos lois, le mal disparaîtra de la terre, comme il a déjà disparu dans les mondes plus avancés.

Le mal n'est une nécessité fatale pour personne, et il ne paraît irrésistible qu'à ceux qui s'y abandonnent avec complaisance. Si nous avons la volonté de le faire, nous pouvons avoir aussi celle de faire le bien; c'est pourquoi, ô mon Dieu, nous demandons votre assistance et celle des bons Esprits pour résister à la tentation.

VII. *Ainsi soit-il.*

Plaise à vous, Seigneur, que nos désirs s'accomplissent! Mais nous nous inclinons devant votre sagesse infinie. Sur toutes les choses qu'il ne nous est pas donné de comprendre, qu'il soit fait selon votre sainte volonté, et non selon la nôtre, car vous ne voulez que notre bien, et vous savez mieux que nous ce qui nous est utile.

Nous vous adressons cette prière, ô mon Dieu! pour nous-mêmes; nous vous l'adressons aussi pour toutes les âmes souffrantes, incarnées ou désincarnées, pour nos amis et nos ennemis, pour tous ceux qui réclament notre assistance, et en particulier pour N....

Nous appelons sur tous votre miséricorde et votre bénédiction.

Nota. On peut formuler ici ce dont on remercie Dieu, et ce que l'on demande pour soi-même ou pour autrui. (Voir ci-après les prières nos 26, 27.)

Réunions spirites.

4. En quelque lieu que se trouvent deux ou trois personnes assemblées en mon nom, je m'y trouve au milieu d'elles. (Saint Matthieu, ch. XVIII, v. 20.)

5. PRÉFACE. Être assemblés au nom de Jésus ne veut pas dire qu'il suffit d'être réunis matériellement, mais de l'être spirituellement, par la communauté d'intention et de pensées pour le bien ; alors Jésus se trouve au milieu de l'assemblée, lui ou les purs Esprits qui le représentent. Le Spiritisme nous fait comprendre comment les Esprits peuvent être parmi nous. Ils y sont avec leur corps fluidique ou spirituel, et avec l'apparence qui nous les ferait reconnaître s'ils se rendaient visibles. Plus ils sont élevés dans la hiérarchie, plus est grande leur puissance de rayonnement ; c'est ainsi qu'ils possèdent le don d'ubiquité et qu'ils peuvent se trouver sur plusieurs points simultanément : il suffit pour cela d'un rayon de leur pensée.

Par ces paroles, Jésus a voulu montrer l'effet de l'union et de la fraternité ; ce n'est pas le plus ou moins grand nombre qui l'attire, puisque, au lieu de deux ou trois personnes, il aurait pu dire dix ou vingt, mais le sentiment de charité qui les anime à l'égard les unes des autres ; or, pour cela, il suffit qu'il y en ait deux. Mais si ces deux personnes prient chacune de leur côté, bien qu'elles s'adressent à Jésus, il n'y a point entre elles communion de pensées, si surtout elles ne sont pas mues par un sentiment de bienveillance mutuelle ; si même elles se voient d'un mauvais œil, avec haine, envie ou jalousie, les courants fluidiques de leurs pensées se repoussent au lieu de s'unir par un commun élan de sympathie, et alors *Elles ne sont point assemblées au nom de Jésus;* Jésus n'est que le *prétexte* de la réunion, et non le véritable mobile. (Ch. XXVII, n° 9.)

Ceci n'implique point qu'il soit sourd à la voix d'une seule personne ; s'il n'a point dit : « Je viendrai vers quiconque m'appellera, » c'est qu'il exige avant tout l'amour du prochain dont on peut donner plus de preuves quand on est plusieurs que dans l'isolement, et que tout sentiment personnel l'éloigne ; il s'ensuit que si, dans une assemblée nombreuse, deux ou trois personnes seulement s'unissent de cœur par le sentiment d'une véritable charité, tandis que les autres s'isolent et se concentrent dans des pensées égoïstes ou mondaines, il sera avec les premières et non avec les autres. Ce n'est donc pas la simultanéité des paroles, des chants ou des actes extérieurs qui constitue la réunion au nom de Jésus, mais la communion de pensées conformes à l'esprit de charité personnifié dans Jésus. (Ch. x, nᵒˢ 7, 8 ; ch. xxvii, nᵒˢ 2, 3, 4.)

Tel doit être le caractère des réunions spirites sérieuses, de celles où l'on veut sincèrement le concours des bons Esprits.

6. Prière. (Au commencement de la réunion). — Nous prions le Seigneur Dieu Tout-Puissant de nous envoyer de bons Esprits pour nous assister, d'éloigner ceux qui pourraient nous induire en erreur, et de nous donner la lumière nécessaire pour distinguer la vérité de l'imposture.

Écartez aussi les Esprits malveillants, incarnés ou désincarnés, qui pourraient tenter de jeter la désunion parmi nous, et nous détourner de la charité et de l'amour du prochain. Si quelques-uns cherchaient à s'introduire ici, faites qu'ils ne trouvent accès dans le cœur d'aucun de nous.

Bons Esprits qui daignez venir nous instruire, rendez-nous dociles à vos conseils ; détournez-nous de toute pensée d'égoïsme, d'orgueil, d'envie et de jalousie ; inspirez-nous l'indulgence et la bienveillance pour nos semblables présents ou absents, amis ou ennemis ; faites enfin qu'aux sentiments dont nous serons animés, nous reconnaissions votre salutaire influence.

Donnez aux médiums que vous chargerez de nous transmettre vos enseignements la conscience de la sainteté du mandat qui leur est confié et de la gravité de l'acte qu'ils vont accomplir, afin qu'ils y apportent la ferveur et le recueillement nécessaires.

Si, dans l'assemblée, il se trouvait des personnes qui y fussent attirées par d'autres sentiments que celui du bien, ouvrez leurs yeux à la lumière, et pardonnez-leur, comme nous leur pardonnons si elles venaient avec des intentions malveillantes.

Nous prions notamment l'Esprit de N..., notre guide spirituel, de nous assister et de veiller sur nous.

7. (A la fin de la réunion.) — Nous remercions les bons Esprits qui ont bien voulu venir se communiquer à nous; nous les prions de nous aider à mettre en pratique les instructions qu'ils nous ont données, et de faire qu'en sortant d'ici chacun de nous se sente fortifié dans la pratique du bien et de l'amour du prochain.

Nous désirons également que ces instructions soient profitables aux Esprits souffrants, ignorants ou vicieux, qui ont pu assister à cette réunion, et sur lesquels nous appelons la miséricorde de Dieu.

Pour les médiums.

8. Dans les derniers temps, dit le Seigneur, je répandrai de mon Esprit sur *toute* chair; vos fils et vos filles prophétiseront; vos jeunes gens auront des visions, et vos vieillards des songes. — En ces jours-là je répandrai de mon Esprit sur mes serviteurs et sur mes servantes, et ils prophétiseront. (Actes, ch. II, v. 17, 18.)

9. PRÉFACE. Le Seigneur a voulu que la lumière se fît pour tous les hommes et pénétrât partout par la voix des Esprits, afin que chacun pût acquérir la preuve de l'immortalité; c'est dans ce but que les Esprits se manifestent aujourd'hui sur tous les points de la terre, et la médiumnité qui se révèle chez des personnes de tous âges et de toutes conditions, chez les

22.

hommes et chez les femmes, chez les enfants et chez les vieillards, est un des signes de l'accomplissement des temps prédits.

Pour connaître les choses du monde visible et découvrir les
secrets de la nature matérielle, Dieu a donné à l'homme la vue
du corps, les sens et des instruments spéciaux; avec le téles-
cope il plonge ses regards dans les profondeurs de l'espace, et
avec le microscope il a découvert le monde des infiniment
petits. Pour pénétrer dans le monde invisible, il lui a donné la
médiumnité.

Les médiums sont les interprètes chargés de transmettre aux
hommes les enseignements des Esprits; ou mieux, *ce sont
les organes matériels par lesquels s'expriment les Esprits
pour se rendre intelligibles aux hommes.* Leur mission est
sainte, car elle a pour but d'ouvrir les horizons de la vie éternelle.

Les Esprits viennent instruire l'homme sur ses destinées futures, afin de le ramener dans la voie du bien, et non pour lui
épargner le travail matériel qu'il doit accomplir ici-bas pour
son avancement, ni pour favoriser son ambition et sa cupidité.
Voilà ce dont les médiums doivent se bien pénétrer, pour ne
pas mésuser de leur faculté. Celui qui comprend la gravité
du mandat dont il est investi, l'accomplit religieusement; sa
conscience lui reprocherait, comme un acte sacrilége, de faire
un amusement et une distraction, *pour lui ou les autres*, d'une
faculté donnée dans un but aussi sérieux, et qui le met en rapport avec les êtres d'outre-tombe.

Comme interprètes de l'enseignement des Esprits, les médiums doivent jouer un rôle important dans la transformation
morale qui s'opère; les services qu'ils peuvent rendre sont en
raison de la bonne direction qu'ils donnent à leur faculté, car
ceux qui sont dans une mauvaise voie sont plus nuisibles
qu'utiles à la cause du Spiritisme; par les mauvaises impressions qu'ils produisent, ils retardent plus d'une conversion.
C'est pourquoi il leur sera demandé compte de l'usage qu'ils
auront fait d'une faculté qui leur avait été donnée pour le bien
de leurs semblables.

Le médium qui veut conserver l'assistance des bons Esprits
doit travailler à sa propre amélioration; celui qui veut voir
grandir et développer sa faculté doit lui-même grandir mora-

lement, et s'abstenir de tout ce qui tendrait à la détourner de son but providentiel.

Si les bons Esprits se servent parfois d'instruments imparfaits, c'est pour donner de bons conseils et tâcher de les ramener au bien ; mais s'ils trouvent des cœurs endurcis, et si leurs avis ne sont pas écoutés, ils se retirent, et les mauvais ont alors le champ libre. (Ch. xxiv, n⁰ˢ 11, 12.)

L'expérience prouve que, chez ceux qui ne mettent pas à profit les conseils qu'ils reçoivent des bons Esprits, les communications, après avoir jeté quelque éclat pendant un certain temps, dégénèrent peu à peu, et finissent par tomber dans l'erreur, le verbiage ou le ridicule, signe incontestable de l'éloignement des bons Esprits.

Obtenir l'assistance des bons Esprits, écarter les Esprits légers et menteurs, tel doit être l'objet des efforts constants de tous les médiums sérieux ; sans cela la médiumnité est une faculté stérile, qui peut même tourner au préjudice de celui qui la possède, car elle peut dégénérer en obsession dangereuse.

Le médium qui comprend son devoir, au lieu de s'enorgueillir d'une faculté qui ne lui appartient pas, puisqu'elle peut lui être retirée, rapporte à Dieu les bonnes choses qu'il obtient. Si ses communications méritent des éloges, il n'en tire pas vanité, parce qu'il sait qu'elles sont indépendantes de son mérite personnel, et il remercie Dieu d'avoir permis que de bons Esprits vinssent se manifester à lui. Si elles donnent lieu à la critique, il ne s'en offense pas, parce qu'elles ne sont pas l'œuvre de son propre Esprit; il se dit qu'il n'a pas été un bon instrument, et qu'il ne possède pas toutes les qualités nécessaires pour s'opposer à l'immixtion des mauvais Esprits ; c'est pourquoi il cherche à acquérir ces qualités, et demande, par la prière, la force qui lui manque.

10. PRIÈRE. — Dieu Tout-Puissant, permettez aux bons Esprits de m'assister dans la communication que je sollicite. Préservez-moi de la présomption de me croire à l'abri des mauvais Esprits; de l'orgueil qui pourrait m'abuser sur la valeur de ce que j'obtiens; de tout sentiment contraire à la charité à l'égard des autres

médiums. Si je suis induit en erreur, inspirez à quelqu'un la pensée de m'en avertir, et à moi l'humilité qui me fera accepter la critique avec reconnaissance, et prendre pour moi-même, et non pour les autres, les conseils que voudront bien me dicter les bons Esprits.

Si j'étais tenté d'abuser en quoi que ce soit, ou de tirer vanité de la faculté qu'il vous a plu de m'accorder, je vous prie de me la retirer, plutôt que de permettre qu'elle soit détournée de son but providentiel, qui est le bien de tous, et mon propre avancement moral.

II. Prières pour soi-même.

Aux Anges gardiens et aux Esprits protecteurs.

11. Préface. Nous avons tous un bon Esprit qui s'est attaché à nous dès notre naissance et nous a pris sous sa protection. Il remplit auprès de nous la mission d'un père auprès de son enfant : celle de nous conduire dans la voie du bien et du progrès à travers les épreuves de la vie. Il est heureux quand nous répondons à sa sollicitude ; il gémit quand il nous voit succomber.

Son nom nous importe peu, car il peut n'avoir point de nom connu sur la terre ; nous l'invoquons alors comme notre ange gardien, notre bon génie ; nous pouvons même l'invoquer sous le nom d'un Esprit supérieur quelconque pour lequel nous nous sentons plus particulièrement de la sympathie.

Outre notre ange gardien, qui est toujours un Esprit supérieur, nous avons des Esprits protecteurs qui, pour être moins élevés, n'en sont pas moins bons et bienveillants ; ce sont, ou des parents, ou des amis, ou quelquefois des personnes que nous n'avons pas connues dans notre existence actuelle. Ils nous assistent par leurs conseils, et souvent par leur intervention dans les actes de notre vie.

Les Esprits sympathiques sont ceux qui s'attachent à nous par une certaine similitude de goûts et de penchants ; ils peuvent être bons ou mauvais, selon la nature des inclinations qui les attirent vers nous.

Les Esprits séducteurs s'efforcent de nous détourner de la voie du bien, en nous suggérant de mauvaises pensées. Ils profitent de toutes nos faiblesses comme d'autant de portes ouvertes qui leur donnent accès dans notre âme. Il en est qui s'acharnent après nous comme sur une proie, mais ils *s'éloignent lorsqu'ils reconnaissent leur impuissance à lutter contre notre volonté.*

Dieu nous a donné un guide principal et supérieur dans notre ange gardien, et des guides secondaires dans nos Esprits protecteurs et familiers; mais c'est une erreur de croire que nous avons *forcément* un mauvais génie placé près de nous pour contre-balancer les bonnes influences. Les mauvais Esprits viennent *volontairement*, selon qu'ils trouvent prise sur nous par notre faiblesse ou notre négligence à suivre les inspirations des bons Esprits; c'est donc nous qui les attirons. Il en résulte qu'on n'est jamais privé de l'assistance des bons Esprits, et qu'il dépend de nous d'écarter les mauvais. Par ses imperfections, l'homme étant la première cause des misères qu'il endure est le plus souvent son propre mauvais génie. (Ch. v, n° 4.)

La prière aux anges gardiens et aux Esprits protecteurs doit avoir pour but de solliciter leur intervention auprès de Dieu, de leur demander la force de résister aux mauvaises suggestions, et leur assistance dans les besoins de la vie.

12. Prière.—Esprits sages et bienveillants, messagers de Dieu, dont la mission est d'assister les hommes et de les conduire dans la bonne voie, soutenez-moi dans les épreuves de cette vie; donnez-moi la force de les subir sans murmure; détournez de moi les mauvaises pensées, et faites que je ne donne accès à aucun des mauvais Esprits qui tenteraient de m'induire au mal. Éclairez ma conscience sur mes défauts, et levez de dessus mes yeux le voile de l'orgueil qui pourrait m'empêcher de les apercevoir et de me les avouer à moi-même.

Vous surtout, N..., mon ange gardien, qui veillez

plus particulièrement sur moi, et vous tous, Esprits
protecteurs qui vous intéressez à moi, faites que je me
rende digne de votre bienveillance. Vous connaissez mes
besoins, qu'il y soit satisfait selon la volonté de Dieu.

13. (*Autre*). — Mon Dieu, permettez aux bons Esprits
qui m'entourent de venir à mon aide lorsque je suis
dans la peine, et de me soutenir si je chancelle. Faites,
Seigneur, qu'ils m'inspirent la foi, l'espérance et la
charité ; qu'ils soient pour moi un appui, un espoir et
une preuve de votre miséricorde ; faites enfin que je
trouve près d'eux la force qui me manque dans les
épreuves de la vie, et, pour résister aux suggestions du
mal, la foi qui sauve et l'amour qui console.

14. (*Autre*). — Esprits bien-aimés, anges gardiens, vous
à qui Dieu, dans son infinie miséricorde, permet de
veiller sur les hommes, soyez nos protecteurs dans les
épreuves de notre vie terrestre. Donnez-nous la force,
le courage et la résignation ; inspirez-nous tout ce qui
est bon, retenez-nous sur la pente du mal ; que votre
douce influence pénètre notre âme ; faites que nous
sentions qu'un ami dévoué est là, près de nous, qu'il
voit nos souffrances et partage nos joies.

Et vous, mon bon ange, ne m'abandonnez pas ; j'ai
besoin de toute votre protection pour supporter avec foi
et amour les épreuves qu'il plaira à Dieu de m'envoyer.

Pour éloigner les mauvais Esprits.

15. Malheur à vous, Scribes et Pharisiens hypocrites, parce
que vous nettoyez le dehors de la coupe et du plat, et que vous
êtes au dedans pleins de rapines et d'impuretés. — Pharisiens
aveugles, nettoyez premièrement le dedans de la coupe et du

plat, afin que le dehors en soit net aussi. — Malheur à vous, Scribes et Pharisiens hypocrites! parce que vous êtes semblables à des sépulcres blanchis, qui au dehors paraissent beaux aux yeux des hommes, mais qui, au dedans, sont pleins de toute sorte de pourriture. — Ainsi, au dehors vous paraissez justes aux yeux des hommes, mais au dedans vous êtes pleins d'hypocrisie et d'iniquités. (Saint Matthieu, ch. XIII, v. 25 à 28.)

16. PRÉFACE. Les mauvais Esprits ne vont que là où ils trouvent à satisfaire leur perversité; pour les éloigner, il ne suffit pas de le demander, ni même de le leur commander : il faut ôter de soi ce qui les attire. Les mauvais Esprits flairent les plaies de l'âme, comme les mouches flairent les plaies du corps; de même que vous nettoyez le corps pour éviter la vermine, nettoyez aussi l'âme de ses impuretés pour éviter les mauvais Esprits. Comme nous vivons dans un monde où pullulent les mauvais Esprits, les bonnes qualités du cœur ne mettent pas toujours à l'abri de leurs tentatives, mais elles donnent la force de leur résister.

17. PRIÈRE.— Au nom de Dieu Tout-Puissant, que les mauvais Esprits s'éloignent de moi, et que les bons me servent de rempart contre eux!

Esprits malfaisants qui inspirez aux hommes de mauvaises pensées; Esprits fourbes et menteurs qui les trompez; Esprits moqueurs qui vous jouez de leur crédulité, je vous repousse de toutes les forces de mon âme et ferme l'oreille à vos suggestions; mais j'appelle sur vous la miséricorde de Dieu.

Bons Esprits qui daignez m'assister, donnez-moi la force de résister à l'influence des mauvais Esprits, et les lumières nécessaires pour n'être pas dupe de leurs fourberies. Préservez-moi de l'orgueil et de la présomption; écartez de mon cœur la jalousie, la haine, la malveillance et tout sentiment contraire à la charité, qui sont autant de portes ouvertes à l'Esprit du mal.

Pour demander à se corriger d'un défaut.

18. Préface. Nos mauvais instincts sont le résultat de l'imperfection de notre propre Esprit, et non de notre organisation, autrement l'homme échapperait à toute espèce de responsabilité. Notre amélioration dépend de nous, car tout homme qui a la jouissance de ses facultés a, pour toutes choses, la liberté de faire ou de ne pas faire ; il ne lui manque, pour faire le bien, que la volonté. (Ch. xv, n° 10 ; ch. xix, n° 12.)

19. Prière. — Vous m'avez donné, ô mon Dieu, l'intelligence nécessaire pour distinguer ce qui est bien de ce qui est mal ; or, du moment que je reconnais qu'une chose est mal, je suis coupable de ne pas m'efforcer d'y résister.

Préservez-moi de l'orgueil qui pourrait m'empêcher de m'apercevoir de mes défauts, et des mauvais Esprits qui pourraient m'exciter à y persévérer.

Parmi mes imperfections, je reconnais que je suis particulièrement enclin à..., et si je ne résiste pas à cet entraînement, c'est par l'habitude que j'ai contractée d'y céder.

Vous ne m'avez pas créé coupable, parce que vous êtes juste, mais avec une aptitude égale pour le bien et pour le mal ; si j'ai suivi la mauvaise voie, c'est par un effet de mon libre arbitre. Mais par la raison que j'ai eu la liberté de faire le mal, j'ai celle de faire le bien, par conséquent j'ai celle de changer de route.

Mes défauts actuels sont un reste des imperfections que j'ai gardées de mes précédentes existences ; c'est mon péché originel dont je puis me débarrasser par ma volonté et avec l'assistance des bons Esprits.

Bons Esprits qui me protégez, et vous surtout mon

ange gardien, donnez-moi la force de résister aux mauvaises suggestions, et de sortir victorieux de la lutte.

Les défauts sont les barrières qui nous séparent de
Dieu, et chaque défaut dompté est un pas fait dans
la voie de l'avancement qui doit me rapprocher de lui.

Le Seigneur, dans son infinie miséricorde, a daigné
m'accorder l'existence actuelle pour qu'elle servît à
mon avancement; bons Esprits, aidez-moi à la mettre
à profit, afin qu'elle ne soit pas perdue pour moi, et
que, lorsqu'il plaira à Dieu de m'en retirer, j'en sorte
meilleur que je n'y suis entré (Ch. v, n° 5; ch. xvii,
n° 3.)

Pour demander à résister à une tentation.

20. PRÉFACE. Toute mauvaise pensée peut avoir deux
sources : la propre imperfection de notre âme, ou une funeste
influence qui agit sur elle; dans ce dernier cas, c'est toujours
l'indice d'une faiblesse qui nous rend propres à recevoir cette
influence, et par conséquent d'une âme imparfaite; de telle
sorte que celui qui faillit ne saurait invoquer pour excuse l'influence d'un Esprit étranger, puisque *cet Esprit ne l'aurait
point sollicité au mal, s'il l'avait jugé inaccessible à la séduc-
tion.*

Quand une mauvaise pensée surgit en nous, nous pouvons
donc nous représenter un Esprit malveillant nous sollicitant au
mal, et auquel nous sommes tout aussi libres de céder ou de
résister que s'il s'agissait des sollicitations d'une personne vi-
vante. Nous devons en même temps nous représenter notre
ange gardien, ou Esprit protecteur qui, de son côté, combat en
nous la mauvaise influence, et attend avec anxiété *la décision
que nous allons prendre.* Notre hésitation à faire le mal est la
voix du bon Esprit qui se fait entendre par la conscience.

On reconnaît qu'une pensée est mauvaise quand elle s'écarte
de la charité, qui est la base de toute vraie morale ; quand elle
a pour principe l'orgueil, la vanité ou l'égoïsme ; quand sa réalisation peut causer un préjudice quelconque à autrui ; quand,

23

enfin, elle nous sollicite à faire aux autres ce que nous ne voudrions pas qu'on nous fît. (Ch. xxviii, n° 15 ; ch. xv, n° 10.)

21. Prière. — Dieu Tout-Puissant, ne me laissez pas succomber à la tentation que j'ai de faillir. Esprits bien-veillants qui me protégez, détournez de moi cette mau-vaise pensée, et donnez-moi la force de résister à la suggestion du mal. Si je succombe, j'aurai mérité l'ex-piation de ma faute en cette vie et en l'autre, parce que je suis libre de choisir.

Action de grâces pour une victoire obtenue sur une tentation.

22. **Préface.** Celui qui a résisté à une tentation le doit à l'assistance des bons Esprits dont il a écouté la voix. Il doit en remercier Dieu et son ange gardien.

23. **Prière.** — Mon Dieu, je vous remercie de m'avoir permis de sortir victorieux de la lutte que je viens de soutenir contre le mal ; faites que cette victoire me donne la force de résister à de nouvelles tentations.

Et vous, mon ange gardien, je vous remercie de l'as-sistance que vous m'avez donnée. Puisse ma soumission à vos conseils me mériter de nouveau votre protection !

Pour demander un conseil.

24. **Préface.** Lorsque nous sommes indécis de faire ou de ne pas faire une chose, nous devons avant tout nous poser à nous-mêmes les questions suivantes :

1° La chose que j'hésite à faire peut-elle porter un préjudice quelconque à autrui ?

2° Peut-elle être utile à quelqu'un ?

3° Si quelqu'un faisait cette chose à mon égard, en serais-je satisfait ?

Si la chose n'intéresse que soi, il est permis de mettre en balance la somme des avantages et des inconvénients personnels qui peuvent en résulter.

Si elle intéresse autrui, et qu'en faisant du bien à l'un elle puisse faire du mal à un autre, il faut également peser la somme du bien et du mal pour s'abstenir ou agir.

Enfin, même pour les meilleures choses, il faut encore considérer l'opportunité et les circonstances accessoires, car une chose bonne en elle-même peut avoir de mauvais résultats entre des mains inhabiles, et si elle n'est pas conduite avec prudence et circonspection. Avant de l'entreprendre, il convient de consulter ses forces et ses moyens d'exécution.

Dans tous les cas, on peut toujours réclamer l'assistance de ses Esprits protecteurs en se souvenant de cette sage maxime : *Dans le doute, abstiens-toi.* (Ch. XXVIII, n° 38.)

25. PRIÈRE. — Au nom de Dieu Tout-Puissant, bons Esprits qui me protégez, inspirez-moi la meilleure résolution à prendre dans l'incertitude où je suis. Dirigez ma pensée vers le bien, et détournez l'influence de ceux qui tenteraient de m'égarer.

Dans les afflictions de la vie.

26. PRÉFACE. Nous pouvons demander à Dieu des faveurs terrestres, et il peut nous les accorder lorsqu'elles ont un but utile et sérieux ; mais comme nous jugeons l'utilité des choses à notre point de vue, et que notre vue est bornée au présent, nous ne voyons pas toujours le mauvais côté de ce que nous souhaitons. Dieu, qui voit mieux que nous, et ne veut que notre bien, peut donc nous refuser, comme un père refuse à son enfant ce qui pourrait lui nuire. Si ce que nous demandons ne nous est pas accordé, nous ne devons en concevoir aucun découragement ; il faut penser, au contraire, que la privation de ce que nous désirons nous est imposée comme épreuve ou

comme expiation, et que notre récompense sera proportionnée
à la résignation avec laquelle nous l'aurons supportée. (Ch. xxvii,
n° 6 ; ch. 2, n°ˢ 5, 6, 7.)

27. Prière. — Dieu Tout-Puissant qui voyez nos misères, daignez écouter favorablement les vœux que je
vous adresse en ce moment. Si ma demande est incon-
sidérée, pardonnez-la-moi ; si elle est juste et utile à vos
yeux, que les bons Esprits qui exécutent vos volontés
me viennent en aide pour son accomplissement.

Quoi qu'il en advienne, mon Dieu, que votre volonté
soit faite. Si mes désirs ne sont pas exaucés, c'est qu'il
entre dans vos desseins de m'éprouver, et je me soumets sans murmure. Faites que je n'en conçoive aucun
découragement, et que ni ma foi ni ma résignation n'en
soient ébranlées.

(Formuler sa demande.)

Action de grâces pour une faveur obtenue.

28. Préface. Il ne faut point considérer seulement comme
des événements heureux les choses de grande importance ; les
plus petites en apparence sont souvent celles qui influent le
plus sur notre destinée. L'homme oublie aisément le bien, et se
souvient plutôt de ce qui l'afflige. Si nous enregistrions jour
par jour les bienfaits dont nous sommes l'objet, sans les avoir
demandés, nous serions souvent étonnés d'en avoir tant reçu
qui se sont effacés de notre mémoire, et humiliés de notre ingratitude.

Chaque soir, en élevant notre âme à Dieu, nous devons rappeler en nous-mêmes les faveurs qu'il nous a accordées pendant la journée, et l'en remercier. C'est surtout au moment
même où nous éprouvons l'effet de sa bonté et de sa protection que, par un mouvement spontané, nous devons lui en té-
moigner notre gratitude ; il suffit pour cela d'une pensée lui
reportant le bienfait, sans qu'il soit besoin de se détourner de
son travail

Les bienfaits de Dieu ne consistent pas seulement dans les choses matérielles; il faut également le remercier des bonnes idées, des inspirations heureuses qui nous sont suggérées. Tandis que l'orgueilleux s'en fait un mérite, que l'incrédule les attribue au hasard, celui qui a la foi en rend grâce à Dieu et aux bons Esprits. Pour cela, de longues phrases sont inutiles : « *Merci, mon Dieu, de la bonne pensée qui m'est inspirée,* » en dit plus que beaucoup de paroles. L'élan spontané qui nous fait reporter à Dieu ce qui nous arrive de bien témoigne d'une habitude de reconnaissance et d'humilité qui nous concilie la sympathie des bons Esprits. (Ch, xxvii, n°s 7, 8.)

29. PRIÈRE. — Dieu infiniment bon, que votre nom soit béni pour les bienfaits que vous m'avez accordés; j'en serais indigne si je les attribuais au hasard des événements ou à mon propre mérite.

Bons Esprits qui avez été les exécuteurs des volontés de Dieu, et vous surtout, mon ange gardien, je vous remercie. Détournez de moi la pensée d'en concevoir de l'orgueil, et d'en faire un usage qui ne serait pas pour le bien.

Je vous remercie notamment de....

Acte de soumission et de résignation.

30. PRÉFACE. Quand un sujet d'affliction nous arrive, si nous en cherchons la cause, nous trouverons souvent qu'il est la suite de notre imprudence, de notre imprévoyance ou d'une action antérieure; dans ce cas, nous ne devons nous en prendre qu'à nous-mêmes. Si la cause d'un malheur est indépendante de toute participation qui soit notre fait, c'est ou une épreuve pour cette vie, ou l'expiation d'une existence passée, et, dans ce dernier cas, la nature de l'expiation peut nous faire connaître la nature de la faute, car nous sommes toujours punis par où nous avons péché. (Ch. v, n°s 4, 6 et suiv.)

Dans ce qui nous afflige, nous ne voyons en général que le mal présent, et non les conséquences ultérieures favorables

que cela peut avoir. Le bien est souvent la suite d'un mal pas-
sager, comme la guérison d'un malade est le résultat des
moyens douloureux que l'on emploie pour l'obtenir. Dans tous
les cas, nous devons nous soumettre à la volonté de Dieu, supporter avec courage les tribulations de la vie, si nous voulons
qu'il nous en soit tenu compte, et que cette parole du Christ
nous soit appliquée : Bienheureux ceux qui souffrent. (Ch. v,
n° 18.)

31. Prière, — Mon Dieu, vous êtes souverainement
juste; toute souffrance ici-bas doit donc avoir sa cause
et son utilité. J'accepte le sujet d'affliction que je viens
d'éprouver comme une expiation de mes fautes passées
et une épreuve pour l'avenir.

Bons Esprits qui me protégez, donnez-moi la force
de le supporter sans murmure; faites qu'il soit pour
moi un avertissement salutaire; qu'il accroisse mon
expérience; qu'il combatte en moi l'orgueil, l'ambition, la sotte vanité et l'égoïsme, et qu'il contribue
ainsi à mon avancement.

32. (Autre.) — Je sens, ô mon Dieu, le besoin de vous
prier pour me donner la force de supporter les épreuves
qu'il vous a plu de m'envoyer. Permettez que la lumière
se fasse assez vive en mon esprit pour que j'apprécie
toute l'étendue d'un amour qui m'afflige pour vouloir
me sauver. Je me soumets avec résignation, ô mon
Dieu; mais, hélas! la créature est si faible que, si vous
ne me soutenez, je crains de succomber. Ne m'abandonnez pas, Seigneur, car sans vous je ne puis rien.

33. (Autre.) — J'ai levé mes regards vers toi, ô Éternel,
et je me suis senti fortifié. Tu es ma force, ne m'abandonne pas; ô Dieu! je suis écrasé sous le poids de mes

iniquités ! aide-moi; tu connais la faiblesse de ma chair, et tu ne détournes pas tes regards de dessus moi !

Je suis dévoré d'une soif ardente; fais jaillir la source d'eau vive, et je serai désaltéré. Que ma bouche ne s'ouvre que pour chanter tes louanges et non pour murmurer dans les afflictions de ma vie. Je suis faible, Seigneur, mais ton amour me soutiendra.

O Éternel ! toi seul es grand, toi seul es la fin et le but de ma vie. Ton nom soit béni, si tu me frappes, car tu es le maître et moi le serviteur infidèle ; je courberai mon front sans me plaindre, car toi seul es grand, toi seul es le but.

Dans un péril imminent.

34. PRÉFACE. Par les dangers que nous courons, Dieu nous rappelle notre faiblesse et la fragilité de notre existence. Il nous montre que notre vie est entre ses mains, et qu'elle tient à un fil qui peut se briser au moment où nous nous y attendons le moins. Sous ce rapport, il n'y a de privilége pour personne, car le grand et le petit sont soumis aux mêmes alternatives.

Si l'on examine la nature et les conséquences du péril, on verra que le plus souvent ces conséquences, si elles se fussent accomplies, auraient été la punition d'une faute commise ou d'*un devoir négligé*.

35. PRIÈRE. — Dieu Tout-Puissant, et vous, mon ange gardien, secourez-moi ! Si je dois succomber, que la volonté de Dieu soit faite. Si je suis sauvé, que le reste de ma vie répare le mal que j'ai pu faire et dont je me repens.

Action de grâces après avoir échappé à un danger.

36. PREFACE. Par le danger que nous avons couru, Dieu nous montre que nous pouvons d'un moment à l'autre être

appelés à rendre compte de l'emploi que nous avons fait de la vie; il nous avertit ainsi de rentrer en nous-mêmes et de nous amender.

37. Prière. — Mon Dieu, et vous, mon ange gardien, je vous remercie du secours que vous m'avez envoyé dans le péril qui m'a menacé. Que ce danger soit pour moi un avertissement, et qu'il m'éclaire sur les fautes qui ont pu me l'attirer. Je comprends, Seigneur, que ma vie est entre vos mains, et que vous pouvez me la retirer quand il vous plaira. Inspirez-moi, par les bons Esprits qui m'assistent, la pensée d'employer utilement le temps que vous m'accordez encore ici-bas.

Mon ange gardien, soutenez-moi dans la résolution que je prends de réparer mes torts et de faire tout le bien qui sera en mon pouvoir, afin d'arriver chargé de moins d'imperfections dans le monde des Esprits quand il plaira à Dieu de m'y appeler.

Au moment de s'endormir.

38. Préface. Le sommeil est le repos du corps, mais l'Esprit n'a pas besoin de repos. Pendant que les sens sont engourdis, l'âme se dégage en partie de la matière, et jouit de ses facultés d'Esprit. Le sommeil a été donné à l'homme pour la réparation des forces organiques et pour celle des forces morales. Pendant que le corps récupère les éléments qu'il a perdus par l'activité de la veille, l'Esprit va se retremper parmi les autres Esprits; il puise dans ce qu'il voit, dans ce qu'il entend et dans les conseils qu'on lui donne, des idées qu'il retrouve au réveil à l'état d'intuition; c'est le retour temporaire de l'exilé dans sa véritable patrie; c'est le prisonnier momentanément rendu à la liberté.

Mais il arrive, comme pour le prisonnier pervers, que l'Esprit ne met pas toujours à profit ce moment de liberté pour son avancement; s'il a de mauvais instincts, au lieu de chercher la compagnie des bons Esprits, il cherche celle de ses

pareils, et va visiter les lieux où il peut donner un libre cours
à ses penchants.

Que celui qui est pénétré de cette vérité élève sa pensée au
moment où il sent les approches du sommeil ; qu'il fasse appel
aux conseils des bons Esprits et de ceux dont la mémoire lui
est chère, afin qu'ils viennent se réunir à lui dans le court intervalle qui lui est accordé, et au réveil il se sentira plus de
force contre le mal, plus de courage contre l'adversité.

39. PRIÈRE. — Mon âme va se trouver un instant
avec les autres Esprits. Que ceux qui sont bons viennent
m'aider de leurs conseils. Mon ange gardien, faites qu'à
mon réveil j'en conserve une impression durable et
salutaire.

En prévision de sa mort prochaine.

40. PRÉFACE. La foi en l'avenir, l'élévation de la pensée, pendant la vie, vers les destinées futures, aident au prompt dégagement de l'Esprit, en affaiblissant les liens qui le retiennent
au corps, et souvent la vie corporelle n'est point encore éteinte
que l'âme, impatiente, a déjà pris son essor vers l'immensité. Chez
l'homme, au contraire, qui concentre toutes ses pensées sur les
choses matérielles, ces liens sont plus tenaces, *la séparation
est pénible et douloureuse*, et le réveil d'outre-tombe est plein
de trouble et d'anxiété.

41. PRIÈRE. — Mon Dieu, je crois en vous et en votre
bonté infinie ; c'est pourquoi je ne puis croire que vous
ayez donné à l'homme l'intelligence de vous connaître
et l'aspiration vers l'avenir pour le plonger dans le
néant.

Je crois que mon corps n'est que l'enveloppe périssable de mon âme, et que, lorsqu'il aura cessé de vivre,
je me réveillerai dans le monde des Esprits.

Dieu Tout-Puissant, je sens se briser les liens qui

23.

unissent mon âme à mon corps, et bientôt je vais avoir
à rendre compte de l'emploi de la vie que je quitte.

Je vais subir les conséquences du bien et du mal que
j'ai fait; là, il n'y a plus d'illusion, plus de subterfuge
possible; tout mon passé va se dérouler devant moi, et
je serai jugé selon mes œuvres.

Je n'emporterai rien des biens de la terre; honneurs,
richesses, satisfactions de la vanité et de l'orgueil, tout
ce qui tient au corps enfin va rester ici-bas; pas la moindre parcelle ne me suivra, et rien de tout cela ne me sera
du moindre secours dans le monde des Esprits. Je n'emporterai avec moi que ce qui tient à l'âme, c'est-à-dire
les bonnes et les mauvaises qualités qui seront pesées
dans la balance d'une rigoureuse justice, et je serai jugé
avec d'autant plus de sévérité que ma position sur la
terre m'aura donné plus d'occasions de faire le bien que
je n'ai pas fait. (Ch. XVI, n° 9.)

Dieu de miséricorde, que mon repentir parvienne
jusqu'à vous! Daignez étendre sur moi votre indulgence.

S'il vous plaisait de prolonger mon existence, que le
reste soit employé à réparer autant qu'il est en moi le
mal que j'ai pu faire. Si mon heure est sonnée sans
retour, j'emporte la pensée consolante qu'il me sera
permis de me racheter par de nouvelles épreuves, afin
de mériter un jour le bonheur des élus.

S'il ne m'est pas donné de jouir immédiatement de
cette félicité sans mélange qui n'est le partage que du
juste par excellence, je sais que l'espoir ne m'est pas
interdit pour toujours, et qu'avec le travail j'arriverai
au but, plus tôt ou plus tard, selon mes efforts.

Je sais que de bons Esprits et mon ange gardien sont
là, près de moi, pour me recevoir; dans peu je les

verrai comme ils me voient. Je sais que je retrouverai ceux que j'ai aimés sur la terre, *si je l'ai mérité*, et que ceux que j'y laisse viendront me rejoindre pour être un jour tous à jamais réunis, et qu'en attendant je pourrai venir les visiter.

Je sais aussi que je vais retrouver ceux que j'ai offensés ; puissent-ils me pardonner ce qu'ils peuvent avoir à me rapprocher : mon orgueil, ma dureté, mes injustices, et ne pas m'accabler de honte par leur présence !

Je pardonne à ceux qui m'ont fait ou voulu du mal sur la terre ; je n'emporte aucune haine contre eux, et je prie Dieu de leur pardonner.

Seigneur, donnez-moi la force de quitter sans regrets les joies grossières de ce monde qui ne sont rien auprès des joies pures du monde où je vais entrer. Là, pour le juste, il n'est plus de tourments, plus de souffrances, plus de misères ; le coupable seul souffre, mais il lui reste l'espérance.

Bons Esprits, et vous, mon ange gardien, ne me laissez pas faillir en ce moment suprême ; faites luire à mes yeux la divine lumière, afin de ranimer ma foi si elle venait à s'ébranler.

Nota. — Voir ci-après paragraphe **V** : Prières pour les malades et les obsédés.

III. Prières pour autrui.

Pour quelqu'un qui est dans l'affliction.

42. S'il est dans l'intérêt de l'affligé que son épreuve suive son cours, elle ne sera pas abrégée à notre demande ; mais ce serait faire acte d'impiété si l'on se décourageait parce que la demande n'est pas exaucée ; d'ailleurs, à défaut de cessation de

l'épreuve, on peut espérer obtenir quelque autre consolation
qui en tempère l'amertume. Ce qui est véritablement utile
pour celui qui est dans la peine, c'est le courage et la résignation, sans lesquels ce qu'il endure est sans profit pour lui, parce
qu'il sera obligé de recommencer l'épreuve. C'est donc vers
ce but qu'il faut surtout diriger ses efforts, soit en appelant
les bons Esprits à son aide, soit en remontant soi-même le
moral de l'affligé par des conseils et des encouragements, soit
enfin en l'assistant matériellement, si cela se peut. La prière,
dans ce cas, peut en outre avoir un effet direct, en dirigeant
sur la personne un courant fluidique en vue de fortifier son moral. (Ch. v, n°ᵃ 5, 27 ; ch. xxvii, n°ᵃ 6, 10.)

43. Prière. — Mon Dieu, dont la bonté est infinie,
daignez adoucir l'amertume de la position de N..., si
telle peut être votre volonté.

Bons Esprits, au nom de Dieu Tout-Puissant, je vous
supplie de l'assister dans ses afflictions. Si, dans son
intérêt, elles ne peuvent lui être épargnées, faites-lui
comprendre qu'elles sont nécessaires à son avancement.
Donnez-lui la confiance en Dieu et en l'avenir qui les lui
rendra moins amères. Donnez-lui aussi la force de ne
pas succomber au désespoir qui lui en ferait perdre le
fruit et rendrait sa position future encore plus pénible.
Conduisez ma pensée vers lui, et qu'elle aide à soutenir
son courage.

Action de grâces pour un bienfait accordé à autrui.

44. Préface. Celui qui n'est pas dominé par l'égoïsme se
réjouit du bien qui arrive à son prochain, alors même qu'il ne
l'aurait pas sollicité par la prière.

45. Prière. — Mon Dieu, soyez béni pour le bonheur
qui est arrivé à N...

Bons Esprits, faites qu'il y voie un effet de la bonté

de Dieu. Si le bien qui lui arrive est une épreuve, inspirez-lui la pensée d'en faire un bon usage et de ne pas
en tirer vanité, afin que ce bien ne tourne pas à son préjudice pour l'avenir.

Vous, mon bon génie qui me protégez et désirez mon
bonheur, écartez de ma pensée tout sentiment d'envie
et de jalousie.

Pour nos ennemis et ceux qui nous veulent du mal

46. PRÉFACE. Jésus a dit : *Aimez même vos ennemis.* Cette
maxime est le sublime de la charité chrétienne ; mais par là
Jésus n'entend point que nous devons avoir pour nos ennemis
la tendresse que nous avons pour nos amis ; il nous dit par ces
paroles d'oublier leurs offenses, de leur pardonner le mal qu'ils
nous font, de leur rendre le bien pour le mal. Outre le mérite
qui en résulte aux yeux de Dieu, c'est montrer aux yeux des
hommes la véritable supériorité. (Ch. xii, nos 3, 4.)

47. PRIÈRE. — Mon Dieu, je pardonne à N... le mal
qu'il m'a fait et celui qu'il a voulu me faire, comme je
désire que vous me pardonniez et qu'il me pardonne
lui-même les torts que je puis avoir. Si vous l'avez
placé sur ma route comme une épreuve, que votre
volonté soit faite.

Détournez de moi, ô mon Dieu, l'idée de le maudire
et tout souhait malveillant contre lui. Faites que je
n'éprouve aucune joie des malheurs qui pourraient lui
arriver, ni aucune peine des biens qui pourront lui
être accordés, afin de ne point souiller mon âme par
des pensées indignes d'un chrétien.

Puisse votre bonté, Seigneur, en s'étendant sur lui,
le ramener à de meilleurs sentiments envers moi !

Bons Esprits, inspirez-moi l'oubli du mal et le souvenir du bien. Que ni la haine, ni la rancune, ni le désir de lui rendre le mal pour le mal n'entrent dans mon cœur, car la haine et la vengeance n'appartiennent qu'aux mauvais Esprits incarnés et désincarnés! Que je sois prêt, au contraire, à lui tendre une main fraternelle, à lui rendre le bien pour le mal, et à lui venir en aide si cela est en mon pouvoir!

Je désire, pour éprouver la sincérité de mes paroles, que l'occasion me soit offerte de lui être utile; mais surtout, ô mon Dieu, préservez-moi de le faire par orgueil ou ostentation, en l'accablant par une générosité humiliante, ce qui me ferait perdre le fruit de mon action, car alors je mériterais que cette parole du Christ me fût appliquée : *Vous avez déjà reçu votre récompense.* (Ch. XIII, nᵒˢ 1 et suiv.)

Action de grâces pour le bien accordé à nos ennemis.

48. Préface. Ne point souhaiter de mal à ses ennemis, c'est n'être charitable qu'à moitié; la vraie charité veut que nous leur souhaitions du bien, et que nous soyons heureux de celui qui leur arrive. (Ch. XII, nᵒˢ 7, 8.)

49. Prière. — Mon Dieu, dans votre justice, vous avez cru devoir réjouir le cœur de N... Je vous en remercie pour lui, malgré le mal qu'il m'a fait ou qu'il a cherché à me faire. S'il en profitait pour m'humilier, je l'accepterais comme une épreuve pour ma charité.

Bons Esprits qui me protégez, ne permettez pas que j'en conçoive aucun regret; détournez de moi l'envie et la jalousie qui abaissent; inspirez-moi, au contraire, la générosité qui élève. L'humiliation est dans le mal et non dans le bien, et nous savons que, tôt ou tard, justice sera rendue à chacun selon ses œuvres

Pour les ennemis du Spiritisme.

50. Bienheureux ceux qui sont affamés de justice, parce qu'ils seront rassasiés.

Bienheureux ceux qui souffrent persécution pour la justice, parce que le royaume des cieux est à eux.

Vous serez heureux lorsque les hommes vous chargeront de malédictions, et qu'ils vous persécuteront, et qu'ils diront faussement toutes sortes de mal contre vous à cause de moi. — Réjouissez-vous alors, parce qu'une grande récompense vous est réservée dans les cieux, car c'est ainsi qu'ils ont persécuté les prophètes qui ont été avant vous. (Saint Matthieu, ch. v, v. 6, 10, 11, 12.)

Ne craignez point ceux qui tuent le corps et qui ne peuvent tuer l'âme; mais craignez plutôt celui qui peut perdre l'âme et le corps dans l'enfer. (Saint Matthieu, ch. x, v. 28.)

51. PRÉFACE. De toutes les libertés, la plus inviolable est celle de penser, qui comprend aussi la liberté de conscience. Jeter l'anathème à ceux qui ne pensent pas comme nous, c'est réclamer cette liberté pour soi et la refuser aux autres, c'est violer le premier commandement de Jésus : la charité et l'amour du prochain. Les persécuter pour leur croyance, c'est attenter au droit le plus sacré qu'a tout homme de croire à ce qui lui convient, et d'adorer Dieu comme il l'entend. Les contraindre à des actes extérieurs semblables aux nôtres, c'est montrer qu'on tient plus à la forme qu'au fond, aux apparences qu'à la conviction. L'abjuration forcée n'a jamais donné la foi : elle ne peut faire que des hypocrites; c'est un abus de la force matérielle qui ne prouve pas la vérité; *la vérité est sûre d'elle-même : elle convainc et ne persécute pas, parce qu'elle n'en a pas besoin.*

Le Spiritisme est une opinion, une croyance; fût-il même une religion, pourquoi n'aurait-on pas la liberté de se dire spirite comme on a celle de se dire catholique, juif ou protestant, partisan de telle ou telle doctrine philosophique, de tel ou tel système économique? Cette croyance est fausse ou elle est vraie; si elle est fausse, elle tombera d'elle-même, parce que l'erreur ne peut prévaloir contre la vérité quand la lumière se fait dans les intelligences; si elle est vraie, la persécution ne la rendra pas fausse.

La persécution est le baptême de toute idée nouvelle grande et juste; elle croît avec la grandeur et l'importance de l'idée. L'acharnement et la colère des ennemis de l'idée est en raison de la crainte qu'elle leur inspire. C'est pour cette raison que le Christianisme fut persécuté jadis et que le Spiritisme l'est aujourd'hui, avec cette différence, toutefois, que le Christianisme le fut par les Païens, tandis que le Spiritisme l'est par des Chrétiens. Le temps des persécutions sanglantes est passé, il est vrai, mais si on ne tue plus le corps, on torture l'âme; on l'attaque jusque dans ses sentiments les plus intimes, dans ses affections les plus chères ; on divise les familles, on excite la mère contre la fille, la femme contre le mari ; on attaque même le corps dans ses besoins matériels en lui ôtant son gagne-pain pour le prendre par la famine. (Ch. xxiii, nᵒˢ 9 et suiv.)

Spirites, ne vous affligez point des coups qu'on vous porte, car ils prouvent que vous êtes dans la vérité, sans cela on vous laisserait tranquilles, et l'on ne vous frapperait pas. C'est une épreuve pour votre foi, car c'est à votre courage, à votre résignation, à votre persévérance que Dieu vous reconnaîtra parmi ses fidèles serviteurs, dont il fait aujourd'hui le dénombrement pour faire à chacun la part qui lui revient selon ses œuvres.

A l'exemple des premiers Chrétiens, soyez donc fiers de porter votre croix. Croyez en la parole du Christ, qui a dit : « Bienheureux ceux qui souffrent persécution pour la justice, parce que le royaume des cieux est à eux. Ne craignez point ceux qui tuent le corps, mais ne peuvent tuer l'âme. » Il a dit aussi : « Aimez vos ennemis, faites du bien à ceux qui vous font du mal, et priez pour ceux qui vous persécutent. » Montrez que vous êtes ses véritables disciples, et que votre doctrine est bonne en faisant ce qu'il dit et ce qu'il a fait lui-même.

La persécution n'aura qu'un temps; attendez donc patiemment le lever de l'aurore, car déjà l'étoile du matin se montre à l'horizon. (Ch. xxiv, nᵒˢ 13 et suiv.)

52. PRIÈRE. — Seigneur, vous nous avez fait dire par

la bouche de Jésus, votre Messie : « Bienheureux ceux qui souffrent persécution pour la justice ; pardonnez à vos ennemis ; priez pour ceux qui vous persécutent ; » et lui-même nous a montré le chemin en priant pour ses bourreaux.

A son exemple, mon Dieu, nous appelons votre miséricorde sur ceux qui méconnaissent vos divins préceptes, les seuls qui puissent assurer la paix en ce monde et en l'autre. Comme Christ, nous vous disons : « Pardonnez-leur, mon Père, car ils ne savent ce qu'ils font. »

Donnez-nous la force de supporter avec patience et résignation, comme des épreuves pour notre foi et notre humilité, leurs railleries, leurs injures, leurs calomnies et leurs persécutions ; détournez-nous de toute pensée de représailles, car l'heure de votre justice sonnera pour tous, et nous l'attendons en nous soumettant à votre sainte volonté.

Prière pour un enfant qui vient de naître.

53. Préface. Les Esprits n'arrivent à la perfection qu'après avoir passé par les épreuves de la vie corporelle ; ceux qui sont errants attendent que Dieu leur permette de reprendre une existence qui doit leur fournir un moyen d'avancement, soit par l'expiation de leurs fautes passées au moyen des vicissitudes auxquelles ils sont soumis, soit en remplissant une mission utile à l'humanité. Leur avancement et leur bonheur futur seront proportionnés à la manière dont ils auront employé le temps qu'ils doivent passer sur la terre. La charge de guider leurs premiers pas, et de les diriger vers le bien, est confiée à leurs parents, qui répondront devant Dieu de la manière dont ils auront accompli leur mandat. C'est pour en faciliter l'exécution que Dieu a fait de l'amour paternel et de l'amour filial une loi de la nature, loi qui n'est jamais violée impunément.

54. Prière. (Par les parents.) — Esprit qui s'est in-

carné dans le corps de notre enfant, sois le bienvenu
parmi nous. Dieu Tout-Puissant qui l'avez envoyé, soyez
béni.

C'est un dépôt qui nous est confié et dont nous
devrons compte un jour. S'il appartient à la nouvelle
génération des bons Esprits qui doivent peupler la terre,
merci, ô mon Dieu, de cette faveur ! Si c'est une âme
imparfaite, notre devoir est de l'aider à progresser dans
la voie du bien par nos conseils et par nos bons exemples ; s'il tombe dans le mal par notre faute, nous en
répondrons devant vous, car nous n'aurons pas accompli
notre mission envers lui.

Seigneur, soutenez-nous dans notre tâche, et donnez-
nous la force et la volonté de la remplir. Si cet enfant
doit être un sujet d'épreuves pour nous, que votre
volonté soit faite !

Bons Esprits qui êtes venus présider à sa naissance et
qui devez l'accompagner pendant la vie, ne l'abandonnez pas. Écartez de lui les mauvais Esprits qui tenteraient de l'induire au mal ; donnez-lui la force de
résister à leurs suggestions, et le courage de subir avec
patience et résignation les épreuves qui l'attendent sur
la terre. (Ch. xiv, n° 9.)

55. *Autre.* — Mon Dieu, vous m'avez confié le sort
d'un de vos Esprits ; faites, Seigneur, que je sois digne
de la tâche qui m'est imposée ; accordez-moi votre protection ; éclairez mon intelligence, afin que je puisse
discerner de bonne heure les tendances de celui que je
dois préparer à entrer dans votre paix.

56. *Autre.* — Dieu très bon, puisqu'il t'a plu de permettre à l'Esprit de cet enfant de venir de nouveau subir

les épreuves terrestres destinées à le faire progresser, donne-lui la lumière, afin qu'il apprenne à te connaître, à t'aimer et à t'adorer. Fais, par ta toute-puissance, que cette âme se régénère à la source de tes divines instructions; que, sous l'égide de son ange gardien, son intelligence grandisse, se développe et le fasse aspirer à se rapprocher de plus en plus de toi; que la science du Spiritisme soit la brillante lumière qui l'éclaire à travers les écueils de la vie; qu'il sache enfin apprécier toute l'étendue de ton amour qui nous éprouve pour nous purifier.

Seigneur, jette un regard paternel sur la famille à laquelle tu as confié cette âme; puisse-t-elle comprendre l'importance de sa mission, et faire germer en cet enfant les bonnes semences jusqu'au jour où il pourra, par ses propres aspirations, s'élever seul vers toi.

Daigne, ô mon Dieu, exaucer cette humble prière au nom et par les mérites de Celui qui a dit : « Laissez venir à moi les petits enfants, car le royaume des cieux est à ceux qui leur ressemblent. »

Pour un agonisant.

57. PRÉFACE. L'agonie est le prélude de la séparation de l'âme et du corps; on peut dire qu'à ce moment l'homme n'a plus qu'un pied en ce monde, et qu'il en a déjà un dans l'autre. Ce passage est quelquefois pénible pour ceux qui tiennent à la matière et ont plus vécu pour les biens de ce monde que pour ceux de l'autre, ou dont la conscience est agitée par les regrets et les remords; pour ceux, au contraire, dont les pensées se sont élevées vers l'infini, et se sont détachées de la matière, les liens sont moins difficiles à rompre, et les derniers moments n'ont rien de douloureux ; l'âme alors ne tient au corps que par un fil, tandis que, dans l'autre position, elle y tient par de profondes racines; dans tous les cas la prière exerce une

action puissante sur le travail de la séparation. (**V.** ci-après, Prières pour les malades. — *Ciel et Enfer,* 2ᵉ part., ch. ɪ, *Le passage.*)

58. Prière. — Dieu puissant et miséricordieux, voilà une âme qui quitte son enveloppe terrestre pour retourner dans le monde des Esprits, sa véritable patrie ; puisse-t-elle y rentrer en paix et votre miséricorde s'étendre sur elle.

Bons Esprits qui l'avez accompagnée sur la terre, ne l'abandonnez pas à ce moment suprême ; donnez-lui la force de supporter les dernières souffrances qu'elle doit endurer ici-bas pour son avancement futur ; inspirez-la pour qu'elle consacre au repentir de ses fautes les dernières lueurs d'intelligence qui lui restent, ou qui pourraient momentanément lui revenir.

Dirigez ma pensée, afin que son action rende moins pénible le travail de la séparation, et qu'elle porte dans son âme, au moment de quitter la terre, les consolations de l'espérance.

IV. Prières pour ceux qui ne sont plus sur la terre.

Pour quelqu'un qui vient de mourir.

59. Préface. Les prières pour les Esprits qui viennent de quitter la terre n'ont pas seulement pour but de leur donner un témoignage de sympathie, mais elles ont encore pour effet d'aider à leur dégagement, et, par là, d'abréger le trouble qui suit toujours la séparation, et de rendre le réveil plus calme. Mais là encore, comme en toute autre circonstance, l'efficacité est dans la sincérité de la pensée, et non dans l'abondance de paroles dites avec plus ou moins de pompe, et auxquelles, le plus souvent, le cœur n'a aucune part.

Les prières qui partent du cœur résonnent autour de l'Esprit, dont les idées sont encore confuses comme les voix amies qui viennent nous tirer du sommeil. (Ch. xxvii, n° 10.)

60. **Prière.** — Dieu Tout-Puissant, que votre miséricorde s'étende sur l'âme de N..., que vous venez de rappeler à vous. Puissent les épreuves qu'il (ou elle) a subies sur la terre lui être comptées, et nos prières adoucir et abréger les peines qu'il peut encore endurer comme Esprit !

Bons Esprits qui êtes venus le recevoir, et vous surtout son ange gardien, assistez-le pour l'aider à se dépouiller de la matière ; donnez-lui la lumière et la conscience de lui-même, afin de le tirer du trouble qui accompagne le passage de la vie corporelle à la vie spirituelle. Inspirez-lui le repentir des fautes qu'il a pu commettre, et le désir qu'il lui soit permis de les réparer pour hâter son avancement vers la vie éternelle bienheureuse.

N..., vous venez de rentrer dans le monde des Esprits, et cependant vous êtes ici présent parmi nous ; vous nous voyez et nous entendez, car il n'y a de moins entre vous et nous que le corps périssable que vous venez de quitter et qui bientôt sera réduit en poussière.

Vous avez quitté la grossière enveloppe sujette aux vicissitudes et à la mort, et vous n'avez conservé que l'enveloppe éthérée, impérissable et inaccessible aux souffrances. Si vous ne vivez plus par le corps, vous vivez de la vie des Esprits, et cette vie est exempte des misères qui affligent l'humanité.

Vous n'avez plus le voile qui dérobe à nos yeux les splendeurs de la vie future ; vous pourrez désormais

contempler de nouvelles merveilles, tandis que nous
sommes encore plongés dans les ténèbres.

Vous allez parcourir l'espace et visiter les mondes en
toute liberté, tandis que nous rampons péniblement sur
la terre, où nous retient notre corps matériel, semblable
pour nous à un lourd fardeau.

L'horizon de l'infini va se dérouler devant vous, et en
présence de tant de grandeur vous comprendrez la
vanité de nos désirs terrestres, de nos ambitions mondaines et des joies futiles dont les hommes font leurs
délices.

La mort n'est entre les hommes qu'une séparation
matérielle de quelques instants. Du lieu d'exil où nous
retient encore la volonté de Dieu, ainsi que les devoirs
que nous avons à remplir ici-bas, nous vous suivrons
par la pensée jusqu'au moment où il nous sera permis
de vous rejoindre comme vous avez rejoint ceux qui
vous ont précédés.

Si nous ne pouvons aller auprès de vous, vous pouvez
venir auprès de nous. Venez donc parmi ceux qui vous
aiment et que vous avez aimés; soutenez-les dans les
épreuves de la vie; veillez sur ceux qui vous sont chers;
protégez-les selon votre pouvoir, et adoucissez leurs regrets par la pensée que vous êtes plus heureux maintenant, et la consolante certitude d'être un jour réunis à
vous dans un monde meilleur.

Dans le monde où vous êtes, tous les ressentiments
terrestres doivent s'éteindre. Puissiez-vous, pour votre
bonheur futur, y être désormais inaccessible! Pardonnez donc à ceux qui ont pu avoir des torts envers vous,
comme ils vous pardonnent ceux que vous pouvez
avoir eus envers eux.

Nota. — On peut ajouter à cette prière, qui s'applique à tous, quelques paroles spéciales selon les circonstances particulières de famille ou de relation et la position du défunt.

S'il s'agit d'un enfant, le Spiritisme nous apprend que ce n'est point un Esprit de création récente, mais qu'il a déjà vécu et qu'il peut être déjà très avancé. Si sa dernière existence a été courte, c'est qu'elle n'était qu'un complément d'épreuve, ou devait être une épreuve pour les parents. (Ch. v, n° 21.)

61. *Autre*[1]. — Seigneur Tout-Puissant, que votre miséricorde s'étende sur nos frères qui viennent de quitter la terre ! que votre lumière luise à leurs yeux ! Sortez-les des ténèbres ; ouvrez leurs yeux et leurs oreilles ! que vos bons Esprits les entourent et leur fassent entendre des paroles de paix et d'espérance !

Seigneur, quelque indigne que nous soyons, nous osons implorer votre miséricordieuse indulgence en faveur de celui de nos frères qui vient d'être rappelé de l'exil ; faites que son retour soit celui de l'enfant prodigue. Oubliez, ô mon Dieu ! les fautes qu'il a pu commettre pour vous souvenir du bien qu'il a pu faire. Votre justice est immuable, nous le savons, mais votre amour est immense ; nous vous supplions d'apaiser votre justice par cette source de bonté qui découle de vous.

Que la lumière se fasse pour vous, mon frère, qui venez de quitter la terre ! que les bons Esprits du Seigneur descendent vers vous, vous entourent et vous aident à secouer vos chaînes terrestres ! Comprenez et voyez la grandeur de notre maître ; soumettez-vous sans murmure à sa justice, mais ne désespérez jamais de sa miséricorde. Frère ! qu'un sérieux retour sur votre passé vous ouvre les portes de l'avenir en vous faisant com-

1. Cette prière a été dictée à un médium de Bordeaux au moment où passait devant ses fenêtres le convoi d'un inconnu.

prendre les fautes que vous laissez derrière vous, et le
travail qui vous reste à faire pour les réparer! Que Dieu
vous pardonne, et que ses bons Esprits vous soutiennent
et vous encouragent! Vos frères de la terre prieront
pour vous et vous demandent de prier pour eux.

Pour les personnes que l'on a affectionnées.

62. Préface. Qu'elle est affreuse l'idée du néant! Qu'ils sont
à plaindre ceux qui croient que la voix de l'ami qui pleure son
ami se perd dans le vide et ne trouve aucun écho pour lui répondre! Ils n'ont jamais connu les pures et saintes affections,
ceux qui pensent que tout meurt avec le corps; que le génie
qui a éclairé le monde de sa vaste intelligence est un jeu de la
matière qui s'éteint à tout jamais comme un souffle; que de
l'être le plus cher, d'un père, d'une mère ou d'un enfant adoré
il ne reste qu'un peu de poussière que le temps dissipe sans
retour!

Comment un homme de cœur peut-il rester froid à cette
pensée? Comment l'idée d'un anéantissement absolu ne le
glace-t-elle pas d'effroi et ne lui fait-elle pas au moins désirer
qu'il n'en soit pas ainsi? Si jusqu'à ce jour sa raison n'a pas
suffi pour lever ses doutes, voilà que le Spiritisme vient dissiper toute incertitude sur l'avenir par les preuves matérielles
qu'il donne de la survivance de l'âme et de l'existence des
êtres d'outre-tombe. Aussi partout ces preuves sont-elles
accueillies avec joie; la confiance renaît, car l'homme sait désormais que la vie terrestre n'est qu'un court passage qui conduit à une vie meilleure; que ses travaux d'ici-bas ne sont pas
perdus pour lui, et que les plus saintes affections ne sont pas
brisées sans espoir. (Ch. iv, n° 18; ch. v, n° 21.)

63. Prière. — Daignez, ô mon Dieu, accueillir favorablement la prière que je vous adresse pour l'Esprit
de N...; faites-lui entrevoir vos divines clartés, et rendez-
lui facile le chemin de la félicité éternelle. Permettez que
les bons Esprits lui portent mes paroles et ma pensée.

Toi qui m'étais cher en ce monde, entends ma voix qui t'appelle pour te donner un nouveau gage de mon affection. Dieu a permis que tu fusses délivré le premier : je ne saurais m'en plaindre sans égoïsme, car ce serait regretter pour toi les peines et les souffrances de-la vie. J'attends donc avec résignation le moment de notre réunion dans le monde plus heureux où tu m'as précédé

Je sais que notre séparation n'est que momentanée, et que, si longue qu'elle puisse me paraître, sa durée s'efface devant l'éternité de bonheur que Dieu promet à ses élus. Que sa bonté me préserve de rien faire qui puisse retarder cet instant désiré, et qu'il m'épargne ainsi la douleur de ne pas te retrouver au sortir de ma captivité terrestre.

Oh ! qu'elle est douce et consolante la certitude qu'il n'y a entre nous qu'un voile matériel qui te dérobe à ma vue ! que tu peux être là, à mes côtés, me voir et m'entendre comme autrefois, et mieux encore qu'autrefois ; que tu ne m'oublies pas plus que je ne t'oublie moi-même ; que nos pensées ne cessent pas de se confondre, et que la tienne me suit et me soutient toujours.

Que la paix du Seigneur soit avec toi.

Pour les âmes souffrantes qui demandent des prières.

64. PRÉFACE. Pour comprendre le soulagement que la prière peut procurer aux Esprits souffrants, il faut se rapporter à son mode d'action qui est expliqué ci-dessus. (Ch. xxvII, nᵒˢ 9, 18 et suiv.) Celui qui est pénétré de cette vérité prie avec plus de ferveur par la certitude de ne pas prier en vain.

65. PRIÈRE. — Dieu clément et miséricordieux, que votre bonté s'étende sur tous les Esprits qui se recom-

mandent à nos prières, et notamment sur l'âme de N...

Bons Esprits, dont le bien est l'unique occupation, intercédez avec moi pour leur soulagement. Faites luire à leurs yeux un rayon d'espérance, et que la divine lumière les éclaire sur les imperfections qui les éloignent du séjour des bienheureux. Ouvrez leur cœur au repentir et au désir de s'épurer pour hâter leur avancement. Faites-leur comprendre que, par leurs efforts, ils peuvent abréger le temps de leurs épreuves.

Que Dieu, dans sa bonté, leur donne la force de persévérer dans leurs bonnes résolutions !

Puissent ces paroles bienveillantes adoucir leurs peines, en leur montrant qu'il est sur la terre des êtres qui savent y compatir et qui désirent leur bonheur.

66. *Autre.* — Nous vous prions, Seigneur, de répandre sur tous ceux qui souffrent, soit dans l'espace comme Esprits errants, soit parmi nous comme Esprits incarnés, les grâces de votre amour et de votre miséricorde. Prenez en piété nos faiblesses. Vous nous avez faits faillibles, mais vous nous avez donné la force de résister au mal et de le vaincre. Que votre miséricorde s'étende sur tous ceux qui n'ont pu résister à leurs mauvais penchants, et sont encore entraînés dans une mauvaise voie. Que vos bons Esprits les entourent; que votre lumière luise à leurs yeux, et qu'attirés par sa chaleur vivifiante, ils viennent se prosterner à vos pieds, humbles, repentants et soumis.

Nous vous prions également, Père de miséricorde, pour ceux de nos frères qui n'ont pas eu la force de supporter leurs épreuves terrestres. Vous nous donnez un fardeau à porter, Seigneur, et nous ne devons le déposer qu'à vos pieds; mais notre faiblesse est grande,

et le courage nous manque quelquefois en route. Ayez
pitié de ces serviteurs indolents qui ont abandonné
l'œuvre avant l'heure; que votre justice les épargne et
permette à vos bons Esprits de leur apporter le soulagement, les consolations et l'espoir de l'avenir. La vue
du pardon est fortifiante pour l'âme; montrez-le, Seigneur, aux coupables qui désespèrent, et soutenus par
cette espérance, ils puiseront des forces dans la grandeur même de leurs fautes et de leurs souffrances, pour
racheter leur passé et se préparer à conquérir l'avenir.

Pour un ennemi mort.

67. Préface. La charité envers nos ennemis doit les suivre
au delà de la tombe. Il faut songer que le mal qu'ils nous ont
fait a été pour nous une épreuve qui a pu être utile à notre
avancement, si nous avons su en profiter. Elle a pu nous être
encore plus profitable que les afflictions purement matérielles,
en ce que, au courage et à la résignation, elle nous a permis d'y
joindre la charité et l'oubli des offenses. (Ch. x, n° 6; ch. xii,
n°ˢ 5, 6.)

68. Prière. — Seigneur, il vous a plu de rappeler avant
moi l'âme de N... Je lui pardonne le mal qu'il m'a fait
et ses mauvaises intentions à mon égard; puisse-t-il en
avoir du regret, maintenant qu'il n'a plus les illusions
de ce monde.

Que votre miséricorde, mon Dieu, s'étende sur lui,
et éloignez de moi la pensée de me réjouir de sa mort.
Si j'ai eu des torts envers lui, qu'il me les pardonne,
comme j'oublie ceux qu'il a eus envers moi.

Pour un criminel.

69. Préface. Si l'efficacité des prières était proportionnée à

leur longueur, les plus longues devraient être réservées pour les plus coupables, parce qu'ils en ont plus besoin que ceux qui ont saintement vécu. Les refuser aux criminels, c'est manquer de charité et méconnaître la miséricorde de Dieu; les croire inutiles, parce qu'un homme aura commis telle ou telle faute, c'est préjuger la justice du Très-Haut. (Ch. xi, n° 14.)

70. Prière. — Seigneur, Dieu de miséricorde, ne repoussez pas ce criminel qui vient de quitter la terre; la justice des hommes a pu le frapper, mais elle ne l'affranchit pas de votre justice, si son cœur n'a pas été touché par le remords.

Levez le bandeau qui lui cache la gravité de ses fautes; puisse son repentir trouver grâce devant vous et alléger les souffrances de son âme! Puissent aussi nos prières et l'intercession des bons Esprits lui porter l'espérance et la consolation; lui inspirer le désir de réparer ses mauvaises actions dans une nouvelle existence, et lui donner la force de ne pas succomber dans les nouvelles luttes qu'il entreprendra!

Seigneur, ayez pitié de lui!

Pour un suicidé.

71. Préface. L'homme n'a jamais le droit de disposer de sa propre vie, car à Dieu seul appartient de le tirer de la captivité terrestre quand il le juge à propos. Toutefois la justice divine peut adoucir ses rigueurs en faveur des circonstances, mais elle réserve toute sa sévérité pour celui qui a voulu se soustraire aux épreuves de la vie. Le suicidé est comme le prisonnier qui s'évade de sa prison avant l'expiration de sa peine, et qui, lorsqu'il est repris, est tenu plus sévèrement. Ainsi en est-il du suicidé, qui croit échapper aux misères présentes et se plonge dans des malheurs plus grands. (Ch. v, n°s 14 et suiv.)

72. Prière. — Nous savons, ô mon Dieu, le sort ré-

. servé à ceux qui violent vos lois en abrégeant volontairement leurs jours; mais nous savons aussi que votre miséricorde est infinie : daignez l'étendre sur l'âme de N... Puissent nos prières et votre commisération adoucir l'amertume des souffrances qu'il endure pour n'avoir pas eu le courage d'attendre la fin de ses épreuves!

Bons Esprits, dont la mission est d'assister les malheureux, prenez-le sous votre protection; inspirez-lui le regret de sa faute, et que votre assistance lui donne la force de supporter avec plus de résignation les nouvelles épreuves qu'il aura à subir pour la réparer. Écartez de lui les mauvais Esprits qui pourraient de nouveau le porter au mal, et prolonger ses souffrances en lui faisant perdre le fruit de ses futures épreuves.

Vous, dont le malheur fait l'objet de nos prières, puisse notre commisération en adoucir l'amertume, et faire naître en vous l'espérance d'un avenir meilleur! Cet avenir est entre vos mains ; confiez-vous en la bonté de Dieu, dont le sein est ouvert à tous les repentirs, et ne reste fermé qu'aux cœurs endurcis.

Pour les Esprits repentants.

73. Préface. Il serait injuste de ranger dans la catégorie des mauvais Esprits les Esprits souffrants et repentants qui demandent des prières ; ceux-là ont pu être mauvais, mais ils ne le sont plus du moment qu'ils reconnaissent leurs fautes et les regrettent : ils ne sont que malheureux ; quelques-uns même commencent à jouir d'un bonheur relatif.

74. Prière. — Dieu de miséricorde, qui acceptez le repentir sincère du pécheur, incarné ou désincarné, voici un Esprit qui s'était complu au mal, mais qui reconnaît ses torts et entre dans la bonne voie; daignez,

24.

ô mon Dieu, le recevoir comme un enfant prodigue et lui pardonner.

Bons Esprits dont il a méconnu la voix, il veut vous écouter désormais; permettez-lui d'entrevoir la félicité des élus du Seigneur, afin qu'il persiste dans le désir de se purifier pour y atteindre; soutenez-le dans ses bonnes résolutions, et donnez-lui la force de résister à ses mauvais instincts.

Esprit de N..., nous vous félicitons de votre changement et nous remercions les bons Esprits qui vous ont aidé!

Si vous vous complaisiez autrefois à faire le mal, c'est que vous ne compreniez pas combien est douce la jouissance de faire le bien; vous vous sentiez aussi trop bas pour espérer y atteindre. Mais dès l'instant où vous avez mis le pied dans la bonne route, une lumière nouvelle s'est faite pour vous; vous avez commencé à goûter d'un bonheur inconnu, et l'espérance est entrée dans votre cœur. C'est que Dieu écoute toujours la prière du pécheur repentant; il ne repousse aucun de ceux qui viennent à lui.

Pour rentrer complétement en grâce auprès de lui, appliquez-vous désormais, non-seulement à ne plus faire de mal, mais à faire le bien, et surtout à réparer le mal que vous avez fait; alors vous aurez satisfait à la justice de Dieu; chaque bonne action effacera une de vos fautes passées.

La premier pas est fait; maintenant, plus vous avancerez plus le chemin vous semblera facile et agréable. Persévérez donc, et un jour vous aurez la gloire de compter parmi les bons Esprits et les Esprits bienheureux.

Pour les Esprits endurcis.

75. PRÉFACE. Les mauvais Esprits sont ceux que le repentir n'a point encore touchés; qui se plaisent au mal et n'en conçoivent aucun regret; qui sont insensibles aux reproches, repoussent la prière et souvent blasphèment le nom de Dieu. Ce sont ces âmes endurcies qui, après la mort, se vengent sur les hommes des souffrances qu'elles endurent, et poursuivent de leur haine ceux à qui ils en ont voulu pendant leur vie, soit par l'obsession, soit par une funeste influence quelconque. (Ch. x, n° 6 ; ch. xɪɪ, nᵒˢ 5, 6.)

Parmi les Esprits pervers, il y a deux catégories bien distinctes : ceux qui sont franchement mauvais et ceux qui sont hypocrites. Les premiers sont infiniment plus faciles à ramener au bien que les seconds; ce sont le plus souvent des natures brutes et grossières, comme on en voit parmi les hommes; qui font le mal plus par instinct que par calcul, et ne cherchent pas à se faire passer pour meilleurs qu'ils ne sont; mais il y a en eux un germe latent qu'il faut faire éclore, et l'on y parvient presque toujours avec la persévérance, la fermeté jointe à la bienveillance, par les conseils, les raisonnements et la prière. Dans la médiumnité, la difficulté qu'ils ont à écrire le nom de Dieu est l'indice d'une crainte instinctive, d'une voix intime de la conscience qui leur dit qu'ils en sont indignes; celui qui en est là est sur le seuil de la conversion, et l'on peut tout espérer de lui: il suffit de trouver le point vulnérable du cœur.

Les Esprits hypocrites sont presque toujours très intelligents, mais ils n'ont au cœur aucune fibre sensible; rien ne les touche ; ils simulent tous les bons sentiments pour capter la confiance, et sont heureux quand ils trouvent des dupes qui les acceptent comme de saints Esprits et qu'ils peuvent gouverner à leur gré. Le nom de Dieu, loin de leur inspirer la moindre crainte, leur sert de masque pour couvrir leurs turpitudes. Dans le monde invisible, comme dans le monde visible, les hypocrites sont les êtres les plus dangereux, parce qu'ils agissent dans l'ombre, et qu'on ne s'en méfie pas. Ils n'ont que les apparences de la foi, mais point de foi sincère.

76. **Prière.** — Seigneur, daignez jeter un **regard** de bonté sur les Esprits imparfaits qui sont encore dans les ténèbres de l'ignorance et vous méconnaissent, et notamment sur celui de N....

Bons Esprits, aidez-nous à lui faire comprendre qu'en induisant les hommes au mal, en les obsédant et en les tourmentant, il prolonge ses propres souffrances ; faites que l'exemple du bonheur dont vous jouissez soit un encouragement pour lui.

Esprit qui vous complaisez encore au mal, vous venez d'entendre la prière que nous faisons pour vous ; elle doit vous prouver que nous désirons vous faire du bien, quoique vous fassiez du mal.

Vous êtes malheureux, car il est impossible d'être heureux en faisant le mal ; pourquoi donc rester dans la peine quand il dépend de vous d'en sortir ? Regardez les bons Esprits qui vous entourent ; voyez combien ils sont heureux, et s'il ne serait pas plus agréable pour vous de jouir du même bonheur ?

Vous direz que cela vous est impossible ; mais rien n'est impossible à celui qui veut, car Dieu vous a donné, comme à toutes ses créatures, la liberté de choisir entre le bien et le mal, c'est-à-dire entre le bonheur et le malheur, et nul n'est condamné à faire le mal. Si vous avez la volonté de le faire, vous pouvez avoir celle de faire le bien et d'être heureux.

Tournez vos regards vers Dieu ; élevez-vous un seul instant vers lui par la pensée, et un rayon de sa divine lumière viendra vous éclairer. Dites avec nous ces simples paroles : *Mon Dieu, je me repens, pardonnez-moi.* Essayez du repentir et de faire le bien au lieu de faire le mal, et vous verrez qu'aussitôt sa miséricorde s'étendra sur vous, et qu'un bien-être inconnu viendra remplacer les angoisses que vous endurez.

Une fois que vous aurez fait un pas dans la bonne route, le reste du chemin vous semblera facile. Vous comprendrez alors combien de temps vous avez perdu par votre faute pour votre félicité; mais un avenir radieux et plein d'espérance s'ouvrira devant vous et vous fera oublier votre misérable passé, plein de trouble et de tortures morales qui seraient pour vous l'enfer si elles devaient durer éternellement. Un jour viendra que ces tortures seront telles qu'à tout prix vous voudrez les faire cesser; mais plus vous attendrez, plus cela vous sera difficile.

Ne croyez pas que vous resterez toujours dans l'état où vous êtes; non, cela est impossible; vous avez devant vous deux perspectives: l'une de souffrir beaucoup plus que vous ne le faites maintenant, l'autre d'être heureux comme les bons Esprits qui sont autour de vous: la première est inévitable si vous persistez dans votre obstination; un simple effort de votre volonté suffit pour vous tirer du mauvais pas où vous êtes. Hâtez-vous donc, car chaque jour de retard est un jour perdu pour votre bonheur.

Bons Esprits, faites que ces paroles trouvent accès dans cette âme encore arriérée, afin qu'elles l'aident à se rapprocher de Dieu. Nous vous en prions au nom de Jésus-Christ, qui eut un si grand pouvoir sur les mauvais Esprits.

V. Pour les malades et les obsédés.

Pour les malades.

77. Préface. Les maladies font partie des épreuves et des vicissitudes de la vie terrestre; elles sont inhérentes à la gros-

sièreté de notre nature matérielle et à l'infériorité du monde que nous habitons. Les passions et les excès de tous genres sèment en nous dés germes malsains souvent héréditaires. Dans les mondes plus avancés physiquement ou moralement, l'organisme humain, plus épuré et moins matériel, n'est pas sujet aux mêmes infirmités, et le corps n'est pas miné sourdement par le ravage des passions (ch. III, nº 9). Il faut donc se résigner à subir les conséquences du milieu où nous place notre infériorité, jusqu'à ce nous ayons mérité d'en changer. Cela ne doit pas nous empêcher, en attendant, de faire ce qui dépend de nous pour améliorer notre position actuelle; mais si, malgré nos efforts, nous n'y pouvons parvenir, le Spiritisme nous apprend à supporter avec résignation nos maux passagers.

Si Dieu n'avait pas voulu que les souffrances corporelles fussent dissipées ou adoucies dans certains cas, il n'aurait pas mis des moyens curatifs à notre disposition. Sa prévoyante sollicitude à cet égard, d'accord en cela avec l'instinct de conservation, indique qu'il est de notre devoir de les rechercher et de les appliquer.

A côté de la médication ordinaire, élaborée par la science, le magnétisme nous a fait connaître la puissance de l'action fluidique; puis le Spiritisme est venu nous révéler une autre force dans *la médiumnité guérissante* et l'influence de la prière. (Voir ci-après la notice sur la médiumnité guérissante.)

78. PRIÈRE. (Par le malade.) — Seigneur, vous êtes toute justice; la maladie qu'il vous a plu de m'envoyer, j'ai dû la mériter, parce que vous n'affligez jamais sans cause. Je m'en remets, pour ma guérison, à votre infinie miséricorde; s'il vous plaît de me rendre la santé, que votre saint nom soit béni; si, au contraire, je dois encore souffrir, qu'il soit béni de même; je me soumets sans murmurer à vos divins décrets, car tout ce que vous faites ne peut avoir pour but que le bien de vos créatures.

Faites, ô mon Dieu, que cette maladie soit pour moi un avertissement salutaire, et me fasse faire un retour

sur moi-même; je l'accepte comme une expiation du
passé, et comme une épreuve pour ma foi et ma soumission à votre sainte volonté. (V. la prière n° 40.)

79. Prière. (Pour le malade). — Mon Dieu, vos vues
sont impénétrables, et dans votre sagesse vous avez cru
devoir affliger N... par la maladie. Jetez, je vous en supplie, un regard de compassion sur ses souffrances, et
daignez y mettre un terme.

Bons Esprits, ministres du Tout-Puissant, secondez,
je vous prie, mon désir de le soulager; dirigez ma
pensée afin qu'elle aille verser un baume salutaire sur
son corps et la consolation dans son âme.

Inspirez-lui la patience et la soumission à la volonté
de Dieu; donnez-lui la force de supporter ses douleurs
avec une résignation chrétienne, afin qu'il ne perde
pas le fruit de cette épreuve. (V. la prière n° 57.)

80. Prière. (Par le médium guérisseur.)— Mon Dieu,
si vous daignez vous servir de moi, tout indigne que je
suis, je puis guérir cette souffrance, si telle est votre
volonté, parce que j'ai foi en vous; mais sans vous je
ne puis rien. Permettez à de bons Esprits de me pénétrer de leur fluide salutaire, afin que je le transmette à
ce malade, et détournez de moi toute pensée d'orgueil
et d'égoïsme qui pourrait en altérer la pureté.

Pour les obsédés.

81. Préface. L'obsession est l'action persistante qu'un mauvais Esprit exerce sur un individu. Elle présente des caractères
très différents, depuis la simple influence morale, sans signes
extérieurs sensibles, jusqu'au trouble complet de l'organisme et
des facultés mentales. Elle oblitère toutes les facultés médiani-

miques; dans la médiumnité par l'écriture elle se traduit par l'obstination d'un Esprit à se manifester à l'exclusion de tous autres.

Les mauvais Esprits pullulent autour de la terre, par suite de l'infériorité morale de ses habitants. Leur action malfaisante fait partie des fléaux auxquels l'humanité est en butte ici-bas. L'obsession, comme les maladies, et toutes les tribulations de la vie, doit donc être considérée comme une épreuve ou une expiation, et acceptée comme telle.

De même que les maladies sont le résultat des imperfections physiques qui rendent le corps accessible aux influences pernicieuses extérieures, l'obsession est toujours celui d'une imperfection morale qui donne prise à un mauvais Esprit. A une cause physique on oppose une force physique; à une cause morale il faut opposer une force morale. Pour préserver des maladies, on fortifie le corps; pour garantir de l'obsession, il faut fortifier l'âme; de là, pour l'obsédé, la nécessité de travailler à sa propre amélioration, ce qui suffit le plus souvent pour le débarrasser de l'obsesseur, sans le secours de personnes étrangères. Ce secours devient nécessaire quand l'obsession dégénère en subjugation et en possession, car alors le patient perd parfois sa volonté et son libre arbitre.

L'obsession est presque toujours le fait d'une vengeance exercée par un Esprit, et qui le plus souvent a sa source dans les rapports que l'obsédé a eus avec lui dans une précédente existence. (Voy. chap. x, n° 6; ch. xii, n°ˢ 5, 6).

Dans les cas d'obsession grave, l'obsédé est comme enveloppé et imprégné d'un fluide pernicieux qui neutralise l'action des fluides salutaires et les repousse. C'est de ce fluide dont il faut le débarrasser; or un mauvais fluide ne peut être repoussé par un mauvais fluide. Par une action identique à celle du médium guérisseur dans les cas de maladie, il faut expulser le fluide mauvais à l'aide d'un fluide meilleur qui produit en quelque sorte l'effet d'un réactif. Ceci est l'action mécanique, mais qui ne suffit pas; il faut aussi et surtout *agir sur l'être intelligent* auquel il faut avoir le droit de parler avec autorité, et cette autorité n'est donnée qu'à la supériorité morale; plus celle ci est grande, plus l'autorité est grande.

Ce n'est pas tout encore; pour assurer la délivrance, il faut amener l'Esprit pervers à renoncer à ses mauvais desseins; il

faut faire naître en lui le repentir et le désir du bien, à l'aide
d'instructions habilement dirigées, dans des évocations particulières faites en vue de son éducation morale; alors on peut
avoir la double satisfaction de délivrer un incarné et de convertir un Esprit imparfait.

La tâche est rendue plus facile quand l'obsédé, comprenant
sa situation, apporte son concours de volonté et de prière; il
n'en est pas ainsi quand celui-ci, séduit par l'Esprit trompeur,
se fait illusion sur les qualités de celui qui le domine, et se
complaît dans l'erreur où ce dernier le plonge; car alors, loin
de seconder, il repousse toute assistance. C'est le cas de la fascination toujours infiniment plus rebelle que la subjugation la
plus violente. (*Liv. des médiums,* ch. xxiii.)

Dans tous les cas d'obsession, la prière est le plus puissant
auxiliaire pour agir contre l'Esprit obsesseur.

82. ✝Prière. (Par l'obsédé.) — Mon Dieu, permettez aux
bons Esprits de me délivrer de l'Esprit malfaisant qui
s'est attaché à moi. Si c'est une vengeance qu'il exerce
pour des torts que j'aurais eus jadis envers lui, vous le
permettez, mon Dieu, pour ma punition, et je subis la
conséquence de ma faute. Puisse mon repentir me mériter votre pardon et ma délivrance ! Mais, quel que soit
son motif, j'appelle sur lui votre miséricorde; daignez
lui faciliter la route du progrès qui le détournera de la
pensée de faire le mal. Puissé-je, de mon côté, en lui
rendant le bien pour le mal, l'amener à de meilleurs
sentiments.

Mais je sais aussi, ô mon Dieu, que ce sont mes imper
fections qui me rendent accessible aux influences des
Esprits imparfaits. Donnez-moi la lumière nécessaire
pour les reconnaître; combattez surtout en moi l'orgueil
qui m'aveugle sur mes défauts.

Quelle ne doit pas être mon indignité, puisqu'un être
malfaisant peut me maîtriser !

Faites, ô mon Dieu, que cet échec porté à ma vanité me serve de leçon à l'avenir ; qu'il me fortifie dans la résolution que je prends de m'épurer par la pratique du bien, de la charité et de l'humilité, afin d'opposer désormais une barrière aux mauvaises influences.

Seigneur, donnez-moi la force de supporter cette épreuve avec patience et résignation ; je comprends que, comme toutes les autres épreuves, elle doit aider à mon avancement si je n'en perds pas le fruit par mes murmures, puisqu'elle me fournit une occasion de montrer ma soumission, et d'exercer ma charité envers un frère malheureux, en lui pardonnant le mal qu'il me fait. (Ch. xii, nᵒˢ 5, 6; ch. xxviii, nᵒˢ 45 et suiv., 46, 47.)

83. Prière. (Pour l'obsédé.) — Dieu Tout-Puissant, daignez me donner le pouvoir de délivrer N... de l'Esprit qui l'obsède; s'il entre dans vos desseins de mettre un terme à cette épreuve, accordez-moi la grâce de parler à cet Esprit avec autorité.

Bons Esprits qui m'assistez, et vous, son ange gardien, prêtez-moi votre concours; aidez-moi à le débarrasser du fluide impur dont il est enveloppé.

Au nom de Dieu Tout-Puissant, j'adjure l'Esprit malfaisant qui le tourmente de se retirer.

84. Prière. (Pour l'Esprit obsesseur.) — Dieu infiniment bon, j'implore votre miséricorde pour l'Esprit qui obsède N..., faites-lui entrevoir les divines clartés, afin qu'il voie la fausse route où il s'est engagé. Bons Esprits, aidez-moi à lui faire comprendre qu'il a tout à perdre en faisant le mal, et tout à gagner en faisant le bien.

Esprit qui vous plaisez à tourmenter N..., écoutez-moi, car je vous parle au nom de Dieu.

Si vous voulez réfléchir, vous comprendrez que le mal ne peut l'emporter sur le bien, et que vous ne pouvez être plus fort que Dieu et les bons Esprits.

Ils auraient pu préserver N... de toute atteinte de votre part; s'ils ne l'ont pas fait, c'est qu'il (ou elle) avait une épreuve à subir. Mais quand cette épreuve sera finie, ils vous enlèveront toute action sur lui; le mal que vous lui avez fait, au lieu de lui nuire, aura servi à son avancement, et il n'en sera que plus heureux; ainsi votre méchanceté aura été une pure perte pour vous, et tournera contre vous.

Dieu, qui est tout-puissant, et les Esprits supérieurs ses délégués, qui sont plus puissants que vous, pourront donc mettre un terme à cette obsession quand ils le voudront, et votre ténacité se brisera devant cette suprême autorité. Mais, par cela même que Dieu est bon, il veut bien vous laisser le mérite de cesser de votre propre volonté. C'est un répit qui vous est accordé; si vous n'en profitez pas, vous en subirez les déplorables conséquences; de grands châtiments et de cruelles souffrances vous attendent; vous serez forcé d'implorer leur pitié et les prières de votre victime, qui déjà vous pardonne et prie pour vous, ce qui est un grand mérite aux yeux de Dieu, et hâtera sa délivrance.

Réfléchissez donc pendant qu'il en est temps encore, car la justice de Dieu s'appesantira sur vous comme sur tous les Esprits rebelles. Songez que le mal que vous faites en ce moment aura forcément un terme, tandis que, si vous persistez dans votre endurcissement, vos souffrances iront sans cesse en augmentant.

Quand vous étiez sur la terre, n'auriez-vous pas trouvé stupide de sacrifier un grand bien pour une petite

satisfaction d'un moment? Il en est de même maintenant que vous êtes Esprit. Que gagnez-vous à ce que
vous faites? Le triste plaisir de tourmenter quelqu'un,
ce qui ne vous empêche pas d'être malheureux, quoi
que vous puissiez dire, et vous rendra plus malheureux
encore.

A côté de cela, voyez ce que vous perdez; regardez
les bons Esprits qui vous entourent, et voyez si leur
sort n'est pas préférable au vôtre? Le bonheur dont ils
jouissent sera votre partage quand vous le voudrez.
Que faut-il pour cela? Implorer Dieu, et faire le bien au
lieu de faire le mal. Je sais que vous ne pouvez pas vous
transformer tout d'un coup; mais Dieu ne demande pas
l'impossible; ce qu'il veut, c'est de la bonne volonté.
Essayez donc, et nous vous aiderons. Faites que bientôt
nous puissions dire pour vous la prière pour les Esprits
repentants (n° 73), et ne plus vous ranger parmi les
mauvais Esprits, en attendant que vous puissiez compter
parmi les bons.

(Voir aussi, ci-dessus, n° 75, la prière pour les Esprits
endurcis.)

Remarque. La cure des obsessions graves requiert
beaucoup de patience, de persévérance et de dévouement; elle exige aussi du tact et de l'habileté pour amener au bien des Esprits souvent très-pervers, endurcis
et astucieux, car il en est de rebelles au dernier
degré; dans la plupart des cas, il faut se guider selon les circonstances; mais, quel que soit le caractère
de l'Esprit, il est un fait certain, c'est qu'on n'obtient
rien par la contrainte ou la menace; toute l'influence
est dans l'ascendant moral. Une autre vérité, également
constatée par l'expérience aussi bien que par la logique,

c est *la complète inefficacité des exorcismes, formules, pa-roles sacramentelles, amulettes, talismans, pratiques exté-rieures ou signes matériels quelconques.*

L'obsession longtemps prolongée peut occasionner des désordres pathologiques, et requiert parfois un traitement simultané ou consécutif soit magnétique, soit médical, pour rétablir l'organisme. La cause étant détruite, il reste à combattre les effets. (V. *Livre des mé-diums*, ch. XXIII; de l'obsession. — *Revue spirite*, février et mars 1864; avril 1865 : exemples de cures d'obses-sions.)

FIN.

TABLE DES MATIÈRES

FIN DE LA TABLE DES MATIÈRES.

Paris. — Impr. de P.-A. BOURDIER et Cⁱᵉ, rue des Poitevins, 6.

www.ingramcontent.com/pod-product-compliance
Lightning Source LLC
Chambersburg PA
CBHW060449090426
42735CB00011B/1948